BUDAPESTE, VIENA E WIESBADEN

Blucher

BUDAPESTE, VIENA E WIESBADEN

O percurso do pensamento clínico-teórico de Sándor Ferenczi

Gustavo Dean-Gomes

Budapeste, Viena e Wiesbaden: o percurso do pensamento clínico-teórico de Sándor Ferenczi
© 2019 Gustavo Dean-Gomes
Editora Edgard Blücher Ltda.

Imagens da capa: correspondência de Sándor Ferenczi para Georg Groddeck [reprodução], acervo da Ferenczi House, International Sándor Ferenczi Network, Budapeste (foto do autor); foto de Sándor Ferenczi, Wikimedia Commons.

Série Psicanálise Contemporânea
Coordenador da série Flávio Ferraz
Publisher Edgard Blücher
Editor Eduardo Blücher
Coordenação editorial Bonie Santos
Produção editorial Isabel Silva, Luana Negraes, Mariana Correia Santos, Marilia Koeppl e Milena Varallo
Preparação de texto Cátia de Almeida
Diagramação Negrito Produção Editorial
Revisão de texto Antonio Castro
Capa Leandro Cunha

Blucher

Rua Pedroso Alvarenga, 1245, 4º andar
04531-934 – São Paulo – SP – Brasil
Tel.: 55 11 3078-5366
contato@blucher.com.br
www.blucher.com.br

Segundo o Novo Acordo Ortográfico, conforme 5. ed. do *Vocabulário Ortográfico da Língua Portuguesa*, Academia Brasileira de Letras, março de 2009.

É proibida a reprodução total ou parcial por quaisquer meios sem autorização escrita da editora.

Todos os direitos reservados pela Editora Edgard Blücher Ltda.

Dados Internacionais de Catalogação na Publicação (CIP)
Angélica Ilacqua CRB-8/7057

Dean-Gomes, Gustavo

Budapeste, Viena e Wiesbaden : o percurso do pensamento clínico-teórico de Sándor Ferenczi / Gustavo Dean-Gomes. – São Paulo : Blucher, 2019.

496 p.

Bibliografia
ISBN 978-85-212-1835-7 (impresso)
ISBN 978-85-212-1836-4 (e-book)

1. Psicanálise 2. Ferenczi, Sándor, 1873-1933 – Crítica e interpretação I. Título.

19-1087   CDD 150.195

Índice para catálogo sistemático:
1. Psicanálise

Agradecimentos

A meus pais, por essa experiência fantástica que é a vida e, especialmente, pelo apoio mesmo nos momentos de maior incerteza.

A Juliana, pelo amor, pela paciência, pelo carinho, pelo cuidado – e também pelas leituras do texto! Espero ter conseguido retribuir um pouco de tudo isso ao longo dos anos de tanto trabalho com esta pesquisa.

Ao professor Luís Claudio Figueiredo pela oportunidade, por ter respondido ao e-mail de um desconhecido e tê-lo acolhido em suas aulas, por ter apostado no projeto de mestrado e compartilhado livros, pela leitura atenta e orientação que sempre buscou extrair o melhor do meu estilo de pesquisa e escrita. Também agradeço pela generosidade, empenho e amor (com muito humor!) ao conhecimento que mostra em suas aulas e que servem sempre de inspiração.

Aos demais professores da pós-graduação da Pontifícia Universidade Católica de São Paulo (PUC-SP), especialmente ao professor Manoel Tosta Berlinck (*in memoriam*).

Aos professores Alfredo Naffah Neto e Daniel Kupermann, pela leitura do projeto e pelas preciosas observações no exame de qualificação.

Aos colegas com quem, entre cafés, sonhos e angústias, dividi o percurso do mestrado e que, com seus projetos, trouxeram valiosos *insights* para minha pesquisa: Laerte, Mônica, Juliana, Lucas, Dagmara, Maíra, Vanessa, professor Oswaldo Duek e demais.

Aos colegas de formação do Centro de Estudos Psicanalíticos: Carina, Thaís, Érica, Inês, Renata e Jorge. Aos diretores do centro: Ernesto Duvidovich e Walkiria del Picchia Zanoni.

A meus analistas, Berenice e Joaquim, por terem me aproximado de mim mesmo.

A meus pacientes, com os quais compartilho diariamente essa enigmática experiência de "ser".

Ao Conselho Nacional de Desenvolvimento Científico e Tecnológico (CNPq), pela bolsa concedida.

(...) a meu ver, toda teorização valiosa é cautelosa, investigativa, provisória – e contém um elemento lúdico. Estou usando a palavra lúdico deliberadamente, para contrastar a atitude básica da ciência criativa com aquela da religião dogmática. O mundo da religião dogmática, isto é, o mundo dos valores absolutos, é sério; e aqueles que vivem nele são sérios porque sua alegre procura terminou – eles tornaram-se defensores da verdade. O mundo da ciência criativa, no entanto, é habitado por pessoas lúdicas que compreendem que a realidade que as cerca é essencialmente incognoscível. Percebendo que jamais chegarão "à" verdade, apenas a aproximações por analogia, estão satisfeitos em descrever o que veem a partir de vários pontos de vista e explicá-lo, da melhor forma que podem de várias maneiras.

A restauração do self, Heinz Kohut (tradução nossa)

And if I we can, then we must
Hold our heads up, learn to trust
It's up to you, it's up to us
Some dignity
A little love
A little love

"Four lonely roads", Manic Street Preachers

Conteúdo

Prefácio *Luís Claudio Figueiredo*   17

Introdução: motivações, desenvolvimento e método de
pesquisa   21

1. Apontamentos biográficos (1873-1933)
    Vida e contexto familiar   33
    O início de nosso percurso: a formação universitária em Viena
        e os primeiros passos na carreira médica   40

2. O pensamento clínico pré-psicanalítico de Ferenczi
    (1899-1906)
    Introdução e plano de abordagem dos escritos de Budapeste   51
    Um primeiro contato com o pensamento original de Ferenczi:
        "o espiritismo" e as influências neorromânticas   53
    A influência de Haeckel e a visão da psicologia com base na teoria
        da evolução   62
    "Leitura e saúde": as reflexões iniciais acerca do universo infantil   70

As críticas à idealização da prática médica e a busca por uma escuta
    singular (o caso Rosa K.)   76

O flerte com as teorias sobre degenerescência   82

A via inconsciente das afecções psíquicas e sua clínica baseada no
    pensamento de Möbius   87

Considerações sobre hipnose, sugestão e alguns outros métodos
    terapêuticos nos escritos de Budapeste   92

3. O encontro com Freud e as primeiras contribuições à psicanálise (1907-1909)

A aproximação do método psicanalítico a partir de seus biógrafos   105

Paralelos entre as primeiras concepções de Freud e o pensamento
    pré-psicanalítico de Ferenczi   111

A relação com Freud   117

As primeiras ponderações psicanalíticas sobre a interação do
    ambiente com a criança: a educação   123

A apropriação ferencziana da teoria psicanalítica   134

"Transferência e introjeção": as primeiras reflexões sobre a clínica
    psicanalítica   140

4. Ferenczi e a consolidação da psicanálise clássica (1909-1919)

A participação de Ferenczi no contexto da elaboração dos escritos
    técnicos de Freud   153

Materna e paterna, terna e intimidadora, disposição e submissão:
    as diversas naturezas do fenômeno transferencial   160

Positiva e negativa: aspectos sugestivos e fenômenos de resistência
    nas transferências   168

Sintomas transitórios e transferência: a resistência à rememoração
    e a repetição   175

A regra de abstinência e o problema da satisfação (e da frustração)
    libidinal durante o encontro analítico   186

O sentido de realidade: da onipotência ao (difícil) reconhecimento
    de um "além de si" (e o ingresso nas vias de simbolização)   191

Princípio da neutralidade e contratransferência: considerações
freudianas nos anos 1910 — 199

A primeira revisão ferencziana da questão da(s)
contratransferência(s) — 207

5. O início do período de inovações clínicas: a técnica ativa (1919-1924)

A técnica ativa: surgimento e dificuldades clínicas em questão — 217

A paciente violada e o uso de proibições na técnica ativa — 223

O caso da musicista croata e o acréscimo de injunções na técnica ativa (a técnica ativa em dois tempos) — 229

As fantasias provocadas: das injunções às reconstruções, os novos usos da contratransferência — 234

"Perspectivas da psicanálise" – a aliança com Rank: novas observações sobre a repetição e a experiência afetiva na clínica psicanalítica — 241

"Perspectivas da psicanálise" – a recepção: o primeiro abalo na relação com Freud e a comunidade analítica — 255

6. A (re)introdução do trauma e uma nova compreensão da influência materna na cena analítica (1919-1924)

Trauma e maternidade? A confluência dos temas — 261

A guerra e a revalorização do trauma no contexto psicanalítico: as neuroses traumáticas — 264

O trauma, o psiquismo para além do princípio de prazer e os processos de ligação como trilha para a psicogênese — 269

Ferenczi com Groddeck: o (re)encontro e a legitimação de intuições esquecidas — 275

O trauma do nascimento: Ferenczi entre Freud e Rank — 279

Thalassa, a mãe-oceano: da filogênese à psicogênese, da regressão à adaptação — 286

A afirmação de desprazer: novas formulações sobre a psicogênese e o acesso à alteridade a partir dos regimes pulsionais — 297

7. A relação entre trauma e ambiente primário e suas consequências psicogênicas e clínicas: o início do período de indulgência (1925-1931)

    A revisão da técnica ativa   309

    O trauma como produto de desajustes na adaptação do mundo adulto à criança   319

    Os reflexos do trauma na pulsionalidade infantil: novas considerações sobre a pulsão de morte   331

    Aspectos da elasticidade da técnica: o tato, a estética no encontro analítico e a ênfase na perlaboração   336

    Aspectos da elasticidade da técnica: a empatia e o aprofundamento do uso da contratransferência   347

    A emancipação clínica de Ferenczi: o princípio de relaxamento, as regressões e a nova partida   359

    Outras implicações do princípio de relaxamento: a análise como jogo e a neocatarse   369

8. A ampliação do campo do trauma e os derradeiros avanços clínicos de Ferenczi (1931-1933)

    A retomada de antigas intuições freudianas e a ampliação do campo dos traumatismos   377

    A cisão do ego e seus mecanismos: a autotomia, a prematuração patológica e o teratoma   382

    A paciente Dm. (Clara Thompson) e a polêmica "técnica do beijo": novas considerações sobre a abstinência e a importância da pessoa real do analista   391

    A paciente RN. (Elizabeth Severn): da análise mútua ao princípio da mutualidade   399

    O trauma em três tempos: a sedução incestuosa e suas repercussões angustiantes, defensivas e identificatórias (a identificação com o agressor)   407

    O trauma em três tempos: o desmentido, o aspecto intergeracional do trauma e a escuta analítica como experiência de reconhecimento   417

O terrorismo do sofrimento e as dimensões opressivas do amor
 e da transferência   427

O poder do analista e os efeitos terapêutico-constitutivos da
 sugestão: a sedução ética como um desviar da pulsionalidade
 mortífera (e um chamado para a vida)   436

A censura em Wiesbaden e os últimos dias de Ferenczi   448

Considerações finais

A difícil apreensão do legado ferencziano: breves apontamentos   461

O vigor do pensamento de Ferenczi com base na ética do cuidado   466

Referências   473

Prefácio

O trabalho realizado por Gustavo Dean-Gomes para seu mestrado em psicologia clínica na Pontifícia Universidade Católica de São Paulo (PUC-SP) não encontra paralelo na vasta literatura dedicada a Sándor Ferenczi. À qualidade de sua escrita, à inteligência de suas articulações, soma-se o amplo e profundo escopo de seu projeto de pesquisa, conduzido com extrema dedicação, meticulosidade, perseverança e argúcia: uma pesquisa exemplar.

É sobre o alcance deste projeto que gostaria de falar nesta apresentação.

Trata-se, como já está patente no título do livro, de acompanhar Ferenczi em seu riquíssimo percurso, interrompido precocemente por uma morte que o alcançou no meio de sua última decolagem. Foram poucos os anos que a vida concedeu a Ferenczi para desenvolver seu pensamento mais original e de repercussões mais duradouras para a teoria e a clínica da psicanálise atual.

No título do livro, fala-se em Budapeste, Viena e Wiesbaden, mas os meses em Washington não podem ser ignorados pelas sementes que o húngaro deixou na América do Norte, abrindo uma importante via alternativa à que veio a ser plantada, alguns anos depois, pelos emigrados europeus – estritamente ligados ao pensamento de Sigmund Freud – que criaram a chamada *ego psychology*. Esta, equivocadamente denominada "psicanálise americana", que esteve sediada em Nova York, era uma extensão do que fora iniciado em Viena, em estreita vizinhança aos Freud, Sigmund e sua filha Anna; já em Washington, frutificava a semente de Budapeste. Tratar, teórica e clinicamente, de graves problemas na constituição egoica (ou do *self*) com base nos estudos de Ferenczi e em sua consideração dos traumas precoces faz toda a diferença na recepção da obra, por exemplo, de Harold Searles e de sua clínica de psicóticos e *borderline*. Diga-se de passagem, esta floração ferencziana em solo americano, sem muito alarde, não precisou esperar a renovação do interesse em Ferenczi para revelar seus méritos.

Mas, de fato, o percurso a que alude Gustavo não se resume às mudanças geográficas, seja na formação do psicanalista Ferenczi, seja na transmissão da psicanálise como ele a concebia e praticava. O principal aspecto a ser focalizado no percurso do psicanalista húngaro é o da construção de seu pensamento clínico, e ele, na verdade, começa antes do encontro com a obra de Freud. É incrível reconhecermos no clínico pré-psicanalítico atitudes e ideias que o acompanharam ao longo da vida profissional e foram mais nitidamente retomadas, principalmente, ao passo que o autor se libertava de toda ortodoxia e se deixava conduzir pela própria experiência com seus pacientes, em especial, com os mais difíceis. E isso ocorreu não em oposição à psicanálise freudiana – à qual ele também ofereceu contribuições importantes na década de 1910 –, mas como suplementação às teorias e à clínica de Freud que, infelizmente, não teve sempre uma boa compreensão do que estava sendo criado por seu mais brilhante colaborador.

Seja na consideração da clínica pré-psicanalítica de Ferenczi (Capítulo 2), seja no acompanhamento e na expansão da psicanálise freudiana (Capítulos 3 e 4), seja, ainda mais, na pesquisa das suplementações a que Ferenczi se dedicou nos anos derradeiros de trabalho (Capítulos 5 a 8 e Considerações finais), a pesquisa de Gustavo é precisa, ampla e profunda.

O tempo joga um papel interessante no percurso examinado: ao fim e ao cabo, Ferenczi suplementa a psicanálise "clássica" com algo que vem de sua história pré-psicanalítica e com algo que vinha do primeiro Freud, um Freud que ainda estava, ele mesmo, saindo de sua pré-história para a criação da psicanálise. Mas nessa retomada de antigos temas e intuições teóricas, bem como nesta reafirmação de sua própria destinação clínica pré-psicanalítica, Ferenczi abre espaço e lança as diretrizes para uma parcela importante da psicanálise que veio depois e está conosco até os dias de hoje. É como se tivesse sido necessário retomar as raízes – as próprias e as da psicanálise –, preservando o tronco freudiano, para fazer que os galhos mais novos – os da psicanálise dita contemporânea – pudessem avançar, expandir-se e alcançar lugares apenas vislumbrados por Freud, mas já explorados por seu discípulo genial, corajoso e arrojado.

É sobre este fascinante percurso que Gustavo Dean-Gomes nos oferece uma visão panorâmica e detalhada, que acompanha as linhas do tempo e dos espaços e não perde de vista a conexão sistemática dos conceitos.

Boa leitura!

Luís Claudio Figueiredo

Introdução: motivações, desenvolvimento e método de pesquisa

O texto que apresentamos ao leitor é baseado em pesquisa de mestrado realizada na Pontifícia Universidade Católica de São Paulo (PUC-SP), sob orientação do professor Luís Claudio Figueiredo. Nosso objetivo foi estudar o desenvolvimento do pensamento clínico-teórico de Sándor Ferenczi (1873-1933). O estímulo para sua elaboração surgiu de nossa prática como psicanalista.

Ao longo de nosso percurso na clínica, vimo-nos em contato com analisandos que, por vezes, não pareciam trazer – ao menos inicialmente – a possibilidade de uma vinculação transferencial nos moldes daquela observável na neurose, tal qual a compreendíamos da leitura dos escritos psicanalíticos com os quais nos encontrávamos mais familiarizados. Referimo-nos a analisandos que apresentavam em suas histórias situações indicativas de precariedades que saltavam aos olhos de forma mais imediata – adições, vivências de abandono infantil, convívio íntimo com familiares alcoólatras, perda de um dos pais em idade ainda tenra, pai ou mãe alocados em regime carcerário etc. –, ou indivíduos que, apesar de não contarem situações que se poderia supor, *a priori*, tão disruptivas, ainda assim constituíam formas de transferência semelhantes àquelas dos primeiros.

Com tais analisandos, tínhamos dificuldade em utilizar, ou melhor, restringir-nos, ao uso do instrumental psicanalítico "clássico" (proposta de associação livre, atenção flutuante, interpretação de sonhos, lapsos, atos falhos, fantasias e até mesmo da transferência, uso do divã...). Ao fazê-lo, muitas vezes sentíamo-nos em uma brincadeira solitária, na qual o arsenal de ferramentas conhecido parecia fazer muito mais sentido para nós do que produzir quaisquer resultados ou transformações nos analisandos.

Nossa formação em psicanálise e primeiras escolhas para aprofundamento na teoria psicanalítica basearam-se intensamente na leitura das obras de Sigmund Freud (1856-1939) e trabalhos de Jacques Lacan – não seria inexato dizer: em uma leitura da obra do primeiro, muitas vezes bastante enviesada pelo olhar do segundo. Uma psicanálise centrada na questão do desejo e das formas do sujeito experimentá-lo. Obviamente, essa abordagem tem seu valor, mas nossa impressão era de que passava à margem da precariedade que alguns indivíduos apresentavam. Muitas vezes, o mais trabalhoso era mantê-los vinculados à análise e, de certa forma, ao analista.

Uma vez que a experiência clínica reiteradamente parecia distante dos fundamentos teóricos que possuíamos, algumas saídas passaram a ser procuradas. As atividades de supervisão individual e em grupo mostravam-se fundamentais para o sustento da prática, bem como a análise pessoal e certa dose de intuição. Todavia, sentíamos falta de um corpo teórico que fornecesse consistência ao que era experimentado ao longo dos encontros com os analisandos.

A partir desse desconforto, buscamos recursos em obras sobre a técnica psicanalítica dos mais diversos autores (Karl Abraham,

Melanie Klein, Wilhelm Reich, Heinrich Hacker, Ralph Greenson, Horacio Etchegoyen, entre tantos outros), todas de valioso auxílio, mas que ainda não traziam algo difícil de nomear, certo sentimento de "é isso!". Por outro lado, até aquele momento o parco contato que tínhamos com a obra de autores mais próximos de uma abordagem winnicottiana produzia-nos pouco impacto. O pensamento de Donald Winnicott parecia distante dos fundamentos teóricos freudianos que nos haviam sido transmitidos (ou da maneira que nos acostumáramos, até então, a abordá-los). Era difícil, naquele momento, articulá-lo a Freud. O mesmo pode ser dito com relação à psicologia do *self* de Heinz Kohut e propostas intersubjetivas.

A situação, entretanto, modificou-se a partir de nosso contato com a obra de Ferenczi.

O início de nossa leitura mais sistematizada do trabalho de Ferenczi se deu de uma forma, parece-nos, pouco usual: já nos anos de formação, havíamos lido seu conhecido "Confusão de línguas entre os adultos e a criança", sem, contudo, que à época nos causasse tanta impressão. Anos depois, porém, notamos que alguns autores importantes relacionavam a proposta de "técnica ativa" de Ferenczi a formas de manejo do "gozo" na clínica lacaniana. Algo dessa abordagem está contido no trabalho organizado por Katz, intitulado *Ferenczi: história, teoria e técnica* (1996), primeira obra de comentários do pensamento ferencziano a que tivemos acesso.[1] Imediatamente nos interessamos por estudar o pensamento desse autor, contemporâneo e tão próximo a Freud, para compreender o que havia a ser aprendido de suas propostas de atuação clínica.

---

1 Também Kahtuni e Sanchez, em seu *Dicionário do pensamento de Sándor Ferenczi*, dizem: "Guiadas pelo conceito de *tempo lógico*, as famosas 'sessões curtas' propostas por Lacan revelam-se como intervenções *ativas*, bastante similares àquelas desenvolvidas por Ferenczi" (Kahtuni & Sanchez, 2009, p. 246, destaques das autoras).

Curiosamente, entretanto, ao começar a ler o trabalho de Ferenczi, percebemos que o manejo clínico que nos tinha atraído para seu estudo – a técnica ativa – foi sendo por ele modulado ao longo do tempo. Essa técnica, proposta na virada dos anos 1920, foi reiteradamente reconsiderada, dando espaço para novos experimentos, alguns até de viés aparentemente oposto, como o "relaxamento", por exemplo.

Assim, fomos tomados de uma grande curiosidade acerca do raciocínio clínico de Ferenczi, que, já nos anos pioneiros da psicanálise, parecia entrar em contato e descrever quadros que nos eram recorrentes em consultório, propondo interpretações interessantes e respostas imaginativas àquilo que se apresentava.

Naturalmente, passamos a ler seus escritos clínicos e a acompanhar suas revisões e mudanças de perspectiva. As interrogações que Ferenczi se propunha sobre o que observava no contato com os analisandos e consequentes procedimentos ressoaram de forma intensa, propiciando não só a reavaliação de algumas formas de agir como, especialmente, estar na presença do outro enquanto psicanalista. A experiência vivenciada, o sensível e o que se dá no encontro passaram a ser componentes fundamentais em nossa clínica. Ou seja, para além de um "fazer", a familiaridade com o pensamento ferencziano nos impulsionou para uma nova maneira de "ser" clínico.

Este breve relato de nosso contato com a obra de Ferenczi procura expressar que o conhecimento de seu trabalho promoveu uma revolução em nosso pensamento clínico: seu constante diálogo com a obra de Freud abriu nossos olhos para filigranas dos escritos do criador da psicanálise que, até então, nos passavam despercebidas. Forneceu-nos, para além, o fundamento teórico que procurávamos para algo que até aquele momento era intuitivo. Como bônus nada desprezível, apresentou-nos as chaves que nos permitiram a aproximação com os pensamentos winnicottiano e kohutiano e, por que não dizer, com o tema do cuidado na psicanálise.

O desenvolvimento da pesquisa passou por alguns estágios até ter seu objeto delimitado. Ao decidir aprofundar nossos conhecimentos sobre as reflexões de Ferenczi, nossa ideia inicial era estudar relações e dissensões entre o pensamento desse autor e de Lacan. Entretanto, após a participação nas aulas do professor Luís Claudio Figueiredo, percebemos que um passo atrás na cronologia do método psicanalítico atrairia ainda mais nosso interesse, a saber, o estudo detalhado dos desafios clínicos enfrentados por Ferenczi ao longo de sua obra, especialmente dos textos que são produzidos no contexto das dificuldades que a psicanálise começou a encarar no início dos anos 1920.

Com base em nossas leituras e releituras dos trabalhos de Ferenczi, no entanto, nosso objeto de pesquisa firmou-se na questão do "percurso do pensamento clínico", o que implicaria um espectro mais amplo de investigação das reflexões do autor. Mais amplo, inclusive, do que aquele que marca seu período psicanalítico. Como é impossível desvencilhar a clínica da teoria, falamos então em uma pesquisa sobre o "pensamento clínico-teórico".[2]

Tornou-se importante saber de onde partiu Ferenczi, como teria sido sua formação médica, detalhes biográficos que talvez explicassem certas escolhas e nuances de suas observações. Ou seja, em vez de um mergulho profundo em alguma das propostas

---

[2] Nesse sentido, subscrevemos a lição de Figueiredo e Coelho Jr.: "Deve-se reconhecer . . . uma ligação indissolúvel entre os aspectos técnicos e aspectos teóricos, sendo que esta ligação tem mão e contramão, mas não pode nunca ser desfeita. Isto torna uma mera compilação ou mesmo história de procedimentos técnicos, se desarticulada das posições teóricas, algo completamente sem sentido" (2008, p. 14).

clínico-teóricas elaboradas por Ferenczi nos seus 35 anos de prática clínica (25 deles dedicados ao movimento psicanalítico), nosso objetivo passou a ser estudar a fluidez, os desvios e os refazimentos de curso de suas hipóteses, desde seus primeiros escritos, ainda do final do século XIX até seu *Diário clínico*, tendo como fio condutor suas propostas de intervenção clínica.

Quais seriam as inquietações de Ferenczi como médico que o conduziram à psicanálise? O que havia em suas concepções pré-psicanalíticas que o levou a eleger, como causa e fundamento de sua prática clínica, esse método? Como foi se dando a apropriação, por Ferenczi, da teoria freudiana? Como se deu o encontro das suas inquietações com essa teoria? Essas são questões que enfatizam dois períodos menos discutidos do trajeto de Ferenczi: seus escritos pré-psicanalíticos e suas primeiras contribuições à psicanálise. Assim, buscamos inicialmente nos debruçar sobre esses momentos com atenção para descobrir, dos frutos colhidos ao longo dos anos 1920 e início dos anos 1930, quais sementes Ferenczi já trazia consigo antes de pisar o solo psicanalítico e como foram plantadas e cultivadas no terreno freudiano até florescerem em trabalhos que cada vez mais parecem atrair a atenção dos psicanalistas.

Por outro lado, sabemos que, em meados da década de 1910, Freud consolidou muito de suas concepções sobre a prática da clínica psicanalítica em um conjunto de textos que ficaram conhecidos como "Os escritos técnicos de Freud".[3] Dado que muitas das inovações propostas por Ferenczi abordavam a clínica psicanalítica, não poderíamos deixar de investigar de que maneira se deu a sedimentação do método freudiano e como Ferenczi teria participado desse processo – uma participação que extravasa o âmbito teórico, refletida também em aspectos pessoais e políticos.

---

3 Contidos, fundamentalmente, no Volume XII das *Obras Psicológicas Completas* de Freud, tal qual publicadas pela editora Imago.

Chegando ao final dessa década, Freud reconheceu a procura da psicanálise por analisandos que apresentavam quadros de natureza diversa daquela para a qual seu método havia sido concebido (e parecia mais apto para tratar) – um tema, ainda que centenário, bastante atual, posto que reiteradamente somos confrontados com a ideia de "novos adoecimentos psíquicos" que desafiariam a clínica psicanalítica. Foi esse o ponto de partida para que Ferenczi empreendesse seus experimentos mais radicais.

Desse ponto, a pesquisa visou percorrer o caminho trilhado por Ferenczi, especialmente em suas inovações na técnica, correlacionando-as, naturalmente, à evolução de sua compreensão dos adoecimentos psíquicos. Isso significa que estudamos seus manejos clínicos inovadores, como a já mencionada técnica ativa, o relaxamento (e a neocatarse), a questão da elasticidade, o uso da empatia e da contratransferência, entre outros temas e métodos que a especulação ferencziana aportou para a teorização clínica da psicanálise.

Naturalmente, ao trilharmos esse percurso, fomos levados a conhecer e trabalhar também com as concepções psicogenéticas e psicopatológicas de Ferenczi, tarefa necessária para atingir nosso escopo, pois sustentávamos a hipótese de que suas inovações clínicas se relacionavam intimamente com as agudas percepções que trouxe nesses outros dois campos do saber psicanalítico.

Colocadas de uma maneira abreviada, as questões que nos guiaram foram da seguinte ordem, algumas já antecipadas: O que levou Ferenczi a propor novas abordagens para a clínica psicanalítica? De que maneira essas propostas dialogavam com suas hipóteses teóricas, bem como com os avanços da psicanálise de seu tempo? Para tentar oferecer respostas satisfatórias, além das obras de Ferenczi e Freud, tal qual a correspondência por eles mantida, contamos com um considerável número de publicações recentemente editadas em diferentes países (França, Estados Unidos, Inglaterra, Itália, Argentina, Chile e Brasil, às quais tivemos acesso), cuja consulta foi de inestimável valor para o desenvolvimento de nosso trabalho. Ao mencioná-las, esperamos também trazer ao conhecimento do leitor algo da amplitude e diversidade com que a pesquisa sobre a obra de Ferenczi vem sendo efetuada em diferentes lugares do mundo – e, nesse sentido, demos várias vezes a palavra a esses autores, também como forma de homenagear seu auxílio em nosso estudo.

Ademais, é importante esclarecer que, a despeito de um objeto de pesquisa extenso, foi o diálogo entre clínica e teoria, no percurso das reflexões e revisões das práticas de cuidado propostas por Ferenczi, que determinou e orientou nosso trabalho. Com isso, queremos assentar que há um recorte próprio e que existem outras abordagens possíveis que atravessariam a obra desse autor – uma aproximação diversa de seus trabalhos poderia, por exemplo, centrar-se na sua construção metapsicológica e aprofundar-se nesses aspectos (desenvolvimento do "ego", do "superego", teoria pulsional etc.). Não foi esse nosso escopo – o que não nos impediu de abordar tais assuntos para nos ajudar a compreender o pensamento clínico ferencziano.

Conseguimos, em nosso texto final, manter um encadeamento de capítulos que respeita a cronologia das reflexões ferenczianas – há apenas uma exceção para esse formato, que explicamos a seguir. Assim, após essa introdução, convidamos o leitor, no primeiro capítulo, a conhecer brevemente a biografia de Ferenczi, com algumas informações sobre sua família de origem, esposa e detalhes sobre sua formação médica na mesma Viena em que, no final do século XIX, Freud iniciava a construção do edifício psicanalítico.

O segundo capítulo de nosso estudo é dedicado aos escritos pré-psicanalíticos de Ferenczi. Tais escritos abordam uma série de temas que dariam sustento ou ressurgiriam em sua empreitada psicanalítica: funcionamento psíquico inconsciente, onto, filo e psicogênese, universo infantil, adoecimentos neuróticos e reflexões sobre práticas terapêuticas, para citar brevemente alguns deles.

No capítulo seguinte buscamos compreender a aproximação de Ferenczi da psicanálise e suas primeiras contribuições ao método. De forma surpreendente, reconhecemos, já em seus primeiros escritos analíticos, um autor de profícua criatividade, testemunhada em textos como "Psicanálise e pedagogia" (2011[1908b]) ou "Transferência e introjeção" (2011[1909]).

No quarto capítulo conhecemos a participação ferencziana na construção da psicanálise clássica, com relevantes contribuições acerca de temas da clínica, como a transferência, as resistências, os sintomas transitórios e, por fim, a contratransferência, que foi por ele trabalhada, já em 1919, de maneira absolutamente original.

Seguimos nosso percurso ingressando em um momento de profunda criatividade de nosso autor. No lapso que se estende pela primeira metade da década de 1920, Ferenczi fez importantes descobertas em duas searas distintas, das quais nos ocupamos nos Capítulos 5 e 6 do texto, respectivamente: a técnica ativa e as pesquisas sobre trauma, maternidade e psicogênese. Nesse período consiste a exceção anteriormente apontada, pois tivemos de desdobrar as descobertas que se deram, simultaneamente, em segmentos diferentes.

Por fim, nos Capítulos 7 e 8, trazemos o conhecido "período de indulgência" da clínica ferencziana, caracterizado por ponderações sobre o tato, a empatia, a mutualidade e outras maneiras de o analista ser e intervir na clínica, bem como as reflexões sobre os efeitos do trauma, seja aquele caracterizado por desajustes com o mundo adulto resultantes da ausência ou do déficit de investimento

(Capítulo 7), seja aquele caracterizado pelo excesso, pela paixão do adulto (enfatizados no Capítulo 8).

Algumas palavras sobre o método de pesquisa.

Em um breve e bastante substancial capítulo, no qual introduz sua obra *Palavras cruzadas entre Freud e Ferenczi*, Figueiredo nos traz algumas "concepções do que é interpretar", bem como "algumas modalidades de leitura" (1999, p. 9). Apresenta-nos, partindo da obra de Hirsh Jr., uma concepção clássica do interpretar que implicaria em desvendar o sentido do texto, como se nele houvesse um sentido ideal implícito. Por outro lado, nos introduz as concepções de Gadamer, Rorty e Derrida que, com diferenças, poderiam situar-se em um grupo de autores que propõem concepções do interpretar como "contextualizar/descontextualizar/recontextualizar" (Figueiredo, 1999, p. 10); essas são concepções que apenas admitem que haja sentido contextualizado e que tais contextos sempre serão históricos, nunca ideais.

Versando especificamente acerca da leitura de textos teológicos, filosóficos e científicos, Figueiredo nos apresenta às leituras "sistemáticas e/ou historicizantes" e às "desconstrutivas" (Figueiredo, 1999, p. 15 e 18, respectivamente).

Acerca das primeiras, conta-nos se tratarem de leituras em que se dá a:

> *procura por "teses" do texto no contexto da área, da obra e/ou do desenvolvimento do pensamento de um "autor": elas procuram deter os deslizamentos e ordenar definitivamente a rede em torno de um lugar ideal. Este lugar pode ser o de um "conceito-chave", por exemplo, mas também a necessidade ou um "impulso interno"*

inerente ao pensamento examinado em sua evolução e que a comenta e explica (Figueiredo, 1999, p. 15).

Por outro lado, a forma desconstrutiva é assim trazida ao nosso conhecimento:

para que algo se abra é preciso que algo esteja fechado e daí a necessidade da dupla leitura: uma leitura próxima sistemática (contextualizante) e uma leitura próxima e desconstrutiva que "explora as tensões, as trilhas perdidas, as pequenas aberturas do texto que a leitura clássica tende a fechar" (Figueiredo, 1999, p. 19).

Trata-se, pois, de uma leitura que "exige a atenção detida no que a leitura sistemática omite, esquece, exclui, expulsa, marginaliza, ignora etc." (Figueiredo, 1999, p. 19).

Utilizamos no presente livro, predominantemente, o método de leitura historicizante-sistemático, em uma tentativa de revelar o percurso do pensamento clínico-teórico de Ferenczi, consoante dissemos, desde momentos anteriores a sua aproximação da psicanálise até seus momentos derradeiros, como as reflexões contidas em seu *Diário clínico*, publicado somente após sua morte. Optamos, conforme já acentuamos, por uma apresentação cronológica do pensamento ferencziano, porque acreditamos ser a maneira mais clara de percorrermos o desenvolvimento de suas reflexões clínico-teóricas.

Não descartamos, contudo, o uso do método desconstrutivo. Houve situações em que essa leitura pareceu indispensável para a apresentação das tensões internas contidas no pensamento do autor em apreço. Tais circunstâncias, conforme veremos, revelam o constante diálogo que Ferenczi manteve com a medicina de seu tempo e, posteriormente, sua participação na construção do método psicanalítico – especialmente a partir de debates, íntimos ou explícitos, com as ideias de Freud.

Finalmente, é importante afirmar nossa impressão de que, dada a dimensão do nosso objeto de estudo, na leitura desses trabalhos alguns aspectos específicos podem despertar mais a atenção de um ou outro leitor, sem que, contudo, tenhamos esgotado todos os seus detalhes. Não procuramos – até porque isso seria impossível – costurar todas as linhas descobertas ao longo da pesquisa. Concentramo-nos naquelas que diziam respeito a nossas questões. Se os fios soltos inspirarem a curiosidade para novos trabalhos, vamos nos sentir profundamente satisfeitos. Participar da construção do conhecimento foi (e é) um de nossos compromissos.

1. Apontamentos biográficos (1873-1933)

Vida e contexto familiar

Viena, década de 1890. A capital da Áustria é uma cidade em ebulição político-científico-cultural. Nem sequer completara-se trinta anos das primeiras lufadas dos ares da democracia liberal, delineada pela burguesia ascendente, e a nova organização já se via contestada por representantes do pensamento socialista. Nos cafés, a *ágora* daqueles tempos, como bem pontua Mínguez (2015, p. 64), debate-se a política e as novas tendências da arte e tramam-se conspirações. O absolutismo característico do Império Austríaco cedera em favor da constituição de um estado de direito, no qual a centenária dinastia dos Habsburgo compartilharia o poder com o parlamento. Os parlamentos, para sermos exatos, o *Ausgleich* – compromisso subscrito em 1867 pelo imperador Francisco José e por representantes das elites magiares –, transformaria o território em uma monarquia dual, fundando o Império Austro-Húngaro.

Foi nesse período que, um pouco ao norte da *Ringstraße*, um médico nascido na Morávia – território anexado ao Império

– iniciou seus trabalhos em um método clínico inovador para o tratamento de neuroses, afecções de caráter controvertido que varriam a Europa naquele momento. Referimo-nos, naturalmente, a Sigmund Freud e à psicanálise, uma forma de abordagem do psiquismo que, segundo historiadores, ia ao encontro do espírito de seu tempo.[1]

Freud nasceu em 1856 e graduou-se na Faculdade de Medicina de Viena em 1881. Foi nessa mesma faculdade que nosso personagem, Sándor Ferenczi, formou-se médico em 1896, ano em que retornou à Hungria, seu país de origem.

Ferenczi nasceu em 7 de julho de 1873, em Miskolc, uma cidade de, à época, sessenta mil habitantes, distante aproximadamente duzentos quilômetros da capital húngara, Budapeste.[2] Sua família não passou incólume aos eventos históricos que se deram entre os quase cem anos que separam a Primavera dos Povos, em 1848, e o final da Segunda Guerra Mundial, em 1945. Seu pai, Baruch Frankel, nascido na Polônia em 1830, aos dezoito anos participaria, ao lado dos nacionalistas húngaros, do movimento revolucionário que se iniciara no reino em 15 de maio.[3] O curto triunfo

---

1 Aproximando a psicanálise do campo de revelação da pulsionalidade, sobre a qual artistas como os pintores Gustav Klimt e Egon Schiele e o escritor Arthur Schnitzer lançavam luz – para desgosto do racionalismo e da moral de parte da burguesia vienense –, assim diz Mínguez: "A teoria do inconsciente foi revolucionária porque, aplicada ao conjunto da sociedade vienense e austríaca, desvelava as correntes subterrâneas que lhe percorriam. A própria cultura burguesa, repressora do corpo e dos impulsos sexuais, aparecia como o germe da patologia anímica dos pacientes, e essa era uma crítica que muitos na Áustria não estavam dispostos a assumir" (2015, p. 218, tradução nossa).
2 Cidade que, nesse mesmo ano, criara sua feição atual, a partir da reunião de Buda e Peste, municípios independentes que ocupavam margens opostas do Rio Danúbio.
3 Diferentemente do que se dava na França e na Inglaterra (países com identidades consolidadas de longa data), as revoluções na Europa central não se fundamentavam tão somente na afirmação do liberalismo *versus* autocracia

dos revoltosos liderados por Lajos Kossuth e pelo poeta e escritor Sándor Petofi permitiu a instalação do governo comandado pelo primeiro-ministro Lajos Batthiányi.[4] Os conflitos existentes entre os vitoriosos e as minorias croatas que habitavam o território da Hungria, no entanto, abriram a oportunidade para que os Habsburgo retomassem o controle da região. Assim, com a derrocada do governo instaurado pelos insurgentes, segundo Balint (citado por Lorin, 1983, p. 28), o pai de Ferenczi obteve a autorização para abrir uma livraria em Miskolc.

Baruch casou-se com Rosa Eibenschütz, em 1858. Sándor era o oitavo filho de uma família de doze irmãos (seis homens e seis mulheres): Henrik, Miksa, Zsigmond, Ilona, Maria, Jacob, Gizella,

---

como também tinham, como fortíssimo componente, o nacionalismo. Nesse sentido, por exemplo, consultar Brabant-Gerö (1993, p. 17).

4 A figura de Petofi merece uma consideração especial. Sabemos por Sabourin (1988[1985]) que este era o mais estimado poeta húngaro. Sobre a influência em sua personalidade desse homônimo importante, Ferenczi contava a seguinte anedota – carreada por Freud a seu texto "Sobre a psicopatologia da vida cotidiana": "Em meu primeiro ano ginasial, pela primeira vez na vida, tive de recitar um poema em público (i.e. diante da classe inteira). Estava bem preparado e fiquei atônito ao ser interrompido, logo no começo, por uma gargalhada geral. O professor logo me explicou o motivo dessa estranha reação: eu dissera corretamente o título do poema, 'Aus der Ferne' [Da Distância], mas, em vez de atribuí-lo a seu verdadeiro autor, indiquei meu próprio nome. O nome do poeta é Alexandre (Sándor [em húngaro]) Petofi. A troca foi favorecida pelo fato de termos o mesmo prenome, porém, indubitavelmente, a causa real foi que, naquela época, eu me identificava em meus desejos secretos com esse famoso poeta-herói. Mesmo conscientemente, meu amor e admiração por ele beiravam a idolatria. Por trás desse ato falho, é claro que se encontra também todo o lastimável complexo da ambição" (Freud, 1996[1901], p. 95). Não podemos deixar de ficar intrigados com o valor dessa identificação de Sándor, o psicanalista inquieto, com o homônimo poeta-revolucionário húngaro. Não deve ser desprovido de razão o fato de Ferenczi identificar-se com alguém destinado à promoção da revolução. Não só seu pai foi um soldado que lutou contra o estabelecido como também ele fora batizado com esse nome.

Moritz, Vilma, Lajos e Zsófia. Alguns dos irmãos padeceram sob o Holocausto, quando Sándor já havia falecido.

Sándor viveu em um lar ilustrado, cercado de livros, com pais fluentes em húngaro, alemão, iídiche e polonês. Além da livraria, a família possuía uma editora que promovia encontros com escritores, músicos, artistas e intelectuais. Foi um comércio de sucesso, editando obras, inclusive, de importantes poetas da resistência húngara. A cultura era um assunto corrente em sua família e a relação com a literatura, ao que parece, estava especialmente simbolizada na figura do pai.

Nosso protagonista foi educado em um colégio calvinista, onde entrou em contato com crianças que professavam fé diferente do judaísmo de sua família: havia protestantes e católicos, entre outros. Era um bom aluno, mas pouco disciplinado. Sabemos por Prado de Oliveira (2011, p. 14) que, no colégio, chegou a ser premiado por um trabalho feito em parceria com um colega sobre o nascimento da nação húngara. Lá, também, aprendeu novos idiomas: o latim, o francês e o inglês.

Em 1879, a família promoveu a mudança de seu nome judeu para um de origem húngara. Sabourin (1988[1985], p. 10) conta-nos que, à época, essas alterações se davam mais num esforço de assimilação cultural que por questões antissemitas e, com esse propósito, o nome do pai passou de Baruch Frankel para o magiar Bernát Ferenczi, alteração que foi feita também nos nomes de todos os filhos nascidos antes desse ano.[5] Rachman (2004[1995], p. 3) e Sabourin (em *Ferenczi: paladino e Grão-Vizir secreto*, 1988[1985])

---

5 Brabant-Gerö esclarece-nos que esforços de assimilação como esse seriam, "aos olhos dos judeus, um preço relativamente modesto a pagar pela ascensão social" (1993, p. 27, tradução nossa). Ademais, o empenho de assimilação dessa população satisfazia a nobreza magiar, que se via ainda mais fortalecida para dominar os demais povos que coabitavam no território húngaro.

destacam o aspecto político da escolha da grafia do nome finalizado em "i" como uma opção ligada a uma concepção democrática, em oposição ao "y", que seria indicativo de certa pretensão aristocrática no contexto húngaro.[6]

Segundo os biógrafos, Sándor era o predileto de seu pai até a morte deste, em 1888 (aos 58 anos), quando era ainda adolescente. Esse fato viria a marcá-lo de forma indelével. Rachman, citando o obituário escrito por Balint em 1933, por ocasião da morte de Ferenczi, destaca que:

> *Sándor esteve exposto desde sua juventude a ideias revolucionárias e políticas, identificando-se com o espírito livre-pensador de seu pai. O adolescente Ferenczi, que amava e idealizava seu pai, assimilou o espírito revolucionário intelectual deste. Sua posição como o "enfant terrible" da psicanálise facilmente sugere esta conexão com seu pai*[7] *(2004[1995], p. 3).*

---

6 Lukacs confirma o quão usual e específicos eram os processos de magiarização dos nomes nesse período, contando que um dos mais reconhecidos húngaros de então, o pintor Mihály Muncácsy, adotara como sobrenome seu lugar de nascimento (Munkács) "com um floreio aristocrático, acrescentando o *y* nobre no final" (1988, p. 16), em substituição de seu sobrenome germânico original, Lieb.

7 Novamente Brabant-Gerö nos auxilia a compreender como a história pessoal de nosso autor ia ao encontro do contexto da época, algo diverso daquele da juventude de seu pai. A autora sublinha que, diferentemente da geração de judeus que se esforçou para ser assimilada no século XIX (como o pai de Ferenczi), os jovens judeus que já viviam integrados à sociedade húngara "não se contentaram mais com um *status* de cidadãos de segunda categoria" (1993, p. 27, tradução nossa). A possibilidade de participação política lhes permanecia restrita, salvo àqueles que aceitassem a última etapa do processo de assimilação, que seria a conversão ao catolicismo. Dessa forma, muitos jovens judeus, e esse nos parece ser o caso de nosso protagonista, tinham "perdido suas raízes no caminho da aculturação, aderindo a pensamentos universalistas. Nesse país

É bastante comum nos escritos relativos à figura de Ferenczi que a questão da busca de uma nova referência paterna seja mencionada, especialmente em sua relação com Freud, tema do qual trataremos oportunamente. Sabourin, novamente, nos conta que a leitura foi um meio importante de Ferenczi lidar com a morte precoce do pai. Assim:

> *Seu gosto pela literatura e as influências filosóficas, literárias e políticas que constituem suas raízes culturais são uma continuação das tomadas de posição do pai, portanto um elemento de sua filiação e do trabalho de luto em relação a ele, em que as posições revolucionárias se encontram transmitidas nas posições do filho*[8] *(Sabourin, 1988[1985], p. 12).*

Com a morte do patriarca, a mãe de Ferenczi, Rosa, passou a comandar os negócios da família. Também ela era uma pessoa bastante ativa, presidindo a liga das mulheres judias de Miskolc (Sabourin, 1988[1985], p. 10). No entanto, diferentemente do que acontecia com o pai, conta-se que as relações de Sándor com a mãe não eram tão boas. A Freud ele escreveu, em outubro de 1912, após um estado de convalescência, sobre o "desejo de regressar a cenas infantis de adoecimento quando muito amor me

---

onde a última etapa da integração se mostra intransponível, onde a cultura tradicional é profundamente nacional e nacionalista, os intelectuais judeus se associavam aos criadores de uma contracultura fundadora de uma Hungria moderna" (Brabant-Gerö, 1993, p. 28, tradução nossa).

8 Lorin sustenta a mesma tese: "Nossa hipótese é que, para Ferenczi, o mundo literário é o mundo do pai" (1983, p. 52). De forma geral, parece correto dizer que Ferenczi refugiava-se na companhia dos livros. Ele comenta algo assim no parágrafo de encerramento de "Anatole France, psicanalista": muitas vezes a companhia dos autores e literatos compensava o desprezo com que as ideias psicanalíticas eram recebidas no meio médico (Ferenczi, 2011[1911a], p. 147).

era concedido por minha mãe, que usualmente era severa" (Brabant et al., 1995, p. 128). "Recebi dela muita disciplina e muito pouco afeto", escreveu Ferenczi a Georg Groddeck, anos depois (Rachman, 2004[1995], p. 5). Rudnytsky (1996, p. VII) ressalta outro incidente, em idade precoce, que exemplificaria traumas emocionais e sexuais que teria sofrido em sua infância. Referindo-se a uma carta escrita por Ferenczi a Freud, conta-nos da confissão do húngaro de que, na idade de três anos, teria sido pego por uma cozinheira praticando masturbação mútua com sua irmã Gizella, o que teria lhe rendido uma ameaça feita por sua mãe, que empunhava uma faca de cozinha.

Como dissemos, em 1891, nosso autor mudou-se para Viena para estudar medicina. Retornou a Budapeste com a conclusão do curso, e lá (salvo o período de guerra, quando foi convocado para trabalhar como médico do Exército, e um pequeno lapso em meados dos anos 1920, quando viveu nos Estados Unidos) desenvolveu toda sua carreira médica e, posteriormente, psicanalítica.

Em 1917 casou-se, depois de muita hesitação, com Gizella Pálos, uma mulher oito anos mais velha, com quem estava afetivamente envolvido havia muito tempo. Por conta dessa diferença de idade, segundo alguns biógrafos, não tiveram filhos. As famílias de Gizella e Ferenczi eram conhecidas, tendo se aproximado ainda mais após a morte do pai dele. O vínculo de Ferenczi com sua futura esposa está no centro de uma das polêmicas alimentadas na sua relação com Freud, pois o húngaro, por algum tempo, esteve dividido entre seus sentimentos por Gizella e outros que dirigia a filha dela, Elma. Freud, que foi analista de Ferenczi, de Gizella e de Elma, posicionava-se firmemente favorável à escolha da primeira, o que não deixou de ter consequências na relação entre os dois homens.

Ferenczi foi o primeiro psicanalista a ocupar a cátedra universitária. Lecionava sobre psicanálise, ainda que por um intervalo de tempo restrito, equivalente ao breve período do regime comunista húngaro de Béla Kun, no final da década de 1910 – um vínculo que lhe custaria certos dissabores, como vemos adiante.

Em 1925, segundo antecipamos, estabeleceu-se nos Estados Unidos por oito meses, onde atuou como palestrante em Nova York e Washington. Posteriormente, retornou à Hungria e continuou sua clínica e produção teórica, durante uma fase de profusão criativa em que escreveu seus artigos finais, nos quais encontramos a maioria das ideias que, naquele tempo, tornaram o autor uma figura controversa e, anos depois, alimentaram seu reconhecimento como um psicanalista profundamente engenhoso. São desse período textos como "Adaptação da família à criança", "A elasticidade da técnica psicanalítica", "A criança mal acolhida e sua pulsão de morte", "Princípio de relaxamento e neocatarse", "Análise de crianças com adultos", "Confusão de línguas entre os adultos e a criança" e o imprescindível *Diário clínico*, uma *tour de force* do psicanalisar, editado apenas em 1985, após enormes esforços empreendidos por Balint.

Acometido de uma anemia perniciosa, Ferenczi faleceu em 24 de maio de 1933, aos 59 anos.

O início de nosso percurso: a formação universitária em Viena e os primeiros passos na carreira médica

Dissemos que, em 1891, quando contava dezessete anos, Ferenczi mudou-se para Viena para estudar medicina. Lá, curiosamente, hospedou-se na casa de um tio chamado Sigmund, irmão de seu pai. Sabemos por Rachman (2004[1995], p. 5) que Ferenczi costumava dizer que não era dos estudantes mais aplicados, preferindo, muitas vezes, passar seu tempo livre divertindo-se, frequentando parentes maternos que moravam em Viena ou praticando alpinismo com um de seus irmãos, também chamado Sigmund.[9]

Lorin, em seu *Sándor Ferenczi, de la médecine à la psychanalyse* (1993), estabelece algumas hipóteses que teriam conduzido nosso protagonista a optar por essa carreira profissional. Uma das razões que o autor francês destaca para a escolha da medicina seria da ordem da reparação: após a morte do pai e da irmã Vilma, restaria a Ferenczi transformar sua neurose em missão, isto é, salvar aqueles que ainda poderiam viver.

Nesse contexto, pouca importância teriam os estudos de letras ou a livraria da família. Coube ao mais velho dos irmãos Ferenczi, Henrik, administrar o comércio. Sándor parecia dotado para as ciências naturais e, "então, renunciou à ilusão literária em favor de um saber reparador" (Lorin, 1993, p. 24, tradução nossa). A medicina poderia curar e dispunha de uma série de novos métodos: químicos, físicos, hipnose, eletricidade, sugestão e, depois, psicanálise.

De fato, essa ciência avançara grandemente no período, e Viena era uma escolha consequente: além de o ensino universitário de Budapeste, à época, ainda não ter a melhor reputação, Ferenczi estaria na área de abrangência do pensamento médico de língua alemã, que progredia rapidamente rivalizando com outros centros importantes, como França e Inglaterra, com algumas características próprias que seriam, *a posteriori*, questionadas pelo próprio autor.

---

9 Outras "coincidências" com relação a nomes aparecem na vida de Ferenczi: sua esposa, Gizella, tem o nome de sua irmã mais nova – justamente aquela com quem foi flagrado em uma cena de masturbação mútua infantil já relatada.

Alexander e Selesnick (1980[1966], p. 207) nos contam que a neurologia surgiu como uma disciplina própria, em meados de 1840, com a publicação do compêndio de doenças nervosas de Moritz Heinrich Romberg, neurologista da Universidade de Berlim (Alemanha). Quem lhe sucedeu na referida universidade foi Wilhelm Griesinger, médico com alguma influência no pensamento freudiano.[10] Especialmente a partir de seus estudos, a neurologia alemã ganhou sua feição própria: Griesinger era partidário de uma concepção organicista de psicopatologia, que defendia a correlação do adoecimento psíquico com o mau funcionamento do cérebro.

Desse momento em diante, é recorrente encontrarmos na literatura a observação de que a segunda metade do século XIX foi marcada, no âmbito da ciência médica, pelo avanço nos estudos da anatomia e investigações bioquímicas. Pesquisas sobre a localização cerebral e o funcionamento das células que o compõem traziam especulações imaginativas para o escopo da medicina, não só nas escolas mais tradicionais como também em novos centros, como Estados Unidos e Rússia.

A Alemanha, contudo, parecia ser o lugar de eminência nas tentativas de aproximar a neurologia e a psiquiatria cerebral. Carl Friedrich Otto Westphal e Wilhelm Heinrich Erb foram outros médicos que seguiram essa tradição, sendo que o último foi quem desenvolveu um método de eletroterapia que, como veremos a seguir, foi objeto de críticas e reflexões de Ferenczi. A influência da neurologia e da psiquiatria alemãs, naturalmente, fez-se notar em Viena. Theodor Hermann Meynert (mestre de Freud) e seu discípulo Carl Wernicke foram os maiores nomes desse ramo do conhecimento, naquele momento, na Áustria. Bercherie (1989[1985], p.

---

10 Conforme citações em "A interpretação dos sonhos", "Os chistes e sua relação com o inconsciente" e "Formulações sobre os dois princípios do funcionamento mental".

134), aliás, relaciona esses dois autores entre os mais entusiasmados na construção de sistemas psiquiátricos amplos baseados nas recentes descobertas da neurologia, diferenciando-se de médicos mais prudentes, que apartavam as inovações neurológicas do trabalho clínico.

O período da formação de Ferenczi era também um momento de sistematização do conhecimento, no qual os neurologistas agrupavam sintomas neurológicos em síndromes e, posteriormente, em doenças; enquanto neuropatólogos buscavam situar lesões cerebrais que dessem explicações a tais fenômenos clínicos e neuropsiquiatras usavam princípios semelhantes para explicar alguns comportamentos. A confiança na ciência atingia níveis de ineditismo; o cérebro e a coluna vertebral mostravam-se promissores campos a serem desbravados. Sua conquista poderia afastar da medicina que tratava das afecções psíquicas as especulações filosóficas e religiosas que outrora lhe infiltraram.

Retomando a linha de pensamento de Lorin, a medicina, dessa forma, seria não só uma maneira de Ferenczi se proteger do sofrimento, de tapear sua neurose, como também um meio de abraçar princípios de um saber que estava em pleno desenvolvimento e que, em alguma medida, o elevariam a um ideal de onipotência. No capítulo seguinte, ao enfocar a produção pré-psicanalítica de nosso autor, podemos observar como se aproximou de diversas formas de cura propostas pela medicina no final do século XIX, ponderando sobre elas, e de outros aspectos da ciência médica desse tempo.

Refletindo sobre o contexto da medicina do período, Alexander e Selesnick contam que:

> *Na última parte do século XIX a ciência médica dedicou-se a intensivo estudo da anatomia patológica e a investigações bioquímicas realizadas por homens de*

grande perspicácia. Se um médico não fosse realmente bom clínico, precisava ser pelo menos um estudante sério no laboratório (1980[1966], p. 211).

A pesquisa de laboratório foi, exemplificativamente, um campo de grande interesse inicial de Freud que, como se sabe, desenvolveu nesse ambiente uma série de trabalhos. Com Ferenczi, as coisas se deram de outra forma: ele jamais buscou a pesquisa nesse contexto. Seus interesses, desde o início, estavam mais próximos da clínica, ainda que impregnados de uma constante inquietude e espírito especulativo. Acerca das inclinações de nosso autor, assim seu célebre aluno e herdeiro intelectual (e clínico), Balint, descreve-o no necrólogo escrito em sua homenagem:

> *Se eu tivesse de definir em uma palavra o que nosso Mestre, no fundo de seu coração, realmente era, deveria dizer um médico, no melhor e mais rico sentido da palavra... As únicas coisas que permanentemente mantinham seu interesse, nas quais seu irrequieto espírito encontrava paz, eram: ajudar, curar*[11] *(1973[1933], p. 235, tradução nossa).*

Logo que retornou de Viena para Budapeste, em 1897, Ferenczi ingressou como médico-assistente no hospital Szént Rókus (São Roque), situado próximo ao bairro judeu da cidade, onde

---

11 O próprio Freud, em correspondência mantida com Ferenczi no início de 1910, faz uma curiosa constatação, refletindo acerca de um sonho do húngaro: "Quanto ao sonho que teve, eu pessoalmente me interessei muito pela explicação de suas tendências médicas. Eu não possuo essa necessidade de ajudar os outros e vejo agora a razão: não ter perdido nenhum ente querido nos anos de infância e juventude" (Brabant et al., 1994, p. 184).

foi designado, contra sua vontade, para o setor de tratamento de prostitutas e mulheres em estado de perigo. Em meados de 1898, tornou-se médico-assistente no "Hospital dos Pobres" Erzsébet. Segundo Lorin (1973[1933]), tratava-se de uma instalação situada em uma localidade bastante poluída e degradada de Budapeste. Seu público era, em especial, composto de trabalhadores que viviam aos trapos em ambientes superpovoados.

A despeito das condições em que exercia a medicina, o verdadeiro interesse de Ferenczi era a neurologia e, na impossibilidade de ser alocado em um posto específico para o tratamento de pacientes com afecções nervosas, fazia experimentos consigo – seu preferido era uma espécie de "escrita automática". Foi em um desses experimentos que lhe surgiu a (auto) sugestão de escrever um texto sobre o espiritismo.[12] Ele assim o fez. Em "O espiritismo" (texto de 1899, que nos serve de muitas maneiras como farol para refletir sobre os primeiros momentos do pensamento ferencziano), o húngaro abordou pela primeira vez a ideia de uma divisão no funcionamento mental. Ali já demonstrou seu interesse pelo "inconsciente".[13]

Sobre a circulação da ideia de funcionamentos psíquicos inconscientes naquele momento, Mészáros nos conta: "A intelligentsia do *fin de siècle* estava profundamente interessada em manifestações inconscientes da mente humana, que apareciam no fenômeno histérico, hipnose, produções dos meios espíritas e escrita automática" (1993, p. 43, destaque do autor, tradução nossa). Essa afirmação encontra amparo no fato de que o artigo sobre espiritismo foi

---

12 Curiosamente, o tópico do espiritismo foi também tema da tese de doutoramento de Carl Jung (Prado de Oliveira, 2011, p. 15), o que demonstra um campo comum de interesse, o das chamadas "ciências ocultas", que também será, consoante estudaremos, objeto do cuidado e interesse de Freud.
13 Para nosso estudo, utilizamos o texto em francês "Le Spiritisme" (1994[1899a]).

publicado no jornal médico com o qual Ferenczi viria a contribuir regularmente, o *Gyógyászat*.[14]

Ferenczi é constantemente descrito como alguém que participava desse ambiente efervescente, em que os fenômenos de dupla consciência eram apreciados não só do âmbito médico como também do transcendental e artístico. Frequentava cafés e encontros nos quais se cercava de indivíduos com atividades diversas que partilhavam dos mesmos interesses. Brabant-Gerö, em seu *Ferenczi et l'école hongroise de psychanalyse*, nos oferece uma oportuna descrição de como os interesses científicos de nosso autor o aproximavam dos jovens intelectuais que pleiteavam mudanças na organização da sociedade húngara no início do século XX. Assim diz a autora:

> *É pouco surpreendente que esse filho de imigrantes judeus [refere-se a Ferenczi] se encontrasse ao lado daqueles que queriam democratizar seu país e renovar sua cultura. No círculo artístico e literário que se formava em sua mesa de costume no Café Royal, encontrava-se o ambiente da livraria de seu pai. . . . As ideias de Freud são imediatamente associadas às correntes novas e percebidas como aptas a transformar o mundo. Assim, aos olhos dessa geração, a liberação do indivíduo e da sociedade caminham lado a lado* (Brabant--Gerö, 1993, p. 40, tradução nossa).

Retomando nossas observações sobre o início de sua prática médica na capital húngara, podemos notar que, antes mesmo de

---

14 O *Gyógyászat* ("terapeuta") foi um jornal médico húngaro editado por Miksa Schächter, figura de grande importância para Ferenczi, de quem falaremos mais adiante.

ser designado como "o analista dos casos difíceis", nosso protagonista já demonstrava proximidade com aqueles que ficavam à margem. É certo que nem sempre isso partia de seu desígnio consciente, como se deu, ao menos em parte, em seus primeiros atendimentos hospitalares na clínica geral. O fato é que, além de trabalhar com as prostitutas, Ferenczi chegou a ser representante do Comitê Humanitário Internacional de Defesa dos Homossexuais, ainda em 1897.[15]

Em 1901, concretizou seu intento de trabalhar especificamente com afecções psíquicas, ao ingressar na sessão de neuropsiquiatria de um dos hospitais onde atendia em Budapeste. Nesse contexto, especializou-se em neurologia e neuropatologia e adquiriu habilidade com a hipnose e a sugestão. Em 1904 dirigiu consultas na Caixa de Saúde de Budapeste e, em 1905, tornou-se perito judicial.

Paralelamente à sua atividade clínica, Ferenczi desenvolveu, ao longo dos anos que antecederam seu encontro com Freud, uma grande atividade autoral, escrevendo uma série de artigos nos quais expunha seus pontos de vista sobre diversos temas relacionados à prática médica de seu tempo, concepções de adoecimento e terapias. Ou seja, ao contrário do que se costuma pensar, mesmo antes de seu encontro com a psicanálise, Ferenczi já era um autor

---

15 Sobre o tema dos direitos dos homossexuais, escreveu em 1905: "eu considero a homossexualidade como um ato que não traz consequência para a sociedade"; "A repressão dos homossexuais é injusta e inútil . . . é necessário punir o ato pelo qual um indivíduo dá voz a seus instintos inatos, se esses não causam mal a quem quer que seja? Essa questão me parece o ponto essencial do problema" (Ferenczi, 1994[1905], pp. 254-255, tradução nossa). Não nos parece inexato afirmar que essa tolerância àquilo que, então, era considerado um desvio de caráter ou uma característica de "degenerados" (no sentido da "teoria da degenerescência", da qual falaremos adiante) fornecia condições importantes para que Ferenczi se deixasse cativar, posteriormente, pela obra freudiana.

com substancial produção teórico-clínica, tendo redigido em torno de 45 trabalhos entre 1899 e 1907.

Conta Sabourin que:

> *antes daquele encontro fulgurante com Freud, que iria transformar sua vida, Ferenczi estava engajado numa luta contra a ordem médico-psiquiátrica estabelecida em seu país. Sua defesa pública dos homossexuais, sua insistência em introduzir uma nova psicologia do amor, seu estudo sobre a patologia do meio médico, antecipam precisamente suas pesquisas psicanalíticas e dele fazem, já nessa época, um cabeça da contestação dos pedantismos da moda (1988[1985], p. 2).*

Esses escritos foram coletados por Lorin em meados dos anos 1970 e publicados na coletânea francesa *Les écrits de Budapest*. Confirmando o ponto de vista de Sabourin que citamos, outros autores veem nesses textos o germe do que viria a caracterizar a clínica psicanalítica posterior de Ferenczi: abordagem relacional, dinâmica intersubjetiva do par terapêutico, preocupação com o processo de cura, observações sobre contratransferência, críticas à neutralidade etc.[16]

No próximo capítulo, nos debruçamos sobre esse momento do pensamento clínico ferencziano. Pela leitura de alguns desses trabalhos, pretendemos conhecer com maiores detalhes como Ferenczi se relacionava com o pensamento clínico geral de seu tempo, bem como saber mais de suas principais preocupações no trabalho com enfermos, mantendo alguma atenção se, como e por

---

16 Kahtuni e Sanches (2009, p. 9); Rachman (2004[1995], p. 9).

que essas preocupações reapareceriam em seus textos psicanalíticos. Podemos ainda conhecer algumas inquietações que permaneciam sem resposta no âmbito do conhecimento clínico a que tinha acesso, situação essa que provavelmente fez nosso autor encantar-se pela psicanálise.

Passemos, assim, aos escritos de Budapeste.

2. O pensamento clínico pré-psicanalítico de Ferenczi (1899-1906)

Introdução e plano de abordagem dos escritos de Budapeste

Terminamos o capítulo anterior com Ferenczi, médico formado na Universidade de Viena, retornando a Budapeste e exercendo sua atividade nos hospitais dessa cidade. Neste capítulo começamos a tomar contato efetivo com seu pensamento clínico por meio de seus primeiros artigos, reunidos, como dissemos, na coletânea *Les écrits de Budapest*, publicada na França, em 1994.

Explicamos, a seguir, nossa estratégia para a abordagem desses escritos.

Primeiramente, fazemos uma síntese do trabalho de 1899, "O espiritismo".[1] Trata-se de um interessantíssimo prelúdio às refle-

---

1 Ferenczi (1994[1899a]). Alguns estudiosos apontam que esta não seria efetivamente a primeira contribuição teórica publicada por Ferenczi. Tal trabalho teria sido antecedido por um texto de 1897 intitulado "A psicologia do turismo", que não consta, entretanto, dos escritos de Budapeste.

xões, às questões e às censuras que Ferenczi fazia à prática médica de seu tempo. Após, ainda no mesmo item, relacionamos algumas referências encontradas nesse escrito ao neorromantismo, movimento cultural europeu do final do século XIX, com o qual as ideias do jovem Ferenczi dialogavam. Mais adiante, abordamos o impacto que a teoria da evolução teve em suas reflexões vestibulares – uma influência que o húngaro carregou consigo em seus anos como psicanalista e redundou em obras seminais como "Thalassa: ensaio sobre a teoria da genitalidade" (2011[1924b]). Essa referência participaria de algumas inserções que a teoria da degenerescência teve no pensamento ferencziano, o que também é tratado neste capítulo. A seguir, traçamos algumas linhas sobre a origem psíquica das neuroses com base no ensino de Paul Julius Möbius, o principal autor de referência presente nos escritos pré-psicanalíticos de Ferenczi. Möbius estava presente na teorização inicial de nosso personagem, não somente por sua defesa das teorias sobre a psicogênese da histeria como também por suas reflexões sobre os métodos terapêuticos envolvendo hipnose e sugestão, aspecto do pensamento ferencziano com o qual concluímos esse trecho do nosso estudo.

É importante reafirmar que nossa abordagem dos tópicos aludidos tenta explorar as pistas que esses escritos nos dão para se compreender a aproximação de Ferenczi da psicanálise, esse novo método clínico para tratamento de adoecimentos psíquicos que vinha se desenvolvendo concomitantemente à elaboração de suas publicações inaugurais.

Um primeiro contato com o pensamento original de Ferenczi: "o espiritismo" e as influências neorromânticas

Ferenczi tinha 26 anos quando, em 1899, publicou o primeiro trabalho teórico constante da referida coletânea. "O espiritismo" transmite uma sensação de urgência, transbordando a ansiedade de uma mente inquieta que, aparentemente, busca, pela escrita, mais externalizar uma série de questões que propriamente respondê-las. É um texto que analisamos mais detidamente, pois nele podemos situar parte considerável dos temas predominantes no pensamento ferencziano anterior à psicanálise.

Assim, após introduzir-se em pontos como a definição da filosofia e a origem de Deus (um deus escrito em letra minúscula, criado pelo humano a sua semelhança, segundo diz), nosso autor nos conta que as visões que o homem tem do mundo modificam-se de acordo com os sistemas político e religioso no qual está inserido. Daí situa-se, em 1899, em um momento de predominância das perspectivas que nomeia *materialismo científico* – mais precisamente, *materialismo atomístico* –, sendo esse o gosto da "*intelligentsia*" cultural de sua época, conforme aponta com ironia. Naturalmente, com isso, Ferenczi refere-se ao ambiente médico de seu tempo que, conforme descrevemos no capítulo anterior, investia intensamente em explicar os fenômenos do psiquismo por meio do estudo das partes do cérebro e de seu funcionamento celular. O tom sarcástico dessa passagem do texto já informa o leitor da postura crítica que Ferenczi adotou com relação a essa concepção.

O autor censura a visão rígida dessa medicina, que conceberia a consciência humana como simples produto de uma organização de partículas cerebrais. Para Ferenczi, as especulações de tais médicos procuravam oferecer uma resposta à teoria do conhecimento kantiana, que colocaria de lado a ciência objetiva, para compreender os fenômenos pela via do "eu".[2] Ele lamenta – não há efetivo progresso na história da filosofia: nosso conhecimento progrediria como uma charrete puxada por dois cavalos onde um tenta dominar outro. A teoria do conhecimento kantiana, plena de perigosos sofismas – segundo, nesse momento, afirma –, fora substituída por um materialismo radical e inabalável. Daí, pergunta: "Não seria verdade, todavia, que outros dogmas se constituem e que certo materialismo funda suas verdades sobre os conceitos de força e matéria, um pouco como o monoteísmo funda os seus somente sobre a fé em Deus?" (1994[1899a], p. 36, tradução nossa).

Nesse zigue-zague que caracterizaria o progresso do conhecimento, Ferenczi nota a existência de outra concepção de saber em voga na época: as ciências dos espíritos e fantasmas, as ciências transcendentais, que resume na rubrica que dá título a seu escrito: o espiritismo. Ele introduz como ideia central dessa teoria a imortalidade da alma:

> *após a morte, a vida psíquica de um ser não se aniquila, mas, ao contrário, atravessa processos purificatórios*

---

2 A referência a um texto de Marx (2008) nos é esclarecedora sobre a contraposição delineada por Ferenczi. Segundo tal autor, diferentemente do que se deu na Escócia, França e Inglaterra, países nos quais as ideias iluministas estavam largamente identificadas pelo espírito empírico de personagens como John Locke – o que implicava que a busca científica da verdade deveria fundar-se exclusivamente na análise experimental –, na Alemanha a perspectiva de iluminismo kantiana teve prevalência. Para o filósofo de Konigsberg haveria uma tensão no casamento da ciência (que reduzia tudo a relações de causa e efeito) com a liberdade individual, dois pontos de ancoragem do iluminismo franco-britânico. "Ele temia pela liberdade individual se relacionamentos humanos devessem sujeitar-se aos esquemas científicos. Ele identificava o iluminismo com a coragem de se usar o entendimento próprio sem diretivas de outros" (Marx, 2008, p. 314).

diversos. A seguir, essa alma renasce, reencarna e, se a vida anterior foi exemplo de pecado, ela pode entrar em contato com os seus, emitir sinais escritos ou orais desse outro mundo no qual se encontra, por meio de pessoas que conseguem criar, nelas mesmas, um estado psíquico particular (Ferenczi, 1994[1899a], p. 37, tradução nossa).

Atentemos para algumas sutilezas na descrição de Ferenczi. Parece-nos importante ressaltar, na escolha das palavras, o pêndulo entre significantes usuais em um campo dos saberes transcendentais (alma) e outros próprios da ciência, como "vida psíquica",[3] com significações equivalentes. Uma vida psíquica que não se aniquila, que transcende indivíduos e mesmo gerações. Eis um tema fulcral em vários momentos do pensamento ferencziano, seja em seu período pré-psicanalítico ou posterior – como observamos, por exemplo, quando levamos em conta suas ponderações que relacionam onto, filo e psicogênese, bem como suas reflexões sobre o trauma (o "terrorismo do sofrimento" ou a identificação com o agressor). Obviamente não é baseado nos mesmos fundamentos espirituais que nosso autor aborda esse assunto em seus escritos psicanalíticos dos anos posteriores, mas a centelha da inquietação com o tema já se apresenta.

Ferenczi faz ainda uma referência a Alexandre Akasakoff, um dos pioneiros no estudo dos fenômenos sobrenaturais, que alimentou, em meados dos anos 1880, polêmicas com Wilhelm Wundt e, especialmente, com Eduard von Hartmann – seguidor de Arthur Schopenhauer e autor de *Filosofia do inconsciente*, importante trabalho na conceituação de um "inconsciente psicológico", que

---

3 Ainda assim, não de uma ciência eminentemente materialista, que era objeto de sua contestação.

seria fundamento e origem de padrões de comportamento (cf. Alexander & Selesnick, 1980[1966], p. 231).

Essas observações são importantes para ilustrar o espírito de um tempo no qual a medicina, a filosofia e os estudos sobre fenômenos transcendentais entravam em contato por meio de figuras representativas de seus respectivos campos. Tal particularidade, inclusive, não escapou da atenção de Ferenczi, ao apontar que "*gentlemen* inteligentes e cultos, cuja alma e sistema nervoso são perfeitamente sãos" (1994[1899a], p. 38, tradução nossa), como Cesare Lombroso – antropólogo italiano e principal responsável pela transposição, para a criminologia, da ideia da degeneração –, eram ardorosos incentivadores do estudo do espiritismo.

Ao proceder à defesa do estudo dos fenômenos sobrenaturais, no entanto, Ferenczi aproximou-se de outro terreno: a psicologia. A ponte entre os conhecimentos do ocultismo e essa ciência que, segundo nos disse, dava seus primeiros passos, pode ser encontrada em uma frase lapidar e indicativa de seus futuros interesses: "acredito que há verdades a considerar, mesmo se são subjetivas e não 'objetivas'" (1994[1899a], p. 39, tradução nossa).

Pode causar estranheza ao leitor de nossos dias a relação entre espiritismo e desenvolvimento da ciência psicológica. Para explicitá-la, talvez tenha valor uma referência ao desenvolvimento dessa matéria: após demarcar o primeiro capítulo da história do espiritismo nos supostos fenômenos vividos pelo norte-americano John Fox e sua família, em 1848, bem como informar sobre sua rápida expansão para o continente europeu no início dos anos 1850,[4] assim Ellenberger situa-nos acerca da relevância dos fenômenos espiritualistas na época para a descoberta dos processos inconscientes:

---

4 O conhecido *Livro dos espíritos*, de Allan Kardec, foi editado em Paris em 1857.

O advento do espiritismo foi um evento de grande importância na história da psiquiatria dinâmica, porque forneceu a psicólogos e psicopatologistas, indiretamente, novas abordagens para a mente. A escrita automática, um dos procedimentos introduzidos pelos espíritas, foi tomada pelos cientistas como um método para explorar o inconsciente.[5] Chevreul, que já havia, em 1833, demonstrado que os movimentos da vara adivinhadora e do pêndulo eram inconscientemente dirigidos pelo pensamento oculto do executor, retomou suas experiências antigas com a intenção de dar uma explicação racional às mesas girantes. Um novo sujeito, o médium, tornou-se disponível para investigações psicológicas experimentais, das quais se obteve um novo modelo da mente humana (1976[1970], p. 114, tradução nossa).

De fato, se por um lado a psicologia da segunda metade do século XIX começava a ocupar-se de expressões parapsicológicas e da experimentação – e, com relação a este último aspecto, Ferenczi cita em seu artigo Gustav Theodor Fechner e Wundt –, por outro, recebia ainda grande influência da filosofia de então. Johann Friedrich Herbart com suas concepções sobre processos inconscientes, Friedrich Eduard Beneke e o já citado Von Hartmann são exemplos dessa posição.

Tais avanços, contudo, ainda estavam longe de satisfazer nosso autor, que, refletindo sobre essa psicologia, assinalava:

a influência das sensações, dos sentimentos e das transformações psíquicas... assim como suas ligações

---

5   Escrita automática praticada por Ferenczi, conforme assinalamos.

> *primitivas com a atenção, as associações, a percepção, os afetos e a vontade são fenômenos estudados com grande proximidade, que revelam o funcionamento da psique humana. Por outro lado, o amor, o ódio, a cólera, a memória, o conhecimento, o esquecimento, a reflexão, o senso moral, a sensibilidade artística, a psicologia das crianças e das massas permanecem, ainda, infelizmente, nas mãos de romancistas e de autores de narrativas fantásticas (Ferenczi, 1994[1899a], p. 39, tradução nossa).*

Quanta inquietude, quantos questionamentos trazia o jovem autor! Ler essa relação de temas não desenvolvidos, conhecendo hoje o destino clínico de Ferenczi, é espantoso: quantos deles não seriam, nos anos vindouros, desbravados pelos autores da psicanálise, a começar pelo próprio Freud?

A consideração anterior, aliás, foi retomada por nosso personagem em outro trabalho de grande valor, dentre seus textos pré-analíticos: "O amor na ciência" ("L'amour dans la Science", 1994[1901a]). Nesse texto, fez observações sobre a pesquisa científica e o mundo dos afetos. Ali, Ferenczi assentou que o trabalho do romancista seria uma verdadeira pesquisa científica, enquanto os escritos científicos quase nada consagravam ao amor – queixava-se, na verdade, de que as obras de psicopatologia da vida sexual ensinavam "todas as perversões possíveis", sem nada dizer sobre a psicologia do "amor normal".[6] Para ele, no entanto, "o amor é

---

6 De fato, não foram poucas as vezes em que Ferenczi, no curso de seus escritos e correspondência posterior com Freud, buscou o apoio e referiu-se aos ficcionistas como desbravadores da mente humana: o texto "Anatole France, psicanalista" (2011[1911a]) de 1911 e as referências a Ibsen (citado na correspondência com Freud e em "Sugestão e psicanálise" (2011[1912a]), por exem-

uma força psíquica cuja ação criadora ou destrutiva conduz o homem e toda espécie humana ao *culmen* de sua capacidade de ação" (1994[1901a], p. 101, tradução nossa); ao mesmo tempo, asseverou que o amor seria uma região fronteiriça entre a doença e o estado normal da mente humana. Em seus escritos derradeiros, temos a oportunidade de notar que o amor (em suas variantes de "ternura" e "paixão"), na relação entre o adulto e criança – bem como suas "confusões", seus descaminhos –, é um assunto de importância central nas reflexões de nosso autor.

Retomando e finalizando nossa incursão no trabalho sobre o espiritismo, se por um lado vemos ali Ferenczi arrolar essa série de tópicos intocados, vastos campos a serem desbravados pela pesquisa psicológica, por outro ele propôs uma hipótese científica acerca do tema que dá título a seu estudo: os fenômenos espirituais. Ferenczi conta-nos que seriam a expressão de divisões no funcionamento mental. Ou seja, já nesse primeiro texto o húngaro situa-se na linhagem de pensadores que sustentam a existência de um sistema psíquico cindido e que creditam importância àquilo que se passa nesse aspecto do psiquismo que permanece distante da consciência humana. Ele assinala, por fim, existir no "espírito" elementos inconscientes e semiconscientes que, de maneira automática, participariam de seu funcionamento.

É importante, finalmente, frisar que, diferente de Freud – que chegou ao inconsciente pela via da psicopatologia para depois pensá-lo nas atividades "normais" –, o húngaro, além de adentrar a matéria pela via dos conhecimentos transcendentais, inventariou nesse escrito uma série de atividades comezinhas, nas quais poderiam ser percebidas funções inconscientes em ação: a possibilidade de devanear durante uma exposição, de ler uma página em voz alta

---

plo – especialmente a peça "A dama do mar") são testemunhos da reflexão já antecipada no texto em comento.

sem nada compreender, de tocar uma música ao piano enquanto se conversa com alguém e mesmo as faculdades da memória, que mantêm uma série de informações enquanto apenas um pequeno número se apresenta na consciência a cada instante. Todos esses exemplos, para Ferenczi, seriam demonstrativos de uma divisão do funcionamento psíquico. Nesse mesmo âmbito, concluiu, caberia também o estudo dos fenômenos espirituais.

Se, no capítulo anterior, tratamos dos fatores que poderiam explicar a aproximação de Ferenczi da prática médica e de seu empenho na questão da cura (em detrimento de outras possibilidades, como a pesquisa laboratorial) e, ainda, de sua ânsia por se inserir no âmbito da neurologia (à época, um novo e promissor ramo da medicina), o autor que se apresentou no trabalho vestibular que passamos em análise, todavia, já não é exatamente um entusiasta efusivo das práticas médicas de seu tempo. Demonstrava, em contrapartida, interesse na psicologia nascente, sem, contudo, sentir-se extremamente confortável em sua vertente experimental. Por outro lado, seu pensamento parece, de muitas maneiras, ter incorporado traços do neorromantismo, tal qual definido por Ellenberger (1976[1970]) em seu clássico estudo sobre as origens dos saberes acerca do inconsciente.[7]

Os neorromânticos, conta-nos Ellenberger (1976[1970], p. 323), surgiram como uma reação ao naturalismo e ao positivismo, correntes de pensamento que, de certa maneira, serviram de escoramento para a psiquiatria organicista criticada por Ferenczi. Tratou-se de um movimento que buscava a revalorização do indivíduo frente a um mundo que se industrializava e criava massas urbanas que viviam, muitas vezes, em péssimas condições. O espírito otimista, que enchia os olhos daqueles que enxergavam

---

7   *El descubrimiento del inconsciente: historia y evolución de la psiquiatría dinámica* (1976[1970]).

nas máquinas a vapor, na eletricidade, nas grandes empresas e em infindáveis descobertas científicas a marca do progresso, não era compartilhado pelos neorromânticos, que miravam nesses elementos signos de um mundo em decadência que inspirava apenas o pessimismo.

Ao relacionarmos o contexto do ideário neorromântico ao pensamento de Ferenczi, não estranhamos a informação de que os dois principais centros de propagação dessa atitude eram Paris e Viena. Ellenberger comenta: "Na Áustria, a ideia de decadência que se espalhou por toda Europa tinha um significado especial, pois se via aplicada à monarquia e ao império, cuja queda e desintegração era dada como próxima e prevista por muitos" (1976[1970], p. 328, tradução nossa). Esse sentimento nos recoloca na trilha da história pessoal de Ferenczi, filho de nacionalistas húngaros e, ao mesmo tempo, estudante e apreciador da vida boêmia vienense.

O neorromantismo, ainda segundo Ellenberger, tinha quatro características básicas: o já mencionado pessimismo (fundado em concepções filosóficas de Von Hartmann e Schopenhauer e que, incorporando as noções de decadência, refletiu-se nas teorias psiquiátricas sobre a *degeneração mental*), uma concepção do *civilizado corrompido*, uma queda pelo irracional, oculto e sobrenatural, e o culto ao erotismo. Os três primeiros traços estão claramente presentes no escrito ferencziano anteriormente analisado ("O espiritismo"); o último seria marcante nas obras de alguns ficcionistas da época, como o já citado (em nota) Anatole France, não por acaso um dos escritores favoritos de Ferenczi.

Nos próximos itens, retomamos esses vértices de forma a aprofundá-los com considerações presentes em outros trabalhos dos escritos pré-analíticos de Ferenczi com referências a esses elementos, como a teoria da degenerescência e a hipnose, que Ellenberger relaciona, por exemplo, ao gosto pelo ocultismo próprio dos neorromânticos.

A influência de Haeckel e a visão da psicologia com base na teoria da evolução

O estudo acerca do contexto científico do final do século XIX nos direciona para um período de grande produção de pesquisas e infindáveis descobertas. A inquietude de Ferenczi colocava-o em contato com assuntos que, para o olhar do cientista do século XXI, parecem absolutamente distantes, como o espiritismo e a teoria da evolução. Neste item, nos debruçamos sobre o segundo tema, um importante campo do conhecimento que começara a ser desbravado, especialmente por Charles Darwin, na virada para a década de 1860.[8]

O artigo pré-psicanalítico de nosso personagem que melhor espelha a influência do evolucionismo em sua formação é "Consciência e desenvolvimento" ("Conscience et developpement", 1994[1900a]), publicado em 1900. A relação com a psicologia, já contida no título, encontra reforço logo na abertura do escrito, quando o húngaro questiona: "Há alguma ciência que postule problemas mais complexos e cujos segredos sejam mais insondáveis que a psicologia?" (Ferenczi, 1994[1900a], p. 63, tradução nossa). Trata-se também de um trabalho bastante interessante para retermos as influências do jovem médico e, ao mesmo tempo, consequente no que concerne ao seu pensamento psicanalítico posterior. Vemos nosso autor situar a psicologia do final do século XIX (e se situar nela), persistir em sua apreciação negativa das escolas

---

[8] Para posicionar o leitor, *A origem das espécies*, de Darwin, foi publicado em 1859.

idealistas e das visões radicalmente materialistas e mecanicistas. Notamos também, naturalmente, suas reflexões sobre as recém-apresentadas teorias do evolucionismo – que lhe impulsionam a refletir sobre as relações entre a psico, a onto e a filogênese, assuntos que seriam de inestimável importância em alguns de seus escritos psicanalíticos cruciais.

Devemos situar o leitor dos nossos dias e lembrar que o evolucionismo (visão científica da origem das espécies que coloca o ser humano em relação estreita com a ancestralidade), hoje amplamente divulgado e interiorizado por nós, na época de Ferenczi era uma novidade – deslumbrante para alguns e blasfema para outros. Com isso em mente, podemos compartilhar do fascínio e do espanto contido em afirmações como: "É assim que as ascaris dos museus, mergulhadas em álcool, os vestígios de esqueletos de animais fossilizados ganharam vida" (Ferenczi, 1994[1900a], p. 65, tradução nossa).

No seu trabalho sobre o espiritismo, passado em revista no item anterior, Ferenczi já havia tecido considerações sobre a psicologia, deixando uma série de questionamentos em aberto. Nesse outro artigo denomina "sábios" e "heróis" aqueles que se atrevem à pesquisa psicológica e, todavia, opina que "os Darwin e Ernst Haeckel da psicologia ainda não se manifestaram: estamos distantes de ter um conhecimento exaustivo dos processos de ontogênese e filogênese do psiquismo humano" (1994[1900a], p. 66, tradução nossa). A citação aos dois célebres biólogos relacionada à psicologia não foi aleatória: se por um lado, nesse texto, Ferenczi se mostrava efetivamente fascinado com o evolucionismo; por outro, sua aposta era de que essa nova teoria teria muito a oferecer para a ciência, de modo geral, e para a psicologia, em particular.

A figura do citado Haeckel merece maior comentário, tendo em conta sua repercussão no pensamento ferencziano desde esse momento inicial (uma influência que não se perderia ao longo dos anos psicanalíticos, conforme estudamos adiante). Nascido em 1834 na Prússia, é certo dizer que foi uma das mais profícuas e controversas personalidades do cenário científico europeu da segunda metade do século XIX, sendo um reconhecido talento em campos diversos como a biologia e a ilustração.

Haeckel foi o maior divulgador da teoria darwiniana da evolução em língua alemã, tendo seus predicados reconhecidos, inclusive, pelo seu criador. Foi, simultaneamente, um fenômeno editorial: sua obra *Natürliche Schöpfungsgeschichte* (*História da criação natural*, em tradução livre) foi reeditada doze vezes no idioma teutônico entre 1868 e 1920 e seu trabalho *Die Welträtsel*[9] ("Os enigmas do mundo", em português), de 1899 (ano anterior ao artigo de Ferenczi em comento), em que dava amplitude filosófica à teoria evolucionista, vendeu quarenta mil cópias somente em seu primeiro ano de edição na Alemanha – para que o leitor tenha uma ideia da magnitude desses números, Richards (2008, p. 2), comparativamente, informa-nos que a edição inglesa de Darwin de *A origem das espécies* vendeu 39 mil cópias entre 1859 e 1890. Dentre seus feitos, o cientista alemão foi responsável por localizar, no núcleo da célula, o material genético e intuiu a existência de um "elo perdido" que confirmaria a relação evolutiva do homem com seus ancestrais símios, tal qual posteriormente descoberto por Eugène Dubois. Além disso, formulou a noção de "ecologia", hoje tão divulgada e corrente.

Haeckel é outro exemplo do que apontamos no item anterior sobre a maneira complexa como a construção da ciência no século XIX mesclou diversos campos de saber. Assim, ao mesmo tempo que se ocupava do pensamento evolutivo de Darwin, o biólogo

---

9 *Die Welträtsel* foi traduzido para o inglês de maneira ainda mais superlativa: *The riddle of the universe*.

alemão era profundamente influenciado pelo pensamento romântico de Johann Wolfgang von Goethe e Alexander von Humboldt. Essa tradição teve grande influência na morfologia evolutiva defendida por Haeckel, que se escora especialmente na noção de "arquétipo", uma estrutura fundamental supostamente encontrada em diversos organismos, desenvolvida por Goethe com base em Immanuel Kant. Ao refletir sobre as formas orgânicas, assim ponderou o gigante do pensamento romântico em seu trabalho de 1819, intitulado "A metamorfose dos animais":

> *Todas as partes modelam-se segundo leis eternas e toda a forma, por mais extraordinária, tem em si o primitivo. A estrutura do animal determina-lhes os hábitos e o estilo de vida, por sua vez, reage poderosamente sobre todas as formas. Pelo exposto, revela-se a regularidade do progresso, que tende para as mudanças sob pressão do meio exterior (Goethe citado por Santos, 2011, p. 63).*[10]

Ciente de tais formulações goethianas e impulsionado pelas especulações evolucionistas de Darwin, não seria longo o salto de Haeckel para a *lei biogenética fundamental* ou *lei da recapitulação*, segundo a qual *a ontogênese retoma a filogênese*. Tal proposta manteve sua influência até meados do século XX, quando, depois de muitas querelas, foi considerada superada pelos especialistas

---

10 Santos situa a origem desse tipo de hipótese em um estudo ainda anterior; assim refletiu Goethe em 1795: "Nesse sentido, aqui faz-se uma tentativa de se chegar a um tipo anatômico, uma configuração geral na qual as formas de todos os animais estejam contidas em potência e, por meio das quais, possamos descrever todos os animais de modo invariável" (Goethe citado por Santos, 2001, p. 64).

– ainda que mantenha seu aspecto misterioso e intrigante, como atesta a pesquisa de Stephen Jay Gould sobre a matéria.[11]

Ferenczi acolheu uma leitura das teorias evolucionistas que se amparava grandemente na "lei da recapitulação" de Haeckel, conforme podemos ver na seguinte passagem de "Consciência e desenvolvimento":

> *o mundo constitui uma unidade homogênea e compreensível, em que os modos de existência dos fenômenos são somente fases intermediárias entre estados que se sucedem, um estado determinado do desenvolvimento; por fim, devemos considerar o passado como a fonte originária do momento presente. . . . para que um ser vivo possa ser um representante significativo de sua espécie, ele deve, de qualquer maneira, encarnar todo o passado e as transformações da espécie a qual ele pertence (1994[1900a], p. 65, 67, tradução nossa).[12]*

---

11 As polêmicas envolvendo o pensamento de Haeckel iam desde o falseamento de dados em sua pesquisa e ilustrações que a acompanhavam até o suposto apoio que teria dado a teorias de supremacia racial. Acerca do tema remetemos o leitor interessado à biografia de Haeckel escrita por Richards, intitulada *The tragic sense of life: Ernst Haeckel and the struggle over evolutionary thought* (2008). Gould, eminente biólogo norte-americano, em seu livro de 1977, *Ontogeny and phylogeny*, mapeou a influência da "lei da recapitulação" em outros campos do conhecimento e sublinhou sua presença no pensamento de Ferenczi (além de Freud e Jung).

12 Essa visão de unidade no conjunto dos fenômenos naturais levou Ferenczi a situar-se, como Haeckel também fizera, no registro do monismo, uma concepção epistemológica que albergou figuras importantes para sua formação de pesquisador, como o já citado biólogo alemão e também Möbius, de quem ainda falaremos. Lorin (1983, p. 103) sublinha que a concepção monista não abandonaria por completo Ferenczi, ressurgindo em meados dos anos 1920, no método de pesquisa que nomeou "utraquismo", utilizado justamente em seu ensaio que reúne hipóteses sobre a evolução da espécie e a psicologia, o

Assim, ampliando o que já antecipamos, segundo o postulado de Haeckel – enunciado por Ferenczi anteriormente –, a ontogênese constituiria uma reprodução em miniatura da filogênese, ou seja, o ser que surge do processo de fecundação não é imediatamente semelhante àqueles que lhe conceberam. Antes de chegar a sua forma de desenvolvimento final, ele passa por mudanças em sua estrutura que reviveriam as metamorfoses sofridas pela espécie ao longo dos tempos. Essa teoria seria retomada e correlacionada de maneira ampla com a psicanálise no seu ensaio "Thalassa: ensaio sobre a teoria da genitalidade", como veremos mais adiante.

Nessa esteira, a consciência também não seria um acontecimento espontâneo, mas resultado de um processo. Um óvulo fecundado não tem consciência. Ela decorreria, também, de uma série de desenvolvimentos que culminariam na faculdade da inteligência e na possibilidade de diferenciação do "eu" do mundo exterior.[13] Isso significa que também a consciência derivaria da evolução da espécie. Para além disso, não se constituiria exclusivamente como um fenômeno individual. Ferenczi assim diz:

---

já referido "Thalassa: ensaio sobre a teoria da genitalidade". Uma possível oscilação de nosso autor ao longo de seu pensamento clínico entre concepções monistas e dualistas – estas últimas preponderantes no pensamento freudiano – é um objeto de estudo tentador, uma vez que Ferenczi, inicialmente, deu guarida ao conceito de "pulsão de morte" para, em suas notas dos anos 1930, questionar a pertinência do termo. Tangenciamos, nos limites do nosso trabalho – ou seja, sem o aprofundamento específico que nos levaria para longe do nosso objeto de estudo – essa questão.

13 Tal observação merece destaque, pois é repetidas vezes retomada por Ferenczi, especialmente a partir do ano de 1913, sob o nome de "desenvolvimento do sentido de realidade". Os rudimentos dessa teorização apresentam-se nessa passagem do texto em comento: "a vida instintiva e reflexa caracteriza e domina a existência do pequeno homem nos primeiros meses que seguem seu nascimento. A criança não se torna, senão tardiamente, ao final do primeiro ano, realmente consciente, quando consegue diferenciar seu 'eu' do mundo exterior que a rodeia" (1994[1900a], p. 68, tradução nossa).

> *As conexões neuropsíquicas das diferentes funções mentais não se limitam ao indivíduo. Isso porque os homens vivem reunidos, se associam, correspondem, criam ligações uns com os outros. Agem uns sobre os outros; é a partir dessas interações complexas que se constituem a consciência de classe, a consciência de uma nação, a consciência da espécie humana, o conjunto constituindo uma espécie de unidade superior que se nomeia consciência da humanidade (1994[1900a], p. 64, tradução nossa).*

Essas hipóteses de nosso protagonista sobre a origem do psiquismo e da consciência, a separação do eu e do outro e a interdependência dos homens (intersubjetividade) são as primeiras marcas em um terreno fundamental, seguidas dos muitos aportes que suas reflexões psicanalíticas trouxeram para tratá-las, seja no âmbito teórico, seja no clínico.

Podemos citar, ilustrativamente, o questionamento da demarcação dos limites do "indivíduo" no âmbito psíquico (que surge, inicialmente, em suas formulações sobre os mecanismos de introjeção e projeção) ou a fuga para o narcisismo como um lugar de evitação do sofrimento. Podemos nos referir, ainda, a sua sensibilidade para perceber o grau de influência recíproca na relação paciente-analista e as funções ambientais deste último. Todos esses são exemplos de situações e ideias que já encontram suas bases nessas propostas e que foram por ele (e serão por nós) retomados posteriormente.

Um último aspecto que merece ser mencionado de "Consciência e desenvolvimento" é o paralelo que nosso autor faz do curso do desenvolvimento do sujeito humano e da história da civilização, um traço que lhe aproxima das pesquisas e hipóteses antropológicas freudianas. Assim, a vida infantil, "feita de sonhos e brincadeiras", na qual a imaginação se impõe à razão, seria equiparável à "infância dos povos", momento em que a mitologia "mergulhava suas raízes no terreno fecundo dessa época distante que representa a era de ouro do brincar" (Ferenczi, 1994[1900a], p. 69).

Em um período posterior, as faculdades de "imaginação" cederiam espaço para as de "avaliação", "comparação", "discriminação", "combinação" e uso de conceitos. Tal fase equivaleria àquela em que, na cultura, surge a filosofia. Viriam então outras equivalências, o idealismo apaixonado do período romântico da juventude seria também percebido na história da civilização (refere-se ao *Sturm und Drang*, o romantismo alemão), e, enfim, a maturidade regida pelo pensamento, que equivaleria, no desenvolvimento cultural, ao período científico. Sobre esse momento, Ferenczi faz outra reflexão que o aproxima dos sítios psicanalíticos da travessia dos sentimentos de onipotência para a confrontação com as limitações humanas. Diz ele:

> *Finalmente o homem, tal qual a humanidade, compreende, ao preço de mil desilusões, que a ciência tem seus limites, para além dos quais seu olhar nada consegue reconhecer. O homem tende a ser cada vez mais prudente e a moderar suas afirmações ou negativas peremptórias. Consciente da vulnerabilidade de seu poder intelectual, ele se aproxima de certo ceticismo e de uma reflexão autocrítica. Assim se desenvolve a consciência humana, sendo ela o final de todo o saber sobre a vida dos seres.*
>
> *Além disso, nenhum salto é possível dentro deste longo desenvolvimento. Não tenho confiança em quem, ao tornar-se cético, não tenha inicialmente sido materia-*

lista e falado da realidade dos átomos a torto e a direito. Da mesma forma, a fase materialista, que segue exatamente a época em que contamos histórias infantis, não é confiável se não é enriquecida com o estágio necessário de idealismo cavalheiresco. Uma vez que o que está vivo nasce, vive e morre, desenvolvimentos e mudanças são permanentes, as metamorfoses são a essência da vida. A imobilidade é a morte (Ferenczi, 1994[1900a], p. 70, destaques do autor, tradução nossa).

É com essa constatação (diríamos, elogio?) sobre a capacidade de transformação que encerramos os comentários acerca desse importante trabalho de 1900. Impossível não relacionar tal reflexão ao próprio espírito inquieto de Ferenczi – e também a algumas ideias que ele teve, anos depois, sobre as pulsionalidades de vida e morte. Ao colhermos todas essas informações, percebemos que nosso autor, que conheceu Freud oito anos depois, não chegou ao movimento psicanalítico como um aventureiro. Pelo contrário: Ferenczi carregou consigo pontos de vista importantes que com ele persistiriam – em momentos à margem, em outros de maneira central – em uma série de hipóteses com as quais auxiliou o mestre de Viena na construção de sua teoria.

"Leitura e saúde": as reflexões iniciais acerca do universo infantil

"Você já viu um camponês míope? Nem eu, e os oculistas raramente os veem . . . Por outro lado, o estudante ao ingressar na universidade encomenda seus óculos . . . porque sua visão se reduziu durante seus anos de colégio" (Ferenczi, 1994[1901c], p.

101, tradução nossa). Esse comentário jocoso foi feito por Ferenczi em 1901 em "Leitura e saúde" ("Lecture et santé"), no qual aborda um tema duplamente intrigante: os malefícios da leitura. Dizemos duplamente, porque é incomum em nossos tempos pensar sobre possíveis malefícios do hábito de ler[14] e também, lembremo-nos, porque Ferenczi cresceu no ambiente de uma livraria-editora.

Para nós, no entanto, o que interessa nesse trabalho é observar que, já nos seus escritos pré-psicanalíticos, Ferenczi apresentava-se como um autor atento ao universo infantil, tecendo uma crítica à pedagogia à qual as crianças se encontravam sujeitas – que teria na leitura um de seus avatares. O tema da pedagogia, observe-se, mantém-se caro para nosso autor e é seu cartão de visita no universo psicanalítico, como poderemos observar adiante quando declinarmos nossa atenção sobre sua participação no primeiro congresso internacional da matéria.[15]

O lugar da criança na família burguesa do final do século XIX foi tema do cuidado de Perrot (2012[1987]) na importante coleção sobre a história da vida privada, organizada por Ariès e Duby. A autora destaca que, nesse momento, já era comum que o bebê fosse reconhecido como um personagem do contexto familiar, merecedor de um olhar carinhoso de sua mãe. Surgem quartos para crianças, e brinquedos passam a ser vendidos em magazines nos grandes centros urbanos. A autora não deixa de notar uma interessante contradição na forma como as famílias passaram a cultivar os filhos naquele momento. Assim, relata:

---

14 Séculos atrás, a situação não era essa, e se responsabilizava o hábito de ler por algumas situações "desagradáveis", inclusive de ordem psíquica.
15 Onde compareceu com "Psicanálise e pedagogia" (2011[1908b]), que analisaremos detidamente no capítulo 3, item "As primeiras ponderações psicanalíticas sobre a interação do ambiente com a criança: a educação".

> *As relações cotidianas entre pais e filhos variam imensamente na cidade e no campo, onde as manifestações de ternura não são muito apreciadas, conforme os meios sociais, as tradições religiosas e mesmo políticas.*
> *... A concepção que se tem da autoridade e da apresentação de sua própria pessoa influi sobre as palavras e os gestos do dia a dia. A família, desse ponto de vista, é o lugar onde se processa uma evolução contraditória. De um lado, o controle do corpo e da expressão emocional se aprofunda; isso se vê, por exemplo, na história das lágrimas, a partir de então reservadas às mulheres, às classes populares, à dor e à solidão, ou ainda na intensificação da disciplina sobre a linguagem e as atitudes físicas das crianças, intimadas a ficar eretas, comer direito, e assim por diante. De outro lado, a troca de carinhos entre pais e filhos é tolerada, e até desejada, pelo menos na família burguesa. Os mimos e afagos fazem parte do clima favorável ao desenvolvimento de um corpo jovem (Perrot, 2012[1987], p. 144).*

Os filhos passaram a ser percebidos, ainda segundo a autora, como o futuro da família, o que implicava um crescente (e, por vezes, coercitivo) investimento sobre eles. Aproximando-nos do cenário de nosso protagonista, tal observação é compartilhada pelo historiador húngaro (naturalizado norte-americano) John Lukacs. Ele aponta o decréscimo da média de filhos por família em Budapeste como um fator importante para o incremento da atenção a eles dada. Seria sua responsabilidade manter, no caso dos nobres, ou ampliar, no que concerne às classes média e baixa, o *status* social das famílias. Nesse quadro, a educação formal passava a ter cada vez mais um papel preponderante (cf. Lukacs,

1988, p. 96). Foi sobre os efeitos de tal educação que Ferenczi refletiu em "Leitura e saúde".

Lorin (1993, p. 15) nos informa que a redação do artigo se deu neste exato contexto: percebia-se uma grande ampliação do número de liceus e escolas em Budapeste, com a promulgação, em 1868, da lei que regulamentava a educação pública na Hungria. Lukacs, por sua vez, relata que, entre 1875 e 1900, o número de escolas, alunos e professores duplicara-se e o analfabetismo havia reduzido, para os padrões da época, a uma fração diminuta da população da capital húngara (1988, p. 174). O próprio Ferenczi (1994[1901c], p. 109) indica os resultados dessa mudança ao constatar, em seu escrito, que o número de analfabetos vinha diminuindo e o de doentes mentais estava aumentando. Esse dado, segundo ele, não seria coincidência, mas derivava da nova forma de organização social resultante desse modelo de educação que se espraiava.

Tal sistema educacional foi detidamente descrito por Lukacs, de maneira a enriquecer nossa possibilidade de compreensão do cenário que seria objeto da crítica de Ferenczi:

> *As memórias respeitosas – e certamente seletivas – da geração por volta de 1900 obscurecem as deficiências desse sistema educacional. Essas insuficiências foram, mais uma vez, grandemente derivadas ao sistema de educação germânico: aquele em que a ênfase unilateral era na disciplina do trabalho intelectual, e não no caráter (Lukacs, 1988, p. 177).*

Ferenczi se posicionaria em oposição a esse tipo de dissimetria.[16] Em seu escrito, nosso autor reflete sobre como a demanda por educação, aliada à tecnologia que ampliava o acesso à leitura, estaria forjando um novo homem. Assim, ele aferiu que, visando obter o hábito da leitura, as crianças tinham de se afastar de disposições que lhes seriam espontâneas – atividades ao ar livre e com maior envolvimento físico – para adotar uma posição corporal correta e fixar o olhar em letras.[17] Tal empenho, eventualmente, as conduziria à miopia. O sintoma físico, entretanto, não transmite a dimensão do argumento ferencziano. Serve como alegoria. O convite que ele propõe, baseado em seu escrito, como sublinha Lorin, é para uma reflexão acerca dos:

> *efeitos da leitura, uma decodificação das funções deformantes da máquina do ensino: corpos sábios, dominados, condicionados e modulados pela pressão livresca e a doxa serialista do aparelho do Estado: do bebê sábio ao jovem anêmico de óculos, da escola ao exército, da fábrica ao hospital* (Lorin, 1983, p. 168, tradução nossa).

---

16 Dissimetria que, de certa maneira, reencontraria na postura psicanalítica que enfatizasse uma prática intelectualizada e colocasse de lado disposições mais livres dos pacientes e do analista, conforme estudaremos.

17 A descrição de nosso autor vai ao encontro do que constata Lukacs ao estudar as escolas húngaras de então: "Havia, por exemplo, um treinamento mínimo em exercícios físicos. Os novos ginásios, construídos por arquitetos célebres, às vezes com escadarias e salas de cerimônia magníficas, com tetos ornamentados com caixotes e decorados com afrescos de pintores famosos . . . tinham um pequeno pátio interno escuro, ainda mais pobre, equipado quase somente com barras ao longo das paredes. Isso em uma época em que o atletismo e o interesse por esportes cresciam vertiginosamente em Budapeste" (1988, p. 177).

Assim, encontramos novamente a influência do ceticismo neorromântico no pensamento de Ferenczi, contrastando o mundo que se industrializava e se urbanizava e que também requeria mais educação e especialização dos indivíduos. Antecipando suas preocupações sobre temas da psicossomática, como bem aponta Lorin, a pergunta que nosso autor deixa nas entrelinhas de seu escrito é: "qual corpo é fabricado pela máquina escolar húngara"? (1983, p. 168, tradução nossa).

Para Ferenczi, era fácil situar em uma turma quais seriam os alunos que teriam bom desempenho em matérias intelectuais e os que, a despeito de não se saírem tão bem nesse campo, teriam bom rendimento em educação física. No entanto, como acentua Lorin, "o pensamento pedagógico está muito distante das realidades vivas do corpo das crianças, e a Letra é o símbolo daquilo que se coloca sobre o Espírito puro" (1993, p. 15, tradução nossa). O abismo que põe em margens opostas as concepções de "corpo" e "mente" aumenta, e, para nosso autor, tal discrepância é inadmissível – de fato, atenta contra uma expressão de viver saudável. Tal organização do processo educativo fomentaria mais míopes e também neuróticos.

É com base nessas observações que Ferenczi ressaltava a importância do respeito a uma justa medida que conciliasse a aquisição de conhecimento e o desenvolvimento da saúde física e anímica. Apenas assim indivíduos efetivamente saudáveis seriam cultivados. Para tanto, pais e educadores deveriam concordar com essa proporção, não pesando apenas um lado da balança, oferecendo uma via de desenvolvimento amplo para a criança. Como se vê, o espírito reformador do jovem médico, tão próprio de seu contexto social – e, não nos esqueçamos, de sua história familiar –, também se faz presente nesse texto da virada do século.

Foi dessa forma que, já em 1901, Ferenczi percebeu como a influência educativa restringia certas disposições mais irrefletidas da criança – e isso não se daria sem um preço. Aqui não dizia, é certo, ser esse preço "a criação de uma personalidade distinta", como faria algum tempo depois, mas intuía a perda de algum potencial, bem como a possibilidade de perecimento da saúde psíquica, em favor de uma tentativa de ingresso da criança no mundo da cultura que não considerasse suas moções mais autênticas.

As críticas à idealização da prática médica e a busca por uma escuta singular (o caso Rosa K.)

Consoante pudemos aprender com a leitura do trabalho sobre o espiritismo, a primeira e principal contestação ferencziana a certas vertentes do pensamento clínico de seu tempo dizia respeito a um organicismo rígido que deixava pouco espaço para que outros saberes pudessem participar de uma descrição dos processos psíquicos do homem. Ele não se conformava, por exemplo, em ver a "consciência" reduzida a um aglutinado de células ou a uma localização cerebral (inconformismo que, aliás, retornou em "Consciência e desenvolvimento" (1994[1900a]), o segundo trabalho que passamos em revista), tendo, inclusive, comparado os materialistas atomistas aos fiéis religiosos, que tudo explicavam por intermédio de Deus. A ciência vinha, para Ferenczi, construindo também um discurso dogmático.

Essa reflexão foi retomada e delineada com tintas ainda mais fortes em seu trabalho de 1901 intitulado "Doenças coordenadas e assimiladas" ("Maladies coordonnées et assimilées", 1994[1901b]). Nesse texto, nosso autor fez a ligação desse tema com a psicopatologia, apontando que neurônios e axônios não seriam suficientes para explicar a origem das doenças mentais:

> *Eu deposito toda a minha confiança nos filósofos que se ocuparam em ajudar e compreender as almas em sofrimento. Se esses trabalhos não suscitaram eco em outros filósofos, não foi pela impossibilidade de estabelecer uma base comum para a psiquiatria e a medicina de doenças puramente somáticas, mas porque os neurologistas se aproveitaram das teorias psiquiátricas e não das filosóficas (Ferenczi, 1994[1901b], p. 121, tradução nossa).*

A referência filosófica a qual Ferenczi faz menção é, novamente, Kant. Dessa maneira, fica claro que tal afirmação é uma contraposição às práticas clínicas que seguiam a máxima do já referido Griesinger, o nome de maior destaque na oposição à psiquiatria romântica: as doenças mentais são doenças do cérebro.[18]

Outra contestação à medicina praticada em seu tempo pode ser encontrada no trabalho de 1900 intitulado "Dois erros de diagnóstico" ("Deux erreurs de diagnostic", 1994[1900b]). Nesse ensaio, exibindo a marca do autoquestionamento que lhe seria constante, Ferenczi expôs e comentou erros que cometera em procedimentos

---

18 Lorin (1983, p. 55) não deixa de observar nesse texto uma mudança na opinião de nosso autor com relação àquela que expressara em seu trabalho sobre o espiritismo. Se, no escrito de 1899, o pensamento de Kant pareceria constituído de "perigosos sofismas" diante do conhecimento empírico – situação que não permitia ao jovem médico alinhar-se nem com uma nem com outra posição –, no artigo de 1901, anteriormente comentado, nosso autor parece firmar uma clara filiação. Nesse sentido, conclui Lorin, "Ferenczi tomou sobretudo de Kant o interesse que aquele tinha sobre o funcionamento da vida psíquica do homem" (1983, p. 56, tradução nossa).

médicos, a partir dos quais levantou objeções sobre os métodos curativos de sua época.

A primeira crítica foi de certa "idealização" do médico, inclusive pelos próprios médicos e publicações a eles dirigidas. Outra censura recaía sobre a questão diagnóstica: para ele, a principal fonte de erros estaria no prejulgamento, no diagnóstico que se estabelece no primeiro contato com o paciente e que impediria, em exames complementares, que o clínico revisse sua avaliação. Ou seja, faltaria ao corpo médico uma escuta atenta à singularidade que lhe era apresentada por cada paciente, a sua particularidade – algo do Ferenczi neorromântico faz aqui aparição, valorizando o indivíduo no atendimento de saúde.

O tema da idealização do médico foi de grande valor no pensamento psicanalítico de Ferenczi. Temos a oportunidade, ao longo do nosso escrito, de reencontrar o problema da autoridade médica e da sua relevância nos processos de cura. Era uma questão cara tanto a nosso autor como a Freud – que nem sempre compartilhava das opiniões do húngaro acerca do assunto, especialmente no período final da produção ferencziana.

Antecipando aquilo que é por nós mais bem detalhado, ao longo dos anos, Ferenczi aproximou-se da conclusão de que a figura idealizada de um médico (ou, no caso, analista) infalível, em muitos casos, era contraproducente no processo terapêutico. Nessas situações, o respeito do paciente não viria da reverência a essa imagem simultaneamente grandiosa e distante, mas sim de alguém que, com honestidade, pudesse assumir suas eventuais faltas. Apenas assim, o paciente poderia sentir-se acompanhado, e não submetido em uma relação rigidamente hierarquizada, na qual aquele que supostamente detém o poder, o analista, teria de sustentar um lugar de certeza e saber indeclinável.

Para que o leitor já possa ter uma ideia dos destinos dessa reflexão do Ferenczi pré-psicanalítico em sua obra madura, vale uma referência ao seu clássico "Confusão de línguas entre os adultos e a criança", em que nosso autor fala dos efeitos positivos que o reconhecimento de um erro pelo analista pode produzir no trabalho de cura:

> *A situação analítica, essa fria reserva, a hipocrisia profissional e a antipatia a respeito do paciente que se dissimula por trás dela, e que o doente sente com todos os seus membros, não difere essencialmente do estado de coisas que outrora, ou seja, na infância, o fez adoecer*. . . . Mas a capacidade de admitir nossos erros e de renunciar a eles, a autorização das críticas, fazem-nos ganhar a confiança do paciente. Essa confiança é aquele algo que estabelece o contraste entre o presente e um passado insuportável e traumatogênico. *A crítica latente expressa por meus pacientes descobria, com acuidade, os traços agressivos da minha terapêutica ativa, a hipocrisia profissional para forçar o relaxamento no paciente, ensinando-me a reconhecer e a controlar os exageros nos dois sentidos. Não sou menos grato a esses pacientes que me ensinaram termos uma tendência excessiva a perseverar em certas construções teóricas e a deixar de lado fatos que abalariam a nossa segurança e a nossa autoridade* (Ferenczi, 2011[1933], p. 114, destaques do autor).

Salta aos olhos, nesse parágrafo, a convicção ferencziana do valor de se buscar uma escuta que pudesse ir ao encontro do paciente, de quem o analista (e o médico) poderia aprender – ainda que, para tanto, tivesse de deixar em segundo plano aquilo que pareceria teoricamente garantido – e, inclusive, experimentar o sentimento de gratidão.[19] Uma ideia como essa colidia não só com o ideário médico do início do século XX como também com determinadas convicções dos psicanalistas que, em 1933, chocaram-se com esse escrito do húngaro, consoante demonstraremos no trecho final de nosso percurso.

Retomando a trilha dos primeiros escritos de nosso autor, a proposta de uma escuta que privilegiasse a singularidade também comparece em outro texto pré-psicanalítico de Ferenczi: o relato do atendimento feito a Rosa K., contido em seu trabalho "A homossexualidade feminina" ("La homosexualité feminine", 1994[1902a]).

Rosa, codinome Roberto, era uma mulher homossexual de aproximadamente quarenta anos que constantemente se trajava com roupas masculinas – o que lhe fazia ser recolhida à prisão em Viena e em Budapeste. Sua figura causava animosidade nos ambientes que frequentava, de forma que não conseguia fixar-se em lugar algum. Ao entrar em contato com Ferenczi, este lhe propôs que escrevesse sua biografia, com base na qual o futuro psicanalista ressaltou não somente características, segundo seu julgamento, dignas de elogio (a boa escrita, o talento musical), como ainda a história de vida difícil dessa personagem, marcada por pais que lhe foram, como acentua, bastante indiferentes. Na narrativa desse

---

19 Com a frase "Disse-me então, num claro tom de queixa, que eu não devia continuar a perguntar-lhe de onde provinha isso ou aquilo, mas que a deixasse contar o que tinha a me dizer", Freud, em "Estudos sobre a histeria" (1996[1895], p. 95), conta do surgimento do método de associação livre, preceito fundamental que seria incorporado ao método psicanalítico, grandemente derivado, também, da possibilidade de o médico estar atento e disponível a aprender com o paciente – no caso, a senhora Emmy von N. Não por acaso, no final de sua vida, Ferenczi, consoante estudaremos, demonstrou um carinho especial pela clínica exercida nos primeiros anos da psicanálise, não só por Freud como também por seu parceiro de então, Breuer.

caso, vemos Ferenczi cedendo ampla voz para que ela contasse sua história, oferecendo uma aproximação empática a essa figura que, à época (e, por que não dizer, também hoje), seria tão condenada. Nesse sentido, procede a opinião de Rachman:

> Pedir a Rosa K. que escrevesse sua autobiografia de modo a poder tratá-la mais adequadamente foi uma inovação técnica significativa... Que melhor forma de obter uma perspectiva empática acerca do marco de referência subjetivo de um indivíduo que lhe pedir que explicite sua história, sua luta por sua identidade sexual e sua autodefinição em suas próprias palavras? Isso é exatamente o oposto a um enfoque diagnóstico – privilegiado por grande parte da psiquiatria –, no qual o médico forma uma opinião sobre o significado dos problemas de uma pessoa e de suas lutas vitais a partir de seu próprio marco de referência. No caso de Rosa K., Ferenczi começou a buscar a perspectiva do paciente e concentrar-se na visão deste acerca de sua experiência (2004[1995], p. 15, tradução nossa).

Com esses procedimentos, percebemos Ferenczi abrindo vias que tinham como marco inicial sua ressalva ao diagnóstico rapidamente elaborado que pouco considerava a história pessoal, a individualidade e a subjetividade do paciente. Para quem conhece seu destino clínico baseado na inserção no universo psicanalítico, essa forma de proceder, de fato, desvela rudimentos de sua postura ulterior, inclusive de sua conduta ativa ao propor a elaboração do escrito biográfico pela paciente. E, naturalmente, nos apresenta sua simpatia e propensão a cuidar dos casos mais controversos.

O flerte com as teorias sobre degenerescência

Prosseguindo com nosso balanço da intervenção de Ferenczi junto a Rosa K.: se, por um lado, o autor ofereceu as possibilidades de elaboração aventadas à paciente, por outro, fez um relato de sua situação fundada em elementos próprios da "teoria da degenerescência", descrevendo-a a partir de sua condição homossexual como "uma daquelas desafortunadas criaturas irresistivelmente atraídas pelos seres de seu próprio gênero, pelos quais manifesta uma tendência instintiva doentia" (1994[1902a], p. 151, tradução nossa), ou mesmo interrogando-se sobre "como podemos evitar que essas pessoas se reproduzam?" (1994[1902a], p. 155, tradução nossa).

Aos nossos olhos atuais, tais questionamentos poderiam parecer, no mínimo, politicamente incorretos. Porém, estão de fato em consonância com essa importante corrente do pensamento médico da segunda metade do século XIX. O próprio Ferenczi, aliás, em um de seus textos clássicos do final dos anos 1920, faz a seguinte observação: "Quando eu era estudante, dava-se um peso exagerado nos meios médicos aos caracteres hereditários; os médicos acreditavam que éramos produtos de nossa constituição" (2011[1928a], p. 7).[20]

A teoria da degenerescência foi proposta, inicialmente, por Bénédict-Augustin Morel e desenvolvida por Valentin Magnan. Ao consultarmos o índice dos escritos de Budapeste, o verbete "degenerescência" é o que conta com o maior número de citações, de forma que uma apresentação do percurso do pensamento ferencziano que não contemplasse essa perspectiva ficaria incompleta.

---

20 Já em 1928, a posição de Ferenczi seria: "Pode haver uma predisposição desde o nascimento, mas, sem sombra de dúvida, sua influência pode ser modificada por experiências vividas após o nascimento ou durante a educação" (2011[1928a], p. 7).

Para Morel, que em 1857 escreveu *Traité des dégénérescences physiques, intelectuelles et morales de l'espèce humaine et les causes qui produisent ces variétés maladives*, um tratado sobre as degenerescências físicas, essa noção estava inicialmente ligada a uma tese de ordem religiosa da criação do homem como um tipo perfeito, ante o qual todo desvio caracterizaria uma degeneração. Magnan, trinta anos depois, não se afastaria da concepção de tipo ideal. Este, no entanto, não responderia mais aos desígnios de Deus, mas da própria sociedade. É o indivíduo "capaz de agir de acordo com normas sociais estabelecidas, sem se submeter a impulsos ou desejos involuntários" (Caponi, 2011, p. 172). O portador do traço degenerado ficaria impossibilitado de cumprir aquilo que, para esse autor, seriam suas funções fundamentais: a manutenção da própria vida e a reprodução – assim, Rosa K., com sua conformação sexual, estaria facilmente abrangida nesse grupo.

Serpa Jr., tal qual Ellenberger ao falar do neorromantismo, atribuiu a expansão da teoria da degenerescência às mudanças que se observavam na Europa em processo de industrialização e urbanização. Citando Martin ele nos conta:

> *Pela primeira vez em Paris, como em todas as grandes cidades industriais, milhões de pessoas tiveram que viver juntas, num quadro material dramaticamente insuficiente, tanto no plano dos alojamentos e das ruas, quanto no que concerne a esgotos, canalização de água, escolas, hospitais, cemitérios e, sobretudo, depósitos de lixo e abatedouros (Serpa Jr., 2010, p. 450).*

Villermé, também citado por Serpa Jr. (2010), atestava o impacto do novo modo de vida no operariado dos grandes centros, enfatizando o alcoolismo, a imprevidência, a libertinagem, o concubinato e a prostituição que se percebiam nesse contexto. Sabemos, como já foi ressaltado, que parcela significativa do público atendido por Ferenczi nos hospitais de Budapeste compunha-se dessa população.[21]

Foi, aliás, ao perceber más-formações genitais e uterinas em prostitutas que Ferenczi estabeleceu, pela primeira vez, que deveríamos "nos perguntar até que ponto deve-se observar isso como 'sinais de degeneração', como pensam Lombroso, Ottenghi e outros antropólogos especialistas em criminalidade" (Ferenczi, 1994[1899b], p. 46, tradução nossa). Essa seria uma das formas de identificar um estado de degenerescência: a presença de um "estigma" de ordem física.

Ao longo de sua obra pré-psicanalítica, vemos outras vezes Ferenczi fazer esse tipo de referência, como no próprio caso Rosa K. (fala da "má dentição", "dupla pigmentação", "rosto repugnante",

---

21 Mínguez (2015) descreve a situação a partir da industrialização no Império Austro-Húngaro de Freud e Ferenczi: "nas fábricas têxteis da Galícia, as jornadas de trabalho chegavam a dezessete horas no verão e a até quatorze ou quinze no inverno, enquanto a esperança de vida na Cracóvia, em 1867, estava em torno dos 26 anos de idade. A vida nas capitais não era melhor que nas províncias, e nos subúrbios de Viena e Budapeste os trabalhadores e as pessoas do campo, recém-chegadas para buscar trabalho nas fábricas, viviam em pequenos barracos ou instalações úmidas e escuras, sem água corrente nem eletricidade, e cujos aluguéis, ironicamente, não paravam de subir. Asfixiados pelas jornadas de trabalho intermináveis que não impediam os constantes apuros econômicos, muitos trabalhadores tomavam como via de fuga o alcoolismo. Para aqueles que chegavam do campo, o ritmo imposto pelas sirenes das fábricas, de uma estrondosa modernidade, foi especialmente perturbador. Acostumados às formas de vida dos povoados, com o contato com a terra e a natureza e as relações sociais tradicionais, a imersão na realidade desumanizada da industrialização e o capitalismo descontrolado do final do século alterou não só os corpos e os modos de vida como também as identidades de alguns homens que já não se reconheciam a si mesmos nem ao mundo em que viviam" (Mínguez, 2015, p. 145, tradução nossa).

dentre outros) ou em "Ataxia hereditária: a doença de Friedreich", ensaio de 1904 ("Ataxie héréditaire: la maladie de Friedreich", 1994[1904a]), no qual descreve como estigmas degenerativos de ordem física a assimetria do rosto decorrente do desenvolvimento irregular dos alvéolos e da dentição ou um fragmento embrionário pendente em uma orelha. Traços morais de insubmissão às normas também serviam como caracterizadores da degeneração.

A teoria da degenerescência tinha, ademais, na hereditariedade seu aspecto fundamental e unificador: supunha-se que a descendência de um degenerado apresentaria as características da degradação incidente de forma acentuada, de maneira que, nos termos de Morel: "nem sempre é necessário que eles cheguem ao último grau de degradação para que sejam atingidos pela esterilidade, e consequentemente, pela incapacidade de transmitir o tipo de sua degenerescência" (Morel citado por Serpa Jr., 2010, p. 450). Quando Ferenczi fala sobre evitar que pessoas como Rosa K. frutifiquem, reflete uma clara referência a esse aspecto da teoria.

Já apontamos que nosso protagonista, desde "Consciência e desenvolvimento", havia se encantado com especulações sobre evolução e hereditariedade. Dessa forma, não seria estranho que ele se interessasse por teorizações que fundamentassem a patologia em elementos dessa ordem. Em outros escritos, Ferenczi ressaltou a hereditariedade em sua relação com a degenerescência. A paranoia – uma das primeiras afecções psíquicas cujo debate com Freud foi registrado em correspondência –, exemplificativamente, fora caracterizada por ele duas vezes como uma afecção derivada de hereditariedade mórbida – em "Doenças coordenadas e assimiladas" e também no texto de 1902 intitulado, simplesmente, "A paranoia" ("La Paranoia", 1994[1902b]).

A princípio, essa forma de pensar os adoecimentos parece ter pouca consideração pelo indivíduo e por sua história própria, já que há um conceito de "normalidade", que é considerado a partir de seu papel social (sem falarmos que, em suas concepções radicais, a teoria da degenerescência pode se prestar a barbarismos, como a eugenia). Isso apontaria certa contradição com o que dissemos no item anterior sobre a busca de uma escuta singular. Não precisamos descartar a contradição, já que é parte do ser humano. Todavia, há alguns aspectos salutares a se considerar que especificam essa teoria entre as práticas médicas do seu tempo.

Primeiramente, referimo-nos a uma reflexão de Bercherie, para quem, a despeito das hipóteses pouco críveis acerca da forma como se daria a transmissão da degeneração entre gerações, a ideia de que algo no adoecimento psíquico era herdado ou derivaria da relação entre sucedidos e sucessores seria a primeira exposição desse tipo de material sobre o qual se ergueria a psicanálise – a despeito de que, como ressalta esse autor, "Freud e a escola psicanalítica tiveram de criticá-las [refere-se às hipóteses] e desconstruí-las ponto por ponto" (1989[1985], p. 111). De fato, as anamneses que Ferenczi conduzia com os pacientes invariavelmente traziam questionamentos sobre a família do doente, o que seria uma maneira, ainda que rudimentar e obviamente diversa daquela que veríamos na psicanálise, de relacionar o adoecimento psíquico de determinada pessoa com seu contexto familiar.

Por outro lado, especialmente com Morel, a busca por locais de lesão cerebral, que fascinavam os neurologistas da época, era menos importante para determinar as causalidades das patologias psíquicas do que a noção de hereditariedade. E, como já vimos, Ferenczi repetidamente frisou seu descontentamento com teorias anatômicas (e fascínio com as evolucionistas).

A via inconsciente das afecções psíquicas e sua clínica baseada no pensamento de Möbius

Depois do verbete "degenerescência", o termo com maior número de citações no *index* do compêndio de escritos pré-psicanalíticos de Ferenczi é, na realidade, um nome: Möbius. Ao conhecermos um pouco mais da obra desse neurologista alemão descobrimos o porquê de seu prestígio no quadro do pensamento inicial de nosso protagonista – bem como os motivos da repercussão de suas ideias e seu pioneirismo, reconhecido, inclusive, por Freud.[22]

Podemos introduzir o leitor à influência de Möbius no pensamento de Ferenczi por intermédio de um texto já citado do último, "O amor na ciência", de 1901. Ali, lembramos, o húngaro teceu uma censura à ciência de seu tempo, dizendo que ela, em suas razões sobre as ordens física e psíquica, nada consagrara à temática do amor, escamoteando essa paixão humana no falso pudor ou no materialismo cego. Como suporte ao seu ponto de vista, citava Möbius, para quem "absolutamente nada revelador de uma *psicologia científica do amor* havia sido escrito" (1994[1901a], p. 101, destaque do autor, tradução nossa).

Möbius nasceu em 1853 e faleceu em 1907.[23] Formou-se médico em 1877 e neurologista em Leipzig, no ano de 1883. Antes

---

22 De fato, ao escrever sobre Möbius, o norte-americano Schiller nos traz o seguinte depoimento do pai da psicanálise ao Boston Evening Transcript em 1909: "A história moderna da psicoterapia começa com a escola de Nancy, com Liébault, Bernheim etc., e com Möbius, que infelizmente morreu muito cedo, entretanto, não antes que seus estudos sobre a sugestão tivessem dado muitos frutos" (Schiller, 1982, p. 3, tradução nossa).

23 Em alguns textos, a grafia do nome do autor está "Möbius" e, em outros, "Moebius". Optamos pela primeira alternativa, mais reiterada em textos que lhe são biográficos, mantendo a segunda quando assim foi grafado na citação original. Esse sobrenome é também conhecido por conta da "banda de

da medicina, contudo, estudara teologia e tinha obtido doutorado em filosofia. Sua importância no campo da psicopatologia foi, segundo Alexander e Selesnick (1980[1966], p. 235), ter acreditado – mais do que Jean-Martin Charcot ou Pierre Janet – na origem psíquica dos sintomas histéricos.

Reforçando essa perspectiva, Josef Breuer fez um curioso apontamento nos "Estudos sobre a histeria", cuja escrita dividira com Freud:

> *Não somos da opinião de que todos os fenômenos da histeria ocorram da maneira descrita por nós naquele artigo [refere-se a "Comunicação preliminar"] nem acreditamos que todos sejam ideogênicos, isto é, determinados por ideias. Nesse aspecto divergimos de Moebius, que em 1888 propôs definir como histéricos todos os fenômenos patológicos determinados por ideias* (Breuer & Freud, 1996[1895], p. 208).

Isso significa que podemos fazer um acréscimo: além de Charcot e Janet, a proposta de Möbius sobre a psicogênese da histeria também era mais ousada que a de Breuer e Freud do começo dos anos 1890.

Nesse sentido, os autores espanhóis Piñero e Meseguer afirmam que Möbius foi "o primeiro autor que formulou uma teoria psicogênica explicativa de toda a histeria, generalizando as noções de patogenia psíquica criadas por Charcot para as paralisias histerotraumáticas" (1970, p. 334, tradução nossa). É assim que, na concepção de Möbius, "são histéricas quaisquer alterações do corpo

---

Möbius", uma figura geométrica bastante utilizada no pensamento topológico lacaniano, criada por August Möbius, avô do autor a que nos referimos.

que foram produzidas por ideias" (Möbius, 1888, citado por Piñero & Meseguer, 1970, p. 335, tradução nossa).

Vemos, portanto, que a neurologia de língua germânica tinha em Möbius um influente defensor do psicologismo, algo que poderia, em si, legitimar a influência e o grande número de citações ao seu nome feitas por Ferenczi.

Möbius acreditava firmemente na relação das ideias que ficavam para além da consciência (ou seja, inconscientes) com a patologia histérica. Para ele, a gênese dos sintomas dessa afecção residiria em um exagero, de natureza patológica, que a força das ideias imprimiria sobre o corpo – frise-se o termo "exagero", pois mesmo em condições normais de saúde "as ideias associadas a sentimentos vivos de prazer ou desgosto produzem alterações somáticas" (Möbius, 1888, citado por Piñero & Meseguer, 1970, p. 335, tradução nossa). A despeito dessa intensidade, todavia, o processo pelo qual a ideia produziria a paralisia ou outro sintoma qualquer teria "lugar fora da consciência, sem que o doente soubesse como se desenvolveu" (p. 335, tradução nossa). Ou seja, Möbius defendia a influência, sobre a saúde do doente, de ideias que o próprio doente efetivamente ignorava. Estamos no âmbito das manifestações psíquicas inconscientes que já haviam sido ratificadas por Ferenczi, como apontamos em nossa incursão no texto sobre o espiritismo. A partir da referência Möbius, contudo, essa relação se estreita também no campo da psicopatologia.

A convicção de que a gênese dos sintomas histéricos estava ligada a ideias que o paciente desconhecia fez de Möbius um incentivador de métodos clínicos polêmicos – mas utilizados na época –, como a hipnose e a sugestão. Dado que os fenômenos patogênicos dessa afecção tinham origem inconsciente, para ele, a terapêutica não poderia consistir em exortações que buscassem incidir sobre a consciência – o paciente não seria convencido pela razão.

Seria necessário um contorno que implicaria em dois movimentos: o primeiro consistiria em conseguir capturar, da forma mais intensa possível, sua atenção; o segundo seria a "sugestão", que não se confundiria com o hipnotismo, mas poderia se referir a todas as maneiras que o médico teria de conquistar a confiança do doente: "... a salvação está em acreditar, ou seja, se eu puder usar a expressão teológica, em *fides qua creditur* [credibilidade por meio da fé]", escreveu o médico alemão (Schiller, 1982, p. 39). Essa relação entre sugestão, obtenção de confiança e possibilidade de influência do médico, mostrar-se-á objeto de extensa reflexão no pensamento ferencziano, tanto no seu período pré-psicanalítico (o que veremos a seguir) como em seus anos de psicanálise, acompanhando-o até a elaboração de seu *Diário clínico*, em 1932.[24]

Foi exatamente no que concernia à terapêutica que nosso autor mais frequentemente se socorreu das hipóteses de Möbius. Foi, aliás, no contexto de um de seus trabalhos pré-psicanalíticos sobre essa matéria que Ferenczi, o *enfant terrible* da psicanálise, o qualificou – por suas ideias originais e pela forma de expô-las – como "'franco-atirador' da neurologia" (Ferenczi, 1994[1901a], p. 101, tradução nossa).

Citemos, assim, ainda nesse tópico, um exemplo dessa referência para, no seguinte, aprofundarmos nossa leitura das ponderações iniciais do húngaro sobre os procedimentos terapêuticos, temática tão íntima de sua reflexão e prática clínica e que retoma algo da influência de Möbius.

---

24 A esse respeito, podemos lembrar que, já atuando sob a influência do método de Freud, em 1913, Ferenczi escreveu um artigo que retoma essa temática – "Fé, incredulidade e convicção sob o ângulo da psicologia médica" –, no qual disse: "É necessário, portanto, que exista ao menos um esboço de aptidão para a transferência (para a fé), quer dizer, para a confiança, num sujeito a quem se quer demonstrar alguma coisa; não se deve rejeitar de antemão toda a possibilidade de que ele tenha razão" (2011[1913a], p. 33).

Em um trabalho centrado na questão da eficiência da utilização da eletricidade como fator terapêutico (tal qual havia sido proposto pelo já mencionado Erb), Ferenczi nos disse que:

> Möbius se encarregou de aniquilar a fé cega *que se manifestava a respeito das terapias relacionadas à eletricidade. Argumentando com nuance e delicadeza, persuadiu a maioria dos médicos que quatro quintos dos resultados obtidos com a eletricidade eram em razão da sugestão (1994[1904b], p. 225, tradução nossa).*[25]

De fato, os métodos hipnótico e sugestivo tiveram considerável atenção de Ferenczi em seu período pré-psicanalítico, tendo permanecido, inclusive, como parte de seu arsenal terapêutico mesmo depois de seu encontro com Freud – que, como sabemos, também foi um estudioso e praticante da hipnose em seus anos iniciais de atividade médica e dela absorveu importantes lições para construir o método psicanalítico. Veremos, nos próximos capítulos, que as questões relativas aos fenômenos sugestivos e hipnóticos jamais deixaram de intrigar nosso autor, que sobre eles refletiu para formular suas reconhecidas ideias sobre trauma.

Passemos, então, às considerações preambulares de Ferenczi sobre alguns procedimentos terapêuticos de seu tempo, em

---

25 Essa observação sobre a relação entre eletroterapia e sugestão, aliás, foi compartilhada por Freud em dois momentos: nas primeiras folhas de "A história do movimento psicanalítico" (1996[1914a], p. 20) e em seu "Um estudo autobiográfico" (1996[1925a]), publicado pouco mais de dez anos depois. Neste último, assim disse: "pus de lado meu aparelho elétrico, mesmo antes de Moebius haver salvo a situação, explicando que os êxitos no tratamento elétrico em distúrbios neuróticos (até onde havia algum) eram o efeito de sugestão por parte do médico" (p. 23).

especial, a hipnose e a sugestão, tal qual contidas nos escritos de Budapeste.

Considerações sobre hipnose, sugestão e alguns outros métodos terapêuticos nos escritos de Budapeste

Tendo em vista sua dedicação à prática clínica, não causa espécie que a técnica terapêutica também tivesse sido foco da atenção de Ferenczi nos seus artigos pré-psicanalíticos. Suas reflexões sobre esse tema, nos escritos de Budapeste, concentram-se especialmente em quatro textos de 1904 e 1906: "O valor terapêutico da hipnose", "A eletricidade como fator terapêutico", "Sobre o tratamento por sugestão hipnótica" e "Sobre a prescrição em terapia neurológica".[26] Percebemos que, em todos esses trabalhos, a questão da sugestão foi abordada – seja em sua relação mais direta e explícita com a hipnose, seja de formas oblíquas, atreladas a outros métodos.

Consideramos ser tripla a importância de um olhar cuidadoso sobre o tema da sugestão nesse ponto. Primeiramente por seu aspecto histórico-biográfico: Ferenczi foi um praticante da hipnose e a utilizava com intenção sugestiva. Em segundo lugar, é pertinente ao próprio desenvolvimento de seu pensamento clínico, posto que as dificuldades que Ferenczi tinha, em certas circunstâncias, de alçar-se à posição de sugestionador junto a alguns pacientes pela via hipnótica, provavelmente o aproximaram da prática psicanalítica (e, como veremos no próximo capítulo, algumas das

---

[26] Para nosso estudo, utilizamos os textos em francês, são eles: "De la valeur thérapeutique de l'hypnose" (1994[1904c]), "L'electricité comme facteur thérapeutique" (1994[1904b]), "Du traitement par suggestion hypnotique" (1994[1906a]) e "De la prescrition en therapie neurologique" (1994[1906b]).

dificuldades que experimentou com esse método foram compartilhadas por Freud). Por fim, como já dissemos, o tema da sugestão foi retomado por Ferenczi em alguns dos seus escritos psicanalíticos com intenções diversas, tanto de forma explícita e criativa, como em "Transferência e introjeção" (2011[1909]), quanto em movimentos de mais franca e menos complexa defesa do método freudiano, o que foi feito, por exemplo, em "Sugestão e psicanálise" (2011[1912a]). Também ressurgiu, de forma implícita, na problematização que nosso autor passou a fazer de sua técnica ativa no final dos anos 1920 e, inclusive, como fator indutor de adoecimento e de cura psíquicas, como percebido em seu *Diário clínico* e outros escritos dos anos 1930.

Antes, porém, de enveredar pelas reflexões ferenczianas acerca do tema, consideramos importante situar o leitor no contexto dessa prática e da sua história, o que nos leva, uma vez mais, à época da filosofia e medicina românticas.

A prática do "mesmerismo", rebatizada "hipnose" pelo médico escocês James Braid em 1843, foi a contraparte terapêutica mais utilizada no período da "psiquiatria romântica", que perdurou especialmente na primeira metade do século XIX, consoante aprendemos por Piñero e Meseguer (1970, p. 123) e Ellenberger (1976[1970], p. 139). Assim, nos esclarecem Alexander e Selesnick acerca de tal momento da pesquisa dos adoecimentos psíquicos:

> *Os filósofos do iluminismo tentaram criar uma nova sociedade baseada nos mesmos princípios racionais e mecanísticos que haviam ampliado com êxito o conhecimento do homem acerca do universo físico. No início do século XIX, porém, o otimístico e vitorioso espírito do racionalismo entregou-se rapidamente à desilusão e a razão foi destronada pela redescoberta da*

> *profundeza irracional da psique humana. Instinto e paixão se tornaram foco de interesse; Weltschemerz e o recuo da conquista do mundo exterior para a vida privada expressavam um novo espírito para a época... Assim, nas cinco primeiras décadas entre 1790 e 1840 houve um movimento para longe da razão em direção da emoção e da fé. Essa oscilação para o misticismo é com frequência considerada como regressiva, mas tal avaliação é uma opinião muito parcial sobre o progresso. Se o progresso consiste meramente no domínio intelectual do universo físico, então a era romântica interrompeu o inexorável avanço do credo científico. Mas se o conceito de progresso não se limitar exclusivamente ao domínio do mundo físico, mas amplia-se de modo a incluir o crescente conhecimento da vida interior e da personalidade do homem, então foram grandes as contribuições da era romântica (Alexander & Selesnick, 1980[1966], p. 185).*

Situados no espectro da psiquiatria romântica, autores de diferentes procedências, como Moureau de Tours, Johann Heinroth e Karl Carus, expunham ideias que impressionam pela proximidade com algumas das concepções que fariam parte da psicanálise freudiana: o sonho como porta de entrada para se conhecer as perturbações do psiquismo, o desenvolvimento de processos psíquicos que se passam distantes do contato com a realidade, as divisões do psiquismo, as noções de inconsciente e orientações de trabalho terapêutico que levassem em conta a singularidade dos pacientes eram parte das propostas desses pesquisadores – algumas, consoante já estudamos, albergadas por Ferenczi em seus escritos pré-psicanalíticos.

O mesmerismo, controverso procedimento de cura criado por Franz Anton Mesmer, foi introduzido na Alemanha em 1785 por Johann Kaspar Lavater, que conseguiu reunir em torno de si um grupo de médicos interessados na prática. Mesmo tendo encontrado, a princípio, bastante resistência nos meios acadêmicos, o método logrou estabelecer-se graças ao acolhimento pela *Naturphilosophie* e pelo romantismo. Seu grau de credibilidade era tanto que a Academia de Ciências de Berlim, em 1818, ofereceu um prêmio para a melhor tese acerca da matéria (Piñero & Meseguer, 1970, p. 123).[27]

---

[27] Ampliando um pouco mais essa sucinta descrição, a partir de seu interesse pela cura por intermédio de ímãs, Mesmer postulou que, sob certas circunstâncias, os corpos possuiriam propriedades magnéticas – doutrina que ficou conhecida como "magnetismo animal" – e passou a proceder curas em Viena, ainda em 1774. Teve, no entanto, de abandonar essa cidade em 1778, por conta da polêmica de seu trabalho, indo estabelecer-se em Paris. Na França, rapidamente firmou-se como um clínico respeitado pela aristocracia. A busca por seus tratamentos era tamanha que criou o método do *baquet*: pessoas reuniam-se em torno de uma tina preenchida por um líquido para, por meio do magnetismo, terem experiências de cura. Tal repercussão implicou que seus procedimentos fossem objeto de estudo de duas comissões de autoridades francesas, e ambas negaram a cientificidade de sua terapia: seus resultados seriam fruto da imaginação. A despeito de tal avaliação, houve aqueles que seguiram as ideias de Mesmer de forma que elas se difundiram. Dentre os seguidores do mesmerismo que acrescentaram novidades ao método, vale destacar os nomes de Puységur e do abade Faria. O primeiro, forte influência do citado Lavater, pesquisou os eventos de "sono provocado", ou "sonambulismo", nos quais pessoas falavam ou caminhavam como se estivessem despertas, mas seguindo as ordens do magnetizador. Já nesse período, era valorizada a influência da vontade do médico, que, pensava-se inicialmente, seria depositada no fluido. Com Faria, os eventos de magnetismo passaram a ter explicações circunscritas à psicologia: para ele, a efetividade do magnetismo residia na disposição daquele que se apresentava ao magnetizador para submeter-se a sua influência. Piñero e Meseguer (1970, p. 118) fazem questão de ressaltar a mudança de ênfase: se no caso de Mesmer a figura central era a do terapeuta, na doutrina de Faria a vontade soberana era a do doente. Esse debate, como veremos, ressurge de maneira semelhante em reflexões de Freud e Ferenczi

Ao nos aproximarmos de meados daquele século, contudo, o cenário se transformara: as mudanças nas concepções de ciência da época levaram tanto a medicina especulativa romântica quanto o mesmerismo ao descrédito nos países de língua germânica ou sob influência da cultura germânica – tornaram-se um traço do idealismo e, como tal, deveriam ser superados. Ferenczi, contudo, tinha outra ideia: conforme vimos, nosso autor era grandemente interessado por aquilo que fosse da ordem do "oculto", fruto de uma inclinação neorromântica que, da mesma forma que tornava compreensível seu interesse pelo espiritismo, também o aproximava da hipnose. O fato é que, ao final do século XIX, o método hipnótico foi paulatinamente recolocado na pauta da psiquiatria teutônica, não só por trabalhos de teóricos respeitáveis como o do inglês radicado em Bonn, William T. Preyer – introdutor, entre os alemães, do pensamento de Braid – como também com apresentações públicas espetaculares, como as promovidas por Carl Hansen.

Foi nesse contexto que nosso autor redigiu em 1904 "O valor terapêutico da hipnose", primeiro dos trabalhos que arrolamos, que se inicia, justamente, confrontando o silêncio percebido por muitos anos no que se refere a essa prática, que contrastaria, tanto com o grande interesse por ela despertado no início daquele século

---

sobre eventos hipnóticos e transferências. Por fim, devemos destacar o pensamento do já referido Braid, inventor do termo "hipnotismo". Tal qual se dava com Faria, Braid acreditava na importância da disponibilidade do paciente para deixar-se influenciar. Seus aportes ao método passaram por fases distintas, e é desnecessário, no escopo de nosso trabalho, passá-las em revista. Basta-nos salientar que, para esse autor, a força do método residia na capacidade de concentração do hipnotizado, que poderia, então, ter seu juízo e vontade tão enfraquecidos que vivenciaria aquilo que se passava em sua imaginação como eventos reais. Em uma situação como essa, que Braid nomeia "sono nervoso" ("*neurvos sleep*", daí o termo "hipnose"), as ordens emanadas pelo hipnotizador poderiam surgir como uma "ideia dominante", produzindo as mudanças esperadas nos pacientes.

como com sua reabilitação nos anos que antecederam à elaboração do artigo.

A opinião de Ferenczi era de que a sugestão por via hipnótica poderia ser útil para os doentes, apesar de nem sempre trazer curas completas. O que percebemos ao longo de "O valor terapêutico da hipnose" é o húngaro ocupado em rebater certas críticas que considerava improcedentes ao método, ao mesmo tempo que demonstrava as dificuldades vislumbradas em sua prática. Assim, não se tratava meramente de formular um elogio rasgado a essa forma de ação terapêutica, mas de problematizá-la.

Primeiramente, ao esclarecer como procedia a hipnose, Ferenczi assentou não privilegiar nem o formato do pioneiro Braid, que pedia aos pacientes que fixassem o olhar em um objeto brilhante, nem o de Hippolyte Bernheim, o mestre francês da escola de Nancy (onde Freud estudara), que fazia uso da persuasão. Poderia usar um ou outro método, de acordo com o caso, ou até mesmo os dois, simultaneamente.

A partir daí, Ferenczi ingressou em uma seara que o aproximaria de Freud: a dificuldade com os indivíduos que não se submetiam à hipnose. Adiante retomamos esse ponto mais detidamente, mas vale antecipar que aqui entramos no âmbito daquilo que, em psicanálise, ficou conhecido como "resistência". Naquele momento, o húngaro não lançava mão desse termo. Dizia simplesmente: "mesmo não tendo dúvida de que um bom número de indivíduos pode se deixar hipnotizar, reconheço que não se consiga pôr para dormir todos a qualquer momento" (1994[1904c], p. 219, tradução nossa). Por outro lado, para ele, o êxito no processo hipnótico "depende bastante do médico que hipnotiza, se tem encanto ou não" (p. 219, tradução nossa). Para ilustrar esse raciocínio, nosso autor remete-nos ao olhar sombrio e fascinante de Svengali, personagem do romance *Trilby*, de Georges Du Maurier, que exemplificaria o perfil desse hipnotizador misterioso.

Indo mais além, Ferenczi reconhecia uma segunda razão possível para esclarecer as resistências ao tratamento hipnótico. Inicialmente, conta-nos, ele praticava a hipnose com pessoas "sãs", ao passo que no momento da elaboração do trabalho somente hipnotizava neuróticos.

A terceira postulação sobre a dificuldade com o método contida nesse trabalho chama bastante a atenção. Ferenczi aborda a questão do fascínio e do fracasso da hipnose não a partir de uma visão incidente apenas sobre o médico, mas também sobre o próprio método.[28] Ele nos conta que oito anos antes da elaboração do escrito, quando ainda era um médico recém-formado, era-lhe mais simples obter hipnoses profundas. A explicação estava justamente no aspecto da novidade e fascínio da técnica, algo que se perdera a partir de sua vulgarização. Ferenczi também nos conta nesse texto sobre sucessos obtidos ao tratar acessos histéricos com sugestões hipnóticas – ou seja, não fala do uso da hipnose para rememoração,[29] mas sim pela via da influência deliberada, da força da palavra do médico. Por fim, narrou alguns sucessos que obteve utilizando-se da hipnose: em histerias (masculinas, inclusive, que não configuravam uma patologia unanimemente reconhecida) e ainda no tratamento de um paciente que sofria com uma ideia de que enlouqueceria. Conta-nos, contudo, do seu fracasso com o

---

28 Com relação a esse ponto, é interessante a despersonalização que Ferenczi promove do fenômeno hipnótico. No bojo desse artigo ele traz a narrativa tragicômica do efeito de fascínio que uma maçaneta dourada produziu sobre um transeunte. Esse personagem, conta-nos o húngaro, tendo seus sentidos absorvidos pelo brilho do metal, quase teria sido atropelado por um veículo por sua desatenção com o meio que lhe circundava.
29 Como vinha sendo postulado por Freud desde 1893, por exemplo.

método para o tratamento de ideias delirantes, delírios hipocondríacos e agorafobias.

O segundo texto de 1904 de nossa relação, "A eletricidade como fator terapêutico", já foi brevemente introduzido no item anterior, quando expusemos a posição de Möbius, retomada por Ferenczi (e Freud), sobre a eletroterapia.

Assim, se por um lado nosso autor sustentava que a sugestão tinha um papel importante em qualquer atividade curativa, por outro, mostrava-se dividido quanto à possibilidade de eficiência da eletricidade como agente terapêutico. Isso se devia à dificuldade de mensurar, efetivamente, em qual medida suas curas derivavam de seus méritos – ou de efeitos sugestivos.

Ao fazer a importante constatação de que nenhum método terapêutico escaparia, em alguma medida, da sugestão, Ferenczi nos coloca na via profícua pela qual analisa esse fenômeno em seus anos psicanalíticos. Fazemos tal afirmação, pois, ao relacioná-la (referimo-nos à sugestão) à eletroterapia, Ferenczi deixa de derivá-la da intenção conscientemente determinada do médico de utilizá-la, como se dá nas tentativas de cura que se serviam da sugestão e da hipnose como "técnicas". Por vezes, resultaria da espontaneidade do paciente, com relação à qual o médico não teria (ao menos a princípio) ingerência volitiva. Seria por essas vias mais sutis que a sugestão (e também a hipnose) passaria a participar e ser percebida, em alguns escritos ferenczianos, na relação que se estabelece entre os participantes de qualquer procedimento de cura. Esse tema é por ele cuidado, *verbi gratia*, em "Transferência e introjeção", consoante teremos a oportunidade de observar.

Dessa situação, derivou outra hipótese interessante contida no texto: a própria técnica da eletroterapia induziria o processo de sugestão. Um exemplo dessa interpretação estaria no delineamento que Ferenczi fez da "franklinisação",[30] uma das formas de eletroterapia citadas no trabalho. Segundo o autor, "a visão das formidáveis faíscas produzidas pelo aparelho aumenta sensivelmente a ação terapêutica" (1994[1904a], p. 229, tradução nossa), assim como o aspecto impressionante da máquina utilizada. Dessa forma, Ferenczi retomava a questão do fascínio exercido pela técnica, discutida no texto sobre "O valor terapêutico da hipnose", anteriormente visto, ampliando-lhe a extensão para o maquinário à disposição do médico.[31]

A imagem de formidáveis faíscas e a percepção impressionante da máquina mostram a sensibilidade do olhar de Ferenczi, já bastante atento àquilo que, presente no contexto terapêutico – *a priori*, de forma incidental – poderia ser uma parte essencial do tratamento, aumentando-lhe a credibilidade e a possibilidade de o paciente atribuir-lhe algo, até aqui, difícil de nomear com mais exatidão do que "sugestão" – talvez valha a pena lembrar nesse ponto a "fé", no sentido de confiança atribuída àqueles que cuidam, que fora suposta por Möbius com relação aos processos de cura e que seria posteriormente retomada por Ferenczi no anteriormente citado (em nota) artigo de 1913.[32] "Ao desejo de curar ligado à imaginação (*Kepzelet*) e ao humor (*Kedely*) do doente, une-se o fascínio que exerce o arsenal tecnológico empregado", no dizer de Lorin (1983, p. 273, tradução nossa).

Passados dois anos, Ferenczi publicou um novo artigo sobre a hipnose, no qual discutiu sua prática a partir de um decreto

---

30 *Franklinisation*, no francês do texto utilizado.
31 Parece-nos uma consideração bastante pertinente e que poderia, tranquilamente, ser carreada para nossos dias, em que a tecnologia se faz cada vez mais presente nos tratamentos médicos e que o aparelhamento de hospitais e uso de medicamentos se torna fator de indubitável preferência para alguns pacientes.
32 "Fé, incredulidade e convicção sob o ângulo da psicologia médica" (2011 [1913a]).

ministerial que regulamentava seu uso em Budapeste: "Sobre o tratamento por sugestão hipnótica". Trata-se de um artigo instrutivo para observarmos sua relação, nesse momento, com os limites dos métodos e o *establishment*, nesse caso, representado pelo governo ao regulamentar uma prática terapêutica.

Ferenczi iniciou esse trabalho colocando-se incisivamente de maneira favorável à hipnose. Disse ele: "A hipnose profunda produz, digamos claramente, efeitos benéficos sobre a pessoa hipnotizada, evidentemente, desde que o médico seja honesto" (1994[1906a], p. 283, tradução nossa). A ressalva à honestidade se refere ao decreto, que visava coibir abusos dos clínicos de caráter duvidoso. No entanto, após apontar que a legislação, de certa maneira, discriminava a hipnose com relação a outras práticas curativas (que, segundo nosso autor, deixariam os pacientes igualmente vulneráveis frente à figura do médico e, todavia, não recebiam semelhante regulação), Ferenczi não só explicitou em que medida o regulamento inviabilizaria a prática como também citou as formas que encontrou para lidar com as restrições. Por fim, expôs seu dilema: seguiria a regra, a despeito de ela ir contra a possibilidade terapêutica, ou a transgrediria, visando ofertar aquilo que supunha garantir uma melhor condição para o paciente?

Antes, todavia, de revelar qual foi sua resposta, ressaltemos que Ferenczi colocou o leitor a par de que um dos dispositivos do referido decreto trazia a seguinte determinação: para se hipnotizar alguém, dever-se-ia obter a expressa aprovação da pessoa. Ocorria, entretanto, que alguns indivíduos (justamente por sua condição de saúde) ficavam temerosos ao escutar a palavra "hipnose" – muitos dos que a procuravam nada queriam realmente conhecer (novamente entramos no âmbito da resistência). Ferenczi manejava essa situação por meio de uma simples mudança de termo: dizia a esses pacientes que, se assentissem a certo "estado de sonolência"

(1994[1906a], p. 284, tradução nossa), poderia, talvez, levar seus problemas psíquicos a termo. A manobra muitas vezes era bem-sucedida: a maior parte dos pacientes deixava de se opor.

Dois aspectos merecem destaque. Primeiramente, percebemos o húngaro usando a engenhosidade para tentar conduzir o paciente a ultrapassar as resistências ao tratamento. O segundo, naturalmente, é o transgressor. Ele conhecia o decreto, mas, ainda assim, sustentava um manejo que desconsiderava a determinação legal em busca da saída de um impasse que a situação clínica lhe colocava. Era Ferenczi, de certa forma, optando pela tentativa de curar em vez de ceder às restrições que lhe eram impostas – e não seria a última vez em que se veria frente a tal dilema.

Esse caráter transgressor apareceria em outro ponto do trabalho. A legislação determinava que somente médicos estariam habilitados à prática da hipnose. A despeito de reconhecer que, inclusive, os médicos poderiam fazer mau uso do método, Ferenczi mostrava-se de acordo com a normativa. No entanto, confessou que, após inúmeras tentativas pouco frutíferas (suas e de outros médicos) de tentar hipnotizar uma mulher que sofria de ideias fixas, convocara um "charlatão" para tentar o procedimento com a paciente – também sem sucesso. Justificou-se: "Eu penso, entretanto, que minha intenção de curar a doente torna perdoável a 'infração' que cometi" (Ferenczi, 1994[1906a], p. 284, tradução nossa).

Havia outra determinação no referido decreto, segundo a qual a hipnose só poderia ser permitida na presença de um terceiro. Ferenczi assinalou que essa configuração subtrairia a atenção do paciente, ou seja, nesse enquadre algo impediria o pretenso hipnotizador de alcançar a posição suficiente para exercer a influência necessária. A atenção deveria dirigir-se totalmente ao médico.

O último dos textos pré-psicanalíticos de Ferenczi, também de 1906, que trazemos à baila é "Sobre a prescrição em terapia neurológica". Como em outros, nesse texto Ferenczi se ocupou de uma crítica à medicina praticada em seu tempo, dessa vez centrando sua atenção na questão da prescrição de medicamentos. Dessa maneira, observou que a atenção do médico ao resultado de seu trabalho seria importante, bem como a busca por novas técnicas terapêuticas. Todavia, em uma crítica à indústria farmacêutica de seu tempo, anunciava, até de forma humorada, que a tentativa de cura de doenças nervosas com ouro ou azul de metileno somente implicara em um tom mais moreno da pele ou uma coloração azulada na urina dos pacientes. De forma geral, indica Ferenczi, o efeito de muitos medicamentos seria sugestivo (novamente, a sugestão surge em sua feição sutil) e poderia ser obtido de qualquer substância com um odor característico, uma bela embalagem etc.

Atravessada a leitura dos quatro textos que colecionamos nos escritos de Budapeste, que tratam com mais intimidade dos processos de cura, parece-nos exato perceber que Ferenczi, desde seus primeiríssimos anos como clínico, caracterizou-se pela inquietude e constante procura de métodos curativos mais eficazes para o tratamento de seus pacientes. Esse esforço constante fez de nosso autor, já no início de seu percurso, um pesquisador entusiasmado e diligente ao pensar sobre a posição do médico nos processos terapêuticos. Tal entusiasmo, por vezes, pode parecer dispersivo, dada a grande quantidade de influências e filiações que ele traz em seus escritos. Isso, contudo, seria alterado a partir do momento em que entrasse em contato mais estreito com o pensamento de Freud. É nessa direção que nosso texto se encaminha.

3. O encontro com Freud e as primeiras contribuições à psicanálise (1907-1909)

A aproximação do método psicanalítico a partir de seus biógrafos

Ao longo de nossa revisão dos textos pré-psicanalíticos de Ferenczi, pudemos conhecer as ponderações de um clínico inquieto, influenciado por diferentes tendências da medicina de sua época e, ao mesmo tempo, muitas vezes insatisfeito e portador de uma visão crítica das práticas de saúde que lhe eram contemporâneas. Era ainda detentor de um olhar sagaz para perceber nuances inscritas – por vezes de forma sutil – nessas práticas.

Com base em tais características, não surpreenderia que Ferenczi, naturalmente curioso, fosse interessar-se pelo método nascente de compreensão das afecções psíquicas que vinha sendo construído por Freud: a psicanálise. Todavia, o encanto de nosso personagem pelo método freudiano não foi imediato. Conta Rachman (2004[1995], p. 18) que o registro inaugural do encontro de Ferenczi com a psicanálise se deu por meio de uma resenha pouco entusiasmada de "A interpretação dos sonhos", obra que considerou pouco científica. Essa informação, entretanto, é contraposta pelo próprio autor, que diz:

> Li em 1893 o artigo de Freud e Breuer sobre o mecanismo psíquico dos fenômenos histéricos [refere-se a "Comunicação preliminar"]; mais tarde li uma comunicação individual em que ele demonstrava que os traumatismos sexuais da infância se encontram na origem das psiconeuroses. Hoje, tendo tido tantas ocasiões de me convencer da exatidão das teorias de Freud, posso fazer-me, com boas razões, a seguinte pergunta: por que as deixei de lado naquele momento...? (Ferenczi, 2011[1908a], p. 5).

Além do autoquestionamento que lhe era peculiar, o testemunho pessoal informa que, de fato, Ferenczi não se apaixonou de pronto pela teoria psicanalítica – ainda que, como já tangenciamos e observaremos melhor adiante, não fossem poucas as indagações que nosso autor se propunha e que resvalavam em preocupações também discutidas nos primeiros trabalhos de Freud.

Tanto Lorin quanto o italiano Antonelli nos fornecem reflexões e dados importantes para compreender como, de fato, teria se dado a aproximação de Ferenczi da psicanálise. É assim que Antonelli, em sua extensa pesquisa biográfica de Ferenczi, assinala 1907, e não 1908 (ano do encontro entre Ferenczi e Freud), como "o primeiro ano analítico" do húngaro (2014[1997], p. 22, tradução nossa). As razões seriam várias: a primeira podemos situar já na correspondência inaugural entre Ferenczi e Freud, datada de 18 de janeiro de 1908 – ali, o húngaro informava que havia um ano vinha procedendo leituras dos trabalhos freudianos. Mas isso não é tudo.

Além dos estudos, em 1907 Ferenczi conheceu Jung, que na época já mantinha estreito contato com Freud.[1] O húngaro foi recebido por Jung no famoso hospital Burghölnzli, onde realizava seus testes de associação. Conta-se que Ferenczi se interessou de tal maneira pelos testes que comprou um cronômetro e passou a fazê-los nos cafés de Budapeste. De fato, parece que, no primeiro momento, o caráter ativo das experiências junguianas despertou mais a atenção de Ferenczi do que os trabalhos psicanalíticos de Freud (Rachman, 2004[1995], p. 45). Ademais, foi Jung quem, por meio de uma carta escrita em 28 de junho de 1907, introduziu o nome de Ferenczi a Freud, solicitando a este que recebesse a ele e a Füllop Stein – neuropsiquiatra húngaro, seu amigo, futuro paciente e também responsável pela segunda chance que nosso autor deu a "A interpretação dos sonhos".[2]

Antonelli afirma ainda, recorrendo a um estudo do historiador da psicanálise Ernest Falzeder, que nessa visita Jung teria informalmente procedido um número não substancial de sessões de análise com Ferenczi. Assim, sabemos que, de fato, antes de tornar-se correspondente de Freud, Ferenczi já trocava algumas cartas com Jung. Os dois tinham um interesse comum bastante claro: as ciências obscuras – tanto um como o outro, como assinalamos anteriormente, já tinham escrito sobre o espiritismo.

---

1 A primeira carta de Freud a Jung data de 11 de abril de 1906, saudando o recebimento de "Estudos de diagnóstico de associações", elaborado pelo suíço.
2 Na realidade, a leitura da correspondência dá protagonismo à figura de Stein: Diz Jung: "Antes de mais nada falemos de 'negócios': o Dr. Stein, de Budapeste e outro especialista mental, o Dr. Ferenczi, querem visitá-lo em Viena e pediram-me para perguntar quando seria mais conveniente. O Dr. Stein é ótima pessoa, muito inteligente, e já realizou trabalhos experimentais comigo. De certo modo é um principiante na arte, mas assimilou com surpreendente rapidez e pôs em prática seus fundamentos. Penso que seria melhor se entrasse em contato direto com ele" (McGuire, 1993[1974], p. 107).

Lorin, por sua vez, em seu primeiro estudo sobre os textos pré-analíticos de Ferenczi (*Le Jeune Ferenczi*, publicado em 1983), sustenta a hipótese de que o encontro de nosso protagonista com Freud exprime um destino duplo: pessoal e coletivo. "Do lado de Ferenczi, ele foi, inconscientemente, preparado, 'trabalhado' desde o *interior* ao longo de todos seus anos de juventude" (Lorin, 1983, p. 227, destaque do autor, tradução nossa). O autor busca traçar a aproximação de Ferenczi do pensamento psicanalítico por duas vias, uma que considera o desejo do húngaro de colocar-se em questão enquanto médico e outra baseada em sua herança médica. Desse ponto de vista, como pudemos ver, Ferenczi nadou contra a maré da idealização da medicina e de seus praticantes – uma busca por humanização que passaria, também, pela figura do médico. Por outro lado, no que diz respeito à herança médica, Lorin propõe-se a pensar quais tipos de respostas ao sofrimento humano Ferenczi interiorizara – o que não é tarefa fácil, em vista do grande número de interesses que perseguia.

Dez anos depois, ao retomar suas reflexões sobre o percurso de Ferenczi em direção à psicanálise, Lorin, no já referido *Sándor Ferenczi, de la médecine à la psychanalyse* (1993), arrolou sete fatores como fundamentais para explicar a guinada de nosso personagem em direção do pensamento freudiano.

O primeiro deles seria a "perplexidade". Em 1908, Ferenczi tinha 35 anos e, segundo o biógrafo francês, mostrava-se um clínico errático, em busca de uma técnica "incontestavelmente operante" (Lorin, 1983, p. 162). Outro fator seria a "perlaboração" (um conceito freudiano que retomaremos adiante), ou seja, a psicanálise permitiria a Ferenczi caminhar com seu exercício de autoanálise – ou, talvez fôssemos mais exatos em dizer, autoconhecimento, algo que já buscava em suas experiências sobre escrita automática, por exemplo. Não nos parece inexato afirmar que alguém que se propõe a tais experiências deve supor que há algo em si que desconhece.

Os dois fatores seguintes destacados por Lorin dizem respeito à pessoa de Freud. A "admiração" e a "cumplicidade". A "curiosidade", característica que já sublinhamos, seria o quinto fator: Ferenczi experimentou, conforme mencionamos, diferentes possibilidades de cura – medicamentos químicos, eletroterapia, sugestão, hipnose etc. –, até aportar no território psicanalítico.

Por fim, mais dois fatores: um deles é a "nostalgia" – Viena seria uma cidade simbolicamente importante para Ferenczi, pois foi onde seus pais se casaram, tinha parentes e fez seus estudos médicos. Esse vínculo, para Lorin, seria um fator a se considerar no encontro com a psicanálise, que até então se desenvolvia majoritariamente (quase de forma exclusiva) na capital da Áustria. O derradeiro ponto, bastante importante na visão desse autor, seria a "continuidade": Lorin reconhece uma mudança no pensamento clínico de Ferenczi a partir de sua inserção na psicanálise. Para ele, no entanto, há um sentido de continuidade na obra pré-analítica de Ferenczi e em seus trabalhos como analista. Visando comprovar sua tese, o francês relacionou uma série de textos da fase analítica do húngaro nos quais se "inspirou", "desenvolveu", "perpetuou o interesse", deu "continuidade", "evocou" ou "retomou" temas desenvolvidos em textos de seu período pré-analítico (Lorin, 1993, p. 165). De fato, esse é um aspecto bastante observável, como já antecipamos e como ficará mais claro ao ingressarmos nas reflexões do período psicanalítico de Ferenczi.

Antonelli, que escreveu a extensa biografia italiana de Ferenczi (*Il mare di Ferenczi*, primeira edição de 1997), após a publicação dos trabalhos de Lorin, procedeu uma leitura cuidadosa dos apontamentos desse autor nos referidos trabalhos de 1983 e 1993 e discorda de algumas das conclusões do francês. Primeiramente, contesta esses sete fatores como determinantes para o encontro de Ferenczi com a psicanálise, destacando outro que considera ser o definitivo: a crença ferencziana, já explicitada no texto sobre o espiritismo, da existência de uma "verdade subjetiva" como noção que se aproxima à de "realidade psíquica" de Freud. Quanto aos paralelos que Lorin traça sobre os temas pré e pós-psicanálise, Antonelli reconhece elementos de continuidade importantes – além da referida "verdade subjetiva", teríamos as reflexões e experiências com sugestão e hipnose, a preocupação constante com a terapêutica, a busca de uma relação de transparência com os doentes e as reflexões que envolvem noções de ontogênese e filogênese, como fatores de encadeamento.

Todavia, para o italiano, não seria exato afirmar que o Ferenczi analítico já possa ser visto no pré-analítico. Para ele, a partir de 1908, há um salto qualitativo considerável na produção ferencziana, resultado de sua rapidíssima absorção da produção psicanalítica de então. Segundo Antonelli, o encontro com Freud seria o encontro com uma nova linguagem, que nosso protagonista utilizaria para recolocar algumas das questões que já o inquietavam em seus escritos pré-analíticos, mas que ganhariam vasto refinamento. Essa seria uma linguagem da qual, a despeito das reformulações e polêmicas que propôs ao longo de seus anos como psicanalista, Ferenczi não se afastaria "até o fim de seus dias" (Antonelli, 2014[1997], p. 349, tradução nossa).

Nosso ponto de vista sobre essa discussão fica conhecido do leitor no curso de nosso escrito, mas podemos adiantar, desde já, que nossa hipótese se situa entre a do autor italiano e a do francês. Dizer que o fator da "verdade subjetiva" é o decisivo para a aproximação de Ferenczi da psicanálise parece-nos insuficiente. Por outro lado, não temos como referendar que todos os fatores apontados por Lorin são tão relevantes quanto ele parece acreditar.

Tal qual o francês, contudo, percebemos que muitos deles efetivamente mostraram-se imprescindíveis para a ampla construção do pensamento clínico-teórico de Ferenczi – e tal qual Antonelli, percebemos um claro aperfeiçoamento das teses a partir da absorção do discurso psicanalítico.

Assim, dentre os fatores trazidos por esses dois profundos estudiosos da obra de Ferenczi, apostamos mais em alguns e arriscamos outros que não foram por eles mencionados. Além da hipótese da existência e influência de um psiquismo inconsciente nos estados psicopatológicos, a atenção que a psicanálise já dispensava, em 1908, ao psiquismo infantil, a oferta de novas e poderosas bases para as visões reformistas do húngaro – especialmente no que concerne à educação e sua influência na concepção do humano –, a promessa de um método terapêutico eficaz e que implicasse (e considerasse) enfaticamente a atuação do médico e o magnetismo da figura de Freud são, segundo a nossa concepção, fatores bastante importantes para sustentar a escolha de Ferenczi pelo método psicanalítico.

Paralelos entre as primeiras concepções de Freud e o pensamento pré-psicanalítico de Ferenczi

No que concerne às origens do interesse de Ferenczi pela psicanálise, além das impressões dos dois autores no item anterior, consideramos valioso acentuar que algumas das indagações e das percepções contidas nos escritos pré-psicanalíticos de nosso personagem também vinham sendo contempladas por Freud, muitas vezes de maneiras próximas – mas não idênticas. Nesse sentido, o apontamento *supra* de Antonelli é precioso. Ferenczi já trazia bastante consolidada em suas considerações a noção de uma "verdade subjetiva" que mereceria ser levada em consideração. Conforme sublinhamos, ele nos conta isso em seu trabalho inaugural "O espiritismo" (1994[1899a]).

Vimos, no entanto, que Ferenczi mostrou-se primeiramente interessado pelo produto da divisão psíquica ao estudar as ditas "ciências obscuras", percebendo, então, a presença dessa divisão em atividades simples. Com Freud, isso não se deu da mesma maneira, uma vez que ele entrou em contato com esses fenômenos pela via da psicopatologia – mais especialmente, pela histeria. Strachey (1996a[n.d.], p. 38) situa o momento da mudança de concepções do adoecimento mental, que levaria Freud a pensar na divisão do psiquismo, quando de sua estadia na Salpetrière, onde estudou com Charcot: "Quando chegou a Paris seu 'tema de eleição' era a anatomia do sistema nervoso; ao partir, sua mente estava povoada com os problemas da histeria e do hipnotismo. Dera as costas à neurologia e se voltava para a psicopatologia" (p. 38). Por outro lado, Freud, além de acreditar na existência dessa divisão psíquica, já tinha proposto, antes de conhecer Ferenczi, uma explicação para o fenômeno – e isso, sim, era uma novidade com relação ao que o húngaro já conhecia.[3]

---

[3] Lembremos, por exemplo, que o já citado Möbius também era um firme defensor da teoria da divisão do psiquismo, sem, contudo, ter uma concepção clara a respeito de sua gênese. Para situar as primeiras hipóteses freudianas sobre o assunto, podemos recorrer a "Comunicação preliminar" (1893/1895), texto no qual Freud e Breuer situaram a origem da histeria em um trauma psíquico, explicado com base no que era observado nas neuroses traumáticas: a causa da doença não seria um dano físico, mas um susto. Experiências que provocassem afetos aflitivos (sustos, mas também vergonha e angústia, por exemplo) poderiam atuar como traumas dessa ordem. O evento em si não geraria os efeitos patógenos, mas sua lembrança. Ela agiria como um corpo estranho que, mesmo passado o tempo, continuaria a mostrar-se em ação. "Os histéricos sofrem principalmente por reminiscências" é o adágio que sintetiza essa meditação. O que se daria com os pacientes histéricos, segundo Freud, é que as lembranças não se esmaeceriam, elas persistiriam atuantes e vigorosas

Os estudos com Charcot aproximaram Freud de práticas como a hipnose, que, se não era aplicada pelo mestre francês com intuitos terapêuticos, assim o era pela escola de Nancy, onde o futuro criador da psicanálise se propôs a estudar a prática com dois médicos de reputado conhecimento, Ambroise-Auguste Libéault e o já citado Bernheim. Aqui, novamente, os repertórios de Freud e Ferenczi aproximam-se de forma a merecer um olhar detido.

Primeiramente, ambos escreveram sobre as dificuldades da aplicação do método. No que concerne a Freud, refletir sobre tais obstáculos foi de grande utilidade para que trilhasse o caminho que o conduziu a suas primeiras proposições acerca do psiquismo: podemos citar, como exemplo, as relações entre a resistência à hipnose e a repressão das ideias inconscientes. Ferenczi não criou esse tipo de hipótese. Porém, como vimos, mostrava-se um clínico bastante sensível a toda circunstância do encontro com o paciente e, em alguns momentos, suas reflexões acerca dessas dificuldades diferiam daquelas de Freud.

Observemos amiúde como, por vezes, os dois clínicos seguiam em linhas paralelas nas suas observações sobre os dilemas que a clínica psicológica parecia colocar.

Freud assentara – desde seu artigo de 1890, "Tratamento psíquico (ou anímico)" (1996[1890/1905]) – que nem todo paciente poderia ser hipnotizado. Sua ênfase ao explicar a impossibilidade recaía sobre o psiquismo do paciente, e essa percepção foi de grande valor para que Freud forjasse o conceito de "defesa psíquica", especialmente no que tange à questão da resistência. Ainda nesse

---

e, ao mesmo tempo, seriam inacessíveis, por conta da não ocorrência de um processo de ab-reação eficiente. Estaríamos, pois, no âmbito de atuação dos processos inconscientes. Haveria, então, uma tendência à dissociação (divisão da consciência) como fenômeno básico da histeria, com decorrentes estados anormais de consciência.

trabalho, Freud postulou certa "escala" de influência hipnótica que partia do "totalmente hipnotizável", passava por "pessoas normais" e ia até o "impossível de hipnotizar" para os "doentes mentais", ficando os neuróticos em um grau intermediário. Essa ilação freudiana iria ao encontro da conhecida hipótese postulada por Ferenczi anos depois, quando buscou compreender uma possível razão para a crescente resistência ao tratamento hipnótico em sua clínica: no início, praticava a hipnose com pessoas "sãs", ao passo que, no momento da elaboração dessa reflexão, somente hipnotizava neuróticos – e os "sãos", segundo sua opinião, respondiam mais prontamente à hipnose do que os neuróticos.

Ainda no âmbito da hipnose e da sugestão, outro ponto de contato das observações de Ferenczi e Freud, que antecedeu o encontro deles, foi o "fascínio da técnica", trabalhado pelo primeiro em seus escritos pré-analíticos. Novamente trata-se de um tema que também fora elaborado por Freud, ainda que não de maneira idêntica, em "Tratamento psíquico (ou anímico)". Por exemplo, o fundador da psicanálise escreveu sobre o "respeito que o paciente tem pela arte médica" (Freud, 1996[1890/1905], p. 279) como facilitadora no processo de influência terapêutica. Perceba-se que, onde Freud fala em "respeito", Ferenczi fala em "fascínio". Tal diferença de concepções, segundo nossa leitura, redunda em ênfases distintas na posição do analista junto ao paciente, como se verá ao longo de nosso caminho.

Avançando um pouco mais na questão do "fascínio", como notado por Ferenczi, *versus* o "respeito", tal qual ressaltado por Freud, constatamos o húngaro afirmando que, do ponto de vista terapêutico, por vezes, não seria necessária uma hipnose profunda, bastando certo "charme" que colocasse o paciente em um estado intermediário entre a sugestão em vigília e a hipnose. Ferenczi apostava em expressões que se refeririam a certa ordem de fenômenos semelhantes com relação ao hipnotizador: "fascínio", "charme", "encanto", remetendo a experiência ao universo sensual, estético ou, até mesmo, lúdico. O pensamento freudiano, por sua vez, é firme no uso do termo "autoridade", que conferiria ao médico, para nos referirmos às exatas palavras do texto de 1890, "poder" semelhante ao dos "sacerdotes", "milagreiros" (Freud, 1996[1890/1905], p. 282) e, nos "Estudos sobre a histeria", ao dos "padres" e "professores" (Breuer & Freud, 1996[1895], p. 295).

Novamente, parece-nos que Freud e Ferenczi caminham trilhas paralelas. Intuem fenômenos de ordem semelhante, cuja origem, todavia, derivaria de posições bastante diferentes. Ferenczi faz um bom uso desse contexto ao refletir sobre a natureza dos fenômenos transferenciais, conforme veremos adiante em sua discussão sobre a "transferência paterna" e a "transferência materna".

Outra ponderação compartilhada pelos dois autores era a de que a sugestão teria um papel crucial em qualquer método de cura. Conforme insistimos anteriormente, Ferenczi refletiu sobre o tema em seu texto "A eletricidade como fator terapêutico" (1994[1904b]), tal qual Freud o fez em seu "Sobre a psicoterapia" (1996[1905a]). A bem da verdade, essa avaliação já constara, de certa forma, em alguns trabalhos do pai do método psicanalítico da década de 1890, não sob a rubrica de sugestão, mas exatamente de "psicoterapia". A psicoterapia estaria, involuntariamente, presente em toda intervenção médica e se trataria da mais antiga forma de terapia da qual se serviu a medicina. A "expectativa confiante", citada no já referido "Tratamento psíquico (ou anímico)", por exemplo, ressurgiu em 1905 sob o nome de "expectativa crédula" (Freud, 1996[1890/1905], p. 276, e 1996[1905a] p. 245, respectivamente), como instrumento fundamental aos processos de cura.

A consequência dessa situação no pensamento freudiano era de que, mesmo querendo, os médicos não conseguiriam renunciar à psicoterapia, pois não está em seu poder fazer isso: o doente não tem intenção de abandoná-la. É uma afirmação preciosa, pois essa problemática estaria reiteradamente em jogo no processo analítico, quando pensamos na questão da transferência e da sua travessia. A proposta, em 1905, era de que o médico reconhecesse o fenômeno de forma a não lhe deixar sob exclusivo poder do paciente. Em termos mais analíticos, talvez pudéssemos dizer: dado que a transferência (Freud não usa o termo, fala de "influência") é inevitável, cumpre ao médico dela se servir para norteá-la, ou seja, dirigir o trabalho de cura por seu intermédio.

Finalmente, o aperfeiçoamento do manejo clínico constituía outra preocupação compartilhada por Freud e Ferenczi, ainda que buscassem soluções diferentes.

Falamos das reflexões de Ferenczi acerca de pacientes que não se submetiam à hipnose e, também, de alguns manejos que tentava utilizar para ultrapassar esses obstáculos – como nomear a hipnose como "adormecimento" para algum paciente receoso. Nos trabalhos freudianos de 1890, temos a oportunidade de ver o autor envolvido em semelhantes dilemas, bem como na busca por pequenas manobras para vencer a resistência.

A "insistência" e a "terapia da pressão", por exemplo, foram duas de suas alternativas. Esses dois métodos foram descritos por Freud no capítulo sobre a psicoterapia da histeria contido em "Estudos sobre a histeria" (Breuer & Freud, 1996[1895]). O primeiro era baseado na obstinação: após a negativa dos pacientes de terem qualquer lembrança sobre a causa precipitante do sintoma, Freud afirmava que sim, o doente sabia algo sobre sua origem. O segundo, objetivando desviar a atenção do paciente de suas reflexões conscientes – de tudo o que implicasse sua "vontade" –, levava Freud a exercer certa pressão com a mão sobre a testa da pessoa que se encontraria deitada, assegurando-lhe, ativamente, que surgiria uma recordação.[4]

Percebe-se, seja no manejo ferencziano, seja nas duas vias freudianas, a intenção de escapar da resistência, no exato sentido do que Freud conceituou em 1890 como o "tratamento psíquico": "o esforço de provocar no doente os estados e condições anímicos mais propícios para a cura" (Freud, 1996[1890/1905], p. 279). Trata-se, segundo nossa leitura, de uma assertiva relevante que guiaria as pesquisas sobre a técnica psicanalítica de Ferenczi dos anos 1920 até sua morte: a primeira tarefa do psicanalista seria a de encontrar a melhor condição para que, com o paciente e a partir de sua singularidade, fosse possível efetuar o trabalho analítico.

Poderíamos citar mais alguns aspectos que indicariam a sobreposição de temas de interesse comum nas pesquisas de Freud e Ferenczi e que consubstanciariam motivos importantes para justificar o interesse do último pelo pensamento freudiano. De fato, eles existem e vão surgir adiante, tão logo ingressemos no estudo do pensamento psicanalítico do nosso protagonista.

A relação com Freud

Quando delineamos aspectos da biografia de Ferenczi, tivemos a oportunidade de expor a forma como a perda precoce do pai o afetou. Não é exato dizer que ele, em seu período pré-analítico, não tivesse o suporte íntimo de figuras importantes, substitutos paternos. Como já anotamos, os biógrafos costumam apontar Miksa

---

4 Tais práticas, por seu caráter de implicação e postura ativa do médico, nos remetem a algumas intervenções que vemos Ferenczi proceder, em seu período de atividade, como aquelas contidas em seu texto sobre as fantasias provocadas (2011[1924a]). Cf. capítulo 5, item "As fantasias provocadas: das injunções às reconstruções, os novos usos da contratransferência".

Schächter, médico e editor de revistas que publicavam alguns dos trabalhos pré-psicanalíticos de nosso protagonista, como uma dessas pessoas. A morte desse amigo foi noticiada pelo húngaro em carta emocionada a Freud, de conteúdo bastante semelhante a um artigo publicado nesse mesmo ano: "Minha amizade com Miksa Schächter" (2011[1917a]).[5]

Essa relação, no entanto, certamente não teve a mesma repercussão que sua amizade de anos com Freud. Uma confissão de Ferenczi ratifica o que afirmamos: quando da redação de seus escritos pré-psicanalíticos, percebemos em nosso autor uma vasta gama de referências implícitas e explícitas. Ele cita autores das tradições da psiquiatria alemã e francesa, filósofos e romancistas, todos como influências importantes em suas reflexões. Em meados de 1914, todavia, Ferenczi escreveria a Freud que não lia senão os trabalhos por ele elaborados (Brabant et al., 1995, p. 290). O pensamento do pai da psicanálise o havia absorvido completamente.

É difícil começar a escrever sobre a amizade entre Freud e Ferenczi, escolher por onde começar, tendo em vista a importância que teve no desenvolvimento dos trabalhos de ambos, bem como pela amplitude das decorrências que tem para o desenvolvimento da psicanálise. Por outro lado, impossível não o fazer em um trabalho que intenciona discorrer sobre a construção do pensamento clínico de Ferenczi, considerando a condição singular no contexto psicanalítico em que sua obra se desenvolveu.

---

[5] A carta em referência data de 30 de abril de 1917 (Brabant et al., 1996, p. 199). Ferenczi foi bastante honesto ao expor que transferiu para Schächter algo de sua devoção à figura paterna, reconhecendo nele alguém cujas diferenças – fossem de âmbito religioso, já que ele, ao contrário de Ferenczi, era bastante observador da tradição judaica, fossem de âmbito científico, já que Schächter não abraçara a psicanálise – jamais impediram a amizade e o respeito mútuos.

Com isso, referimo-nos ao fato de que Ferenczi, diferentemente de outros autores fundamentais, não foi somente audiência ou leitor de Freud. Não. Ferenczi conviveu plenamente com ele. Compartilhou sua intimidade. Viajaram juntos diversas vezes para encontros científicos ou em férias. Foram correspondentes assíduos por 25 anos, correspondência essa que não se interrompeu nem nos momentos de grande crise externa (como a Primeira Guerra Mundial, entre 1914 e 1918), nem nos momentos de crises institucionais, pessoais ou em sua relação. Para além disso, foram colegas no empreendimento psicanalítico em distintas esferas: teórica, política, pedagógica, pública e, finalmente, clínica – e, dessa maneira, nos referimos não só ao fato de que Ferenczi foi formalmente analisado por Freud como também aos eventuais momentos de análise mútua, como aquele ocorrido durante a viagem que fizeram aos Estados Unidos na companhia de Jung, onde Freud daria suas palestras na Universidade Clark.[6]

Assim, diferentemente do que se dá com outros autores clássicos da psicanálise, no que concerne a Ferenczi, temos um diálogo em via de mão dupla: não sabemos como Freud se posicionou sobre a clínica lacaniana ou o manejo de *setting* winnicottiano. Podemos somente conjecturar. A respeito dos avanços ferenczianos, todavia, temos a sombra constante de Freud, não só como interlocutor privilegiado como também presente. A seguir, vejamos alguns reflexos dessa situação em três momentos diferentes.

Ainda em 1908, Freud assim escreveu para Ferenczi: "Talvez o Sr. tenha procurado confirmar minhas ideias com excesso de escrúpulos. Se o Sr. deixar essa preocupação, encontrará um material riquíssimo, a partir do qual poderá trabalhar para finalmente

---

6 Conta-se que, durante a viagem de navio da Europa até o novo mundo, Freud, Ferenczi e Jung analisaram reciprocamente seus sonhos, tema que retomaremos quando falarmos da análise mútua.

chegar à tão desejada confirmação de minha teoria" (Brabant et al., 1994, p. 84).

Já em 1914, Ferenczi fez a seguinte confissão a Freud:

> *Se eu tivesse a coragem de redigir simplesmente minhas ideias e experiências – sem me preocupar com seus métodos e a direção de seu trabalho – eu seria um escritor fecundo e, finalmente, inumeráveis pontos de encontro apareceriam ainda assim entre meus resultados e os seus. Até o momento, ao menos, sempre foi o caso: eu encontrei em seus trabalhos muitas de minhas ideias (é verdade, ordenadas muito mais judiciosamente). O melhor em você é o inimigo do bom em mim! (Brabant et al., 1996, p. 8, tradução nossa, destaque do original)*

Por fim, uma breve descrição do último encontro dos dois, pouco antes do congresso de Wiesbaden, em 1932 – no qual Ferenczi apresentou sua "Confusão de línguas entre os adultos e a criança" (2011[1933]) –, que retomaremos adiante:

> *quando Ferenczi expôs a Freud suas novas visões acerca da psicanálise... o mestre escutou com uma impaciência irritadiça, fez algumas anotações secas e, quando Ferenczi lhe estendeu a mão para despedir-se, Freud virou-se e saiu precipitadamente do recinto. Quem havia sido um íntimo da casa e havia sido chamado por Freud de "meu filho querido", teve nessa ocasião de ser anunciado e lhe foi concedida somente uma breve e formal audiência. Somente Gizella recebeu um sorriso amistoso de Freud, e foi ela quem no momento de*

retirar-se rompeu em pranto (Grunberger citado por Rachman, 2004[1995], p. 33, tradução nossa).

Essa amizade abrangeu mais do que os dois homens. Ferenczi conheceu a intimidade da família de Freud. Da mesma maneira, Freud conheceu a vida íntima de Ferenczi, não só como analista que dele foi por três breves períodos como também pessoalmente.[7] Foi analista de sua esposa e também de sua enteada. Conheceu, inclusive, sua mãe, em uma circunstância de férias – na qual Ferenczi nem sequer estava presente.

Além disso, partilharam interesses científicos, teóricos, clínicos e institucionais no contexto psicanalítico. Freud reconheceu, no obituário que escreveu quando da morte de Ferenczi, que uma série de artigos publicados, por ele ou pelo húngaro, surgiram de conversas ocorridas entre os dois. O mestre de Viena conhecia de antemão o teor dos escritos de nosso autor e, por mais de uma vez, sugeriu que algumas ideias fossem mais bem elaboradas ou abandonadas ou que alguns trabalhos fossem editados em momentos precisos – um exemplo disso foi o texto sobre Árpad, "O pequeno homem galo" (2011[1913e]), cuja publicação Freud solicitou que fosse postergada até a edição de "Totem e Tabu" (1996[1913b]), pois o pai da psicanálise considerava o trabalho do colega uma comprovação clínica valiosa de suas teses sobre o totemismo. Ferenczi participou da elaboração de conferências proferidas por Freud e foi um defensor ferrenho da causa psicanalítica, fosse contra os ataques externos, fosse contra as tensões internas do movimento – ao menos até os anos 1930, quando, por conta

---

7 Esses três períodos em que Ferenczi esteve em análise com Freud se distribuem, cronologicamente, da seguinte maneira: a primeira etapa iniciou-se em outubro de 1914 e durou três semanas e meia, com sessões diárias e, por vezes, duas ao dia. A segunda etapa deu-se em junho de 1916 e a terceira ocorreu entre setembro e outubro de 1916.

de suas novas hipóteses clínicas e também de seu desinteresse pela política psicanalítica, o húngaro passou a ser visto como fator de discórdia no seio do movimento analítico.

Não foram poucos os que se dedicaram a escrever sobre a relação entre Freud e Ferenczi ao longo dos anos, e há uma produção significativa e recente de trabalhos concentrados no assunto.

Rachman (2004[1995], p. 38), por exemplo, não só vê o momento final do relacionamento entre Freud e Ferenczi como algo trágico que influenciou o desenvolvimento da psicanálise – criando confusões na história da técnica e da teoria psicanalítica e destituindo a importância do pensamento ferencziano nesse contexto – como ainda traz pontos de vista diversos sobre o assunto. Cita a opinião de Izette de Forest (autora e paciente de Ferenczi), para quem o esforço investido pelos dois homens para evitar o desfazimento da relação foi um evento excepcional. Por outro lado, para Fromm (1965[1959]), a reação de Freud à apresentação feita por Ferenczi de seu derradeiro trabalho, "Confusão de línguas entre os adultos e a criança", teria sido uma das maiores vergonhas da história da psicanálise.[8] Thompson (1950), outra paciente e importante autora da psicanálise interpessoal, por sua vez, atribuiu ao próprio Ferenczi parte da responsabilidade por seu destino, pois, segundo ela, o húngaro não conseguiu distanciar-se definitivamente de Freud e fundar sua própria escola. Finalmente, Haynal (1993) pondera que sempre houve uma tendência de traçar-se uma divisão total dos pontos de vista de Freud e Ferenczi, "identificar-se com um e declarar o outro errado, perigoso ou até louco" (p. 54, tradução nossa). No entanto, nem Freud, nem Ferenczi, segundo sua compreensão, teriam assumido de forma clara as posições contraditórias que a eles são atribuídas.

---

8 Situação que narraremos no capítulo 8, item "A censura em Wiesbaden e os últimos dias de Ferenczi".

Em vista da importância do encontro pessoal entre Freud e Ferenczi para o desenvolvimento do pensamento clínico ferencziano, a presença do pai da psicanálise é constante em nosso trabalho, seja como interlocutor em textos científicos, seja também na dimensão pessoal (e vemos que, por vezes, esses dois planos acabam se confundindo e influenciando o desenvolvimento da obra de nosso personagem). Além disso, percebemos momentos em que as ideias de Ferenczi parecem aproximar-se mais das reflexões de Freud e outros em que aparentemente se distanciam.

Esse é um aspecto que merece nossa atenção: até que ponto o pensamento de Ferenczi efetivamente se afasta das hipóteses de Freud e até que ponto, por vezes, revelaria de forma mais clara o que, em Freud, talvez tenha ficado indicado, subentendido ou até mesmo recalcado? Tendo todos esses aspectos em mente, nós nos debruçamos agora sobre a faceta mais conhecida do pensamento clínico ferencziano, isto é, a psicanálise.

As primeiras ponderações psicanalíticas sobre a interação do ambiente com a criança: a educação

Consoante já antecipamos, em fevereiro de 1908, sob os auspícios de Jung, deu-se a primeira reunião entre Freud e Ferenczi. Antonelli (2014[1997], p. 25) relata a boa impressão que ele causara em Freud, que já lhe convidou a apresentar um trabalho naquele que viria a ser o primeiro Congresso Internacional de Psicanálise, realizado em abril do mesmo ano, na cidade de Salzburgo.

De forma bastante promissora, Ferenczi compareceu a essa conferência com o texto "Psicanálise e pedagogia" (2011[1908b]), um artigo que é bastante citado por nós, trazendo um assunto que já fora tangenciado nas reflexões pré-analíticas de nosso autor – em seu escrito de 1901, "Leitura e saúde" (1994[1901c]) –,[9] revisitado a partir de um aporte psicanalítico: a educação.

Assim, refletindo sobre esse tópico baseado nesse novo arcabouço teórico, o húngaro elaborou, na seara analítica, seus comentários inaugurais sobre um tema que seria central em sua teorização posterior: os efeitos que a interação entre ambiente e criança teriam para seu desenvolvimento psíquico. O ensaio é inaugurado com uma reflexão categórica, que amplia o que dissera em 1901:

> *uma educação defeituosa é não só a origem de defeitos de caráter mas também de doenças ... a pedagogia atual constitui um verdadeiro caldo de cultura das mais diversas neuroses ... mesmo que não tenhamos adoecido, muitos sofrimentos psíquicos inúteis podem ser atribuídos a princípios educativos impróprios; e sob o efeito dessa mesma ação nociva, a personalidade de alguns entre nós se tornou mais ou menos inapta para desfrutar sem inibição dos prazeres da vida (Ferenczi, 2011[1908b], p. 39).*

O que nos parece fundamental nessa primeira apresentação de Ferenczi ao universo psicanalítico é sua preocupação em ressaltar a interferência dos educadores (ou seja, dos adultos) na constituição do psiquismo infantil. É certo que, ao longo das décadas seguintes, essa constatação ganha nuances, mas o pressuposto já se encontra lançado e esse é um mote fundamental de seu pensamento clínico--teórico – a importância e a delicadeza do encontro do psiquismo infantil com o mundo do adulto.

---

9 Cf. capítulo 2, item "'Leitura e saúde': as reflexões iniciais acerca do universo infantil".

Assim, "Psicanálise e pedagogia" é um bom exemplo da rica caracterização que Brabant-Gerö faz de algumas preocupações que caracterizariam as pesquisas psicanalíticas de nosso autor, bem como da relação de tais preocupações com sua apropriação das teses freudianas e com o cenário sociocultural em que se via inserido:

> *Ferenczi, desde sua adesão às ideias freudianas, propõe uma reflexão sobre os fatores externos da etiologia das patologias mentais. Grande número de seus trabalhos trata das relações do indivíduo com seu meio. Contrariamente a Freud, que se concentrou sobre os fatores intrapsíquicos da neurose e que insistia no antagonismo entre o indivíduo e a sociedade, Ferenczi acreditava que pelas reformas adequadas a sociedade poderia atenuar a patologia individual. Essa diferença entre os dois pensadores se enraizava no ambiente cultural do período pré-guerra, durante o qual todas as esperanças eram permitidas na Hungria. De um lado, os psicanalistas tomados pelo otimismo dos radicais se voltavam para os problemas sociais; de outro, os sociólogos viam na psicanálise um meio suplementar de permitir a realização de uma sociedade harmoniosa (Brabant-Gerö, 1993, p. 44, tradução nossa).*

Neste ponto introduzimos ao leitor uma informação raras vezes mencionada pelos estudiosos da obra de Ferenczi, mas profundamente interessante. Há, na realidade, duas versões bastante diferentes de "Psicanálise e pedagogia". A explicação para esse fato, declinada na edição inglesa das obras do húngaro, é que uma das versões do texto teria sido utilizada no congresso de Salzburgo, enquanto a outra foi remetida para publicação. A segunda versão diferencia-se essencialmente da primeira em dois aspectos: enfatiza mais abertamente o caráter reformista do pensamento ferencziano, tal qual referido por Brabant-Gerö no trecho anterior, e sublinha a grande influência que recebia das ideias de um dos pais da pediatria moderna, Adalbert Czerny, que nem sequer aparece citado na versão do texto disponível ao público brasileiro.[10] Sobre o traço reformador do pensamento ferencziano daquele momento, vale citar o seguinte excerto:

> *O alvo primário da reforma educacional, a qual deveríamos aspirar, deve ser uma tentativa de libertar a mente infantil do peso da repressão desnecessária. Depois disso – e como tarefa mais importante – deveria haver uma reforma de nossas instituições sociais, de forma que a liberdade de ação seja dada aos impulsos de desejo que não podem ser sublimados. Podemos ignorar as reprovações de que tais pontos de vista são inimigos da civilização. Para nós, a civilização não é um fim em si, mais um meio apropriado pelo qual um compromisso entre os interesses de um indivíduo e aqueles dos demais indivíduos pode ser atingido . . . Eu acho – e nisso estou apoiado em minha crença por comunicações de Freud ainda não publicadas – que a*

---

10 Uma das versões consta, até onde nossa pesquisa alcançou, das edições francesa (2006[1908]) e brasileira (2011[1908b]) dos trabalhos de Ferenczi. É nesse texto que nos baseamos, majoritariamente, para fazer os comentários constantes neste item. A segunda versão, todavia, surge na coletânea de escritos de nosso autor chamada *Zur Erkenntnis des Unbewußten*, publicada pela Fischer Verlag (1998[1908]), e na versão inglesa de suas obras, parte da coleção Karnac Classics (2002[1908]). Esta última foi utilizada para nossos comentários sobre o espírito reformador do texto e apontamentos sobre o diálogo entre os pensamentos de Ferenczi e Czerny.

> *ansiedade excessiva na maior parte das pessoas civilizadas, seu medo da morte e sua hipocondria derivam da libido reprimida durante o processo de educação
> ... O primeiro e mais importante passo na direção de um futuro melhor está – em minha opinião – na propagação do conhecimento da verdadeira psicologia da criança como descoberta por Freud (Ferenczi, 2002[1908], p. 281 e ss., tradução nossa).*

Mais interessantes ainda são as evocações que Ferenczi faz ao pensamento de Czerny. Ele se socorre do pediatra para referir-se, em breves citações, ao valor do correto manuseio do bebê nos seus primeiros dias, à importância de protegê-lo do excesso de estímulos externos e aos perigos de algumas estimulações sexualmente perniciosas. A referência mais relevante, no entanto, está na seguinte passagem: "É interessante notar que Czerny é favorável ao aleitamento materno como forma pela qual os contatos emocionais entre mãe e criança desenvolvem as relações que são tão altamente valorizadas, se existirem, entre pais e filhos" (Ferenczi, 2002[1908], p. 285, tradução nossa).

Assim, pela leitura de Czerny, percebemos o interesse de nosso autor pela obra de um observador experiente e arguto das relações entre mãe e bebê, pais e filhos, adultos e crianças, tão caras a sua postulação clínico-teórica psicanalítica. Algumas outras ideias do pediatra contidas no trabalho *Der Arzt als Erzieher des Kindes*,[11] referido por Ferenczi, merecem ser levadas ao conhecimento do leitor, pois é notável o grau de proximidade de seus interesses aos de Ferenczi, seja na direção de o húngaro reafirmar suas conclusões,

---

11 Em português, *O médico e a educação da criança* (1934[1908]).

seja na de sugerir contrapontos.[12] Diz o pediatra, por exemplo: "Em geral não se dá o devido apreço à influência educativa que se possa exercer sobre a criança em seu primeiro ano de vida. Consequência disso é nessa época, ora intervir-se demais, ora de menos. Cumpre ao médico combater os dois extremos" (Czerny, 1934[1908], p. 9).

Desse modo, estamos em contato com as reflexões de um pensador das primeiras relações do bebê com o ambiente. Para ele, no entanto, o excesso de ternura (tendência à qual especialmente os avós estariam sujeitos) tornaria impossível a tarefa de educação, cujo primeiro mandamento seria, justamente, "habituar a criança a uma vida regrada" (Czerny, 1934[1908], p. 41). Para tanto, o autor formula um interessante brocado, segundo o qual: "O primeiro passo para a educação no domínio de si mesmo consiste em não permitir que o bebê obtenha tudo o que almeja, tudo o quanto peça, nem tão pouco de tudo quanto queira" (p. 45).

Esse balanço entre frustração e satisfação, que é encaminhado a ordem de fator participante da constituição do psiquismo, torna-se, como veremos, ponto de constante indagação de Ferenczi. O risco de um ambiente que não propusesse tais restrições educativas, segundo o pediatra, seria o de, com o tempo, ter de se curvar à tirania do desejo infantil. A essa postulação, entretanto, Ferenczi

---

12 Não se sabe a que se deve a ausência do nome de Czerny da versão do trabalho apresentada no congresso de Salzburgo. Brabant-Gerö (2009), em editorial ao *Le Coq-Héron*, número 199, especial sobre educação e psicanálise, propõe algumas suposições. A primeira seria a de que Ferenczi não teria lido, até então, a obra do pediatra, lançada no ano da palestra. Nesse caso, devemos considerar que a leitura posterior desse trabalho teve um grandíssimo impacto no pensamento de Ferenczi, a ponto de ser um dos fundamentos da reescrita de sua apresentação. Outra hipótese é de autocensura, pois estaria desbravando um território ainda virgem nas pesquisas freudianas – uma opinião que seria reforçada pela ausência de qualquer menção a Czerny na correspondência entre os colegas psicanalistas.

parece opor algumas questões: como fazer para que as medidas educativas necessárias não se tornem fonte do adoecimento psíquico? Como repercutiria tal influência educativa no psiquismo da criança?

Em 1908, Ferenczi forjou seu argumento com base nas noções de "princípio de desprazer" (nome usado na época para falar do "princípio de prazer") e recalcamento. Esse princípio, o único regulador do funcionamento psíquico do recém-nascido, serviria de guia para ele esquivar-se da dor, conduzindo o bebê à busca por experiências de satisfação que implicassem o mínimo esforço. A educação, por outro lado, iria de encontro com esse princípio, impondo às crianças limitações que colidiriam com suas disposições naturais, sujeitando-lhes a experiências de desprazer.

O resultado desse antagonismo não seria o desaparecimento das primeiras (disposições) em favor das segundas (imposições), como desejariam os educadores, mas a formação, no íntimo da criança, de uma "personalidade distinta", que não pararia de desenvolver-se sob o efeito do recalcamento. Se Ferenczi já chegara à psicanálise sustentando a divisão do funcionamento psíquico, agora expõe uma teoria sobre a gênese de tal divisão, uma teoria que manteria consigo ao longo dos anos, como vemos durante nosso percurso. Por outro lado, destacamos a expressão "personalidade distinta", porque nos remete a um resultado para essa divisão ou, diríamos, para o processo de recalcamento, de amplitude algo diferente daquela do inconsciente freudiano, uma figura próxima das ideias de progressão patogênica que exploraria *a posteriori*, algo mais da ordem de uma "clivagem" que do estrito "recalcamento".

No mesmo sentido de nossa impressão, Korff-Sausse, na introdução à edição francesa da obra de Ferenczi, publicada pela Petit Bibliothèque Payot (2006a, p. 10), afirma que foi com base nesse texto que os adultos, no pensamento ferencziano, ao determinarem às crianças a supressão de seus sentimentos, promoveriam uma "clivagem em sua personalidade". Percebe-se assim, prossegue a autora, já no início da obra ferencziana, a figura de uma criança que se esconde no adulto, como uma "sombra" ou um "negativo".

Ferenczi exemplificou sua tese baseado na averiguação de que as primeiras vítimas da pedagogia seriam as emoções e as ideias, que deveriam ser "negadas", impondo à criança relacionar-se com um mundo enviesado pela hipocrisia e a mentira, pilares da pedagogia que o autor critica: "A pedagogia atual obriga a criança a mentir para si mesma, a negar o que sabe e pensa" (Ferenczi, 2011[1908b], p. 40).

Teremos a oportunidade de verificar, ao longo de nossa pesquisa, que Ferenczi retomou essa importantíssima observação sobre o efeito, no psiquismo infantil, da imposição (que eventualmente tornar-se-ia uma autoimposição) de se negar uma experiência, que pode ser do âmbito da percepção, dos pensamentos, das sensações ou dos sentimentos. Um exemplo disso está no ensaio de 1928, "Adaptação da família à criança" (2011[1928a]), no qual o húngaro retoma justamente o tema da educação e seus possíveis efeitos nefastos em razão dessa imposição de uma negação. Tal retomada da matéria nos conduz, em seus escritos finais, ao dito "terceiro tempo" da vivência traumática, justamente aquele do "desmentido".

Nessa esteira, é importante percebermos, nesse texto inicial em seu percurso psicanalítico, a presença de termos que vão ser particularmente caros ao longo dos anos a Ferenczi, especialmente nas formulações sobre o trauma, como "hipocrisia" e a já referida "negação" (aqui, de sentimentos e pensamentos). A referência à hipocrisia e à moral repressiva contidas no trabalho fez que Brabant-Gerö arrolasse o texto entre os escritos de nosso autor "impregnados de reflexões sobre os problemas sociais" (1993, p. 41).[13]

Parece-nos bastante interessante traçar um paralelo entre essas constatações de Ferenczi e aquelas a que chega Lukacs, ao tratar da pedagogia praticada na Hungria:

> *Outro obstáculo a um desenvolvimento de caráter mais ou menos saudável foi a rigidez, quase sempre extrema, das exigências diárias. Na maior parte das turmas, a hora começava com declamação, o que significava que todo aluno tinha que estar preparado para ser testado e interrogado diariamente. O que pode ter contribuído para a autodisciplina e os hábitos de estudo foi certamente contrabalançado pelo fato de que essas exigências difíceis e, às vezes, praticamente impossíveis, também produziram práticas de todo tipo de impostura e embuste: isto é, a percepção precoce e juvenil de que fazer a coisa de qualquer jeito, mas rapidamente, desrespeitar as leis, de que a clandestinidade e a prevaricação eram condições inevitáveis de sobrevivência em um mundo com regras rígidas, categóricas, insensíveis e, frequentemente, sem sentido (1988, p. 178).*

Percebamos que, tanto Ferenczi como Lukacs, sublinham os efeitos secundários da educação formal que vinha sendo oferecida às crianças em Budapeste. Enquanto o historiador enfatiza a hipocrisia e o estímulo à contravenção que os excessos, a rigidez e o

---

13 Uma observação que subscrevemos, acrescentando o valor de uma leitura conjunta desse trabalho com o texto de Freud, publicado no mesmo ano, intitulado "Moral sexual 'civilizada' e doença nervosa moderna" (1996[1908]).

desequilíbrio provocavam nos estudantes, nosso autor procura enfatizar os custos psicológicos que essa forma de cultivo dos jovens encerraria àqueles que "aceitavam" as frustrações por ele impostas – e tal custo seria, justamente, a psiconeurose.

Por outro lado, há nesse artigo, sutilmente, a reintrodução da questão da herança. Não aquela que encantou Ferenczi quando de suas reflexões sobre a teoria da evolução, mas o legado que o psiquismo dos ancestrais deixaria para a geração vindoura – a educação como transmissão. E qual seria a alternativa a tal educação que, na leitura de Ferenczi, conduziria à mencionada forma de recalcamento?

Tomemos como apoio para desenvolver esse ponto o texto "A importância da psicanálise na justiça e na sociedade", no qual é retomado o tema da pedagogia. Nele Ferenczi atribui à educação a tarefa de "conter, domar e domesticar essas pulsões associais" (2011[1913b], p. 5). Para tanto, haveria duas conclusões possíveis: o recalcamento e a sublimação. O primeiro meio seria caracterizado pela total paralisação, intimidação ou contenção das pulsões primitivas, representantes fundamentais do princípio de prazer (ou de evitação do desprazer, se quisermos nos referir a sua nomeação anterior de 1910). A "sublimação", por outro lado, utilizaria da força de tais pulsões, orientando-as para a consecução de objetivos valiosos socialmente – que poderiam ir do zelo religioso à criação artística e à curiosidade científica. Ferenczi diz que: "A pedagogia baseada nas teses da psicanálise recorrerá, portanto, sempre que possível à sublimação; isso significa que, sem rigor nem coerções inúteis, pelo amor e pelas recompensas . . . explorará as pulsões sociais (segundo as tendências individuais)" (p. 5).

O respeito às tendências individuais é uma diretriz importante tanto no âmbito dessa "pedagogia psicanalítica", defendida por Ferenczi, como em sua prática clínica. Como ensina Borgogno, ao comentar a clínica ferencziana: "O *homo psychoanalyticus*... deveria por essas razões ser em primeiro lugar sóbrio e não dogmático ... deveria, primeiramente, analisar o movimento de suas ações e impedir-lhes de se desenvolverem até se converterem em paixões" (2011, p. 18, tradução nossa). Já percebemos, desde seus artigos pré-psicanalíticos, que a fuga de dogmatismos e concepções científicas petrificadas caracterizariam o espírito epistemológico de nosso autor.

Retomando o trabalho sobre a pedagogia e ingressando no tema da cura, a psicanálise, tal qual a educação, não deveria ter como escopo simplesmente reafirmar o primado dos instintos egoístas nem defender que devessem ser amplamente experimentados em ações. O campo da experiência analítica teria como primeiro objetivo permitir que tais instintos viessem à luz, deixassem a situação de repressão e pudessem ganhar expressão pela fala:

> *Se, terminado o tratamento psicanalítico, o doente até aí portador de uma grave neurose reconheceu claramente suas tendências para a satisfação de desejos contrários às concepções inconscientes do seu psiquismo ou às suas concepções conscientes, produz-se a cura dos sintomas. E ela se produz mesmo se, em consequência de obstáculos insuperáveis, o desejo, cuja manifestação simbólica é o sintoma psiconeurótico, não possa vir a ser ulteriormente satisfeito (Ferenczi, 2011[1908b], p. 43).*

Observamos que, se por um lado Ferenczi estava sendo coerente com a compreensão da cura psicanalítica da época – centrada na rememoração e no "tornar o inconsciente consciente" –, por outro, a ênfase no "reconhecimento" (termo que nos parece implicar maior participação do paciente que a "rememoração") dá um tempero a mais na sua reflexão. Assim, ele conclui, a análise não teria como objetivo a satisfação desses "instintos egoístas", ou seja, não ofereceria risco ao laço social.

Transpostas as poucas páginas das duas versões de "Psicanálise e pedagogia" (2002[1908] e 2011[1908b]), acreditamos ser possível reconhecer no Ferenczi, que recém ingressara nas fileiras do movimento freudiano, um autor que entrega hipóteses de trabalho importantes, que permaneceriam consigo ao longo dos anos – talvez obscurecidas, em certo período, por avanços que se propôs em outras direções, especialmente nos anos 1910. Seu estilo é sóbrio e, por vezes, parece até despretensioso. Talvez um leitor inadvertido não percebesse o valor de suas proposições – de fato, em nossa opinião, é o que se dá com grande parte dos escritos iniciais de nosso autor. Parece-nos indubitável, contudo, que o hoje celebrado psicanalista do final dos anos 1920 já deixara uma marca importante nesse primeiro trabalho, que levou a conhecimento de seus pares no congresso de Salzburgo.

A *apropriação ferencziana da teoria psicanalítica*

"Psicanálise e pedagogia" já apresentava, segundo entendemos, Ferenczi como um autor com apropriação do repertório psicanalítico suficiente para trabalhar de forma criativa com temas que lhe ocupavam há tempos.

Além de teórico e clínico, a partir de sua imediata inserção no movimento psicanalítico, Ferenczi se tornou um incansável divulgador do pensamento freudiano em Budapeste, elaborando trabalhos substanciais de difusão da psicanálise e promovendo palestras nas quais procurava propagar, junto ao corpo médico de sua cidade, essa nova teoria.[14] Tais palestras eram comentadas na farta troca epistolar que Freud e nosso personagem passaram a empreender. Vemos então, para dizer o mínimo, uma tripla atuação do húngaro em seus primeiros dias como psicanalista, sem considerar a de discípulo.

No que consistia, nesse momento, o método de Freud para nosso autor? É uma questão oportuna para fixarmos um ponto de partida nos debates sobre a técnica na clínica psicanalítica. Podemos encontrar uma resposta em um dos trabalhos de divulgação anteriormente citados. Ainda em 1908, Ferenczi assim descreveu a cura pela psicanálise:

> *ensinamos o paciente a exprimir em palavras tudo o que lhe acode ao espírito, sem exercer crítica nenhuma, como se ele observasse a si mesmo. Esse modo de pensar opõe-se, sob muitos aspectos, ao modo de pensar consciente, em que as ideias que se afastam do sujeito são imediatamente rejeitadas como sem valor, inutilizáveis e mesmo perturbadoras. Mas em análise interessamo-nos precisamente pelo que a consciência superior não quer aceitar; por isso convidamos o paciente a contar tudo o que lhe vem ao espírito quando dirige a atenção justamente para essas ideias súbitas. No começo as associações mantêm-se superficiais, dizem respeito aos acontecimentos cotidianos e às impressões novas que preocupam o indivíduo; mas logo, por intermédio das ideias súbitas surgem traços mnêmicos mais antigos – as recordações encobridoras – cuja interpretação*

---

14 "As neuroses à luz do ensino de Freud e da psicanálise" (2011[1908a]), "Interpretação científica dos sonhos" (2011[1909c]) e "A respeito das psiconeuroses" (2011[1909b]) são exemplos dessa produção.

> *suscita, para grande surpresa do próprio paciente, lembranças antigas, essenciais na vida do sujeito, que lhe escapavam até então. Essas lembranças são suscetíveis de pertencer a complexos recalcados. A principal função da análise consiste em levar o paciente a adquirir consciência do conjunto de seu universo intelectual e emocional, assim como da gênese desse universo, e a reencontrar os motivos que determinaram o recalque dessas ideias ou das emoções. Essa análise – essa confissão científica – exige muito senso psicológico e tato (2011[1908a], p. 13).*

Trata-se de uma definição plena de detalhes para descrever o processo de análise. Podemos tentar depurar, de alguma forma, seus elementos para esclarecer o que, para nosso autor, compreendia, nessa primeira aproximação, o método psicanalítico. Assim, nela encontramos contidas as seguintes informações:

- *Existe um método que precisaria ser aprendido por aquele que procura a psicanálise*: "Ensinamos o paciente".
- *A fala como meio privilegiado do tratamento*: "A exprimir em palavras".
- *A proposta da associação livre*: "Tudo o que lhe acode ao espírito", "o paciente a contar tudo o que lhe vem ao espírito".
- *A questão da censura e da resistência*: "Sem exercer crítica nenhuma".
- *A divisão tópica do psiquismo*: "Como se ele observasse a si mesmo".
- *A valorização dos processos inconscientes*: "Esse modo de pensar opõe-se, sob muitos aspectos, ao modo de pensar

consciente, em que as ideias que se afastam do sujeito são imediatamente rejeitadas como sem valor, inutilizáveis e mesmo perturbadoras".

- *O que o médico deve observar*: "Mas em análise interessamo-nos precisamente pelo que a consciência superior não quer aceitar".

- *Forma de o médico proceder (não se trata de uma hipnose, por exemplo)*: "Por isso convidamos", "Ensinamos o paciente".

- *Aspectos da resistência*: "No começo as associações mantêm-se superficiais, dizem respeito aos acontecimentos cotidianos e às impressões novas que preocupam o indivíduo".

- *Irrupção do inconsciente, associação livre*: "Mas logo, por intermédio das ideias súbitas".

- *Rememoração*: "Surgem traços mnêmicos mais antigos", "Suscita, para grande surpresa do próprio paciente, lembranças antigas, essenciais na vida do sujeito, que lhe escapavam até então".

- *Lembranças encobridoras*: "As recordações encobridoras".

- *Articulação de ideias inacessíveis à consciência*: "Essas lembranças são suscetíveis de pertencer a complexos recalcados".

- *Proposta de cura analítica – tornar consciente o inconsciente*: "A principal função da análise consiste em levar o paciente a adquirir consciência do conjunto de seu universo intelectual e emocional assim como da gênese desse universo e a reencontrar os motivos que determinaram o recalque dessas ideias ou das emoções".

- *Requisitos exigidos do médico*: "Essa análise exige muito senso psicológico e tato".

Essa definição mostra, em nossa leitura, a estreita sintonia de Ferenczi com o pensamento freudiano em seu estágio de desenvolvimento de então. Partindo da questão da palavra como meio privilegiado para o processo terapêutico, enfatizada por Freud desde o já referido trabalho de 1890 ("Tratamento psíquico(ou anímico)"), até o objetivo da terapia, de tornar consciente de forma ampla os conflitos psíquicos dos pacientes, tal qual consta de "O método psicanalítico de Freud" (1996[1903]), Ferenczi retoma quase todos os pontos importantes trazidos pelo mestre de Viena no que concerne a sua prática.

Contudo, veremos que, ao longo dos anos e enfrentando os desafios que o dispositivo anteriormente descrito lhe propunha, nosso autor tornou-se um irrequieto e incansável pesquisador do aperfeiçoamento da psicanálise. Com o fracionamento da definição que propusemos antes, acreditamos que o leitor pode observar com mais clareza quantas dessas balizas seriam interrogadas ou revistas por Ferenczi ao longo de sua obra. Citemos algumas: a imposição de um método que deve ser aprendido pelo paciente, com a "exigência formal de 'contar tudo'", por exemplo, foi questionada por nosso autor já nas primeiras linhas do *Diário clínico* (Ferenczi, 1990[1932], p. 31). A questão da fala como meio privilegiado do tratamento ganhará nuances quando abordarmos temas como os "sintomas transitórios". O problema da "rememoração" foi amplamente debatido ao longo dos anos 1920, como veremos quando estudarmos o trabalho conjunto de Ferenczi e Rank, "Perspectivas da psicanálise" (2011[1924]). A partir desse ponto, observaremos que a proposta de cura analítica também foi objeto das reflexões de nosso autor, seja em suas hipóteses sobre o valor da experiência emocional *versus* rememoração – também dos anos 1920 –, seja nas propostas neocatárticas de 1930. A forma de o médico proceder, como pretendemos demonstrar, foi tão amplamente debatida por Ferenczi que é difícil formular um sumário de suas reflexões: método "clássico", uso da contratransferência, atividade, elasticidade etc.

É nesse contexto que, já aqui, chama a atenção a inclusão do termo "tato", quando Ferenczi nos conta daquilo que é exigido do médico para praticar a psicanálise.[15] Essa palavra ganha um *status* importante nos seus aportes do final dos anos 1920 e surge, nos parece, em estreita consonância com a advertência feita por Freud em "Sobre a psicoterapia", texto no qual o pai da psicanálise conta da delicadeza que está implícita em seu método, no contato com os pacientes, e queixa-se de que muitos que dizem praticar a psicanálise jamais vieram perguntar-lhe como isso é feito. De fato, Freud fez a mesma referência ao tato ao afirmar que "o instrumento anímico não é assim tão fácil de tocar" (1996[1905a], p. 248).

Então, se por um lado, ao iniciar sua introdução ao método psicanalítico, Ferenczi referiu-se a "ensinar o paciente" (ou seja, adequá-lo ao método de trabalho psicanalítico), ao final, referindo-se ao tato, relembrou-nos de que há um outro, com sua superfície psíquica própria, a qual o método também tem de se adaptar. Ensinar sem resvalar na "pedagogia", que havia sido alvo da censura de Ferenczi, com sensibilidade para a dimensão própria do psiquismo do paciente, a fuga de posições dogmáticas. Percebemos que Ferenczi já era ferencziano em suas primeiras reflexões psicanalíticas.

---

15 Na verdade, ele faria uma segunda referência ao "tato" nessa mesma conferência, dizendo ser "evidente que a análise deve ser praticada com tato" (Ferenczi, 2011[1908a], p. 17).

"Transferência e introjeção": as primeiras reflexões sobre a clínica psicanalítica

Lendo com atenção a descrição do método psicanalítico *retro*, contudo, não podemos deixar de notar a falta de referência a um conceito importante em sua delimitação. Trata-se da noção de *transferência*. De fato, em alguns dos textos eminentemente técnicos de Freud de até então, o conceito aparece indicado, mas não plenamente desenvolvido – nem exatamente batizado. Isso se daria de forma mais clara no relato da análise de Dora (Freud, 1996[1905b]), em que, em um anexo, o pai da psicanálise nomeou e discutiu a questão da transferência e como sua inobservância teria contribuído para o término antecipado desse atendimento. De qualquer maneira, já se tratava, em 1908, de um conceito corrente no pensamento psicanalítico.

Uma dica interessante para entendermos essa ausência talvez nos seja dada na carta de 9 de maio de 1908, na qual Ferenczi afirmou ao mestre de Viena: "o trabalho analítico tem sido muito mais despreocupado, especialmente por eu ter me dado conta do papel do médico na importante questão da transferência" (Brabant et al., 1994, p. 69). Essa afirmação serve de indicativo de que esse assunto talvez não lhe fosse tão claro quanto os demais contidos na definição. Se considerarmos o que Ferenczi já conhecia da questão da sugestão, é lícito imaginar que o problema não fosse desconhecimento, mas a intuição de que se tratava de uma noção deveras espinhosa para um trabalho de divulgação.

O silêncio sobre esse tema central do método psicanalítico, no entanto, não duraria muito tempo: é um dos motes de "Transferência e introjeção" (2011[1909]), um escrito rico em especulações e pleno de consequências para o desenvolvimento posterior da teoria psicanalítica, considerado por muitos o primeiro texto clássico de Ferenczi. Sua publicação foi longamente debatida na correspondência com Freud, em 1909.[16] Em uma carta desse mesmo ano, o fundador da psicanálise recomendou ao colega "engavetar o pessimismo terapêutico" (Brabant et al., 1994, p. 94) que lhe dominara nos últimos tempos, do que podemos concluir que Ferenczi começara a experimentar os desafios com os quais a clínica psicanalítica o confrontaria ao longo dos anos.

O ensaio foi concebido em duas partes: na primeira ("Introjeção na neurose", que trabalhamos agora), Ferenczi refletiu sobre o próprio conceito de introjeção; na segunda ("Papel da transferência na hipnose e na sugestão", que analisaremos mais adiante, no contexto da consolidação da psicanálise clássica), retomou os antigos métodos terapêuticos trazidos no subtítulo para propor um rico diálogo com o pensamento freudiano que o antecedera, bem como aquilo que ainda surgiria nos escritos técnicos da década de 1910.

Seguindo a tradição freudiana, nesse trabalho Ferenczi partiu de uma situação clínica – a transferência – para chegar a uma hipótese sobre determinado aspecto do funcionamento psíquico – a introjeção – e, finalmente, elaborar uma primeira proposição sobre a psicogênese, tema que já lhe intrigara em seus artigos pré-psicanalíticos e que abordaremos mais detidamente ao longo do trabalho. Mas não só isso: Ferenczi retomou os tratamentos pré-analíticos

---

16 "Introjektion und Übertragung", no original alemão. Curiosamente a tradução para o francês desse artigo inverteu a ordem dos substantivos, o que foi mantido na versão desse idioma para o português. A versão para o inglês conserva a organização original, "Introjection and transference". Temos a primeira notícia acerca da elaboração do texto na correspondência de 21 de novembro de 1908, em que Ferenczi o introduz a Freud como "um pequeno artigo, para o qual já tenho material coligido, em que também abordo aspectos da técnica" (Brabant et al., 1994, p. 89). A Jung, em carta de 26 de dezembro de 1908, Freud deu a notícia de ter recebido de Ferenczi um "excelente estudo sobre a transferência" (McGuire, 1993[1974], p. 239).

sobre os quais já havia se debruçado (hipnose e sugestão) para lançar luz em seus mecanismos a partir da ideia de transferência. Tal fenômeno tornou-se, assim, um aspecto central de seu pensamento, a ponto de afirmar que se pode "tratar o psiconeurótico como se quiser, que ele se tratará a si mesmo sempre através da transferência" (Brabant et al., 1994, p. 101).

A ideia de introjeção foi a primeira criação psicanalítica deliberada por Ferenczi, que pareceu, a princípio, mais satisfeito com o conceito do que Freud. Observemos como se desenvolveu a hipótese ao longo do texto.

Ferenczi partiu da compreensão da noção freudiana de "transferência" (tal qual exposta no caso Dora)[17] e, mais especificamente, da noção de "deslocamento", articulando-a com o "recalque". Assim, postulou que:

> *a transferência é apenas um caso particular da tendência geral dos neuróticos para o deslocamento. Para escapar de certos complexos penosos, portanto recalcados, são impelidos . . . a testemunhar sentimentos exagerados (amor, repulsa, atração, ódio) por pessoas e coisas do mundo externo (Ferenczi, 2011[1909], p. 90).*

Nesse pequeno excerto, é notável como Ferenczi reúne três conceitos importantes da psicanálise – anteriormente destacados – para deles derivar, implicitamente, a noção de "introjeção". Ele comenta que os neuróticos têm a tendência para "deslocar", para depositar em lugar diverso daquele de origem (mas ainda no

---

17 "O que são essas transferências? São reedições, reproduções de tendências e de fantasias que a progressão da análise desperta e deve tornar conscientes, e que se caracterizam pela substituição de pessoas outrora importantes pela pessoa do médico" (Ferenczi, 2011[1909], p. 87).

âmbito do psiquismo), um afeto penoso. Na transferência, o indivíduo, para não investir em um conjunto de ideias (complexo) que lhe causa mal-estar ("recalque"), deslocaria seus afetos a "pessoas e coisas do mundo externo".[18] Isso, a princípio, pode soar como um mecanismo projetivo, mas, como adiante ficará mais claro, Ferenczi diz que o ego inclui em si tais figuras externas (ou seja, as "introjeta") para efetuar esse deslocamento, cuja repercussão, no mundo externo, seria a transferência. Vejamos, a seguir, como se dá o fenômeno detidamente.

De um lado observamos que, para nosso autor, a transferência seria um fenômeno neurótico característico das mais diferentes situações da vida. No âmbito da clínica psicanalítica, o médico, por sua figura "benevolente" (termo importante que é retomado em uma série de trabalhos posteriores), serviria como um catalisador desse processo.

O que a figura do médico teria de especial, poderíamos nos perguntar? Vimos que, já em 1904, Ferenczi nos falava do fascínio exercido pela figura do hipnotizador. Em 1909 essa propriedade foi atribuída ao "papel místico" que o médico desempenharia nas fantasias sexuais infantis – de alguém que conhece "todas as coisas proibidas, vê e toca o que está escondido" (Ferenczi, 2011[1909], p. 91). Mantemo-nos assim, nesse novo escrito, no universo daquilo que é misterioso, tal qual delineado pelo húngaro em seus trabalhos pré-psicanalíticos, de um saber que não nos parece remeter à distante ideia do "respeito", a qual vimos Freud se referir, mas a algo que reacende uma curiosidade infantil.

---

18 Freud retomará essa lição em termos quase idênticos para tratar do binômio transferência/resistência no seu artigo de 1912 "A dinâmica da transferência" (1996[1912a]), que estudamos no Capítulo 4, no item "Positiva e negativa: aspectos sugestivos e fenômenos de resistência nas transferências".

Por outro lado, em "Transferência e introjeção", Ferenczi também apoiava a ideia de que a neurose decorreria sempre do desinvestimento libidinal de uma série de representações inconscientes (os referidos "complexos") que se tornaram dolorosas, ou seja, não aceitas pelo "ego", como já visto. Na medida em que isso ocorreria, essa libido se encontraria em situação "livremente flutuante" – e a angústia seria resultado dessa retirada, ou melhor, desses afetos desligados das representações originais –, uma clara referência à primeira teoria freudiana da angústia.[19]

Os sintomas neuróticos, nessa esteira, surgiriam justamente das novas ligações feitas por essas cargas de afeto, agora deslocadas (para sintomas orgânicos, no caso da histeria, ou ideias compulsivas, no caso das obsessões, como já postulara Freud em meados da década de 1890). Por meio da formação sintomática, ocorreria a "neutralização" dessa libido errática. No entanto, como adverte Ferenczi: "essa neutralização nunca é perfeita e ... subsiste sempre uma quantidade variável de excitação livremente flutuante, centrífuga ... que procura neutralizar-se nos objetos do mundo externo" (2011[1909], p. 94).

Ao reunir os dois aspectos destacados anteriormente (atratividade do médico e mecanismo de formação sintomática) e utilizando-se da ideia de "falsa ligação", proposta por Freud no capítulo sobre psicoterapia em "Estudos sobre a histeria" (Breuer

---

19 Podemos pensar que essa teorização seria um dos argumentos de base para aqueles que encontram em Ferenczi uma fonte importante da teoria das relações objetais: de fato, parece-nos aqui que o autor ressalta mais uma busca da libido por "ligação" que por "descarga", a forma de satisfação que mais corriqueiramente vincula-se ao pensamento freudiano, uma ideia que nos aproximaria das concepções de Ronald Fairbairn, por exemplo. O problema da ligação das cargas de afeto, outrossim – e como veremos adiante –, foi de grande importância para as postulações de Freud em "Além do princípio de prazer" (1996[1920]) e em "Thalassa: ensaio sobre a teoria da genitalidade" (2011[1924b]), lançado por Ferenczi quatro anos depois.

& Freud, (1996[1895]), Ferenczi compreendeu a transferência e relacionou-a com a introjeção. Sua tese era de que algo dessa libido desligada procuraria neutralizar-se e, para além das formações sintomáticas que já houvesse efetuado, buscaria novas ligações com objetos que estão para além do indivíduo – inclusive (ou, especialmente) o médico.[20]

Dessa forma, o sujeito (neurótico):

> *procura incluir em sua esfera de interesse uma parte tão grande quanto possível do mundo externo, para fazê-lo parte de suas fantasias conscientes ou inconscientes . . . um processo de diluição, mediante o qual o neurótico procura atenuar a tonalidade penosa dessas aspirações 'livremente flutuantes', insatisfeitas e impossíveis de satisfazer. Proponho que se chame introjeção a esse processo inverso da projeção . . . O 'ego' do neurótico é patologicamente dilatado, ao passo que o paranoico sofre, por assim dizer, uma contração do ego (Ferenczi, 2011[1909], p. 95, destaques do autor).*

O ego do neurótico, um aspecto de seu psiquismo, ao se dilatar, incluiria em si o que lhe é externo, realizando concomitantemente,

---

20 Notemos uma nuance com relação à noção de "neutralização". A libido, nessa concepção ferencziana, busca um objeto para neutralizá-la, não para "satisfazê-la" – ao menos se confundirmos a noção de "satisfação" com a de "descarga". Subscrevemos, assim, a compreensão de Borgogno de que: "a libido está já a partir desse momento em uma 'busca de objetos' mais do que em uma 'busca de gratificações pulsionais'" (2011, p. 20). Essa noção não é sem consequência no âmbito clínico, quando pensamos a posição do analista frente à ideia de "gratificação" pulsional – o problema do "princípio da abstinência". Ferenczi abre uma via para percebermos o analista, entre outras coisas, como um participante importante nesse processo de neutralização das pulsões.

em certos casos, um movimento transferencial e introjetivo. Trata-se de uma proposta de amplas repercussões na seara psicanalítica. Repercussões, é certo, que nem mesmo o próprio Ferenczi poderia prever nesse momento.

Acerca das bases pré-psicanalíticas da noção de introjeção, já tivemos notícia do interesse que o húngaro nutria pela questão do ocultismo. Korff-Sausse (2006b) encontra nesse terreno alguns dos fundamentos para o desenvolvimento da teoria da introjeção de nosso autor, que seria recuperada na clínica. Ela nos relembra da passagem em que Ferenczi e Freud, em retorno das palestras na Universidade Clark, nos Estados Unidos, marcaram uma entrevista com uma médium, chamada Frau Seidler, na qual observariam fenômenos de transmissão de pensamento. Ao comentar tal encontro com Freud, Ferenczi se questionava sobre a possibilidade de a médium adivinhar seus pensamentos, "se" e "como" isso aconteceria. Conjetura "indução psíquica" ou alguma "hiperestesia extática nos mínimos movimentos de expressão", o que implicaria que "de alguma forma todos nós traímos nossos pensamentos em nossa linguagem, movimentos".[21] Ou seja, haveria formas de comunicação – e influência – que não se dariam pela via da palavra. Essa hipótese foi reforçada em correspondência ao pai da psicanálise, cerca de dois anos mais tarde, na qual Ferenczi fez uma afirmação que parece uma clarividência: "Uma novidade interessante na questão da transmissão de pensamentos. Imagine que *eu sou um formidável vidente, ou melhor, leitor de pensamentos!* Leio (em minhas associações livres) os pensamentos de meus pacientes. A metodologia futura da psicanálise deverá tirar proveito disso" (Carta de 22 de novembro de 1910, Brabant et al., 1994, p. 293, destaques do original).

---

21 Carta a Freud de 5 de outubro de 1909 (Brabant et al., 1994, p. 139).

O próprio Ferenczi não relacionou o trabalho sobre introjeção com a questão da transmissão de pensamentos que tanto lhe interessava. Todavia, seu novo conceito psicanalítico trouxe em seu bojo a questão do limite do "eu" e "não eu" (ou, "outro"). Citando Korff-Sausse: "como Frau Seidler, o analista 'mistura os pensamentos de outras pessoas com seus pensamentos'. Em que medida o objeto introjetado permanece um objeto estrangeiro ao eu ('soi')?" (2006b, p. 16).

Retomando o âmbito clínico, podemos relacionar esse tema com a questão da "empatia", do "sentir com" e da "contratransferência", como demonstraremos de forma mais detida adiante. Disso, tem-se o aspecto visionário de Ferenczi que citamos, dado que em 1909 esses conceitos não haviam sido explorados pela teoria psicanalítica.

O tema da introjeção foi ainda retomado por nosso personagem em um artigo de 1912 ("O conceito de introjeção"), no qual cuidou de distingui-lo da concepção de "projeção", mais corrente à época. Em que pese parecerem hoje noções opostas, a forma como Ferenczi tratou a introjeção, consoante antecipamos, tem delicadezas que podem levar o leitor a confundi-la com a projeção.[22] Isso porque há na introjeção proposta pelo húngaro algo que se expande e abarca outro objeto – o ego. O objeto externo é sentido como parte do eu. A projeção seria diferente, pois nela o ego se livraria de algum conteúdo psíquico que somente poderia ser reconhecido

---

22 Podemos observar essa confusão na própria correspondência entre Freud e Ferenczi. É assim que na carta de 25 de fevereiro de 1915, após a leitura de uma correspondência de Freud anunciando suas descobertas sobre a melancolia, Ferenczi responde: "Eu creio não ter compreendido mal sua ideia sobre a melancolia. Mas é verdade que eu aproveitei a ocasião para novamente destacar minha 'introjeção'. (Você chama de 'projeção da sombra do objeto sobre o Eu narcísico' isso que eu prefiro chamar introjeção)" (Brabant et al., 1996, p. 51, tradução nossa).

como integrante de outro (a paranoia, como nosso autor ressaltou, seria ilustrativa da situação). Em termos ferenczianos, então, *a introjeção torna o externo subjetivo*, ao passo que *a projeção torna o interno objetivo*.

Exemplifiquemos. Na introjeção o sentimento de amor recalcado por uma figura paterna é experimentado com relação a outro indivíduo (pensemos na própria relação entre Freud e Ferenczi). O sentimento de amor ainda é experimentado pelo mesmo sujeito, mas em relação a outro objeto. Na projeção a situação é diversa – é justamente o amor (para ficarmos no nosso exemplo), que é atribuído ao objeto (eu não o amo, ele me ama), daí deriva inclusive os sentimentos persecutórios.

Qual foi a recepção da ideia de introjeção pela psicanálise da época?

Freud, inicialmente, mostrara-se cético sobre sua permanência dentre os conceitos fundamentais da matéria, consoante escreveu em correspondência datada de 12 de dezembro de 1909.[23] Cinco anos depois, no entanto, ao elaborar seus escritos sobre metapsicologia, o pai da psicanálise escreveu a Ferenczi reconhecendo o valor do conceito, "efetivamente utilizável", para suas postulações (Brabant et al., 1996, p. 37). É bastante provável, no entanto, que sua avaliação sobre a importância da noção criada por Ferenczi tenha se modificado algum tempo antes dessa correspondência, após a leitura de "O desenvolvimento do sentido de realidade e seus estágios" (2011[1913c]), ensaio escrito pelo húngaro no qual os conceitos de introjeção e projeção são utilizados para explicar a origem do "eu" e que foi saudado pelo fundador da psicanálise

---

23 "Não duvido do sucesso absoluto do ensaio em seu conjunto; parece-me incerto, porém, que o termo *introjeção* venha a se impor" (Brabant et al., 1994, p. 174, destaque no original).

como a mais importante contribuição de nosso autor para a matéria até então.

Todavia, ocorre que, de fato, aquilo que Ferenczi aprofunda nesse trabalho de 1913 também já surge indicado em "Transferência e introjeção" (2011[1909]), abrindo ensejo para focalizarmos um último assunto tratado por nosso autor de forma criativa nesse ensaio – o problema do surgimento psicológico do "eu" (ontogênese) e do "outro", discussão que nos põe em linha com o tema da "onipotência", crucial em seus desenvolvimentos posteriores, como perceberemos ao longo do nosso percurso. No trabalho de 1909, ele diz:

> A história do desenvolvimento individual do ego – ou ontogênese –, vista através da experiência psicanalítica, nos convencerá de que a projeção paranoica e a introjeção neurótica constituem apenas exagerações de processos mentais cujos elementos se encontram em todo homem normal. (Ferenczi, 2011[1909], p. 96)

Ou seja, segundo o húngaro, os movimentos de introjeção e projeção, respectivamente característicos do neurótico e do paranoico, seriam contrapartes patológicas de um jogo psíquico que ele situa como participante do psiquismo saudável e, mais especificamente, como próprio de uma passagem constitutiva do ego. Explicitemos um pouco mais seu argumento.

Recorrendo ao "monismo" referido em seus escritos pré-psicanalíticos, Ferenczi estabelece que, em um momento inicial, "o recém-nascido experimenta todas as coisas de maneira monista, quer se trate de um estímulo externo ou de um processo psíquico" (p. 96). Com isso, nosso autor indica uma condição primitiva na qual não haveria a distinção eu/não eu, situação em que um profundo sentimento de unidade com o além de si descreveria a experiência da criança. Posteriormente, contudo, ela perceberia o que Ferenczi chama "a malícia das coisas" (p. 96), que não é senão o fato de existir um para-além-de-si. Nesse instante, diz, o "monismo" se converteria em "dualismo" e a criança passaria a se relacionar com objetos, que constituiriam assim o mundo externo, opondo-lhe então um ego, que também se delimitaria nesse instante de maneira mais consistente. A primeira objetificação do mundo externo Ferenczi nomeia "projeção primitiva", e a tendência de reincorporar psiquicamente os objetos que causam satisfação, agora percebidos como destacados de si, ele nomeará "introjeção primitiva". A dinâmica desses dois movimentos pode ser condensada na máxima: *o que me é externo e me dá prazer é introjetado, tornado parte de mim, subjetivo. Aquilo que me pertence e me causa desprazer é projetado, visto como parte do objeto, tornado assim objetivo.*

Essa proposta, que implicava a introjeção com a gênese do psiquismo, permaneceu com Ferenczi ao longo de seu percurso teórico. Nesse momento, para situar o leitor acerca de sua relevância, vale uma referência ao *Diário clínico*, em que nosso autor detalha suas intuições em torno do assunto. Deve-se observar que o raciocínio exposto no excerto adiante é esclarecido ao longo do nosso escrito, no qual o tema da psicogênese é inúmeras vezes retomado:

> *A criança recém-nascida utiliza toda sua libido para o seu próprio crescimento, e é necessário até dar-lhe libido para que possa crescer normalmente. A vida normal começa, portanto, por um amor passivo exclusivo. Os bebês não amam, é preciso que sejam amados.*
>
> *A segunda fase da economia libidinal ocorre – quer dizer, começa – quando a criança passa a amar a si mesma. (Esta fase é provavelmente introduzida pelas*

> *imperfeições e insatisfações passageiras inevitáveis que o fato de ser amado comporta.) Mas é igualmente concebível que, quando o primeiro período tempestuoso do crescimento cede lugar a um período mais calmo, as quantidades de libido supérfluas já mobilizadas comecem a procurar um objeto. O primeiro objeto de amor é então o ego. Um crescimento ainda maior da tensão e da quantidade libidinais, internamente inutilizáveis, busca então objetos situados também fora do Ego. Além de ser amado e amar-se a si mesmo, pode-se agora introjetar também pessoas e coisas enquanto objetos de amor. Ignoramos ainda quando e em que momento da evolução essas mudanças se produzem (Ferenczi, 1990[1932], p. 236).*

"Transferência e introjeção" foi publicado entre o congresso internacional de 1908 e o seguinte, ocorrido em Nuremberg dois anos depois. Nesse ínterim, tanto as relações pessoais entre os analistas pioneiros como os desenvolvimentos teóricos que propuseram à teoria freudiana resultariam em dissensos e nas primeiras deserções do movimento. Foi nesse contexto que Freud propôs a formalização da nomeada "técnica clássica" da psicanálise, com participação significativa de nosso autor, como observaremos a seguir.

4. Ferenczi e a consolidação da psicanálise clássica (1909-1919)

A participação de Ferenczi no contexto da elaboração dos escritos técnicos de Freud

Os anos de 1908 e 1909, período de publicação dos três trabalhos de Ferenczi que abordamos mais detidamente no capítulo anterior, foram valiosos para o movimento psicanalítico. Naquele ínterim, já se viam reunidos em torno de Freud muitos dos discípulos com os quais o criador da psicanálise compartilharia sua empreitada (além de Ferenczi, o alemão Karl Abraham, o galês Ernest Jones e os austríacos Otto Rank, Paul Federn, Wilheim Stekel e Alfred Adler, bem como Jung e até mesmo alguns norte-americanos, entre outros). Essa mobilização permitiu que se realizasse o mencionado primeiro congresso internacional de psicanálise, o que demonstra a expansão e influência do pensamento freudiano para além de Viena.

Por outro lado, os anos que se seguiram e contabilizaram a primeira metade da década de 1910 foram mais turbulentos no que concerne à grupalidade. Esse período, no dizer de Freud, marcou o final da "infância" do movimento: a "bela e rica juventude"[1] prevista por ele não seria facilmente atingida nos anos futuros, tanto por motivos externos – a resistência da ciência médica ao pensamento psicanalítico e a própria irrupção da Primeira Guerra Mundial – como pela tensão entre os membros do grupo, que redundou nos afastamentos de Adler e Stekel e, mais importante, de Jung.

Com base na leitura das cartas da época, podemos perceber que, especialmente por conta de tais tensões, Freud e Ferenczi viram a necessidade de delimitar o que seria a psicanálise. À época, não poderia haver dúvida: confundia-se com o método de Freud. Tanto isso é verdadeiro que, na correspondência datada de 28 de janeiro de 1912 (Brabant et al., 1995, p. 49), o fundador da nova ciência, ao dar a notícia da publicação de "A dinâmica da transferência" (1996[1912a]), demonstrou receio de que versões da técnica psicanalítica divulgadas por desafetos prevalecessem, conclamando o húngaro a escrever sobre o mesmo assunto. Providências para resguardar a psicanálise freudiana foram tomadas, tendo consequências não só políticas como, segundo nossa compreensão, também teórico-clínicas. Nesse sentido, Lugrin, ao refletir sobre a época, assenta que:

> *O número crescente daqueles que evocam a psicanálise, com toda a liberdade, vai aumentando sem qualquer garantia que mantivesse sua prática resguardada da análise selvagem. Também, no início dos anos 1910, confrontado com os riscos que a análise selvagem impunha aos analisandos, aos analistas e, assim, à psicanálise, Freud avançou em dois percursos heterogêneos. O analista apaixonado e pesquisador que ele é deve, com efeito, sair de sua poltrona e de sua mesa*

---

1 Carta de 3 de abril de 1910 (Brabant et al., 1994, p. 217).

de trabalho para se aventurar na cena política da psicanálise. É importante cuidar da organização e da orientação do que se tornou um movimento psicanalítico em via de internacionalização acelerada (2012, p. 28, tradução nossa).[2]

O desenvolvimento do raciocínio clínico de Ferenczi, por sua vez, dialogou com esse contexto, o que torna importante aprofundarmos essa digressão.

A primeira medida visando resguardar o pensamento original de Freud foi proposta no congresso de Nuremberg, o segundo internacional, ocorrido em março de 1910. Por intermédio de um trabalho apresentado por Ferenczi, intitulado "Sobre a história do movimento psicanalítico" (2011[1911b]), aventou-se a criação de uma associação internacional de psicanalistas, visando, dentre outras providências, a maior organização da comunidade analítica e propondo uma criteriosa escolha de quem pertenceria a ela. Como bem sublinha Lugrin, essa foi a resposta de ordem "institucional" oferecida àquele momento crítico.

No que tange a essa solução, a despeito de anunciar conhecer bem a "patologia das associações" (Ferenczi, 2011[1911b], p. 171),

---

2 Também Prado de Oliveira, referindo-se aos escritos técnicos da década de 1910, acentua: "Alguns desses textos são em sua maior parte políticos, como aqueles que se referem à psicanálise dita 'selvagem' ou os 'Conselhos aos médicos sobre o tratamento psicanalítico', respectivamente datados de 1910 e 1912. Outros são mais clínicos: 'O manejo da interpretação dos sonhos na psicanálise' ou 'A dinâmica da transferência', de 1912, 'Acerca do falso reconhecimento (já reconhecido) no curso do tratamento psicanalítico' ou 'O início do tratamento', de 1913, 'Recordar, repetir e elaborar', de 1914, e, enfim, 'Observações sobre o amor de transferência", de 1915, no qual é difícil não se ler as considerações sobre as desventuras de Jung com Sabina Spielrein e de Ferenczi com Elma Pálos" (2014, p. 120, tradução nossa).

bem como suas características familiares, Ferenczi, a sua moda, imaginava uma sociedade fundada em circunstância de grande transparência, com a aspiração de mútuo reconhecimento e eliminação das rivalidades. Com isso, haveria a garantia de maior respeitabilidade ao movimento psicanalítico e seria assegurado que os membros aplicariam "efetivamente o método psicanalítico segundo Freud e não qualquer método preparado para uso pessoal" (p. 174). Provavelmente, chamará a atenção do leitor, como chamou a nossa, perceber o quanto de indisposição as questões institucionais foram trazendo ao nosso autor ao longo de sua carreira, de maneira que, no final dos anos 1920, Ferenczi efetivamente aborreceu-se com todo o contexto que, aqui, auxiliava a construção.

Nesse momento, no entanto, ainda percebemos o viés ferencziano de plena defesa do mestre, sua inquestionável e perseverante lealdade a Freud. No último trabalho referido, por exemplo, Ferenczi saudou a forma como o movimento psicanalítico havia conseguido, até aquele momento, seus avanços – por uma "guerra de guerrilha" (2011[1911b], p. 169), segundo sua analogia –, na qual os psicanalistas pioneiros, desordenadamente e cada um a sua maneira, ocuparam-se da doutrina de Freud e, com liberdade, foram avançando na busca por espaço para o pensamento psicanalítico. Chegava, entretanto, segundo sua compreensão, o momento de refrear as tendências individuais em favor da retomada das teses centrais da psicanálise, uma intrigante proposta de "retorno a Freud" já em 1910.

A fundação da associação, contudo, não se mostrou suficiente para os auspícios dos que defendiam o freudismo estrito e, assim, Jones e Ferenczi, em 1912, pensaram em algo ainda mais exclusivo: surgiu, então, o Comitê Secreto. A ideia, segundo Jones, era que desenvolvimentos discordantes dos princípios fundamentais da teoria psicanalítica fossem discutidos internamente nesse grupo antes de serem publicados. Faziam parte dele, inicialmente, Freud, Jones, Ferenczi, Abraham, Rank e Hans Sachs. O Comitê Secreto é o cenário de um duro embate, em meados dos anos 1920, em torno do trabalho conjunto de Rank e Ferenczi, intitulado "Perspectivas da psicanálise" (2011[1924]), sobre o qual nos debruçaremos adiante.

Freud, por sua vez, pôs em prática um plano que se arrastava: desde 1908, adiava a publicação de um método geral da psicanálise. Lembramos que já em suas primeiras correspondências, comunicou a Ferenczi seu intento de fazê-lo, notícia naturalmente saudada pelo colega.[3] Em 1910, no entanto, o pai da psicanálise modificou sua estratégia: em vez de um grande compêndio, Freud planejava escrever uma série de ensaios sobre o tema. Tais ensaios, essencialmente publicados ao longo dos cinco primeiros anos da década que se iniciava, ficariam conhecidos como "escritos técnicos de Freud". Por essa via, o mestre de Viena estabeleceu aquilo que Lugrin nomeia, em contraposição à "resposta institucional" anteriormente mencionada, "resposta analítica" ao mal-estar que se observava (2012, p. 29).

Nessa esteira, percebemos que, enquanto Ferenczi apresentou-se no polêmico congresso de Nuremberg com reflexões sobre a psicanálise baseadas em um viés de respeito à tradição e observância do pensamento freudiano – especialmente no que concerne aos procedimentos clínicos –, o próprio Freud, por sua vez, levou a esse encontro uma fala voltada para o advir do método que criara: "As perspectivas futuras da terapêutica psicanalítica" (1996[1910]). Inovações na técnica (pela via do diagnóstico e de possíveis satisfações oferecidas ao paciente) e o problema da autoridade do analista (com relação ao aspecto sugestivo) faziam parte das reflexões freudianas daquela ocasião.

---

3 Como na carta de 29 de novembro de 1908 (Brabant et al., 1994, p. 88).

Outros tópicos abordados – como as particularidades da técnica a ser utilizada frente a psicopatologias diversas –, no entanto, somente foram aprofundados no trabalho apresentado no congresso de 1918, "Linhas de progresso na terapia psicanalítica" (1996[1919]), que percorreremos com mais atenção no capítulo seguinte.

Do que vimos até o momento, imaginamos ser importante considerar, para nossos próximos avanços em torno do pensamento clínico ferencziano, três vertentes. Uma é precisamente a estrita observância e o respeito à psicanálise freudiana (certa ortodoxia, poderíamos dizer?), que teve em sua figura um dos principais defensores até então. A segunda é o conteúdo original de suas ideias, que se esgueiravam em seus escritos, ainda que sem se contrapor de forma clara às concepções de Freud. Há, já nesse momento de suas reflexões, um conteúdo original que nem sempre pôde vir à luz de forma tranquila. Essa característica não escapou, por exemplo, do olhar arguto de Andreas-Salomé, que a ressaltou na seguinte observação, anotada em seu diário após visita a Ferenczi, em abril de 1913:

> *Inquestionavelmente, Ferenczi tem muitas ideias que, por certo aspecto, o desviam da posição filosófica de Freud. A despeito do quão fantásticas as consequências de algumas delas podem parecer-lhe, seria bom se sua maneira de ver as coisas influenciasse os pontos de vista filosóficos de Freud. Mas é significativo que Ferenczi refira-se a essas, suas ideias mais queridas, pelas quais poderia afirmar viver em seu estado de solidão (como a forma de ele falar acerca delas atesta completamente), como "loucuras", "curiosidade patológica" e seu ardente "desejo por omnisciência". . . . Talvez a publicação*

das ideias de Ferenczi seja prematura com respeito aos esforços atuais e próximos de Freud, mas são complementares. Então o tempo de Ferenczi deve chegar (Andreas-Salomé, 1987[1964], p. 137, destaques do autor, tradução nossa).

Por fim, haveria também uma terceira vertente a ser considerada, que ainda engatinhava nesse instante, mas que, segundo nossa leitura, não deve ser ignorada: a de nosso autor dar relevo, investir naquilo que se encontra presente, mas de forma pouco ressaltada (alguns diriam recalcada), no pensamento de Freud.[4]

Assim, delimitados o momento histórico e as principais dificuldades com as quais se confrontava o movimento psicanalítico naquele período, propomos, nas próximas páginas, prosseguir a análise da produção ferencziana em seu aspecto clínico, ressaltando o fértil diálogo que teve com o conteúdo de alguns desses escritos técnicos de Freud, reconhecidos, ainda hoje, como o cerne do que o pai da psicanálise propunha com a ciência que vinha concebendo em termos de método terapêutico, especialmente no que diz respeito à forma de proceder de um psicanalista. Trataremos especialmente do fenômeno transferencial em suas diversas facetas; da questão da resistência – seu surgimento na transferência, como enfatizado por Freud, e nos sintomas transitórios, como sublinhado por Ferenczi; da problemática das satisfações que poderiam surgir para o paciente no curso do tratamento analítico e sua relação com o princípio da abstinência; por fim, da dinâmica da contratransferência e sua relação com o princípio da neutralidade.

---

4 Retomaremos, mais adiante, detalhadamente essa discussão, expondo os três níveis de comunicação que Freud estabelece com seus leitores, consoante conceituou Figueira em seu trabalho "Introdução: bases freudianas da contratransferência" (1994).

Depois que esses escritos foram editados, Freud apenas esporadicamente voltou a dedicar-se publicamente a questões do método clínico, deixando aos seus discípulos a incumbência de prosseguir com o desenvolvimento da técnica psicanalítica.[5] Seria a partir de então que o gênio de Ferenczi se colocaria de maneira mais enfática a serviço da discussão da prática clínica do psicanalista.

Materna e paterna, terna e intimidadora, disposição e submissão: as diversas naturezas do fenômeno transferencial

Até onde pudemos reconhecer a origem, deve-se atribuir a Hoffer uma frase que vem, com o redescobrimento do pensamento ferencziano, tornando-se certo clichê: "Se Freud foi o pai da psicanálise, Ferenczi foi a mãe" (1993, p. 75). É possível que essa proposição imediatamente remeta o leitor familiarizado com a obra de nosso protagonista à fase final e mais conhecida de seu pensamento, quando de suas reflexões sobre a indulgência no processo de análise e a importância do ambiente que recepciona o bebê em sua vida extrauterina.

Todavia, o percurso que o aproxima dessas postulações, como já começamos a demonstrar, inicia-se bem antes do final dos anos 1920 e não se constitui somente da preocupação demonstrada desde seu período pré-psicanalítico com a educação infantil (e seus

---

5 Acentuamos a questão da publicidade, pois, tanto na correspondência com Ferenczi como nas cartas circulares que eram compartilhadas pelos membros do Comitê Secreto, Freud mostrava-se constantemente interessado nas inovações clínicas propostas por analistas como Ferenczi e Rank, bem como nos argumentos que defendiam uma observância mais estrita da metodologia tradicional, tal qual postulado especialmente pelos berlinenses Abraham e Sachs e por Jones.

eventuais efeitos colaterais na constituição de um psiquismo em estado nascente). Ferenczi foi, desde seus primeiros dias como psicanalista, um cuidadoso observador das diversas naturezas das situações transferenciais que poderiam surgir na clínica. A partir desse cuidado, que já derivava de suas reflexões sobre os fenômenos hipnóticos, chegou a importantes conclusões sobre as transferências de natureza "paterna" e "materna", sendo que esta última é associada por ele aos sentimentos de ternura.

O olhar aguçado para tais circunstâncias, sem dúvida, participou de suas construções finais mais célebres, merecendo, portanto, nossa atenção. Para adentrarmos essa discussão, devemos retomar o já citado trabalho "Transferência e introjeção" (2011[1909]). Dissemos que a segunda seção desse texto ("Papel da transferência na hipnose e na sugestão") foi escrita de forma relativamente independente da primeira – sobre a qual nos debruçamos no capítulo anterior. Nesse outro trecho de seu trabalho pioneiro, Ferenczi antecipou algumas das reflexões que seriam propostas por Freud nos seus escritos técnicos de 1910, ao mesmo tempo que se mostrou disposto a trazer à superfície algumas questões terapêuticas que já haviam sido exploradas nos escritos de Budapeste – enriquecidas, então, com concepções psicanalíticas.

Acompanhemos o curso de seu pensamento.

Já havíamos observado a inquietação de nosso autor com a seguinte questão: a quem caberia a maior parcela no processo de sugestão, ao médico ou ao paciente? Subjacente à dúvida, no entanto, parecia oscilar apenas entre duas possibilidades: de que essa parcela caberia a um ou ao outro.[6]

---

6 Questão, aliás, que tinha antecedentes nas postulações diversas sobre o mesmerismo trazidas por Mesmer e pelo abade Faria, consoante apontamos em nota no capítulo 2, item "Considerações sobre hipnose, sugestão e alguns outros métodos terapêuticos nos escritos de Budapeste".

Retomemos, para iniciar o debate, seus escritos pré-analíticos. Ali, o húngaro assentou, por um lado, que a possibilidade de o médico (ou até mesmo o método de tratamento ou o medicamento) exercer algum fascínio era determinante na sugestionabilidade do paciente. Por outro lado, este último era visto como "objeto" da influência do hipnotizador – e, inclusive, preservado por determinações legais do poder de persuasão dele.

A partir do contato com a teoria psicanalítica, no entanto, a influência recíproca desses dois aspectos ganhou complexidade. Em nossa primeira abordagem de "Transferência e introjeção", no último item do capítulo anterior, percebemos Ferenczi apontando algo importante: há a libido desligada, errática, do neurótico, que busca certa ligação, e há a figura fascinante do médico, que tende a atraí-la. É nesse caminho que podemos observar Ferenczi reconhecendo um processo de dialética sutil, respondendo àquela interrogação que lhe inquietava desde o início de sua prática médica, fundamentando-se em novos aportes freudianos. Emprestemos-lhe a palavra:

> *conhece-se de longa data a influência favorecedora que a simpatia e o respeito exercem sobre a sugestionabilidade. Esse ponto não poderia passar desapercebido, por certo, aos olhos de experimentadores e observadores conscienciosos. Entretanto, eles ignoram dois fatores de que somente a psicanálise pôde convencer-me. Em primeiro lugar, que esses afetos, o respeito e a simpatia, predominantemente inconscientes, desempenham o papel principal na produção da influência sugestiva; em seguida, que esses afetos são, em última análise, as manifestações de instintos libidinais, em sua maioria transferidos do complexo de representações da rela-*

ção pais-filho(a) para a relação médico-paciente. *(Ferenczi, 2011[1909] p. 106, destaques do autor)*

Nesse parágrafo revelador, no qual Ferenczi relaciona os efeitos sugestivos a afetos "transferidos" das relações primitivas dos pacientes, a intervenção do hipnotizador pareceu assumir, então, uma posição secundária, pois, no processo, ele "reduz-se ao objeto que o médium, aparentemente impotente, utiliza ou rejeita, segundo as necessidades do momento" (Ferenczi, 2011[1909], p. 104). Ou seja, a princípio, a disposição dependeria do paciente, da flutuação de sua libido, estando o médico totalmente sujeito à ação do psiquismo dele. De fato, isso se dá, mas há uma dinâmica mais delicada: como sublinhamos, Ferenczi já falara de características do hipnotizador que facilitariam o processo hipnótico e, na primeira parte de "Transferência e introjeção", acentuou que o médico, por sua posição, serviria como "catalisador" do processo de transferência.

Assim, nesse artigo, observamos o húngaro utilizando-se do ponto de vista sustentado nos escritos de Budapeste, ao atribuir essa possibilidade à especificidade de o médico conhecer alguns mistérios, traço que, por si, o colocaria em uma posição especial.[7] Ou seja, configurar-se-ia uma situação de mão dupla, com o psiquismo do paciente dispondo do potencial para desenvolver a transferência, desde que encontrasse no médico um objeto suficiente (diríamos, com atributos suficientes) para dispará-la.

Quais seriam tais atributos? Primeiro, nosso autor os relaciona a certas características que poderíamos resumir sob os signos

---

7 Ele, inclusive, retomou a figura misteriosa e austera do Svengali com sua "aparência imponente", "apresentação segura", reputação exitosa, superioridade social e hierárquica, como uma alegoria, um representante dessa posição (Ferenczi, 2011[1909], p. 109).

da autoridade, da superioridade e da respeitabilidade. Ele nos diz: "A hipnose é amplamente facilitada pela aparência imponente do hipnotizador" (Ferenczi, 2011[1909], p. 109), e ainda que "... a apresentação segura do hipnotizador, a reputação de seus êxitos anteriores e a consideração que rodeia sua qualidade de cientista famoso aumentam de forma notável as probabilidades de êxito" (p. 109). Prossegue afirmando que "A superioridade de nível hierárquico ou de posição social facilita igualmente a hipnose..." (p. 109) e conclui: "Na hipnose, é preciso saber comandar com tal segurança que a ideia de uma resistência não possa sequer acudir ao espírito do médium" (p. 109).

Ferenczi, entretanto, propôs uma ampliação, uma alternativa àquela via: a "penumbra de um quarto, o silêncio, a persuasão amistosa por meio de palavras monótonas e melodiosas... e finalmente carícias nos cabelos testas e mãos" (2011[1909], p. 109). Essa diferenciação o levou a concluir que haveria dois métodos, ou melhor, duas posições que o médico poderia assumir para chegar à situação de confiança necessária ao sugestionador: a da intimidação e a da ternura.

O passo seguinte de Ferenczi foi, então, relacionar cada uma dessas formas de desencadeamento dos fenômenos hipnóticos a uma das figuras parentais: a intimidação estaria assemelhada à figura que a criança faz do "pai onipotente",[8] enquanto os aspectos ternos estariam vinculados àquilo que a criança experimentou, junto ao seu berço, no vínculo com sua mãe. Assim, concluiu que

---

8 Aqui dá-se algo intrigante, pois nosso autor substitui o "fascínio" que essa figura onipotente (que tudo sabe sobre os mistérios) exerceria pela "intimidação", aproximando, parece-nos, sua concepção da figura do médico daquela que já identificamos como caracteristicamente descrita por Freud. Como anotamos anteriormente, não nos parecem, de maneira alguma, fenômenos da mesma ordem – e acreditamos que o próprio Ferenczi, em estágio mais avançado de sua obra, retomou a distinção que propusera em seus escritos anteriores.

a "primeira condição de êxito de uma hipnose é que o médium encontre no hipnotizador um mestre, ou seja, que o hipnotizador saiba despertar nele os mesmos afetos de amor ou de temor, a mesma fé cega em sua infalibilidade que a criança sentia por seus pais" (Ferenczi, 2011[1909], p. 110).

Nota-se a fidelidade dessa conclusão de Ferenczi com as intuições freudianas, que também descreviam a credulidade do hipnotizado a partir da imagem da criança em sua relação com a mãe, com que trabalhou a questão do *rapport* ainda nos anos 1890.[9] O passo próprio do húngaro consistiu na costura bem-feita dessas percepções, cosida com a agulha e a linha psicanalíticas com apuro surpreendente para quem estava em contato estreito com essa teoria há pouquíssimo tempo. É importante que o leitor tenha em mente que essa distinção é fundamental no pensamento ferencziano que, por um lado, fica marcado, consoante estudaremos, por acentuar a importância dos aspectos maternos nas vivências infantis, nos processos de cura e nas transferências.

Seguindo seu raciocínio, nosso autor concluiu – reafirmando o que já foi dito e importando suas observações sobre a relação

---

9 Para Freud, já em seu trabalho de 1890, "Tratamento psíquico (ou anímico)", a marca mais significativa da hipnose seria exatamente a atitude do hipnotizado perante o hipnotizador. Ele disse: "enquanto o hipnotizado comporta-se perante o mundo externo como se estivesse adormecido, com todos seus sentidos desviados dele, está desperto para a pessoa que o hipnotizou: vê e ouve apenas a ela, compreende e lhe dá respostas. Esse fenômeno chamado 'rapport' encontra um paralelo na maneira como algumas pessoas dormem – por exemplo, a mãe que está amamentando um filho" (Freud, 1996[1890/1905], p. 282). O pai da psicanálise considerava que a posição que deriva desse *rapport* seria justamente uma das vantagens da hipnose, que dotaria o médico da autoridade quase sacerdotal que já destacamos. A preocupação com o poder atribuído à figura do médico como instrumento para a cura mostra-se, de fato, fundamental nesse texto tão inicial do percurso freudiano. A credulidade que o hipnotizado dirige ao médico, já aí nos advertia, só seria encontrada na vida real em filhos perante seus pais amados.

hipnótica para o campo da vinculação transferencial analítica – que afetos dirigidos ao médico, como simpatia, adoração, ódio, medo, angústia etc., deslocam-se para ele desde sua vinculação original (agora inconsciente) com as figuras paterna e materna. Ferenczi destaca: "Parece, no fim das contas, que a criança ávida de amor, mas inquieta, receosa, persiste no adulto . . . a raiz mais profunda da transferência, como de todo amor objetal, provém dos complexos parentais" (2011[1909], pp. 106 e 108). A partir disso, relatando a análise de uma série de casos que atendeu primeiro por via da hipnose e depois da psicanálise, nosso autor sublinhou a profunda identidade dos fenômenos hipnóticos com os neuróticos e a relação entre ambos, que se fundamentariam igualmente nos "complexos infantis e sexuais, essencialmente com relação aos pais" (Ferenczi, 2011[1909], p. 118).

As formas de influência foram novamente trabalhadas em um artigo de 1913, chamado "Adestramento de um cavalo selvagem" (2011[1913d]). Nesse texto, com base na observação do trabalho de um domador, Ferenczi retomou a delicadeza de sua observação para dizer de uma "tendência infantil para a obediência cega, que pode persistir pela vida toda" (p. 16). Isso significa que temos uma ênfase distinta: se, no texto de 1909, Ferenczi sublinhava as condições para ingressar em certa relação com o outro, aqui acentua a propensão a não sair dessa situação. Os métodos para colocar um sujeito em transe hipnótico seriam idênticos aos destacados em "Transferência e introjeção": o da doçura (hipnose materna) ou o da autoridade (hipnose paterna) – os mesmos procedimentos educativos à disposição dos pais, como ele frisou. Os quatro primeiros anos de vida da criança definiriam a qual forma de influência o sujeito se tornaria receptivo.

Esse texto de 1913 se encerra com uma valiosa observação acerca do excesso, que amplia preocupações abordadas por Ferenczi em seus trabalhos de 1901 e 1908 sobre a pedagogia. Segundo o autor:

> *um ser humano submetido no decorrer de sua infância a tais excessos de ternura e intimidação corre o risco de perder para sempre sua capacidade de agir com independência. São essas crianças "domesticadas" que fornecem mais tarde os sujeitos sempre receptivos à sugestão maternal ou paternal, e igualmente a maioria dos neuróticos (2011[1913d], p. 17).*

Novamente, Ferenczi traz para o centro o tema da relação do ambiente com a criança e seus efeitos perniciosos. Reparemos que, aqui, fala do "excesso" como gerador, por um lado, de uma incapacidade de ação autônoma e, por outro, de uma propensão à busca, por tais indivíduos, de vinculações com características opressivas. Em outros momentos do seu percurso teórico, no entanto, enfatiza a "falta", como ainda observaremos.[10]

Para nós, é importante sublinhar: excesso e falta são as duas polaridades de interação do bebê com o ambiente que estão na gênese das experiências traumáticas que nosso autor explora com tanto cuidado em seus derradeiros escritos e que, como podemos constatar, já se encontravam presentes no seu pensamento do começo dos anos 1910. Para ilustrar essa nossa afirmação, talvez seja valiosa, nesse instante, a referência a um momento mais avançado de sua teorização. Assim nos falou em "Confusão de línguas entre os adultos e a criança", seu derradeiro trabalho, publicado em 1933, cuja análise detida é feita nas linhas finais desse escrito:

---

10 Em "A criança mal acolhida e sua pulsão de morte" (2011[1929a]), por exemplo.

> *Os pais e os adultos deveriam aprender a reconhecer, assim como nós, analistas, por trás do amor de transferência, submissão ou adoração de nossos filhos, pacientes, alunos, o desejo nostálgico de libertação desse amor opressivo. Se ajudarmos a criança, o paciente ou o aluno, a abandonar essa identificação e a defender-se dessa transferência tirânica, pode-se dizer que fomos bem-sucedidos em promover o acesso da personalidade a um nível mais elevado (2011[1933], p. 119).*

Em suma: a contraposição desses textos de períodos diversos é salutar no contexto de nosso estudo, pois demonstra como aquilo que vai surgir em 1933 como tema central em um dos trabalhos mais conhecidos de Ferenczi já se encontrava, de maneira incidental e, naturalmente, menos desenvolvida, em um texto escrito vinte anos antes. Trata-se de uma tendência que poderia ser percebida em certos pacientes para um comportamento submisso da qual, por outro lado, desejariam desvencilhar-se.

Positiva e negativa: aspectos sugestivos e fenômenos de resistência nas transferências

No item anterior, baseamo-nos em dois trabalhos escritos por Ferenczi entre o final de 1908 e 1913 para observar como nosso autor, a partir da psicanálise e da noção de "transferência", conseguiu elucidar enigmas que o interrogavam desde seus estudos pré-psicanalíticos e, concomitantemente, ofertar suar primeiras contribuições para a teoria freudiana.

Continuando na trilha do estudo dos fenômenos transferenciais, passamos agora a considerá-lo com base em dois aspectos, "positivo" e "negativo", tais quais foram descritos e nomeados na segunda década do século XX pelos praticantes do método freudiano. Novamente nos vemos diante de um momento em que as percepções pré-analíticas de Ferenczi enlaçaram-se com novas reflexões que se mostrariam importantes para a consolidação de suas inovações do final da década subsequente: no aspecto retrospectivo, a natureza dos fenômenos sugestivos (como a hipnose que praticara) e seus limites. No âmbito prospectivo, a estagnação dos processos de análise e as possibilidades de sua retomada. Em termos mais claros e já antecipando o que adiante será esmiuçado: devemos dizer que uma das pedras de toque das inovações técnicas de Ferenczi nos anos 1920 foi exatamente a tentativa de ultrapassar as resistências observadas na clínica psicanalítica – resistências essas que poderiam surgir não só do lado do paciente como também dos analistas. Tais pontos seriam, em si, suficientes para fundamentar um estudo mais detido desse elemento da teoria psicanalítica em pesquisa, mas há algo a mais que deve ser considerado: a contemporaneidade dessas ponderações com aquelas, de mesma ordem, feitas por Freud e constantes de seus escritos técnicos.

Assim, como vimos previamente, nos trabalhos anteriores a 1910, Freud postulara que a sugestão era um fenômeno inevitável em qualquer tratamento médico. Vimos também que essa intuição era compartilhada por Ferenczi, que pôde retomá-la e ampliá-la para pensar a transferência a partir de uma noção de amplitude diversa, a introjeção.

Freud, por sua vez, alimentou-se dessas reflexões ferenczianas e, com base nelas, fez novas postulações. Em seu trabalho "A dinâmica da transferência", o criador da psicanálise distinguiu a transferência "positiva" e a transferência "negativa", retomando a terminologia utilizada por Ferenczi no texto de 1909, "Transferência e introjeção".[11] A primeira seria composta, a princípio, dos impulsos amorosos e a segunda, dos impulsos hostis. Dizemos "a princípio" porque a transferência erótica parece indicar uma natureza amorosa, mas configura-se como um fator de resistência – fator de resistência, aliás, de grande importância para os experimentos clínicos de Ferenczi, como veremos ao analisarmos seu primeiro trabalho sobre técnica ativa, "Dificuldades técnicas de uma análise de histeria" (2011[1919b]), ou o caso RN., que consta de seu *Diário clínico*. Esse amor erótico recobriria, como acentua Rabain (de Mijola, 2010, p. 1902), movimentos de ódio violento, formatando assim relações profundamente ambivalentes.[12] Temos então que a transferência hostil, seja a derivada de um ódio indisfarçado, seja a que advém de um amor erótico, prestar-se-ia a oferecer resistência ao trabalho de análise. Vejamos como Freud descreve a operação do fenômeno, em uma citação que se aproxima de uma lição de Ferenczi colecionada no item anterior:

> *Se acompanharmos agora um complexo patogênico desde sua representação no consciente (seja ele óbvio, sob a forma de um sintoma, ou algo inteiramente indiscernível) até sua raiz no inconsciente, logo ingressaremos numa região em que a resistência se faz sentir tão*

---

11 Disse nosso autor: "Reconhecer a transferência das emoções positivas e negativas é capital na análise" (Ferenczi, 2011[1909], p. 91).
12 Sobre essa situação, a princípio paradoxal, bem esclarece Rabain que "as transferências passionais exprimem a violência da demanda de amor insatisfeito e a necessidade de reparação. A erotização da transferência dissimula os movimentos de ódio ligados às carências profundas do desenvolvimento e às falhas do ambiente primário" (cf. De Mijolla, 2005, p. 1902). Percebemos a pertinência dessa observação, por exemplo, com relação a Elizabeth Severn, a paciente RN. de Ferenczi, em uma passagem delicada da prática analítica de nosso protagonista, da qual resultou o surgimento da proposta de análise mútua naquele caso, tema que esmiuçaremos mais adiante.

claramente que a associação seguinte tem de levá-la em conta a aparecer como uma conciliação entre suas exigências e as do trabalho de investigação. É neste ponto, segundo prova nossa experiência, que a transferência entra em cena. Quando algo no material complexivo (no tema geral do complexo) serve para ser transferido para a figura do médico, essa transferência é realizada; ela produz a associação seguinte e se anuncia por sinais de resistências – por uma interrupção, por exemplo. Inferimos desta experiência que a idéia transferencial penetrou na consciência à frente de quaisquer outras associações possíveis, porque *ela satisfaz a resistência.*

Um evento deste tipo se repete inúmeras vezes no decurso de uma análise. (1996[1912a], p. 115, destaque do original)

Nesse contexto, a transferência, para ser considerada efetivamente positiva, precisaria ter seu caráter erótico sublimado, ou seja, deveria aceitar os substitutos do amor infantil demandado que a experiência analítica pudesse, em alguma medida, fornecer.[13] Dessa forma, o médico poderia contar com o surgimento, no paciente, da disposição para o tipo de vínculo que o auxiliaria em sua tarefa terapêutica consistente, até então, fundamentalmente na prática da rememoração por associação e interpretação do médico.

Delineadas, a partir do referencial de vinculação clínica, as diferentes matrizes dos fenômenos transferenciais e levando em

---

13 Entre esses substitutos, segundo nossa interpretação do pensamento ferencziano, estariam a experiência de escuta, acolhimento e reconhecimento propiciada pela experiência analítica – temas que serão cuidados nos capítulos finais de nosso percurso.

conta o que já conhecemos das pesquisas ferenczianas acerca da matéria, parece-nos legítima a questão: ao delinearmos essa última forma de transferência (positiva sublimada), estaríamos nos reportando ao âmbito da velha sugestão? Freud diz que sim. Vejamos como. Primeiramente, essa transferência positiva, segundo leciona, falaria de "sentimentos amistosos ou afetuosos, que são admissíveis à consciência" (1996[1912a], p. 116). Não nos parece inexato afirmar que tais sentimentos buscariam a já reportada figura "benevolente" do médico, o que, segundo Ferenczi, estaria em consonância com a proposta da transferência positiva. O próprio pai da psicanálise faz menção ao nosso autor quando afirma que esse componente positivo,

> *admissível à consciência e irrepreensível, persiste, constituindo o veículo de sucesso na psicanálise, exatamente como o é em outros métodos de tratamento. Até este ponto admitimos prontamente que os resultados da psicanálise baseiam-se na sugestão; por esta, contudo, devemos entender como faz Ferenczi (1909), a influência de uma pessoa por meio dos fenômenos transferenciais possíveis em seu caso. Cuidamos da independência final do paciente pelo emprego da sugestão, a fim de fazê-lo realizar um trabalho psíquico que resulta necessariamente numa melhora constante de sua situação psíquica (Freud, 1996[1912a], p. 117).*[14]

---

14 Em "Recordar, repetir e elaborar" (1996[1914b]), Freud fala de três formas de transferências: positiva branda, positiva intensa ou hostil. A primeira facilita a rememoração, enquanto a segunda e a terceira são veículos da resistência e da repetição.

Esse parágrafo é fundamental para compreendermos o pensamento freudiano (em sua correspondência explícita às ideias de Ferenczi de 1909) acerca do tema da sugestão no âmbito da análise: estaria (ou deveria estar) sempre presente como um pano de fundo que permitiria a aplicação do método psicanalítico – sem com ele se confundir ou resumi-lo, isso deve ficar claro. Nos casos em que esse pano de fundo sugestivo inexistisse (ou seja, nos quais reinasse a transferência negativa – como a paranoia, por exemplo), o método psicanalítico seria de pouca eficácia ou, mais precisamente, de difícil implementação. Em contrapartida, nas situações ou momentos em que a transferência se demonstrasse ambivalente, como se dá naquelas de viés amoroso-erótico, o trabalho estaria em constante risco de estagnação.

Ferenczi sabia da delicadeza dessas postulações de Freud sobre a sugestão e a ele assim dirigiu-se acerca desse aspecto de "A dinâmica da transferência":

> *Seu trabalho sobre a transferência é* imensamente *instrutivo (poucos irão compreendê-lo). O que o Sr. diz a respeito da sugestão e da análise será aproveitado contra nós por nossos adversários: 'Então é mesmo sugestionar', dirão eles, e acreditarão que se pode ficar muito bem com os velhos procedimentos (Brabant et al., 1995, p. 54, destaque do original).*

Antes de prosseguirmos com o desenvolvimento teórico, observemos, a partir do teor dessa correspondência de Ferenczi, a importância que se dava à possibilidade de fornecer artilharia para os detratores da terapia psicanalítica naquele momento. Teorizar sobre a clínica, como acentuamos, tinha o claro aspecto de diferenciar a psicanálise de outros métodos terapêuticos.

Retomando nosso trilho, no já referido texto de 1913, "Fé, incredulidade e convicção sob o ângulo da psicologia médica" (2011[1913a]), Ferenczi, por sua vez, explorou a derivação psicopatológica da relação transferência/resistência, distinguindo a posição usual da histérica, do obsessivo e do paranoico na situação transferencial. Assim, ele diz que, por um lado, os histéricos iniciariam o tratamento com grande entusiasmo, aceitando todas as interpretações e "glorificando incansavelmente o novo método" (Ferenczi, 2011[1913a], p. 32). A análise dessa posição revelaria, entretanto, que esses pacientes não estavam convencidos de nada, já que, depositando uma crença cega, "como crianças diante de uma autoridade que as esmaga" (p. 32), mantêm inconscientes suas objeções em favor de garantir a afeição do pai, transferido para a figura do médico.

Já os obsessivos, de forma contrária, oporiam resistência intelectual às palavras do médico. Esse comportamento hostil se explicaria pela decepção depositada na autoridade (uma decepção sobre seu amor), que recalca a confiança (transferência positiva) e só demonstra seu ceticismo. Tratar-se-ia, pois, de uma entrada no trabalho de análise demonstrando a acentuada "ambivalência" que caracteriza essa neurose.

Por fim, os paranoicos nem sequer procederiam ao exame da interpretação do médico: estariam mais preocupados em investigar suas intenções. Sua desconfiança atinge níveis que, como pensava Freud, impossibilitariam a mínima transferência positiva sublimada que sustentaria o tratamento psicanalítico.

Vemos assim, com relação a cada uma das patologias mencionadas, Ferenczi procurando situar como se daria o surgimento dos vínculos entre analista e paciente, determinados por alguma ordem de hostilidade e, presumivelmente, de resistência. Consideramos ainda que, ao distinguir-se a psicanálise da sugestão e incluir esta última no contexto do método analítico sob a forma da "transferência positiva sublimada", dessexualizada, proporcionou-se um arranjo para uma questão que, como vínhamos estudando, era sensível no desenvolvimento da teoria analítica e uma solução que aproxima reflexões desenvolvidas tanto por Freud como por Ferenczi. Ademais, a aproximação que Freud foi desenhando da "resistência" com a "transferência" renderia novas reavaliações do método feitas por ele e por Ferenczi. Assim, no contexto de uma tentativa de compreensão da dança sinuosa desses dois fenômenos clínicos, nosso protagonista descobriria o sentido do surgimento de "sintomas transitórios" decorrentes do tratamento psicanalítico, tema que estudaremos no item a seguir.

Sintomas transitórios e transferência: a resistência à rememoração e a repetição

Ao mesmo tempo que Freud começou a escrever seus trabalhos técnicos na década de 1910, Ferenczi seguiu em suas pesquisas que eventualmente tangenciariam, complementariam ou problematizariam aquelas desenvolvidas pelo fundador da psicanálise. Enfatizamos, no item anterior, o diálogo entre alguns apontamentos freudianos e ferenczianos sobre a relação entre a "transferência" e a "resistência". O húngaro fez um novo avanço no estudo desses fenômenos por intermédio de suas observações sobre os "sintomas transitórios" propostas ao longo de uma série de artigos, ou até mesmo de pequenas vinhetas clínicas que, para além de descreverem tais situações, expuseram um estilo próprio de escuta.

Dissemos anteriormente que as reflexões ferenczianas sobre as resistências em análise foram fundamentais para conduzir nosso protagonista a suas inovações técnicas dos anos 1920, sendo a primeira delas a "atividade". Pois bem, muitas vezes tais resistências manifestavam-se exatamente como um "sintoma transitório", o que demandava uma prática criativa do analista para sua transposição – e nesse contexto que, consoante veremos no momento oportuno, Ferenczi lançou-se em algumas tentativas de aperfeiçoar a técnica psicanalítica.

Com isso em mente, é valiosa a observação de Balint: Ferenczi considerava a tendência de concentrar a atenção apenas nos conteúdos verbais apresentados pelos pacientes insuficiente para a prática clínica (1976[1967], p. 12).[15] Importava a ele, igualmente, observar os ditos "elementos formais" trazidos à sessão – ou seja, todas as formas de comunicação que o paciente poderia utilizar, "entonação de voz, silêncios, expressões faciais, gestos, posição no divã, o modo de começar e terminar os encontros, bem como toda sorte de atos sintomáticos e parapraxias" (Sanches, 2005, p. 49).[16]

A partir desse tipo de escuta, Ferenczi atentou para manifestações surgidas no curso da análise que expressariam conteúdos recalcados por vias diversas da rememoração ou, se quisermos ser exatos, da expressão verbal da rememoração. Foram tais fenômenos que o húngaro denominou "sintomas transitórios":[17] formações de compromisso, tais quais aquelas descritas por Freud ainda na década de 1890, que irrompiam ao longo do tratamento e, por vezes, por conta de uma intervenção do próprio analista.

---

15 Prado de Oliveira registra um testemunho, no mesmo sentido, de Sándor Lorand, na biografia de Klein escrita por Grosskurth (2014, p. 126).

16 Aqui já percebemos o traço da "fala" como via privilegiada do método psicanalítico, tal qual conceituado por nosso autor em 1908, ser relativizado. Primeiramente porque Ferenczi observava atentamente também outros elementos como meio de comunicação, como acentua Balint. Segundo porque, para além do conteúdo, o húngaro era, de acordo com seu importante discípulo, bastante cioso dos aspectos formais da fala pela qual o paciente verbalizava esse conteúdo.

17 Referidos, no alemão original, como *"passagère Symptombildungen"*.

Sustentando-se em tais observações, Ferenczi confeccionou, entre 1912 e 1917, uma série de pequenos textos trazendo vinhetas que continham ocorrências dessa natureza. São exemplos dessa produção: "A quem se contam os sonhos" (2011[1913f]), "Um sintoma transitório: a posição do paciente durante o tratamento" (2011[1913g]), "Mãos envergonhadas" (2011[1914]), "Anomalias psicogênicas da fonação" (2011[1915]), "Sonhos de não iniciados" (2011[1917b]).

Publicado ainda em 1912, "Sintomas transitórios no decorrer de uma psicanálise" (2011[1912b]) foi seu texto de maior fôlego sobre o assunto. Nesse trabalho Ferenczi explorou a dinâmica metapsicológica dos sintomas transitórios e colacionou uma série de exemplos sobre sua ocorrência. Explicitou, igualmente, que as resistências que se erguiam contra o processo analítico poderiam tomar a forma de pequenas manifestações observáveis no curso da própria sessão analítica. Para ele, uma:

> *alteração do ritmo respiratório, do clímax da voz do paciente, uma aparição repentina de urgência para urinar ou defecar, uma sensação de tontura ou durante ou depois de uma sessão psicanalítica, dor de dente, o começo de salivação abundante, um gosto amargo na boca, uma sensação repentina de frio no corpo, sonolência (Balint, 1976[1967], p. 13).*

Tudo isso resultaria, eventualmente, de uma ideia que deixou de ser completamente recalcada e que, contudo, não chegou a ascender à consciência como lembrança: não é memória passível de se expressar em palavra, ressurgiria na forma intermediária de um "sintoma transitório", ou seja, como solução de compromisso que, simultaneamente, se desvela e se esconde em um elemento formal como os citados anteriormente.

Um exemplo que Ferenczi utilizou para ilustrar a situação foi o caso de uma paciente que, após ter um sonho interpretado, imediatamente começou a sentir dor de dente. Ela pediu ao húngaro um medicamento ou água para amenizar a dor e, em vez disso, ele ofereceu-lhe uma nova interpretação: "observo-lhe que essa dor de dente é, sem dúvida, a tradução figurada da expressão húngara 'o desejo de possuir todos esses bens me dá dor de dente'" (Ferenczi, 2011[1912b], p. 218). Ato contínuo, a dor cessou. Nesse caso, a dor de dente demonstrava-se como elemento formal denotativo de um conflito psíquico expresso nesse sintoma transitório. Interpretado o conflito, encerrou-se a formação sintomática.

E como se constituíram, em termos psíquicos, os sintomas transitórios? Parece que podemos retomar aqui a formulação ferencziana sobre o surgimento dos sintomas que trouxemos anteriormente.[18]

Dissemos, ao nos debruçar sobre o texto de 1909 ("Transferência e introjeção") que, desalojada de sua relação com os complexos paternos, a libido procuraria novas ligações para neutralizar-se, pois, em condição flutuante, seria o disparador da angústia. Uma das formas de ligação dar-se-ia pela formação sintomática, da qual o sintoma transitório seria um exemplo. Quando o analista, na realização do seu ofício, conseguia tocar algo de um arranjo sintomático, seria possível que essa libido, conduzida pela resistência, buscasse refúgio em um novo sintoma. Essa concepção nos permite perceber um paralelo importante: a formação dos sintomas transitórios teria afinidade com a transferência que, como

---

18 Cf. capítulo 3, item "'Transferência e introjeção': as primeiras reflexões sobre a clínica psicanalítica".

também estudamos quando falamos do tema da introjeção, dar-se-ia, segundo Ferenczi, como uma tentativa de ligação da libido em estado livre.

É exatamente nesse ponto que a pesquisa ferencziana reaproxima-se da relação entre a transferência e a resistência, tema de reflexão clínica importante naquele momento para Freud, como vimos no item anterior.[19] Explicitemos essa proximidade, retomando o caso da paciente com dor de dente.

Ferenczi nos conta que, em outro momento do tratamento, essa paciente fez-lhe uma declaração de amor (um traço da problemática e ambivalente "transferência erótica", também mencionada no item anterior). O húngaro interpretou a natureza erótico-infantil de seu sentimento e seu aspecto transferencial, ao que a paciente respondeu com um novo sintoma transitório: parestesia lingual. "É como se a minha língua tivesse sido escaldada", ela disse (Ferenczi, 2011[1912b], p. 215). Nosso autor então interpretou que "escaldada" seria uma referência à frustração por ela sentida pela recusa do médico a sua expressão de desejo. Com a intervenção, novamente, eliminou-se o sintoma. Ou seja, desvelada a transferência erótica, a libido desalojada procurou refúgio em um sintoma transitório, novamente interpretado por Ferenczi, resolvendo a situação. Fica claro que o surgimento desses microssintomas derivaria de situações que guardariam semelhanças com aquelas descritas por Freud em seu já referido artigo do mesmo ano, "A dinâmica da transferência".[20]

---

19 É bom sublinharmos que tanto "A dinâmica da transferência" quanto o artigo de Ferenczi sobre sintomas transitórios que estamos comentando ("Sintomas transitórios no decorrer de uma psicanálise") foram escritos em 1912.

20 O pai da psicanálise utilizou-se da noção de "sintoma transitório", por exemplo, em diferentes passagens de sua narrativa do caso clínico do Homem dos Lobos, atendido na primeira metade dos anos 1910, em concomitância com o registro feito por Ferenczi dessas intercorrências em sua clínica. Vejamos um

Naquele texto, ao tentar responder por que a transferência surgia na psicanálise como a resistência mais poderosa ao tratamento, Freud explicou que, se seguíssemos o fluxo associativo de um paciente, chegaríamos a dado ponto de tensão entre seu ímpeto de pesquisa e os conteúdos reprimidos em que se faria necessário um compromisso. A transferência surgiria, então, como uma resistência complementar visando a manutenção desse compromisso. "A ideia transferencial teria penetrado na consciência à frente de quaisquer outras associações possíveis porque ela satisfaria à resistência" (Freud, 2011[1912a], p. 115), o vimos lecionar – e a sorte para nós, psicanalistas, seria que, na mesma medida em que essa ideia protegeria a consciência, haveria a revelação de algo que deveria ficar escondido do paciente.

Para explicar a relação entre "frustração", tal qual experimentada pela paciente de Ferenczi no exemplo apresentado, "resistência" e "transferência", Freud trouxe à pesquisa a discussão sobre a forma como o indivíduo responderia às frustrações impostas pelo mundo externo, ou seja, como reagiria quando o além de si não

---

exemplo: "O primeiro *'sintoma transitório'* que o paciente produziu durante o tratamento retornou uma vez mais à fobia ao lobo e ao conto de fadas dos 'Sete Cabritinhos'. Na sala em que as primeiras sessões foram realizadas havia um grande relógio de pé, defronte ao paciente, que ficava no sofá sem voltar o rosto para mim. Impressionava-me o fato de que, de vez em quando, ele se virava na minha direção, olhava-me de uma maneira bastante amistosa, como que para me aplacar, e então afastava de mim o olhar e fixava-o no relógio. Na ocasião eu achava que, dessa forma, ele procurava mostrar-me que estava ansioso pelo fim da sessão. Muito tempo depois o paciente recordou-me essa cena de espetáculo mudo e deu-me uma explicação a respeito dela. Lembrava-se de que o mais novo dos sete cabritinhos escondeu-se na caixa do relógio de parede, enquanto os seis irmãos eram comidos pelo lobo. Assim, o que ele queria dizer era: 'Seja bom para mim! Devo ficar com medo do senhor? O senhor vai devorar-me? Terei que me esconder do senhor na caixa do relógio, como o cabritinho mais novo?' O lobo do qual tinha medo era, sem dúvida, seu pai" (Freud, 1996[1918], p. 51, destaque nosso).

correspondesse aos seus desejos – discussão essa também trabalhada por nosso protagonista no artigo de 1909 e que seria por ele retomada em 1913.[21] Conforme os autores, isso se daria por meio da "introversão da libido": ao confrontar uma experiência em que a realidade lhe impusesse uma frustração, o movimento pulsional do indivíduo se retrairia (poderíamos dizer também, "regrediria"),[22] e sua libido reinvestiria as imagos infantis inconscientes, buscando (inclusive com o auxílio de introjeções) formas primitivas de satisfação.

O mecanismo de formação dos sintomas transitórios seguiria lógica semelhante: por conta de uma decepção com o além de si, a libido poderia passar a reinvestir pontos de fixação do seu desenvolvimento, onde sua satisfação não encontrava embaraços. Ferenczi nomeou esses processos de "repressões caracteriais transitórias" e os exemplificou com a possibilidade de um recrudescimento da masturbação ou de formações obsessivas homossexuais, caso pacientes se sentissem mal acolhidos pelo analista. O primeiro sintoma transitório (aumento da masturbação) estaria configurado a partir de uma regressão da libido, primeiramente investida no médico, ao autoerotismo. No segundo caso, perceber-se-ia a regressão dessa libido ao estágio anterior, não sublimado, da amizade – o investimento homossexual erótico *stricto sensu*. Nos dois casos, a formação transitória seria uma tentativa de lidar com a frustração de um investimento amoroso em um objeto externo.

Assim, a busca por uma saída frente a essa frustração imposta pela realidade redundaria em uma "resistência" – ou seja, um obstáculo ao processo de rememoração e expressão verbal dos

---

21 "Transferência e introjeção" (2011[1909]) e "O desenvolvimento do sentido de realidade e seus estágios" (2011[1913c]), respectivamente.
22 Para deixar claro a relação desse movimento com o tema da "regressão", importante no pensamento ferencziano, como ainda veremos.

conteúdos reprimidos –, que poderia se manifestar tanto na "transferência" como na formação de um "sintoma transitório". Uma decorrência importante desses processos, como se pode depreender, é que, quanto maior a presença dessas formas de resistência, menor é a possibilidade de o paciente seguir a regra de associação livre – posto que a dimensão simbólico-verbal do processo de rememoração ficaria impedida pelo simples fato de que, constantemente, se estaria em risco de tangenciar, tornar conscientes, conteúdos psíquicos que deveriam manter-se reprimidos.

Podemos pensar, então, que algo da via da palavra, o caminho primordial da terapia psicanalítica segundo os primeiríssimos apontamentos freudianos, é atingido em tais situações. Foi isso que percebemos nas vinhetas clínicas trazidas por Ferenczi nesse item, nas quais o analista interpretava não um conteúdo verbal, mas algo que era comunicado (ou, mais precisamente, que poderia se tornar um elemento de comunicação na sessão) de forma diferente, como o surgimento de um sintoma.

Na primeira metade da década de 1910, Ferenczi considerava que a forma ideal de lidar com tais situações era a interpretação. Veremos, consoante já anunciamos, que suas postulações sobre a técnica ativa estão intimamente ligadas ao problema da resistência nas formas aqui estudadas, momento do curso de seu pensamento clínico no qual promove outros manejos para lidar com tais ocorrências.

A despeito das eventuais dificuldades que implicavam para o clínico, Ferenczi avaliou que o surgimento de sintomas transitórios, como derivados da resistência, tinha mais poder que as rememorações para conferir ao paciente a convicção do valor do método analítico, por conta da intensidade afetiva que lhes surgia conjugada. Ele disse:

As interpretações analíticas, mesmo que pareçam cativantes e notáveis, não poderão levar à convicção somente por meio do material psíquico suscitado pela associação livre... Tudo se passa como se a reflexão lógica, a compreensão intelectual não permitissem chegar, por si só, a uma verdadeira convicção. É preciso ter tido uma vivência afetiva, ter experimentado na própria carne, para atingir um grau de certeza que mereça o nome de convicção (Ferenczi, 2011[1912b], p. 213).

Freud, utilizando termos próprios, fez avaliação semelhante no seu texto de 1914, intitulado "Recordar, repetir e elaborar", sobre o valor dos fenômenos que não se dão pela rememoração consciente, mas, no caso, pela repetição. Nesse trabalho conta:

O recordar, tal como era induzido pela hipnose, só podia dar a impressão de um experimento realizado em laboratório. O repetir, tal como é induzido no tratamento analítico, segundo a técnica mais recente, implica, por outro lado, evocar um pedaço da vida real (Freud, 1996[1914b], p. 167).

Naturalmente, não se tratava de sobrepor toda a repetição ao sintoma transitório, mas de rever a importância da rememoração consciente e verbalmente revelada como via única da cura psicanalítica.

Como bem lembra Chartier (2006, p. 99), o trabalho de Ferenczi e Rank, "Perspectivas da psicanálise" (2011[1924]), fixa a repetição como manifestação mais importante para o processo de cura do que a própria rememoração. Deixaremos, entretanto, maior elaboração desse ponto específico para quando ingressarmos em nossa análise das investigações ferenczianas dos anos 1920, em um momento dramático e fundamental de seus desenvolvimentos clínico-teóricos.

Para encerrarmos este item é importantíssimo, no contexto de nosso estudo, ressaltar ter sido justamente em um debate envolvendo uma resistência figurada por meio de um sintoma transitório (do qual a paciente extraía um prazer masturbatório) que, em 1916, Ferenczi apresentou a Freud uma forma de intervenção ativa, a qual, com a posterior ampliação e teorização, definiria novos caminhos da sua prática. Tomemos sua palavra em uma longa, porém preciosa, citação:

> *Parece que a ideia da* onania perpetua *(incompleta) é uma pequena descoberta científica; eu a encontrei em meu próprio caso e a mencionei – como uma suposição (talvez você ainda se recorde). Minha "paciente violada" – que, entretanto, se masturba noite e dia – parece ser uma pessoa desse tipo. O tratamento ficou obstruído por algum tempo. Por horas, ela só falava das per-*formances *humanas e artísticas mais elevadas que ela tinha atingido ou gostaria de atingir. Eu percebi que durante toda a sessão ela deitava-se com as pernas cruzadas e eu lhe dei a ordem de renunciar à posição. Seguiu-se uma revolta e uma tentativa de desobediência etc. Finalmente ela baixou o tom e, em um golpe, a figura da análise modificou-se: ela recordou detalhes relativos à história de seu "estupro", em particular daqueles que colocam em evidência sua* cumplicidade. *Seguiram-se também lembranças encobridoras eróti-*

cas de sua primeira infância. Em contraste com o processo evocado anteriormente de uma "repressão para baixo" tratava-se, em seu caso, de uma extraordinária repressão para cima. Até o momento ela se ocupava, conscientemente, somente de "formações reativas" (os "contrainvestimentos") e, entrementes, uma excitação genital constante alimentava seu Ics., que se descarregava de forma motora por uma masturbação contínua. A ausência de satisfação agora impõe ao desejo que se torne consciente ou, pelo menos, que fragmentos da fantasia inconsciente se tornem conscientes (Brabant et al., 1996, p. 146, destaques do autor, tradução nossa).

Foi exatamente a partir desse caso que Ferenczi apresentou publicamente e pela primeira vez – em um ensaio que veio à luz em 1919, intitulado "Dificuldades técnicas de uma análise de histeria") – as intervenções clínicas que, em seu conjunto, ficaram conhecidas como técnica ativa. No âmbito específico dessa carta, a intervenção ativa de Ferenczi foi a ordem para que a paciente descruzasse as pernas, posição característica de um sintoma transitório, conforme apreendemos da leitura do texto aqui comentado, escrito ainda em 1912.

Convidamos o leitor a reter esses dados que ressurgirão no capítulo subsequente, em que trataremos dos avanços clínicos de nosso personagem nos anos 1920. Por ora, continuemos com as contribuições ferenczianas para a sedimentação da psicanálise clássica.

A regra de abstinência e o problema da satisfação (e da frustração) libidinal durante o encontro analítico

Consoante depreendemos dos tópicos que compõem, até aqui, este capítulo de nosso estudo, por meio da investigação dos fenômenos transferenciais e sua relação com a resistência, o tema das possíveis satisfações obtidas no curso do tratamento psicanalítico tornou-se cada vez mais sensível para os primeiros praticantes do método. Isso porque a proposta de "associação livre", criada por Freud, cada vez mais colidia com tais satisfações, situações nas quais a transferência, eventualmente, entraria em cena para "satisfazer" uma posição regressiva da libido, consubstanciando-se em uma resistência – uma forma de se opor aos processos de associação e rememoração.

Foi nesse período, e a partir de tais constatações e conjecturas clínicas, que Freud delineou a noção de "abstinência". Laplanche e Pontalis, em seu *Vocabulário de psicanálise*, definem tal noção como: "Regra prática analítica segundo a qual o tratamento deve ser conduzido de tal modo que o paciente encontre o menos possível de satisfações substitutivas para os seus sintomas" (2001[1967], p. 3). No mesmo sentido, De Mijolla (2005, p. 21), no *Dicionário internacional da psicanálise*, ressalta o duplo aspecto do dispositivo de abstinência: do lado do paciente, chegou a ser proposto por Freud que ele evitasse tomar decisões importantes no curso do tratamento analítico. O analista, em paralelo, deveria negar-lhe a satisfação de sua ânsia por amor. Além disso, tanto um como o outro compêndio sublinham o aspecto econômico dessa regra, que manteria o psiquismo em movimento, possibilitando o processo de rememoração. Ambos também evidenciam a importância desse tema para os desenvolvimentos posteriores de Ferenczi, a começar pela técnica ativa, que seria uma extrapolação do preceito e, mais adiante, por sua revisão no período de indulgência.

Neste item pretendemos esmiuçar a relação do tema da *abstinência* com a *frustração* e a *satisfação*, partindo das nuances clínicas até chegar ao âmbito psicopatológico e psicogenético da dialética satisfação/frustração, tal qual Ferenczi pensou, de modo pioneiro, em um artigo visionário datado de 1913 e nomeado "O desenvolvimento do sentido da realidade e seus estágios" (2011[1913c]), que abordaremos na sequência e retomaremos inúmeras vezes nas páginas seguintes de nosso livro.

Ao finalizarmos este percurso, novamente estaremos na posição de observar Ferenczi abrir cartas que seriam mais bem organizadas em momentos posteriores de seu trajeto intelectual, como "Thalassa: ensaio sobre a teoria da genitalidade" (2011[1924b]), e em seus trabalhos "O problema da afirmação do desprazer" (2011[1926a]) e "Adaptação da família à criança" (2011[1928a]), por exemplo. Ou seja, estaremos aqui novamente em contato com intuições de nosso protagonista rearticuladas posteriormente. Se isso, por um lado, torna nosso trajeto mais sinuoso, por outro, alinha-nos com a abordagem mais fiel possível para compreender sua maneira de elaborar seus desenvolvimentos clínicos.

Comecemos, pois, com o desenvolvimento da noção de abstinência. Esse princípio foi trabalhado por Freud em seu texto de 1915, "Observações sobre o amor transferencial (novas recomendações sobre a técnica da psicanálise III)". Vejamos o que o pai da psicanálise diz:

> *Já deixei claro que a técnica analítica exige do médico que ele negue à paciente que anseia por amor a satisfação que ela exige.* O tratamento deve ser levado a cabo na abstinência. *Com isto não quero significar apenas*

> *a abstinência física, nem a privação de tudo o que a paciente deseja, pois talvez nenhuma pessoa enferma pudesse tolerar isto. Em vez disso, fixarei como princípio fundamental que* se deve permitir que a necessidade e anseio da paciente nela persistam, a fim de poderem servir de forças que a incitem a trabalhar e efetuar mudanças, e que devemos cuidar de apaziguar estas forças por meio de substitutos *(1996[1915], p. 182, destaques nossos).*

A hipótese aqui sustentada por Freud já não nos soa mais como novidade: conforme vimos, as satisfações obtidas no curso do processo de cura, especialmente aquelas extraídas do próprio processo, poderiam obstruí-lo pela via transferencial, que saciaria uma posição regressiva da libido, consubstanciando-se em uma resistência – uma forma de se opor ao processo de rememoração. Sua fé era de que a "necessidade" e o "anseio" não poderiam ser satisfeitos, pois seriam, justamente, as forças que impulsionariam à "mudança".[23] Em sendo (ou estando) o paciente satisfeito, Freud

---

23 De forma geral, nesse texto Freud só se utiliza do termo "anseio", mas, na passagem *supra*, fala também em "necessidade". Não nos parece que sejam noções de mesma ordem, por isso vale o destaque. Alguns estudiosos da obra de Ferenczi, como Kahtuni e Sanches (2009), sublinham que o pensamento de nosso protagonista destacaria as noções de "necessidade" e "desejo", sendo que a primeira, determinada pelo "instinto", seria anterior ao desejo, concernente ao indivíduo dotado de psiquismo incipiente que está apenas no início de seu desenvolvimento emocional, enquanto o "desejo", determinado pela pulsão, "implica conceber alguém cujo desenvolvimento psíquico pressupõe certo grau de amadurecimento; alguém que já tenha desenvolvido um ego minimamente operante e capaz de desencadear fenômenos psíquicos mais sofisticados" (Kahtuni & Sanches, 2009, p. 24). Em nossa leitura, essa postulação harmoniza-se com o que debateremos a seguir sobre a estruturação do psiquismo a partir das ligações e da formação de energia quiescente para que, então, possa implementar-se o princípio de prazer (cf. capítulo 6, item "O trau-

entendia que a conhecida resistência pela via da transferência triunfaria, de forma que o analista ficaria em condição delicadíssima para dar seguimento ao seu trabalho de análise.

Foi, aliás, exatamente o combate dessas situações que Ferenczi promoveu ao discutir o problema dos sintomas transitórios, momentos em que eram solicitadas do clínico intervenções que não interceptassem conteúdos verbais. Não se trataria, no entanto, segundo Freud, de suprimir as demandas de satisfação. O analista deveria reconhecê-las e tentar oferecer um substituto suficientemente efetivo para que o trabalho não estagnasse. Para Freud, era uma questão de o paciente "aprender com ele [o analista] a superar o princípio do prazer e abandonar uma satisfação que se acha à mão, mas que socialmente não é aceitável, em favor de outra, mais distante e inteiramente incerta, mas que é psicológica e socialmente irrepreensível" (1996[1915], p. 187).

O fundador da psicanálise sabia, no entanto, que o abandono das satisfações imediatamente disponíveis (ou seja, a substituição da satisfação regida pelo princípio do prazer) era inestimavelmente custoso – isso sendo válido tanto na vida de forma mais ampla como no contexto clínico. A privação dos desejos (anseios) ou necessidades dos pacientes não poderia ser absoluta, pois talvez nenhum enfermo pudesse suportá-la, disse ele no trecho citado anteriormente. Em vista disso, se a satisfação plena, por um lado, inviabilizaria o processo analítico; por outro, a abstinência radical não faria melhor. Essa é uma nuance do pensamento de Freud que Ferenczi explora insistentemente em seus escritos, como veremos ao longo de nosso livro.

Fixemo-nos, neste momento, em outro ponto importante na articulação do discurso freudiano sobre o tema, que nos remete

---

ma, o psiquismo para além do princípio de prazer e os processos de ligação como trilha para a psicogênese").

ao nosso protagonista: o uso explícito da noção do "princípio de prazer" e implícito de sua contraparte, o "princípio de realidade".

Primeiramente, devemos observar que, ao utilizá-los nesse artigo, Freud estava sendo coerente com sua leitura da psicopatologia mais atualizada: ensinou, em um trabalho de 1912 ("Tipos de desencadeamento da neurose", 1996[1912b]), que a frustração de um pedido de amor, situação decorrente das limitações impostas pela civilização às satisfações a que o indivíduo teria acesso, seria a principal causa precipitante das neuroses.

Marquemos nosso passo: falávamos do problema da frustração no âmbito clínico. Aqui ingressamos em sua amplitude psicopatológica.

Por um lado, em nossa leitura, essa concepção está bastante próxima daquilo que Ferenczi já havia adiantado, em 1909, acerca de a neurose estar intimamente ligada à insistência do indivíduo introjetar, como forma de oferecer uma nova ligação à libido que estava livremente flutuante após o processo de repressão de seus investimentos mais primitivos. Por outro, reconhecemos novamente clínica e psicopatologia avançando de mãos dadas no pensamento do pai da psicanálise: tanto em um âmbito como no outro, Freud mostra-se intrigado sobre a possibilidade de adiamento da experiência de satisfação imediata.

O adoecimento, segundo Freud, todavia, não derivaria exatamente da frustração, mas dos "fatores disposicionais" que ela colocaria em movimento. O processo de "introversão da libido" (ou seja, o movimento que retratamos quando discutimos as questões da resistência, da transferência e da introjeção) implicaria em um afastamento da realidade e no reinvestimento da fantasia, não permitindo ao indivíduo exercer nem a transformação ativa do mundo externo nem sua sublimação – as duas possibilidades que Freud enxergava para se lidar com a frustração e permanecer sadio. Tampouco permitiria, no âmbito clínico, a sustentação do processo transferencial necessário para o desenrolar da clínica psicanalítica nem a expressão de rememorações pela via da palavra.

No que consistiriam os "fatores disposicionais" citados por Freud? Quais suas origens? Essa expressão imprecisa é como uma porta fechada no percurso do raciocínio que vinha se desenvolvendo: nesse momento ele não foi além da psicopatologia, deixando essas possíveis indagações em aberto.

Ferenczi, no entanto, espiou pela fechadura e, por aí, vislumbrou uma série de elementos que poderiam complementar as hipóteses freudianas. O caminho a se percorrer passaria pela ontogênese e pela psicogênese, temas que acompanhavam nosso autor desde suas reflexões anteriores ao ingresso no movimento psicanalítico, que foram também tangenciadas em "Transferência e introjeção" e que ganhariam novas cores em outro trabalho fundamental, já referido, do qual trataremos a seguir.

O sentido de realidade: da onipotência ao (difícil) reconhecimento de um "além de si" (e o ingresso nas vias de simbolização)

"O desenvolvimento do sentido de realidade e seus estágios", segundo nossa leitura, é um dos trabalhos mais importantes para se compreender a amplitude do pensamento ferencziano. Nele, percebemos pontos de ligação entre suas observações pré-psicanalíticas, seus achados clínicos do final dos anos 1920, intuições sobre a teoria da genitalidade, que ainda floresceriam em "Thalassa: ensaio sobre a teoria da genitalidade", e concepções que nitidamente influenciariam Freud em "Além do princípio de prazer" (1996[1920]). Com relação a esses dois últimos aspectos citados (e também no que tange à psicopatologia defendida naquele momento), encontramos nesse texto capital um parágrafo seguido de uma nota de rodapé que não devem passar em branco. Ferenczi diz:

> *O desenvolvimento do sentido de realidade apresenta-se em geral como uma série de sucessivos impulsos de recalcamento, aos quais o ser humano é forçado pela necessidade, pela frustração que exige a adaptação, e não por "tendências para a evolução" espontânea. O primeiro grande recalcamento torna-se necessário pelo processo do nascimento que, com toda certeza, faz-se sem colaboração ativa, sem intenção por parte da criança. O feto preferiria muito permanecer ainda na quietude do corpo materno, mas é implacavelmente posto no mundo, deve esquecer (recalcar) seus modos de satisfação preferidos e adaptar-se a outros. O mesmo jogo cruel repete-se a cada novo estágio do desenvolvimento (2011[1913c], p. 59).*

Prossegue suas ponderações em nota: "Se seguirmos este raciocínio até o fim, será preciso considerar a existência de uma tendência para a inércia e para a regressão, dominando a própria vida orgânica; a tendência para a evolução, para a adaptação, etc. dependeria, pelo contrário, unicamente de estímulos externos" (Ferenczi, 2011[1913c], p. 60).

Mais de cem anos de teorização e clínica psicanalíticas testemunham quão visionárias eram essas linhas escritas por nosso autor. Desde a ideia de "pulsão de morte" até a percepção da necessidade da participação do outro, que conferiria ao nascente a possibilidade de desenvolver seu psiquismo (o que, sem esse intercâmbio afetivo, se mostraria somente como potencialidade), muitas reflexões importantes que viriam a desenvolver-se no curso da história do pensamento psicanalítico estão esboçadas nessa passagem. O próprio Ferenczi, segundo nossa interpretação, levou algum tempo para conferir o exato valor às reflexões aqui abreviadamente delineadas.

Assim, enquanto Freud, nesse mesmo ano, apontava os ditos "fatores disposicionais" para lançar uma compreensão sobre como o indivíduo é afetado pelas experiências de frustração, o húngaro dava um passo a mais, afirmando (ainda que de forma sutil e vestibular) a importância decisiva da relação com o ambiente e da interação com o outro na constituição do humano – é somente a partir da intervenção dele, reconhecida como interação com o ambiente, que o bebê pode suportar o acesso à sempre frustrante realidade. A tendência para o desenvolvimento dependeria, nesse sentido, de um disparador externo estimulante.

Ficaremos ainda mais impressionados se relembrarmos que, ao discorrer sobre as ideias pré-psicanalíticas de Ferenczi, tivemos a oportunidade de nos debruçar sobre um importante trabalho de 1900 denominado "Consciência e desenvolvimento" ("Conscience et developpement", 1994[1900a]),[24] no qual nosso autor já enfatizara que o surgimento da consciência não se daria instantaneamente. Resultaria de um processo ao longo do qual certas aptidões são adquiridas – como o pensamento – até que, finalmente, o indivíduo pudesse experimentar-se com limites que o distinguiriam do mundo exterior.

Façamos uma leitura detida de suas hipóteses de 1913. Como o ego da criança ascende e desenvolve seu "sentido de realidade"?[25]

---

24 Cf. capítulo 2, item "A influência de Haeckel e a visão da psicologia com base na teoria da evolução".
25 "Sentido de realidade", na escrita em alemão original de Ferenczi lê-se "*Wirklichkeitssinn(es)*".

Poderíamos dizer que essa foi a questão que motivou a elaboração do escrito em comento. Naquele momento isso significaria examinar como ela vem a perceber e adaptar-se ao mundo que está para além de si.

Partindo das noções de "princípio de prazer" e "princípio da realidade", retomadas especialmente de um importante trabalho de Freud publicado dois anos antes, chamado "Formulações sobre os dois princípios do funcionamento mental" (1996[1911]), e de observações retiradas do contato com pacientes obsessivos,[26] Ferenczi concluiria pela existência de um estágio psíquico inicial de "onipotência". A passagem desse estado para outro, de reconhecimento do mundo externo, caracterizaria o essencial do desenvolvimento do eu, algo que, consoante já estudamos no último item do capítulo anterior, havia sido antecipado de maneira semelhante em "Transferência e introjeção" [2011(1909)].

O momento de prevalência máxima do sentimento de onipotência (que nomeia "período de onipotência incondicional") foi situado por nosso autor no estádio passado no corpo materno, no qual "mal existe 'um mundo externo', todos os seus desejos de proteção [refere-se ao feto], de calor e de alimento estão assegurados pela mãe" (Ferenczi, 2011[1913c], p. 48). Segundo o húngaro, o bebê buscaria repetidamente reencontrar essa situação de tranquilidade, o que conseguiria, inicialmente, por meio dos cuidados que lhe seriam ofertados nos primeiros momentos do pós-parto. Tais cuidados, assim, serviriam como formas de permitir-lhe continuar desfrutando da ausência de excitações, tal qual se dava na situação fetal.

---

26 Tema que também foi bastante explorado pelo pai da psicanálise poucos anos antes, na sua análise do Homem dos Ratos, consoante bem relembra Prado de Oliveira (2011, p. 65).

A partir daí, o bebê atravessaria uma série de períodos com características próprias e, em cada um deles, tentaria retomar o sentimento de "quietude" – para utilizarmos um termo contido na importante citação do início deste item – que o aproximaria ao estado original. Para isso, contaria com a ajuda do outro, que, entretanto, não lhe corresponderia totalmente. São os seguintes momentos que Ferenczi destaca com relação às fases do desenvolvimento do "ego" que precedem o acesso à realidade:

a) período de onipotência incondicional;

b) período da onipotência alucinatória mágica;

c) período da onipotência com gestos mágicos;

d) período animista;

e) período dos pensamentos e palavras mágicas.[27]

Assim, a partir do primeiro período mencionado e desenvolvendo postura cada vez mais ativa, o bebê tenta inter-relacionar-se com o ambiente: faz imitações com a boca de movimentos de sucção, estende a mão para objetos que deseja alcançar; ele ainda não se dá conta, no entanto, do auxílio que tem dos seus cuidadores. É apenas paulatinamente – e pela não responsividade imediata e exata do ambiente – que o bebê, frustrado, vai entrando em contato

---

[27] A esses períodos, Ferenczi correlacionou traços de desenvolvimento de um psiquismo saudável e, também, equivalentes patológicos. Assim, o (b) "período da onipotência alucinatória mágica" estaria relacionado ao sonho e, patologicamente, à alucinação psicótica. No (c) "período da onipotência com gestos mágicos" encontraríamos a gênese do desenvolvimento da linguagem gestual e, também, da conversão histérica. O (d) "período animista" está relacionado à ampliação dos movimentos projetivos e introjetivos e à formação de símbolos. Em sua dimensão patológica, encontraríamos os sintomas paranoicos. Por fim, o (e) "período dos pensamentos e palavras mágicas" está relacionado, em sua dimensão saudável, à atividade do pensamento, e seu adoecimento correlato seria a neurose obsessiva.

com a dimensão da alteridade. Na medida em que, poeticamente diz Ferenczi, "a mão estendida é recolhida vazia" (2011[1913c], p. 53), a criança está mais próxima de um momento crucial da psicogênese, isto é, o do abandono da ideia de onipotência. Isso se daria por meio de movimentos introjetivos e projetivos, conforme também descreveu previamente em "Transferência e introjeção". Explicitemos lembrando que a significação dada por nosso autor aos termos não é a usual. Ele diz:

> [O bebê] É obrigado a distinguir do seu ego, como constituindo o mundo externo, certas coisas malignas que resistem a sua vontade, ou seja, a separar os conteúdos psíquicos subjetivos (sentimentos) dos conteúdos objetivos (impressões sensoriais). Chamei antes de fase de introjeção do psiquismo o primeiro desses estágios, quando todas as experiências ainda estão incluídas no ego, e fase de projeção ao estágio que lhe segue. De acordo com essa terminologia poderíamos designar os estágios de onipotência como fases de introjeção, e o estágio de realidade como fase de projeção do desenvolvimento do ego (2011[1913c], p. 53, destaques do autor).

Vejamos, assim, como o pensamento de Ferenczi vai ganhando nuances. Já pudemos verificar como a questão da introjeção atuaria no que concerne à transferência. Aqui, vamos perceber nosso autor reafirmando sua participação no nascimento do ego, processo no qual atua junto dos mecanismos projetivos, o que se dá em diversas etapas.

Ao prosseguir em suas reflexões, Ferenczi diz como, no percurso do sentido da realidade – e da alteridade –, a criança começa a estabelecer relações simbólicas: ao perceber que há um "para além de si", ela lê seus aspectos animados "a partir de si", especialmente de suas funções corporais. Diz o autor que o infante "aprende a figurar por meio de seu corpo toda diversidade do mundo externo" (Ferenczi, 2011[1913c], p. 54). Isso não espantou o húngaro, que vê com normalidade o fato de a criança interpretar o mundo a partir de suas experiências mais valiosas e satisfações pulsionais (o texto de Freud sobre o caso clínico do pequeno Hans,[28] aliás, é pleno de exemplos). A linguagem se torna um dos meios físicos de a criança figurar seus desejos, e o simbolismo verbal implica a possibilidade do "pensamento consciente"[29] que, para nosso protagonista, é a mais alta aquisição do aparelho psíquico, definidora da adaptação à realidade – estabelecida como a possibilidade de retardar a descarga motora reflexa e a liberação do desprazer.

Outro passo que Ferenczi deu nesse trabalho, após delimitar os períodos de desenvolvimento do ego no sentido da realidade, foi relacionar tais estágios com aqueles de desenvolvimento da libido. Assim, os modos de satisfação pulsional autoeróticos e narcísicos estariam relacionados com a manutenção da onipotência, consistindo em "estágios da onipotência do erotismo", que se contraporiam a determinado estágio da "realidade erótica", no qual a pulsão se colocaria em busca de outro para além de si. Esse ponto teria uma incidência clínica expressiva, pois a frustração da libido poderia conduzi-la a processos de introversão (regressão) que implicariam, no tratamento, momentos de resistência, exatamente como já tratamos nos itens anteriores e retomaremos adiante.

Para encerrarmos, é importante que não deixemos de lado certas hipóteses psicopatológicas às quais Ferenczi chegou de suas

---

28 "Análise de uma fobia em um menino de cinco anos" (Freud, 1996[1909]).
29 Impossível não ficarmos curiosos, a partir desse ponto, em explorar eventuais paralelos entre as concepções de Ferenczi e Wilfred Bion, por exemplo.

concepções, acrescidas de uma reflexão de Freud retomada por ele nesse trabalho, que assim diz:

> *no que se refere à escolha da neurose, com a formulação geral de Freud em cujos termos o tipo de distúrbio posterior é determinado em função "da fase de desenvolvimento do ego e da libido onde se produziu a inibição do desenvolvimento predisponente" (2011[1913c], p. 58).*

Aprofundando esse comentário, nosso autor vai, justamente, propor uma hipótese que circunscreve de forma mais clara qual aspecto do adoecimento psíquico está relacionado à libido e qual está relacionado ao ego.[30]

Consideramos essa uma tentativa ousada, pois a psicanálise ainda estava engatinhando na problemática do ego e de seus adoecimentos, que somente tomariam lugar central nas reflexões de seus praticantes nos anos 1920 e 1930. Não é por outro motivo que Falzeder, em sua introdução à correspondência entre Freud e Ferenczi, afirma que o artigo em estudo é o "primeiro trabalho ego-psicológico (*ichpsychologusche*) *sensu stricto*" (n.d., p. 15).

Nesse escrito, a contribuição de Ferenczi para a psicopatologia foi a percepção de que não seria somente do conflito que a neurose derivaria; nem apenas do teor do desejo, que colidiria com as disposições egoicas, a que o adoecimento psíquico emprestaria suas

---

30 Ferenczi diz que, quanto ao "teor do desejo", a libido determina a neurose e, quanto ao "mecanismo", a patologia é determinada pelo estágio do desenvolvimento do eu. Não é de todo obscuro o que nosso autor pretende com tal distinção, mas acreditamos que um maior esclarecimento tornaria sua importante concepção mais acessível. No que concerne à relação "período do desenvolvimento do eu" e "adoecimento", Ferenczi foi bastante claro (cf. nota 27, na qual expusemos a correlação).

características, mas seu mecanismo possivelmente seria ditado pelo estágio (período) do desenvolvimento do ego em determinado momento. Esse ponto, já tão bem demarcado aqui, participou de forma decisiva das postulações que notabilizaram Ferenczi nos anos 1920 e 1930.

Princípio da neutralidade e contratransferência: considerações freudianas nos anos 1910

Até este momento, analisamos as contribuições clínicas de Ferenczi e observamos de perto uma série de reflexões trazidas por ele, concernentes ao fenômeno transferencial, que resultaram em um frutífero diálogo com Freud. Atravessamos as noções de transferência materna e paterna, hostil, amorosa erótica e amorosa sublimada, para pensar o tema das transferências positivas e negativas, das resistências e seu impacto no processo associativo e de sua eventual manifestação por meio de sintomas transitórios.

Nos itens anteriores adentramos mais intimamente o tema das satisfações e frustrações e, relacionando-as com o princípio da abstinência, entramos em contato com teorizações importantes sobre a posição do analista na clínica. Apresentamos também ao leitor a trilha do pensamento de Ferenczi sobre a psico e a ontogenética – esses últimos, temas que, imediatamente, parecem distantes da clínica como concebida nos anos 1910, mas, como esperamos demonstrar, têm profícuas repercussões no itinerário das mais conhecidas hipóteses clínicas do autor húngaro, que foram delineadas com mais força somente próximo de sua morte, em 1933.

Neste item, o estudo sobre a posição do psicanalista na relação analítica nos introduz ao outro lado da dinâmica transferencial: nosso tema é a questão da contratransferência, assunto com relação ao qual Ferenczi refletiu ainda na década de 1910 com valiosas propostas, baseando-se em conceitos que já havia estudado previamente – como o de introjeção – e que foi de ampla repercussão para seus experimentos posteriores. Essa, no entanto, não é a única justificativa para que nos demoremos no tópico: nossa intuição é a de que a relação que os psicanalistas desenvolveram ao longo da história com esse fenômeno foi modificando-se como resultado de uma problematização que teve em nosso autor uma figura pioneira.

Acerca do alcance do pensamento de Ferenczi sobre esse tópico, Boschán, exemplificativamente, indica que:

> *A importância da contribuição de Ferenczi com relação à matéria foi a de propor a utilização da contratransferência como um instrumento de trabalho em vez de vê-la somente como um obstáculo. Assim, ele assinalava a participação do analista naquilo que se passa na situação analítica (1999, p. 51, tradução nossa).*

Antes de conhecermos as concepções de Ferenczi sobre o assunto devemos, no entanto, travar contato com as reflexões do criador da psicanálise sobre ele, uma vez que é com base nelas que Ferenczi se posiciona.

Já nos anos 1910 o tema da contratransferência se demonstrava espinhoso para Freud. Sabemos por Antonelli que, pouco antes da realização do congresso de 1910, em Nuremberg, o mestre vienês já havia discutido sobre esse tópico em reunião da Sociedade Psicanalítica de Viena, onde aferiu que a tal manifestação "surge no médico por influência do paciente em seu inconsciente" (2014[1997], p. 41, tradução nossa). Em sua palestra no referido congresso (publicada como "As perspectivas futuras da terapêutica psicanalítica"

(1996[1910]), já mencionada), a contratransferência foi tratada como situação que deveria ser "reconhecida" e "sobrepujada", o que demandaria, segundo Freud, que os futuros analistas começassem, o quanto antes, sua autoanálise. Parece-nos válido relembrar que foi nesse mesmo evento que se decidiu pela criação da associação internacional, organização que teria como um de seus objetivos qualificar aqueles que poderiam, legitimamente, exercer o método freudiano, uma vez que, naquele momento, o pai da psicanálise – bem como Ferenczi – encontrava-se receoso com relação a seus desvios. O fenômeno contratransferencial mostrava-se, potencialmente, como um deles.

Haynal, (1993, p. 57), no entanto, nos informa que, em âmbito privado, a primeira menção à contratransferência de que se tem notícia data da correspondência de Freud para Jung, de 7 de junho de 1909. Ao referir-se à atribulada relação do segundo com a célebre Sabina Spielrein, assim dirigiu-se ao suíço o pai da psicanálise:

> *Embora penosas, tais experiências são necessárias e difíceis de evitar. É impossível que, sem elas, conheçamos realmente a vida e as coisas com as quais lidamos. Eu mesmo nunca estive em tais apuros, conquanto tenha chegado, não poucas vezes, bem perto, divisando por fim a "narrow escape". Acho que só as necessidades implacáveis que me tolhiam o trabalho e o fato de ser dez anos mais moço que o senhor quando me dediquei à psicanálise salvaram-me de experiências análogas. Mas o dano que causam não perdura. Elas nos ajudam a desenvolver a carapaça de que precisamos e a dominar a "contratransferência" que é afinal para nós um permanente problema; ensinam-nos a deslocar nossos próprios afetos sob o ângulo mais favorável. São uma*

"blessing in disguise" *(McGuire, 1993[1974], p. 281, trechos em inglês de Freud).*

Percebemos, destarte, que o tema da contratransferência fez seu ingresso no universo psicanalítico pela espinhosa via do reconhecimento de relações analista-paciente que extrapolaram o âmbito clínico naqueles tempos pioneiros.

Diz-se que, além de Jung, outros analistas precursores passaram por situações dessa ordem. O próprio Freud assume o embaraço de algumas ocasiões na correspondência mencionada. Não podemos deixar de lado Ferenczi, com o problemático vínculo que desenvolveu com Elma, sua paciente e filha de sua então amante (depois esposa) Gizella Pálos.[31] Era um cenário preocupante para

---

31 Aqui se torna necessário um aprofundamento das notas biográficas com as quais introduzimos nosso personagem ao leitor. Já dissemos que as famílias de Ferenczi e de sua futura esposa, Gizella, se conheciam e que se aproximaram após a morte do pai de nosso autor. Em 1900 iniciou-se o relacionamento amoroso entre Ferenczi e Gizella, enquanto a mulher era ainda casada. Em 1910 Ferenczi passou a analisar a amante, que lhe solicitou que tomasse sua filha, Elma, em tratamento. No curso dessa análise, o noivo de Elma cometeu suicídio e a paciente entrou em um processo depressivo. Foi a partir de então que Ferenczi enamorou-se dela – e isso o levou a solicitar a Freud que a tomasse em análise. O mestre de Viena aceitou o pedido do húngaro por certo período, após o qual Elma retomou sua análise com Ferenczi, que permanecia sentimentalmente envolvido com ela, sem abdicar de sua relação com Gizella, que, por sua vez, estava ciente das dúvidas que afligiam o húngaro – e que o levaram a submeter-se à análise com Freud. Em 1915 Ferenczi abdicou da relação com Elma – não sem certa intervenção do pai da psicanálise, que sempre mostrou maior simpatia pela ideia de que nosso protagonista se casasse com a mãe, não com a filha (que intrincada situação edípica, pode-se pensar!). Elma, então, casou-se com um americano e foi morar nos Estados Unidos. Hoffer nos oferece uma observação que parece exata para finalizarmos nosso apontamento: "Esse drama comovente não é, então, apenas sobre triângulos – Ferenczi, Gizella e Elma, Géza (o primeiro marido de Gizella), Gizella e Ferenczi, Freud, Gizella e Ferenczi – mas também sobre díades: pais e filhos, mães e

Freud que, naturalmente, receava quais repercussões os envolvimentos de tal ordem poderiam ter na sedimentação da psicanálise como uma ciência.

A dificuldade que médicos mais jovens poderiam ter ao lidar com essas circunstâncias foi textualmente abordada pelo mestre de Viena em seu trabalho de 1915, "Observações sobre o amor transferencial (novas recomendações sobre a técnica psicanalítica III)". Nesse texto ele se debruçou também sobre os temas da *abstinência*, que já examinamos, e da *neutralidade*.

A primeira menção que Freud faz, nesse escrito, ao fenômeno contratransferencial, indica que o médico não deveria sucumbir a "qualquer contratransferência que pode estar em sua própria mente" (1996[1915], p. 178), caso uma paciente se mostrasse por ele enamorada. O médico, comenta, deve considerar que tal afeto deriva mais da situação analítica do que dos encantos do cuidador.

Vejamos agora, por meio de uma citação, como Freud relaciona a contratransferência e a neutralidade:

> *a experiência de se deixar levar um pouco por sentimentos ternos em relação à paciente não é inteiramente sem perigo. Nosso controle sobre nós mesmos não é tão completo que não possamos subitamente, um dia, ir mais além do que havíamos pretendido. Em minha opinião, portanto, não devemos abandonar a neutralidade para com a paciente, que adquirimos por man-*

---

filhas, relações a quatro, famílias e gerações. Ao leitor dessa cândida correspondência inconsciente [refere-se à correspondência entre Freud e Ferenczi] é oferecida uma impressionante, por vezes desconcertante, vista de como a análise e a autoanálise são entendidas, usadas – e mal usadas – por esses dois gigantes da psicanálise nesse estágio inicial de sua criação" (Hoffer, 1993, p. XXI).

ter controlada a contratransferência *(1996[1915], p. 182, destaque nosso).*

Da leitura das reflexões freudianas oficiais sobre a contratransferência, retemos a impressão de que a atuação contratransferencial seria aquela em que o médico, justamente por não considerar o viés transferencial de um movimento da paciente, teria respondido como se efetivamente fosse a figura central de uma manifestação em que surge, na realidade, tão somente como o representante de outra cena.

Freud assinalou ainda que a melhor forma de lidar com fenômenos de tal ordem seria a "neutralidade". O excerto reproduzido anteriormente, no qual se situa essa ponderação (elevada a princípio de orientação do psicanalista), é deveras curioso, pois o pai da psicanálise preconiza essa determinação como algo que visa, antes, preservar o próprio analista de seus impulsos ("sentimentos de ternura", vale a pena destacar, dado que tais sentimentos são estudados por Ferenczi de forma ampla em seus últimos escritos). Haveria, então, uma dupla dimensão na regra: por um lado se aproxima da noção de abstinência, ao propor que se evite fornecer satisfações aos pacientes – essa é a consequência mediata –; por outro, imediatamente, ou seja, em sua primeira dimensão, versa sobre as satisfações disponíveis ao próprio analista.

Essa constatação nos remete ao texto de 1912, intitulado "Recomendações aos médicos que exercem a psicanálise" (1996[1912c]). Nesse trabalho, Freud utilizou-se de duas metáforas que se tornaram clássicas no repertório psicanalítico – a do "cirurgião" e a do "espelho" – para esquadrinhar a posição do analista no tratamento psicanalítico. Ele nos conta que o analista, no exercício de sua atividade, deve posicionar-se como o cirurgião, "que põe de lado todos os seus sentimentos, até mesmo a solidariedade humana, e concentra suas forças mentais no objetivo único de realizar a operação tão completamente quanto o possível" (Freud, 1996[1912c], p. 128). Da mesma maneira, deve comportar-se como um espelho, "não lhes mostrar nada, exceto o que é mostrado" (p. 131).

Chama nossa atenção, contudo, especialmente em se tratando da analogia com o cirurgião, que Freud sublinha justamente tratar-se de uma posição ideal, pois teria dois beneficiários: o paciente e também o médico. Isso porque, a partir dela, o médico disporia de uma "proteção desejável para sua própria vida emocional" (Freud, 1996[1912c], p. 129). Se, por um lado, Freud enfatizava com tais alegorias a importância do resguardo do médico e de sua neutralidade, por outro, ao propor uma terceira metáfora, a do "receptor telefônico", o pai da psicanálise indica o grau de disponibilidade inconsciente que o médico deveria garantir para o exercício de sua tarefa como psicanalista. Ele assim assenta, em uma preciosa passagem:

> *Assim como o paciente deve relatar tudo o que sua auto-observação possa detectar e impedir todas as objeções lógicas e afetivas que procuram induzi-lo a fazer uma seleção dentre elas, também o médico deve colocar-se em posição de fazer uso de tudo o que lhe é dito para fins de interpretação e identificar o material inconsciente oculto, sem substituir sua própria censura pela seleção de que o paciente abriu mão. Para melhor formulá-lo: ele deve voltar seu próprio inconsciente, como um órgão receptor, na direção do inconsciente transmissor do paciente. Deve ajustar-se ao paciente como um receptor telefônico se ajusta ao microfone transmissor. Assim como o receptor transforma de novo em ondas sonoras as oscilações elétricas na linha telefô-*

> *nica, que foram criadas por ondas sonoras, da mesma maneira o inconsciente do médico é capaz, a partir dos derivados do inconsciente que lhe são comunicados, de reconstruir esse inconsciente, que determinou as associações livres do paciente.*
>
> *Mas se o médico quiser estar em posição de utilizar seu inconsciente desse modo, como instrumento da análise, deve ele próprio preencher determinada condução psicológica em alto grau. Ele não pode tolerar quaisquer resistências em si próprio que ocultem de sua consciência o que foi percebido pelo inconsciente; doutra maneira, introduziria na análise nova espécie de seleção e deformação que seria muito mais prejudicial que a resultante da concentração da atenção consciente (Freud, 1996[1912c], p. 129).*

"Proteção" da vida afetiva e "disponibilidade" dos processos inconscientes. A leitura das recomendações de Freud não deixa de acentuar como é delicada – por vezes, aparentemente antitética – a condição daquele que quer praticar a psicanálise. Foi tentando caminhar nessa linha tênue que, muitas vezes, Ferenczi procurou aperfeiçoar o método terapêutico. Atento às reflexões de seu estimado mestre, veremos o húngaro, em 1919, percorrer uma trilha de considerações sobre a contratransferência – sua primeira incursão pública nesse terreno. Em seu curto, porém riquíssimo percurso (hipóteses que ocupam pouco mais de três páginas!), perceberemos nosso autor, talvez como nunca antes, ressaltar a sutileza da posição do psicanalista.

A primeira revisão ferencziana da questão da(s) contratransferência(s)

Todas essas considerações sobre as concepções de Freud a respeito da contratransferência nos afastaram algumas linhas de nosso protagonista. No entanto, cremos serem necessárias para assentar o terreno sobre o qual Ferenczi abordou o tema.

De fato, desde o primeiro momento, o húngaro mostrou-se atento às reflexões do mestre de Viena sobre a matéria. Assim, escreveu ao fundador da psicanálise imediatamente após a realização do congresso de 1910, relatando que já "reprimia" a contratransferência, mesmo antes da determinação freudiana a esse respeito, muito embora essa repressão se demonstrasse "algo perturbador, quando se está, após 10 ou 12 horas de trabalho, totalmente só e privado de qualquer objeto de amor" (Brabant et al., 1994, p. 219). Curiosamente, contudo, em suas comunicações oficiais sobre essa temática, Freud não indicava a "repressão" como saída para os dilemas contratransferenciais.

Por que, então, Ferenczi utilizou-se do termo? Podemos conjecturar se o húngaro ouviu mais do que Freud disse ou se revelou, inadvertidamente, o que o pai da psicanálise talvez estivesse propondo sob expressões anódinas, em termos de teorização psicanalítica, como "controle" ou "superação" do fenômeno.

Enfim, os indicativos que temos apontam que o tema da contratransferência não estava entre os de predileção de Freud: além das parcas referências a ele em suas obras, também são exíguas as menções ao assunto em sua correspondência com o húngaro.[32] Por

---

32 O que de maneira alguma implica dizer que desconsiderasse a importância do assunto, como vimos no capítulo anterior. Acrescentando ao que já foi dito, conforme relembra Haynal (1993, p. 58), Freud havia escrito a Jung, no último dia de 1911, informando que um artigo a ser elaborado sobre a contra-

outro lado, essa troca epistolar nos dá boas pistas para tatear as bases do interesse ferencziano por esse ponto da teorização sobre a clínica psicanalítica.

Observamos, ao tratar da questão da introjeção no capítulo anterior, que a característica curiosidade de Ferenczi por fenômenos ocultos foi compartilhada com Freud ao retornarem de sua viagem aos Estados Unidos, em setembro de 1909, quando visitaram, em Berlim, Frau Seidler, uma médium que apresentava a suposta capacidade de ler pensamentos. Como se sabe, Ferenczi ficou inquieto com o que escutou nesse encontro e procurou discutir longamente com Freud – que, se compartilhava do interesse pelo assunto, não lhe correspondia em entusiasmo – as faculdades da pitonisa, especulando seu potencial de "indução psíquica" ou a presença de uma "hiperestesia extática", que lhe permitiria ler a comunicação não verbal de seus consultantes.

Um ano depois desse episódio, em agosto de 1910, Ferenczi escreveu uma longa carta a Freud contendo o anexo "Algumas observações recentes (sobre o tema da transmissão de pensamento)". Nesse trabalho fez uma de suas únicas referências à contratransferência no epistolário, afirmando que derivaria do "conteúdo de complexos atuais ou então inconscientemente reavivados" tanto do paciente como do próprio analista, que estariam à disposição para eventualmente serem captados, ou por um ou pelo outro, no curso de um encontro analítico.[33]

---

transferência, que considerava bastante necessário, deveria circular somente em forma de manuscrito, não se tornando público (cf. McGuire, 1993[1974], p. 542). Todo esse cuidado e sigilo reforçariam nossa conjectura de que o lapso de escrita de Ferenczi efetivamente revelaria o que Freud gostaria de manter reprimido.

33 Notamos uma curiosa e significativa discrepância nas traduções francesa, inglesa e brasileira desse anexo. Ao consultarmos o índice francês, situamos uma menção ao termo "*contre-transfert*" na referida carta. O mesmo se dá

Parece-nos, assim, que tal qual se deu com relação à introjeção, vai surgindo uma continuidade nos temas da telepatia e da contratransferência no contexto do pensamento de Ferenczi. Um novo ponto nessa costura pode ser situado na noção de "indução", já trazida quando refletiu sobre os poderes da adivinha berlinense, recolocada em uma correspondência de fevereiro de 1911: o húngaro, ao questionar-se acerca de sua prática psicanalítica com base na análise de Elma Pálos, aduziu que, "Além da vigilância à contratransferência, temos também de estar atentos a este 'ser induzido' pelos pacientes (talvez se trate apenas de uma forma de contratransferência)" (Brabant et al., 1994, p. 310).

Em nossa leitura, Ferenczi caminha na direção de trilhas próximas àquelas que outrora percorrera ao tratar do tema da introjeção. Atentemos ao fato de que não diz simplesmente de sentimentos que surgem no médico, mas da possibilidade de seu psiquismo ser influenciado ("induzido", para preservar o termo por ele utilizado) pelo psiquismo do paciente.[34] Algo do limite "eu/não eu" se evanesce e, consoante reportamos anteriormente, o próprio

---

no índice da edição inglesa na entrada "*countertransference*". Todavia, ao procurarmos a referida menção na tradução brasileira da carta, não a localizamos. Consultando a edição inglesa, a referida menção é a seguinte: "*I note that countertransference is mostly derived from the content of present or ucs aroused complexes*" (Brabant et al., 1993, Vol. I, p. 207). A mesma frase foi traduzida para o português da seguinte forma: "Noto que a transmissão de pensamentos provém, na maioria das vezes, do conteúdo de complexos atuais ou então inconscientemente reavivados" (Brabant et al., 1994, p. 267). Ou seja: o que na tradução do alemão surge em inglês como "contratransferência", de forma intrigante, é traduzido para português como "transmissão de pensamentos". Infelizmente não localizamos o original em alemão para cotejar as traduções, mas optamos por manter no corpo de nosso trabalho a tradução inglesa, por ela encontrar amparo também na indexação feita na França, no último volume da publicação da correspondência entre os autores.

34 O que também poderia se dar, em certos casos, na via inversa, implicando situações complicadas na clínica, como veremos adiante.

Ferenczi, anunciando-se um "formidável vidente", tinha escrito a Freud que o psicanalista conseguiria ler, em suas associações, os pensamentos de seus pacientes.[35]

Esse percurso atinge o zênite tão somente após o final da Primeira Guerra Mundial, quando Ferenczi serviu como médico do exército austro-húngaro, em seu artigo de 1919, nomeado "A técnica psicanalítica", trabalho saudado por Freud como "ouro puro analítico" (Brabant et al., 1996, p. 332, tradução nossa). A concepção de "reprimir" a contratransferência, trazida na correspondência de 1910 que citamos, seria completamente substituída por uma noção de "domínio" ou "controle" que, segundo nossa interpretação, não é a mesma de Freud – a despeito de utilizarem o mesmo termo alemão "*Bewältigung*", como aponta Cabré (2000, p. 9). É um texto escrito no período inicial das experiências ativas de Ferenczi, aspecto que retomaremos no momento apropriado em nosso trabalho. Vamos nos concentrar na quarta parte do escrito, na qual o húngaro discutiu exatamente o domínio da contratransferência.

Ferenczi inicia suas postulações nesse capítulo, chamado "Domínio da contratransferência", retomando o paralelo entre a transferência e a sugestão para, algumas linhas adiante, delinear a delicadeza da posição do psicanalista em seu ofício: de um lado, jamais deve abandonar-se aos seus afetos, pois isso dificultaria a tarefa analítica; de outro, trata-se de um ser humano, habitado por paixões e pulsões como seus semelhantes – e é justamente esse dado que lhe permite, opina nosso protagonista, compreender os conflitos psíquicos do paciente. Ofertamos, assim, a palavra ao autor para acompanhá-lo ao situar o analista, que deve:

---

35 Carta de 22 de novembro de 1910 (cf. capítulo 3, item "'Transferência e introjeção': as primeiras reflexões sobre a clínica psicanalítica").

> *por um lado, observar o paciente, examinar suas falas, construir seu inconsciente a partir de suas proposições e de seu comportamento; por outro lado, deve controlar constantemente sua própria atitude a respeito do paciente e, se necessário, retificá-la, ou seja, dominar a contratransferência (Freud)* (Ferenczi, 2011[1919a], p. 416).

Na sequência do escrito, Ferenczi mostraria perspicácia ao implicar as disposições do médico com as moções que se desenvolveriam no paciente. Nesse sentido, observou três maneiras como o analista poderia relacionar-se com a contratransferência ao longo de sua prática.

A primeira, mais comum no analista iniciante, poderia ser nomeada de "sucumbir à contratransferência": o médico ver-se-ia profundamente afetado por angústias e fantasias do paciente e tomaria seu partido, indiscriminadamente. Dito sem rodeios, o analista tomaria a briga do paciente para si. Parece-nos válido pensar essa proposição como uma resposta contratransferencial radical à transferência materna que mencionamos em item anterior e que Ferenczi retomou no início do capítulo em comento, quando mencionou a repetição, proposta pelo paciente ao médico, da relação infantil erótica com a "mãe benevolente". Seria nessas situações que o paciente teria maior acesso à leitura das intenções do analista. Isso, segundo Ferenczi, poderia desencadear – para além de curas sugestivas transitórias – situações constrangedoras, inclusive transferências eróticas. A "postura psicanalítica", ensina ele, referindo-se provavelmente à neutralidade, seria a alternativa de resguardo do próprio analista.

Percebendo esse tipo de situação, conta-nos Ferenczi, o psicanalista poderia bandear-se para uma posição oposta, a segunda, que ele nomeia de "resistência à contratransferência": tornar-se-ia demasiado distante, dificultando ou mesmo impossibilitando o desenvolvimento de uma relação transferencial, "condição prévia de toda análise bem-sucedida" (Ferenczi, 2011[1919a], p. 418). "Sucumbência" ou "resistência" à contratransferência: percebemos que nesse ponto as reflexões ferenczianas sobre o assunto encontram-se com o que discutimos anteriormente sobre a transferência e o que já chamava sua atenção desde os tempos da clínica sugestiva e da hipnose. Assim, pode-se questionar: qual a posição suficiente para que o médico consiga influenciar o paciente em um processo de cura?

De outra parte, tal concepção de "resistência à contratransferência" foi, segundo entendemos, uma grande inovação trazida pelo pensamento ferencziano. Diferente de Freud, que preconizava tão somente que o médico dominasse sua contratransferência sem que o processo analítico pudesse dela tirar qualquer benefício, Ferenczi, já em 1919, percebeu o valor do fenômeno no processo terapêutico e quanta dificuldade para o trabalho de cura um analista poderia proporcionar ao simplesmente evitá-la.

Uma nota contida em seu *Diário clínico* de 1932 demonstra, de forma irrefutável, a presença dessa reflexão, inclusive, nos momentos derradeiros da vida de nosso autor. Contando-nos de suas experiências com pacientes em situação de regressão, assim escreveu Ferenczi:

> *Se tudo for feito como antes, com a amabilidade fria e polida do analista, e se, além disso, for formulada, por exemplo, a pergunta estereotipada: "E aí, o que ainda lhe acode à cabeça?", assiste-se ao despertar súbito, fora do sofrimento e do transe. Os pacientes recusam-se a continuar, têm a sensação de que jamais poderei aju-*

dá-los e tomam suas disposições para fugir à análise; não fazem mistério de seu desprezo por nossa incapacidade de agir, nossa falta de sentimentos humanos em geral (1990[1932], p. 89).

Essa percepção criativa acerca do manejo da contratransferência nos reafirma o que dissemos antes: a busca pela posição ótima que o psicanalista deve ocupar na relação com o paciente, visando a implementação e a manutenção do trabalho analítico, foi uma senda que Ferenczi percorreu ao longo do restante de sua obra. Citando Balint, poderíamos dizer que nosso protagonista propôs que nos perguntássemos constantemente: "qual é a forma correta, isto é, a mais terapêutica, de contratransferência?" (1976[1967], p. 16). Nesse momento, a resposta de Ferenczi, ao menos em termos léxicos, não divergiu tanto daquela de Freud que vimos anteriormente; ele fala em "controle da contratransferência", que consistiria na terceira e mais adequada atitude do médico com relação ao fenômeno.

No que consistiria esse "controle"? Ferenczi cita uma sentinela que acenaria quando os sentimentos no analista ultrapassassem uma "medida certa", fosse no "sentido positivo" (ou seja, de implicação exagerada, tal qual se daria na primeira fase, de "sucumbir" à contratransferência), fosse no "sentido negativo" (refletido no segundo momento, de "resistência" à manifestação contratransferencial). Parece-nos importante diferenciar da noção de "controle" uma ideia que pode parecer similar, mas que de fato não o é: a "evitação". Se tomarmos o termo original francês, do qual a tradução das obras de Ferenczi foi feita para o português, encontramos *"maîtriser"*, que se refere, para além de um "controle", a um "assenhorar-se", "apoderar-se", ou seja, não se trata de refutar nem negar o fenômeno, mas de tomá-lo como existente e dele fazer bom uso.

Teríamos, então, segundo o gênio de Ferenczi, três formas básicas de experiências contratransferenciais, e em duas delas poder-se-ia extrapolar os "sentimentos a respeito do paciente" de uma maneira delicada. É bastante interessante ver o húngaro apontar que esse exagero poderia se dar tanto no sentido "positivo" como no "negativo", retomando a terminologia que já se consolidara para falar das transferências.

Dessa forma, aquilo que denominamos "sucumbir à contratransferência" poderia ser pensado também como "contratransferência exacerbadamente positiva", que se caracterizaria por uma comoção desenfreada do analista com a problemática do paciente, excedendo o limite do pertinente para o encaminhamento do método psicanalítico. Por outro lado, a "resistência à contratransferência" pode ser compreendida também como uma "contratransferência negativa", que impediria o desenvolvimento de sentimentos transferenciais suficientes para a instauração da relação analítica. Por fim, temos a "contratransferência controlada", ideal para o desenrolar do trabalho de análise, que possibilitaria ao psicanalista situar-se em uma "situação ótima" na relação com o paciente, sustentando (ou buscando sustentar) o vínculo transferencial mínimo para o empreendimento da clínica – posição na qual o analista não poderia estar nem tão distante a ponto de impossibilitar o vínculo nem tão próximo a ponto de poder prejudicá-lo.

O leitor atento perceberá que tal diferenciação proposta por Ferenczi conformaria uma contraparte às três formas de manifestação transferenciais mais comuns propostas por Freud em "A dinâmica da transferência", estudadas por nós no início deste capítulo (itens "Positiva e negativa: aspectos sugestivos e fenômenos de resistência nas transferências" e "Sintomas transitórios e transferência: a resistência à rememoração e a repetição"). Naturalmente, qualquer tentativa de relacionar de modo aprofundado e exato tais fenômenos entre si mereceria um estudo próprio, o que não é o caso deste livro. Façamos, entretanto, o registro, ainda que para desenvolvê-lo em outra ocasião: a ênfase de Ferenczi na hipótese de uma manifestação contratransferencial que seria não somente útil, mas de fato necessária para o trabalho de análise, a "contratransferência controlada", nos parece estar em correlação com a forma de transferência apropriada para o trabalho de análise – ao menos como pensado até esse momento –, a "transferência amorosa sublimada". Tal disposição contratransferencial, em nossa leitura, está também intimamente ligada à postura empática do analista, que é reiteradamente referida pelo húngaro em seus derradeiros escritos, tema que retomaremos adiante.

A "resistência à contratransferência", por sua vez, impediria o surgimento de afetos que sustentassem minimamente a construção do vínculo necessário para a instauração de um trabalho analítico. Nessa situação, de forma paralela ao que se daria em certos casos de "transferência negativa hostil" (nos quais o paciente restaria alheio à influência do médico), o analista é quem ficaria inacessível ao paciente, inviabilizando o processo.

Por fim, há a situação de "sucumbir à contratransferência", que se caracteriza por respostas descomedidas do analista, na qual se rende aos afetos que experimenta com relação ao paciente. Trata-se, então, da atuação de um analista que vai além do limite, que impõe à relação uma ordem de excesso. É de um excesso que Freud fala também nas transferências positivas "eróticas" que, em contraposição às "sublimadas", não aceitam os substitutos que a situação analítica pode oferecer ao paciente em suas demandas e, portanto, não se prestam ao trabalho analítico.[36]

---

36 Nessa esteira, tal qual Freud sublinhou acerca da dimensão de hostilidade, que está recoberta pelo erotismo que se dá a vista nesse tipo de situação, é válido pensar o quanto a resposta do analista que sucumbe à contratransferência tem

Aqueles que tiverem alguma familiaridade com o pensamento ferencziano do período final de suas inovações técnicas já encontram, nas duas últimas situações descritas, a "resistência à contratransferência" ou a "sucumbência à contratransferência", o mesmo campo de fenômenos que, anos mais tarde, ressurgiriam na pena do húngaro como fatores traumatogênicos para a constituição do psiquismo infantil, fatores derivados de um adulto que não se apresenta de forma suficientemente constante, por um lado, ou de um adulto que extrapola, invade, age movido pelo seu excesso e sua paixão, por outro.

Esses pontos seriam retomados a partir do ingresso de Ferenczi nas suas postulações acerca do trauma e da clínica da indulgência. Antes dessas, no entanto, vieram as propostas de atividade do húngaro, as quais passaremos a estudar no capítulo a seguir.

---

a ver com o que o paciente desperta de insuportável nele, ensejando uma rápida resolução da questão desse último, como maneira de sossegar o terapeuta de seu próprio mal-estar.

5. O início do período de inovações clínicas: a técnica ativa (1919-1924)

A técnica ativa: surgimento e dificuldades clínicas em questão

No final dos anos 1910, a psicanálise, que nunca viveu anos exatamente fáceis, enfrentava novas provações. A Primeira Guerra Mundial havia afugentado boa parte dos pacientes, e a difícil situação econômica complicava a sobrevivência dos primeiros analistas. Alguns, como Ferenczi e Abraham, foram convocados para servir em seus exércitos nacionais e, ao retornarem a suas cidades, viram sua clínica comprometida. As comunicações foram dificultadas e, ao longo do período de combates, a realização de congressos tornou-se impossível.

Ademais, os obstáculos clínicos pareciam aumentar: além das transferências com natureza de resistência que desafiavam os analistas (descritas no capítulo anterior), constatava-se, cada vez mais, a procura da psicanálise por pessoas para quem o tratamento parecia ter eficácia restrita. Deve-se acrescentar que, também em função da própria guerra – e das neuropatias que surgiram em indivíduos que dela participaram –,[1] o método de Freud passou a ser buscado de forma diferente da que havia sido até então.

Tais desafios eram constatados não só por Ferenczi como também pelo próprio pai da psicanálise, que expôs essa situação em seu texto de 1919, intitulado "Linhas de progresso na terapia psicanalítica" (1996[1919]). Nesse trabalho, apresentado no ano anterior durante o primeiro congresso ocorrido no pós-guerra (o quinto internacional, realizado em Budapeste), Freud fez uma recapitulação de aspectos importantes para o desenvolvimento do método, bem como um inventário do momento vivido então pela psicanálise; por fim, projetou perspectivas para o seu futuro. No que concernia ao passado, afirmou, por exemplo, o que dissemos anteriormente: a técnica por ele criada visava o tratamento da histeria, não sendo completamente adequada para tratar obsessivos e fóbicos, bem como outros quadros que se mostravam nos consultórios. Era um problema presente: a procura da terapia analítica por esse novo público de neuróticos graves – os "desamparados e incapazes de uma vida comum", no dizer de Freud (1996[1919], p. 178) –, para os quais o tratamento psicanalítico (como até então era concebido) talvez não estivesse suficientemente instrumentalizado.

Tendo em vista essa situação, o fundador do método anteviu que, futuramente, dar-se-ia maior profusão da psicanálise em diferentes camadas sociais – e o convite para uma prática criativa por parte dos analistas surgiu a partir daí. A clínica estaria sujeita a revisões. Freud, inclusive, trouxe de volta a hipótese do uso da sugestão e da hipnose no tratamento, ao manifestar-se desta forma: "É muito provável, também, que a aplicação em larga escala da nossa terapia nos force a fundir o ouro puro da análise livre com o

---

[1] Situação que traz novamente, para o centro do pensar psicanalítico, a questão do trauma, como ainda observaremos.

cobre da sugestão direta; e também a influência hipnótica poderá novamente ter seu lugar na análise" (Freud, 1996[1919], p. 181).

Freud e Ferenczi encontravam-se em sintonia no que concerne às ideias expostas nesse texto, o que é provado pela seguinte afirmação daquele, contida no referido trabalho: "Os progressos na nossa teoria, portanto, sem dúvida prosseguirão ao longo de outras linhas; antes de mais nada, ao longo daquela que Ferenczi, em seu artigo 'Technical Difficulties in an Analysis of Hysteria' (1919), denominou recentemente 'atividade' por parte do analista" (Freud, 1996[1919], p. 175).[2]

Já tangenciamos a técnica ativa uma série de vezes no curso do capítulo anterior de nosso livro. Ao fazê-lo, buscávamos indicar quais dificuldades e particularidades da clínica psicanalítica, praticada na década de 1910 por nosso autor, teriam relação com as propostas de atividade que ele posteriormente desenvolveria. Transcrevemos no Capítulo 4[3] o texto da correspondência em que Ferenczi noticiou a Freud uma aplicação pioneira desse novo parâmetro. É chegado o momento de estudarmos mais de perto os fatores envolvidos em tal prática. Considerando tais referências anteriores, não nos aprofundamos aqui em uma longa introdução aos motivos que conduziram nosso protagonista a esse experimento clínico.

---

2   Não é exatamente correto atribuir a paternidade da técnica ativa totalmente a Ferenczi. Rachman (2004[1995], p. 101), por exemplo, cita quatro "medidas ativas" que Freud teria tomado na condução do caso do Homem dos Lobos, sendo a mais clara a determinação de um prazo para o encerramento do tratamento – como será comentado mais detidamente adiante. O fato é que, levando em conta a incessante troca de correspondência dos autores, muitas vezes, não é claro determinar quem deu à luz um conceito. No caso da técnica ativa, parece um parto a quatro mãos, cujo rebento foi mais longamente pesquisado, problematizado e documentado por Ferenczi.
3   Cf. capítulo 4, item "Sintomas transitórios e transferência: a resistência à rememoração e a repetição".

Apenas para recolocar o leitor na trilha do que abordamos mais diretamente no Capítulo 4[4] sobre as dificuldades observadas por Ferenczi conducentes a essa técnica, recordemos que, na primeira metade dos anos 1910, ele e Freud estavam bastante intrigados com fenômenos denotativos de resistência, alguns dos quais se apresentavam na clínica como transferências. Ao estudar tais fenômenos, Ferenczi observou algo a mais: o surgimento de *sintomas transitórios*, ou seja, manifestações que, tais quais os sintomas neuróticos, eram representativas de dinâmicas psíquicas conflitivas e, ao mesmo tempo – como certas transferências –, estariam em favor da manutenção de uma resistência ao curso do processo analítico. Tudo isso propiciava cenários de estagnação no trabalho de análise. Foi exatamente como forma de lidar com uma situação de tal ordem que o húngaro ousou optar por uma intervenção fora do padrão interpretativo convencional, como documentado na carta a Freud longamente transcrita anteriormente:[5] ao observar que certa paciente "durante toda a sessão deitava-se com as pernas cruzadas", deu-lhe "a instrução de parar com isso" (Brabant et al., 1996, p. 146, tradução nossa).

Conforme assentamos, foi exatamente o caso narrado nessa correspondência de 1916 que Ferenczi utilizou para introduzir, publicamente, suas hipóteses sobre a técnica ativa na psicanálise. Isso se deu mediante a publicação do artigo "Dificuldades técnicas na análise de uma histeria", citado por Freud no congresso de Budapeste de 1919. Ferenczi aprofundou suas observações em uma sequência de textos ao longo dos anos 1920 até que, em 1926, no congresso de Bad Homburg, após envolver-se em algumas polêmicas

---

[4] Cf. capítulo 4, itens "Sintomas transitórios e transferência: a resistência à rememoração e a repetição" e "A regra de abstinência e o problema da satisfação (e da frustração) libidinal durante o encontro analítico".

[5] Cf. capítulo 4, parte final do item "Sintomas transitórios e transferência: a resistência à rememoração e a repetição".

por conta de sua inovação – e também por conhecer alguns de seus efeitos iatrogênicos –, fez uma autocrítica que foi publicada como "Contraindicações da técnica ativa" (2011[1926b]).

Essa técnica[6] visava combater as mencionadas situações de esgotamento associativo. Em abreviada apresentação, consistia, em suas formas mais conhecidas, na imposição ao paciente da realização de determinada tarefa (ou, ainda, em alguma proibição), dando origem a um aumento em sua tensão psíquica. Assim, ressaltava – e confrontava – o conforto ou prazer que eventualmente extrairia das sessões de análise, o que, para Ferenczi, poderia causar justamente a estagnação combatida.[7] Seu uso, como frisava nosso autor, deveria ser excepcional.

Houve, porém, outras formas de intervenção ativa. A estipulação de uma data limite para o tratamento foi uma, bastante questionada a partir da apropriação que Rank dela fez em seu trabalho sobre o "trauma do nascimento", por exemplo. Rachman cita outras mais, como a produção de "fantasias dirigidas" (também conhecidas como "fantasias provocadas", das quais trataremos neste capítulo), a "confrontação", no caso de fobias, e a introdução de "*role-playings*" e da "dramatização" (2004[1995], p. 113). Instigar o paciente a tomar decisões que estariam maduras, mas seriam proteladas por fatores de resistência, e a realizar sacrifícios pessoais ou mesmo doações em dinheiro são outras intervenções ativas relacionadas pelo próprio Ferenczi no curso de seus textos (2011[1920], p. 127).

---

6 Usualmente designada "*aktiv(en) Technik*", no alemão original.
7 Daí a relação que alguns analistas veem da técnica ativa ferencziana com o manejo do gozo via tempo lógico, por exemplo, na clínica lacaniana, motivo que nos conduziu ao estudo da obra de Ferenczi, como destacamos em nossa introdução.

Ao longo dos trabalhos em que nosso autor demonstrou sua nova técnica, sempre lhe foi fundamental aproximá-la da psicanálise clássica. De forma alguma Ferenczi propunha esse novo parâmetro como algo que colidia com o pensamento de Freud. Apresentava-a, fosse alinhando suas experiências ativas em um campo de intervenções psicanalíticas que iam da experiência catártica à interpretação, fosse sublinhando, reiteradamente, que a atividade era uma medida excepcional e que a posição passivo-receptiva era a mais conveniente para o desenrolar do trabalho psicanalítico, inclusive para o psiquismo do próprio analista.[8]

A insistência de Ferenczi em alinhar suas descobertas ao freudismo mais estreito, segundo nossa leitura, começaria a mostrar-se mais problemática a partir desse ponto. As diferenças do pensamento de Freud – ao menos aquele mais clássico e oficial –, ainda que não se demonstrassem em confrontos abertos e amplas discordâncias, deixariam à margem filigranas e acentos próprios do discurso ferencziano que, em seu conjunto e repetição, tomariam uma posição de maior destaque – ainda que o próprio Ferenczi possivelmente não tivesse condições de reconhecer isso. Essa tensão, contudo, seria desvelada nas disputas entre os membros do Comitê Secreto acerca do trabalho conjunto de Ferenczi e Rank, "Perspectivas da psicanálise" (2011[1924]), sobre o qual nos concentraremos mais adiante.

---

8 Aqui temos um ponto extremamente interessante, pois, na medida em que Ferenczi aproximou a interpretação da atividade e afirmou que, quando "interpreta", o analista está mudando o curso das associações do paciente, nós o vemos sustentar que é inevitável que o analista seja compreendido como alguém que intervém, ativamente, sobre o psiquismo do paciente. O analista, por mais que se esforce, não seria um leitor neutro de fenômenos psíquicos, pois a interpretação, sua "ferramenta mínima de trabalho", implica, em si, na criação de novos fenômenos psíquicos (Ferenczi, 2011[1920], p. 118; 2011[1924a], p. 262).

Ingressemos, então, no estudo da referida técnica, começando justamente pela publicação oficial do caso clínico comentado por correspondência com Freud.

A paciente violada e o uso de proibições na técnica ativa

Foi necessário o transcurso de quase três anos para que as inovações de Ferenczi, comunicadas a Freud em 1916, viessem à luz para o público. Isso se deu com o texto "Dificuldades técnicas de uma análise de histeria" (2011[1919b]), trabalho redigido a tempo de ser mencionado na referida palestra que o criador da psicanálise ofereceu no congresso de Budapeste.

O texto narra uma tentativa de análise que, desde o princípio, parecia esbarrar em grandes resistências: o tratamento foi interrompido por duas vezes e, já na primeira tentativa, Ferenczi lançou mão de uma medida que é menos comentada, mas foi de fundamental importância no debate dos procedimentos sobre atividade: a fixação de um prazo para o término da análise. É provável que o húngaro tenha adotado essa providência ciente de que Freud assim também o fizera no caso do Homem dos Lobos, atendido algum tempo antes.[9] A ideia por trás da fixação desse prazo, explica

---

9 É assim que Freud nos introduz seu procedimento no referido texto: "O paciente a que me refiro aqui permaneceu muito tempo inexpugnavelmente entrincheirado por trás de uma atitude de amável apatia. Escutava, compreendia e permanecia inabordável. Sua indiscutível inteligência estava, assim, separada das forças instintuais que governam seu comportamento nas poucas relações vitais que lhe restavam. Exigiu uma longa educação induzi-lo a assumir uma parcela independente no trabalho; e quando, como resultado desse esforço, começou pela primeira vez a sentir alívio, desistiu imediatamente de trabalhar, com o objetivo de evitar quaisquer outras mudanças e de permanecer confortavelmente na situação que fora assim estabelecida. Sua retração diante de uma

o próprio autor, era "fornecer... à paciente um motivo suficiente de trabalho" (Ferenczi, 2011[1919b], p. 1). Nessa análise, Ferenczi encontrava-se em uma situação de transferência erótica na qual suas interpretações sobre a natureza infantil dos sentimentos da paciente tinham pouco efeito.[10]

---

existência autossuficiente era tão grande que excedia todas as aflições da sua doença. Só haveria um meio de superar isso. Fui obrigado a esperar até que o seu afeiçoamento a mim se tornasse forte, o suficiente para contrabalançar essa retração, e então jogar um fator contra o outro. Determinei – mas não antes que houvesse indícios dignos de confiança que me levassem a julgar que chegara o momento certo – que o tratamento seria concluído numa determinada data fixa, não importando o quanto houvesse progredido. Eu estava resolvido a manter a data; e finalmente o paciente chegou à conclusão de que eu estava falando sério. Sob a pressão inexorável desse limite fixado, sua resistência e sua fixação na doença cederam e então, num período desproporcionalmente curto, a análise produziu todo o material que tornou possível esclarecer as suas inibições e eliminar os seus sintomas. E também toda a informação que me possibilitou compreender a sua neurose infantil nasceu dessa última etapa do trabalho, durante a qual a resistência desapareceu temporariamente e o paciente dava a impressão de uma lucidez que habitualmente só é obtida através da hipnose" (1996[1918], p. 22). Em "Análise terminável e interminável", o pai da psicanálise esclareceu novamente seu procedimento: "Nessa época, aceitei o caso de um jovem russo, homem estragado pela opulência, que chegara a Viena em estado de completo desamparo.... No curso de poucos anos, foi possível devolver-lhe grande parte de sua independência, despertar seu interesse pela vida e ajustar suas relações com as pessoas que lhe eram mais importantes. Mas aí o progresso se interrompeu.... Nesse dilema, recorri à medida heroica de fixar um limite de tempo para a análise. Ao início de um ano de trabalho, *informei o paciente de que o ano vindouro deveria ser o último de seu tratamento, não importando o que ele conseguisse no tempo que ainda lhe restava*. A princípio, não acreditou em mim, mas, assim que se convenceu de que eu falava absolutamente a sério, a mudança desejada se estabeleceu" (Freud, 1996[1937], p. 232, destaque nosso).

10 Interpretações que Ferenczi aqui descreve como "tentativas de fazê-la entender a natureza transferencial dos seus sentimentos e reconduzi-la aos objetos reais mais inconscientes dos seus afetos" (2011[1919b], p. 1), o que, pelo verbo "entender", nos transmite certa ideia de uma via de transformação pela razão, pela "tomada de consciência" de uma disposição inconsciente, algo que, por

Após uma segunda e mais breve tentativa, que redundou nos mesmos problemas, o tratamento foi reiniciado pela terceira vez. Repetiu-se a mesma cantilena até que uma frase vinda da paciente capturou a atenção de Ferenczi, um comentário sobre ter "sensações por baixo" durante as sessões (2011[1919b], p. 2). Foi aí que o húngaro, como já narrado na referida correspondência, percebeu a posição da paciente no divã – as pernas cruzadas –, um elemento formal que denunciava o sintoma transitório: o "onanismo larvado". Depois de alguma reflexão, Ferenczi determinou-lhe não cruzar as pernas. Como isso foi feito? Uma proibição "a seco"? Uma espécie de "corte" abrupto no circuito pulsional autoerótico que essa masturbação às escondidas denotava? Ou Ferenczi propunha algo diverso? Deixemos que ele nos explique:

> *precisei muito tempo – e isso é significativo da lentidão com que uma intuição nova já operante emerge na consciência – para pensar em proibir à paciente essa postura. Expliquei-lhe que essa era uma forma larvada de masturbação, a qual permitia descarregar sub-repticiamente moções inconscientes e só deixava passar fragmentos inutilizáveis no material associativo (2011[1919b], p. 2).*

Destaquemos alguns pontos. Primeiramente, notemos que nosso personagem operou sua intervenção ativa depois de reiteradas recidivas da paciente. Além disso, ele não negociou a postulação. Proibiu. Não se tratava, pois, de uma sugestão que ela abandonasse sua postura, ou seja, fez uso da autoridade para determinar

---

si, esperava o autor, fosse suficiente para conduzir a uma transformação. Essa forma de encarar o efeito do método psicanalítico seria, em breve, repensada por nosso autor, quando passa a insistir na importância da "repetição" e da "perlaboração".

certa conduta. Por fim, a intervenção não se encerrava na proibição, veio seguida de uma interpretação, ele "explicou" o que estava por trás do sintoma transitório apresentado pela paciente.

O que Ferenczi observou, a partir de sua intervenção, causou-lhe impressão: a paciente ficava inquieta nas sessões e as rememorações, o fluxo associativo, foram recolocadas em marcha: surgiram lembranças que a remeteram a "eventos da infância" que "fornecem as circunstâncias traumáticas mais importantes da doença" (2011[1919b], p. 2).[11]

Após um período de melhora, nova estagnação. A paciente retornou a suas juras de amor, e Ferenczi não se intimidou. Disposto a recolocar em curso o trabalho associativo, expandiu sua proibição: agora ela valeria para além dos limites do consultório – a paciente deveria evitar a posição também em casa. Deu-se nova melhora transitória e o húngaro percebeu que a paciente ia "dissipando" sua sexualidade em diversas atitudes autoeróticas (desde beliscões no corpo até a erotização das mais diversas tarefas domésticas). Na medida em que Ferenczi foi represando tais escoamentos, considerados, no contexto de sua teorização, alvos indevidos para a libido, tais modos de satisfação originados na infância tiveram que ceder em favor do desenvolvimento da sexualidade genital.

---

11 É interessante observarmos que nosso autor, na publicação do caso, não menciona quais seriam as referidas "circunstâncias traumáticas". Contudo, na correspondência com Freud, Ferenczi nomeia a paciente como "paciente violada", o que nos conduz à hipótese de que se trate de algum abuso de ordem sexual (no mesmo sentido, interpreta Brabant-Gerö, 2003, p. 101). Se nos lembrarmos o quanto seus textos do final dos anos 1920 e começo dos anos 1930 versavam sobre a problemática do "trauma" incluindo, entre outras, situações dessa natureza, podemos concluir que a chegada do húngaro ao campo de suas inovações abordando um caso com essa característica está em instigante consonância com o que se seguiria.

Nesse ponto é importante ressaltar que a intervenção ativa aqui proposta costura várias etapas do pensamento clínico-teórico ferencziano já abordadas. Para nosso autor, consoante vimos ao apresentarmos o trabalho "O desenvolvimento do sentido de realidade e seus estágios" (2011[1913c]), o desabrochar da sexualidade genital estava relacionado com o acesso à realidade (ou, poderíamos dizer, à alteridade) e à saída da condição narcísica. Foi no sentido de extrair a libido de uma posição regressiva (tema sobre o qual refletira em "Transferência e introjeção", 2011[1909]) – que culminava, simultaneamente, em uma "resistência transferencial" e na formação de um "sintoma transitório" – que nosso autor interviu ativamente na situação em revista.

Feita a apresentação do caso, Ferenczi anuncia ter estabelecido uma "nova regra analítica". Ele diz: "durante o tratamento, deve-se pensar na possibilidade de um onanismo larvado e, assim como nos equivalentes masturbatórios e, desde que se observem os sinais, suprimi-los" (2011[1919b], p. 4). Ao elevar sua intervenção ao *status* de uma regra analítica, o húngaro estava implementando um novo parâmetro de atuação do analista. Além da escuta e da tentativa de mudança do registro psíquico pela via interpretativa, convidava os colegas a provocar, a estimular o psiquismo do paciente, a sair de certas situações de satisfação autoerótica. Ele não abandonava, no entanto, outros parâmetros clássicos: nesse momento, Ferenczi persistia confiante de que a cura adviria da rememoração e da interpretação daquilo que poderia ser verbalizado pelo paciente – essa ênfase fica clara ao comentar o caso.

Vejamos como reputados autores brasileiros compreendem tais iniciativas no cenário estudado. Ao comentar o que se colocava em jogo na situação, assim diz Birman:

> *Aqui as coxas não se cruzam – para exatamente recolocar em movimento alguma coisa que estava imobilizada na experiência analítica, através do uso do analista como objeto de gozo materializado naquele gesto pontual, para relançar a experiência psicanalítica que podemos chamar de experiência de interdição: para que o movimento pudesse se produzir (1996, p. 75).*

Em sentido semelhante Mezan, comenta o caso:

> *Quando ele começa a trabalhar com a técnica ativa, a partir dessa concepção econômica de que há um excesso de libido que está estagnado – como Joel Birman explicou claramente – e tem uma satisfação auto-erótica na mulher das pernas cruzadas que está se masturbando em vez de fazer análise, eis o percurso que Ferenczi imagina: é preciso fazer com que essa libido estagnada num certo objeto auto-erótico, que é o corpo da mulher, seja arrancada de lá e utilizada no processo analítico (1996, p. 109).*

Para além do que já foi exposto, é interessante observarmos que, quando se propôs a falar das *indicações* da técnica ativa, Ferenczi (2011[1920], p. 126) concentrou-se em suas *contraindicações*: não deveria ser proposta nem por médicos inexperientes nem nos momentos muito iniciais do tratamento. A medida seria realmente excepcional e o analista deveria estar atento para que seu uso não turbasse demasiadamente a transferência que sustentaria o trabalho de análise.

Quanto ao procedimento, note-se que a primeira comunicação de nosso autor sobre a atividade falava de uma "proibição". Seus experimentos, no entanto, levaram-no a táticas de uso mais complexas da atividade, a intervenções em dois tempos, que faziam conviver incentivos ("exortações" ou "injunções") e proibições. Seu caso mais notável nesse sentido foi o da musicista croata, que apresentaremos a seguir.

O caso da musicista croata e o acréscimo de injunções na técnica ativa (a técnica ativa em dois tempos)

Após a publicação de seu primeiro artigo relatando um procedimento ativo, Ferenczi permaneceu na pesquisa de seu método inovador. Retomou o tema no ano seguinte, quando apresentou no VI Congresso Internacional de Psicanálise um novo texto sobre a matéria, "Prolongamentos da 'técnica ativa' em psicanálise" (2011[1920]). Um trabalho consequente que, segundo Rachman, "inicia uma nova era na psicoterapia e na psicanálise" (2004[1995], p. 119). Ainda que possa parecer haver certo exagero em uma afirmação como essa, uma leitura cuidadosa do texto realmente acentua aspectos visionários e aponta para uma reflexão sobre a clínica psicanalítica do amanhã. A sensibilidade clínica de Ferenczi nos apresenta novas formas de intervenção ativa baseadas em diversas vinhetas clínicas. A mais detalhada conta o caso de uma paciente que sofria de fobias e medos obsessivos, a musicista croata. Ela sentia medo quando era solicitada, na escola de música, a tocar diante de outras pessoas; medo de cair no ridículo e a fantasia de ser constantemente observada por conta do tamanho de seus seios.

O autor fez questão de frisar que se tratava de uma paciente que lhe chegara depois de um período anterior de análise com um colega e que já "estava inteiramente a par de seus complexos inconscientes" (Ferenczi, 2011[1920], p. 121). Ou seja, tal qual no caso anterior, algo da dinâmica inconsciente da paciente já lhe havia sido revelada por um analista pela via passivo-interpretativa, mas os efeitos dessa intervenção tinham sido de pouca importância.

Também, de forma semelhante à que observamos no caso anterior, a interferência ativa de Ferenczi nessa situação deu-se a partir de um apontamento irrefletido da paciente: no decorrer de uma sessão, veio-lhe a lembrança de um refrão popular que sua irmã mais velha habitualmente entoava. A paciente tentou recitá-lo, mas emudeceu. Aí nosso protagonista interveio "pedindo-lhe" (verbo usado por ele, 2011[1920], p. 122) que cantasse sua melodia. Atentemos para a observação que fez o autor, revelando algo a mais de seu procedimento: o pedido não foi de imediato atendido. Foram necessárias duas sessões para que ela se decidisse.[12] Apesar de um começo nada promissor, a paciente, a partir das exortações de Ferenczi, foi desinibindo-se até revelar-se dona de uma bela voz. Posteriormente, referindo-se à forma da irmã apresentar o tal refrão, levantou-se e começou a representar a canção, gesticulando com os braços – também após um pedido do húngaro.

O paradoxo veio a seguir: depois de ficar à vontade, a paciente, segundo Ferenczi, não queria mais parar de cantar. A musicista,

---

12 Temos aqui uma indicação de que, a despeito da intervenção ativa subtrair circunstancialmente o médico da posição passiva-receptiva, Ferenczi não se mostrava, nesse caso, ansioso nem intolerante, sem condicionar o tratamento à observação de suas propostas. Em outros momentos, no entanto, mostrou-se mais assertivo, como no caso anterior da paciente violada ou no texto "As fantasias provocadas (atividade na técnica da associação)", em que afirmava que uma das principais tarefas do psicanalista é desmascarar as resistências e, com relação a isso, não se deveria fazer exceções (2011[1924a], p. 261).

citando o autor, "pareceu encontrar um prazer nessas exibições" (2011[1920], p. 122). Ou seja, a primeira intervenção ativa de nosso protagonista desinibiu a paciente e, ao mesmo tempo, colocou-a em uma situação de satisfação exibicionista. Assim, analista e paciente atravessaram uma primeira manifestação, a timidez, para encontrar outra, o exibicionismo. A partir daí, foi preciso que ele se utilizasse de intervenções semelhantes às do caso da paciente violada e passasse a proibir as atividades de cunho exibicionista, que garantiam a ela tanto prazer, um acesso a situações de satisfação que se encontravam inibidas.

Analisando esses dois movimentos, Ferenczi concluiu que a injunção (pedido) lhe deu acesso a moções inconscientes de desejos que estavam recalcados, dos quais ela se tornou, então, consciente. Por outro lado, as proibições que seguiram às injunções abriram caminho em direção ao conteúdo infantil recalcado, o que lhe possibilitou "interpretar" e "reconstruir" tal material, que surgira como "repetição" atualizada na situação analítica.

Rachman considera que a intervenção de Ferenczi nesse caso foi:

> um momento crucial na história da psicanálise, pois pela primeira vez um caso clínico demonstrava que uma ação podia conduzir a um insight. Antes disso, o uso estipulava uma interação verbal e um interrogar imparcial, e a condição necessária e suficiente para o desenvolvimento da análise era uma intervenção de natureza não emocional nem dramática (2004[1995], p. 122, tradução nossa).

De fato, a partir de uma sequência de confrontações, compostas de injunções e proibições, e das atitudes que delas derivaram, chegou-se à análise da inveja que a paciente sentia do pênis de seu irmão mais novo, cujo nascimento desencadeou algumas de suas inibições. Depreendeu-se, ainda, que seu temor de ser humilhada ao tocar piano derivava de fantasias masturbatórias ("exercícios de dedilhado 'proíbido'", 2011[1920], p. 123). Os sentimentos de constante observação, por sua vez, teriam origem em seus desejos de natureza exibicionista, entre outras manifestações.

Destacamos, ainda, mais alguns detalhes: primeiramente o uso do termo "reconstrução". Trata-se de uma interferência mais "ativa" do médico do que a "interpretação", na medida em que vai além da decifração das entrelinhas da manifestação recalcada que surge no discurso ou nos sintomas transitórios. Nesse procedimento, organizam-se os "detalhes e circunstâncias dos eventos infantis" (Ferenczi, 2011[1920], p. 124) que o analista tomou conhecimento por sonhos, associações etc. – aspecto que retomaremos no item seguinte. Outro ponto importante, notado pelo próprio Ferenczi: a fase de injunções só é necessária na medida em que o paciente não se apresenta, espontaneamente, ativo, como no caso em que comentamos. Em tais situações, a nomeada "fase de injunções" é desnecessária, cabendo ao médico passar às "proibições".[13]

O traço da repetição é, também, importantíssimo. Já vínhamos assinalando o quanto Ferenczi passou a se fiar nessa maneira de expressão desde seus estudos sobre sintomas transitórios. Nesse texto de 1920, nosso autor retoma uma lição já proposta no trabalho de dez anos antes sobre esse tema, que transcrevemos no Capítulo 4.[14]

---

13 Poderíamos cogitar se determinados sintomas estariam mais propensos a serem tratados por uma ou outra forma de intervenção: no caso da paciente violada havia uma sintomatologia histérica, e a intervenção foi imediatamente proibitiva, ao passo que no caso da musicista croata temos sintomas fóbicos e obsessivos tratados em dois tempos: incentivos e proibições.
14 Cf. capítulo 4, item "Sintomas transitórios e transferência: a resistência à rememoração e a repetição".

Ele diz: "A eficácia da técnica ativa talvez se explique pelo aspecto social da terapia analítica... Quanto a nós, conseguimos aumentá-la ainda mais quando induzimos um paciente não só a reconhecer moções profundamente escondidas, mas a *convertê-las em atos diante do médico*" (Ferenczi, 2011[1920], p. 134, destaque do autor).

Percebemos, então, que estamos seguindo a linha de desenvolvimento do pensamento de Ferenczi a partir de um problema que já se colocava desde os primeiros anos de sua atividade analítica. Com isso, queremos acentuar que as inovações clínicas que nosso protagonista começa a propor são fruto de uma íntima compreensão da dinâmica do psiquismo da maneira que era pensado pela teoria psicanalítica, levando em consideração tanto hipóteses próprias, tais quais aquelas sobre acesso ao sentido de realidade e seus movimentos de regressão, como o pensamento freudiano. Aliás, continua importantíssimo para o húngaro ressaltar constantemente sua lealdade às postulações do pai da psicanálise.[15]

O traço da repetição é o centro da grande polêmica da qual estamos nos aproximando, ocorrida em 1924, quando da publicação do escrito conjunto de Ferenczi e Rank, "Perspectivas da psicanálise", o qual trabalharemos a seguir. Antes, porém, precisamos concentrar nossa atenção em mais um aspecto do pensamento clínico ferencziano que se imbrica com a técnica ativa, qual seja, o uso da contratransferência ou da "adivinhação" – termo muitas vezes utilizado por nosso autor para abordar esse assunto. Ferenczi reflete sobre esse tema em um texto de 1924. Vejamos.

---

15 Rachman, entretanto, em seu estudo do trabalho em tela, faz um comentário que se revela precioso se tomamos em conta os próximos passos dos desenvolvimentos ferenczianos. Ele diz que o húngaro "não era muito consciente do quão significativamente se afastava da estrutura teórica e clínica de seu mestre" (2004[1995], p. 119, tradução nossa).

As fantasias provocadas: das injunções às reconstruções, os novos usos da contratransferência

A tentativa de Ferenczi de colocar os pacientes para obedecer à regra fundamental da psicanálise parecia não encontrar limites.

Em 1924, o húngaro publicou "As fantasias provocadas (atividade na técnica da associação)" (2011[1924a]), texto em que dava conhecimento de novos experimentos com exortações. Referia-se, é bom sublinhar, a um quadro clínico específico, "um tipo de indivíduo que dá a impressão, tanto em análise quanto na vida, de com certeza ter uma atividade fantasística mais particularmente pobre" (2011[1924a], p. 263) e que dificilmente demonstra experimentar afetos ou reações emocionais. Para lidar com tais pacientes, nosso autor lançou mão de mais um artifício: exatamente as mencionadas "fantasias provocadas".[16]

Em que consiste a intervenção? Emprestemos a palavra a Ferenczi: "apoiado no pressuposto que atribui tal comportamento a um recalque do material psíquico e a uma repressão dos afetos, não hesito em pedir aos pacientes que busquem as reações adequadas e, se se obstinam em dizer que nada lhes acode ao espírito, ordeno-lhes abertamente que imaginem" (2011[1924a], p. 263). Como resultado dessa forma de atividade, conta-nos que emergiam especialmente fantasias de três naturezas: fantasias negativas e positivas, fantasias relativas a memórias infantis e fantasias masturbatórias.

Nosso autor fornece-nos um exemplo dessa prática. Trata-se de um paciente que somente lhe expressava afeição e amizade. Sua vida fantasística não era, em si, pobre, mas, por jamais expressar reações agressivas, deixava o húngaro pensativo. Primeiro, foi

---

16 Lê-se "*forcierte Phantasien*", no alemão original.

tentada a medida ativa da estipulação de uma data para o término do tratamento. Não houve a reação de cólera esperada, apenas algumas sessões encharcadas de tédio. Diz então Ferenczi: "Incitei-o ... a imaginar algo agressivo ao meu respeito" (2011[1924a], p. 265). Após alguma renitência, nosso autor narra uma sequência de imagens que eram acompanhadas de ereções do paciente: ele lhe "agredia", lhe "arrancava os olhos" até chegar a uma cena sexual na qual o analista desempenhava o papel feminino. Ferenczi concluiu que, a partir dessas fantasias, poderia "reconstruir toda a gênese da libido infantil do paciente" (p. 265).

Não seriam, contudo, apenas as exortações que poderiam ser utilizadas. Em casos extremos, nos quais mesmo depois dos incentivos e de uma "forte pressão" nada se produzia, Ferenczi dava um passo a mais, expondo ao paciente "diretamente o que ele teria mais ou menos sentido, pensado ou imaginado na situação em questão" (2011[1924a], p. 264). Caso esse acompanhasse nosso protagonista e passasse a completar ou fornecer detalhes baseados no que lhe fora proposto, o húngaro concentrar-se-ia nas associações do analisando, deixando em segundo plano seu próprio conteúdo associativo.

De fato, essa segunda intervenção chama mais nossa atenção e, acreditamos, permaneceu, sem o crédito a Ferenczi, como um importante fundamento para o que, posteriormente, seria colocado em prática por importantes analistas que lhe seguiram. Naquele momento, entretanto, tal forma de proceder poderia deixar (aliás, deve ter deixado) os mais tradicionais incomodados. Como Ferenczi ousaria utilizar-se de seu conteúdo psíquico dessa maneira, comunicando algo que não havia sido mencionado ou manifestado pelo paciente como seu provável material inconsciente?

Se retomarmos a trajetória do pensamento ferencziano e o alinharmos com alguns interesses freudianos da época talvez a situação pareça menos estranha. Primeiramente, não nos esqueçamos:

em diversos pontos do nosso estudo, assinalamos a curiosidade de Ferenczi por fenômenos que situava no campo da "transmissão de pensamento". Nos itens que, inicialmente, trabalhamos as noções de introjeção e contratransferência,[17] por exemplo, apontamos a existência de uma correspondência para Freud, datada de novembro de 1910, na qual nosso protagonista anunciou-se, em tom humorado, "*um formidável vidente*", uma vez que conseguia, em suas associações livres, adivinhar o conteúdo do pensamento de seus pacientes – não sem concluir que futuramente o método psicanalítico deveria tirar proveito desse tipo de percepção (Brabant et al., 1994, p. 293).

Ainda, em nosso item acerca das reflexões ferenczianas sobre a contratransferência, apresentamos a maneira como o húngaro trouxe a Freud, em fevereiro de 1911, a noção de "indução", fazendo afirmações sobre a atividade do psicanalista. Retomemos a citação: "Além da vigilância à contratransferência, temos também de estar atentos a este 'ser induzido' pelos pacientes (talvez se trate apenas de uma forma de contratransferência)" (Brabant et al., 1994, p. 267). Por fim, temos de ressaltar o importante artigo de 1919 em que Ferenczi propôs uma apropriação dos processos de contratransferências ("domínio" ou "controle") que diferiam da "submissão" e da "resistência" a eles, consoante também sublinhamos no Capítulo 4.[18]

Em 1924, Ferenczi deu um passo além nesse trajeto de valorização da dinâmica mental do analista: deixava, definitiva e publicamente, de sustentar a hipótese de ter seu psiquismo "induzido" pelo do paciente como algo a ser evitado. Pelo contrário,

---
17 Cf. respectivamente, capítulo 3, item "'Transferência e introjeção': as primeiras reflexões sobre a clínica psicanalítica", e capítulo 4, item "A primeira revisão ferencziana da questão da(s) contratransferência(s)".
18 Cf. capítulo 4, item "A primeira revisão ferencziana da questão da(s) contratransferência(s)".

retomando o que havia enunciado em 1911, propôs que, justamente, tal processo de indução poderia estar à disposição para uso do analista em momentos específicos do trabalho de análise. Ou seja, a "novidade" não é a percepção do fenômeno, mas a avaliação e decorrente uso clínico que é feito dele.

Dessa forma, a partir de uma série de diferentes interações entre os sujeitos envolvidos no processo de análise, que contemplam ora o material trazido espontaneamente pelo paciente, ora as fantasias que lhe surgem instigadas por uma intervenção mais ativa do analista – como no caso das "fantasias provocadas" –, ou, ainda, que podem dar-se até mesmo por vias menos ruidosas (mas efetivamente potentes), como os processos indutivos, Ferenczi nos ensina sobre uma maneira de "reconstruir" a vida psíquica do paciente. Procedimentos de tal natureza, por sua vez, passariam a dividir o espaço com a intervenção analítica mais tradicional, a "interpretação", nas obras de nosso autor.

"Transmissão de pensamentos", "contratransferência", "fantasias provocadas", "indução", "reconstrução", o caminho que estamos trilhando parece deixar claro que, com o curso do tempo, Ferenczi foi, paulatinamente, com maior convicção, ampliando a participação e os usos dos processos mentais do analista no trabalho de análise.[19] Um fato importante, envolvendo Freud relacionado aos

---

19 Se esse percurso é claro na obra de Ferenczi, o próprio Freud, próximo de finalizar sua trilha de teorizações, parece não encontrar uma contrapartida em seus escritos, consoante esta longa, porém valiosa, citação do trabalho de 1938, "Construções em análise": "Estamos à procura de um quadro dos anos esquecidos do paciente que seja igualmente digno de confiança e, em todos os aspectos essenciais, completo. Nesse ponto, porém, somos recordados de que o trabalho de análise consiste em duas partes inteiramente diferentes, que ele é levado a cabo em duas localidades separadas, que envolve duas pessoas, a cada uma das quais é atribuída uma tarefa distinta. Pode, por um momento, parecer estranho que um fato tão fundamental não tenha sido apontado muito tempo atrás, mas imediatamente se perceberá que nada estava sendo retido

temas em comento, deu-se no início dos anos 1920 e, temos indícios para acreditar, ofereceu confiança e tranquilidade para nosso autor ousar no sentido que agora estamos discutindo. Trata-se da elaboração dos escritos vestibulares do pai da psicanálise sobre a transmissão de pensamento. O primeiro deles, redigido em 1921, "Psicanálise e telepatia" (1996[1921/1941]), fundava-se especialmente na análise de casos narrados por pacientes que tiveram contato com médiuns, contatos esses relatados durante atendimentos e que despertaram o interesse do pai da psicanálise.

> nisso, que se trata de um fato universalmente conhecido e, por assim dizer, autoevidente, e que simplesmente é colocado em relevo aqui e examinado isoladamente para um propósito específico. Todos nós sabemos que a pessoa que está sendo analisada tem de ser induzida a recordar algo que foi por ela experimentado e reprimido, e os determinantes dinâmicos desse processo são tão interessantes que a outra parte do trabalho, a tarefa desempenhada pelo analista, foi empurrada para o segundo plano. O analista não experimentou nem reprimiu nada do material em consideração; sua tarefa não pode ser recordar algo. Qual é, então, sua tarefa? Sua tarefa é a de *completar* aquilo que foi esquecido a partir dos traços que deixou atrás de si ou, mais corretamente, construí-lo. A ocasião e o modo como transmite suas construções à pessoa que está sendo analisada, bem como as explicações com que as faz acompanhar, constituem o vínculo entre as duas partes do trabalho de análise, entre o seu próprio papel e o do paciente. Seu trabalho de construção, ou, se se preferir, de reconstrução, assemelha-se muito à escavação, feita por um arqueólogo, de alguma morada que foi destruída e soterrada, ou de algum antigo edifício. Os dois processos são de fato idênticos, exceto pelo fato de que o analista trabalha em melhores condições e tem mais material à sua disposição para ajudá-lo, já que aquilo com que está tratando não é algo destruído, mas algo que ainda está vivo – e talvez por outra razão também. Mas assim como o arqueólogo ergue as paredes do prédio a partir dos alicerces que permaneceram de pé, determina o número e a posição das colunas pelas depressões no chão e reconstrói as decorações e as pinturas murais a partir dos restos encontrados nos escombros, assim também o analista procede quando extrai suas inferências a partir dos fragmentos de lembranças, das associações e do comportamento do sujeito da análise" (Freud, 1996[1938], p. 276, destaque nosso). Como se vê, nesse parágrafo, Freud busca equilibrar certa unilateralidade que ele mesmo aponta em suas reflexões sobre o encontro analítico. Há, de fato, um enorme

Analisando uma das situações que lhe foram descritas, Freud lançou a hipótese de que a atuação de um médium dependeria do quanto conseguisse "desviar suas próprias forças psíquicas" (1996[1921/1941], p. 195), de forma a permanecer amplamente receptivo aos efeitos que lhe causam os pensamentos de um consulente. Em uma situação como essa, concluiu – utilizando a mesma noção de "indução" trazida por Ferenczi – que:

> o que foi comunicado por esse meio de indução de uma pessoa para outra não constituiu simplesmente um fragmento fortuito de conhecimento indiferente. Mostra-nos que um desejo extraordinariamente poderoso, abrigado por determinada pessoa e colocado numa relação especial com sua consciência, conseguiu, com o auxílio de uma segunda pessoa, encontrar expressão sob forma ligeiramente disfarçada (Freud, 1996[1921/1941], p. 196, destaque nosso).

São notáveis os paralelos contidos nas proposições de Ferenczi e a leitura freudiana da prática mediúnica. O ponto comum mais importante é a possibilidade de que aquilo que se passa no

---

trabalho que é desenvolvido no psiquismo do analista. Ademais, percebemos algo interessante no uso do termo "completar" em destaque no excerto. No original alemão, Freud utiliza o termo *"erraten"*, que pode ser melhor traduzido como "adivinhar" do que como "completar". Em outros trechos da obra de Freud em sua versão para o português, *"erraten"* efetivamente é traduzido como "adivinhar", como no texto "Tratamento psíquico (tratamento anímico)" em que *"Gedanken erraten"* surge como "adivinhação do pensamento" (1996[1890/1905], p. 275). Essa filigrana não pode passar desapercebida neste trabalho, pois, como se vê, novamente nos conduz daquilo que é mais próprio de outros terrenos, como o "oculto" (adivinhação do pensamento, a "adivinhação"), ou da própria "contratransferência", para o conceito que ficou cristalizado na doutrina psicanalítica, qual seja, "construção".

psiquismo do consulente/paciente consiga expressão por uma forma de comunicação sutil para o médium/analista, na medida em que este último esteja apto para, tanto quanto possível, desviar-se de seus próprios conteúdos psíquicos – apontamento que, de certa maneira, nos remete à metáfora do receptor telefônico proposta por Freud e analisada por nós no capítulo anterior.[20]

Não estranharíamos que a influência da autoridade do criador da psicanálise para tratar de tais assuntos tenha repercutido em nosso personagem, de forma a permitir que tivesse proposto linhas tão ousadas como as contidas em "As fantasias provocadas". Temos de asseverar, contudo, que nem a autoridade de Freud foi suficiente para que esse tema fosse bem acolhido pelos integrantes do Comitê Secreto. Lieberman, biógrafo de Rank, conta que Freud levou esse escrito ao conhecimento dos demais membros do grupo em uma viagem à Alemanha, e a reação ao trabalho foi mista. Ferenczi teria aprovado com entusiasmo enquanto Jones teria se mostrado profundamente desgostoso, e os demais se posicionaram entre tais opiniões extremas. Não deve ter sido por outra razão que Freud jamais publicou o referido trabalho, que só veio a público depois de sua morte.[21]

Parece-nos exato afirmar que, novamente, percebemos o pensamento de Freud e Ferenczi caminhando na mesma direção. De maneira curiosa, no entanto, nosso autor permitiu vir à luz ideias tão controversas, ao passo que o pai da psicanálise, talvez por prudência, tenha preferido engavetá-las. É nesse sentido que, conforme conjeturamos anteriormente, poderíamos, em algumas

---

20 Cf. item "Princípio da neutralidade e contratransferência: considerações freudianas nos anos 1910".
21 O fato de Freud não ter publicado esse artigo, no entanto, não deve ser compreendido como um descrédito ao tema. Na introdução ao texto que Strachey faz na *Edição Standard Brasileira*, há uma relação com alguns artigos sobre o assunto que Freud escreveu até seus últimos dias.

passagens, encontrar nos escritos de Ferenczi ideias compartilhadas com seu mestre, porém "recalcadas" por Freud.[22]

Terminamos este item de nosso livro apontando essa divisão de opiniões no grupo dos mais proeminentes psicanalistas daquele período. A cizânia, contudo, mostrar-se-á muito mais acentuada – e terá consequências imensamente maiores – com a publicação, no crucial ano de 1924, de um texto ao qual já nos referimos e que será o objeto central de nossa atenção a seguir, "Perspectivas da psicanálise" (2011[1924]), escrito conjuntamente por Ferenczi e Rank.

"Perspectivas da psicanálise" – a aliança com Rank: novas observações sobre a repetição e a experiência afetiva na clínica psicanalítica

A prática clínica era um tema efervescente no início dos anos 1920. Conforme já dissemos, a psicanálise cada vez mais se deparava com circunstâncias psicopatológicas que desafiavam os clínicos e a eles impunham um duplo desafio: propor manejos que respondessem a essas demandas sem, entretanto, afastarem-se de um caminho de tradição que já se esboçava na nova ciência. A primeira resposta de Ferenczi a tais desafios foi a implementação de

---

22 Com relação a esse ponto, é importante lembrar dos múltiplos papéis que Freud exercia no movimento psicanalítico (líder, teórico, clínico, político, transferencial etc.) que, talvez, não lhe conferissem toda a liberdade para expor (ou mesmo aceitar publicamente) certas reflexões. Teremos contato com as dificuldades derivadas dessa circunstância na relação com Ferenczi quando refletirmos sobre o problema do uso do "tato" na clínica psicanalítica, com base na troca de correspondência dos autores. De qualquer maneira, no que concerne a hipótese de, eventualmente, Ferenczi desvelar aspectos do pensamento freudiano que o pai da psicanálise preferia guardar para si, o epíteto que Freud atribuiu-lhe de seu "Grão-Vizir e paladino secreto" parece bastante adequado.

uma série de procedimentos reunidos sob o nome de "técnica ativa", que estudamos nos últimos itens.

A despeito de Freud ter deixado de centrar seus escritos em temas diretamente ligados ao exercício da clínica psicanalítica, dedicando-se, nesse momento, a uma ampla reformulação de aspectos importantes da metapsicologia – o que resultou em trabalhos fundamentais como "Além do princípio de prazer" (1996[1920]), "Psicologia de grupo e análise do ego" (1996[1921]) e "O ego e o id" (1996[1923]) –, seu cuidado com os aspectos terapêuticos da psicanálise mantinha-se. Uma prova disso foi sua intenção, estabelecida durante o congresso de Berlim (ocorrido em setembro de 1922), de premiar o melhor trabalho que lhe fosse apresentado à respeito da "relação entre a teoria e a técnica na psicanálise, ou melhor, da influência exercida pela técnica sobre a teoria e sobre sua concordância/discordância" (Antonelli, 2014[1997], p. 110, tradução nossa).

Essas convocações freudianas, como já acentuamos, encontraram ampla acolhida por parte de Ferenczi, sujeito naturalmente inquieto e bastante ocupado dos aspectos terapêuticos da psicanálise. Outros analistas, contudo, também se lançaram na pesquisa clínica e, não por acaso, vieram a desempenhar um papel importante de interlocução com nosso personagem. Deles, e bastante próximos de nosso protagonista, destacam-se as figuras de Groddeck e Rank. A aliança do segundo com Ferenczi estreitara-se de tal forma que, em agosto de 1922, Rank escreveu a Freud:

> *Ferenczi, com quem tenho conversado bastante em termos pessoais e científicos e com quem me dou muito bem em ambos... Nós estamos cientes de que somos os únicos – até mesmo dentro do Comitê – a trabalhar se-*

riamente com a sua psicanálise, especialmente a terapia (Lieberman & Kramer, 2012, p. 140, tradução nossa).

Rank era um vienense de origem humilde que pertencia ao círculo de analistas da capital da Áustria, sendo bastante próximo de Freud. Nascido em 1884 (nove anos mais novo que Ferenczi, portanto), era formado em filosofia e foi o primeiro analista leigo reconhecido pelo pai da psicanálise, o que gerava mal-estar em alguns espíritos mais conservadores.[23] Sabemos por Antonelli (2014[1997], p. 109) que foi justamente em uma estadia no sanatório de Groddeck em Baden Baden, no primeiro semestre de 1922, que Ferenczi e Rank iniciaram o projeto conjunto de elaborar um trabalho sobre a técnica psicanalítica. Com ele esperavam, inicialmente, concorrer no concurso proposto por Freud. O diálogo com o tema estabelecido pelo pai da psicanálise já surge no título completo do texto: "Perspectivas da psicanálise (sobre a interdependência da teoria e da prática)".

Não é, entretanto, somente ao concurso de Freud que o título faz menção, mas ainda a um conflito de perspectivas sobre a clínica psicanalítica que se instalou no seio do Comitê Secreto opondo, principalmente, Rank e Ferenczi, de um lado, e Abraham e Jones, de outro. Tal discordância pode ser ilustrada a partir do encontro do grupo em agosto de 1923, em San Cristoforo, na Itália, ocasião na qual se deu uma discussão entre Abraham e Ferenczi: o primeiro teria tecido críticas à técnica ativa do segundo e este, em

---

[23] Freud, bem como Ferenczi, sempre se mostrou favorável ao exercício da psicanálise por não médicos – uma prática, aliás, notória no grupo de psicanalistas budapestino, que era composto significativamente de indivíduos que, inicialmente, não tinham essa formação universitária como Géza Róheim (antropólogo), Sándor Radó (advogado) e, naturalmente, Melanie Klein, que nem sequer tinha frequentado a educação superior. Tal posição opunha-se àquela sustentada, dentro do Comitê Secreto, por Abraham, por exemplo.

resposta, teria afirmado que em Berlim a preocupação com a clínica era reduzida em face da teoria.[24]

O esforço conjunto de Ferenczi e Rank resultou em um livro com seis capítulos. Os relatos acerca de sua elaboração dão conta de que três deles teriam sido completamente redigidos pelo húngaro e outros três pelo vienense.[25] Por vezes, o trabalho não é linear, mas o resultado é importante e autores de peso, como Haynal, nele situaram o "nascimento da psicanálise moderna" (citado por Rachman, 2004[1995], p. 136, tradução nossa).

No primeiro capítulo, os autores relacionaram a motivação para elaborar o escrito a um problema na formação dos psicanalistas: dado que Freud há mais de dez anos não escrevia um artigo sobre a prática da psicanálise, muitos analistas estariam aferrados

---

24 É interessante perceber que a censura que Abraham fazia a Ferenczi poderia também ser endereçada a Freud, um defensor, ao menos inicialmente, da técnica ativa. Da mesma maneira, as críticas de valorização da teoria em detrimento à clínica, que Ferenczi dirigia a Abraham, poderiam ser por ele feitas – como de fato foram, anos depois – à pessoa de Freud. Certos autores sustentam que parcela do mal-estar no Comitê Secreto derivaria de deslocamentos dessa natureza, por meio dos quais os discípulos atingiam-se naquilo que Freud estivesse em desacordo com um ou com o outro, encontrando uma solução que os permitiria expor sua insatisfação e evitar serem diretamente críticos à figura do criador da psicanálise.

25 Curiosamente, tal qual se dá na versão brasileira, Antonelli nos informa que nas edições alemã, francesa e italiana das obras completas de Ferenczi só encontramos os capítulos supostamente redigidos pelo húngaro, o que não nos parece fazer muito sentido já que o livro é uma coautoria. Para a elaboração de nossa pesquisa, utilizamos o texto contido na edição das obras completas de Ferenczi, publicada pela Martins Fontes, feita com base na edição francesa da obra do autor (incompleta no que se refere a "Perspectivas...", com apenas três capítulos, referida nas Referências como 2011[1924]) e, de forma complementar, a edição publicada nos Estados Unidos em 2012 pela Martino Publishing (referida como 2012[1924]), na qual consta a íntegra da obra com seus seis capítulos.

"com excessiva rigidez a essas regras técnicas [referência às regras técnicas propostas por Freud em meados dos anos 1910], incapazes de articulá-las com os progressos registrados nesse meio-tempo pela ciência psicanalítica" (Ferenczi & Rank, 2012[1924], p. 244, tradução nossa). A partir dessa constatação, a intenção dos renomados psicanalistas era a de informar aos jovens praticantes como vinham, naquele momento, exercendo a terapia baseada na psicanálise.

A principal modificação no método clínico estaria correlacionada aos papéis atribuídos à "rememoração" e à "repetição". Conforme observamos ao longo de nosso trabalho, essa não era uma questão propriamente nova: tanto Ferenczi como Freud – este, especialmente, em "Recordar, repetir e elaborar" (1996[1914b]) – haviam abordado o assunto. Todavia, um novo avanço freudiano tornava urgente, na opinião dos autores, alguma reavaliação dos procedimentos clínicos: a publicação das teses contidas em "Além do princípio de prazer", especialmente aquelas sobre a importância da "compulsão à repetição". Estamos de acordo com Prado de Oliveira ao assentar que:

> *Ferenczi e Rank se dão como tarefa estabelecer uma coerência, naquilo que concerne à técnica psicanalítica, entre esse artigo de 1914 [refere-se a "Recordar, repetir e elaborar"], que aponta que o objetivo último da psicanálise é a rememoração, e aquele de 1920, que insiste sobre o caráter inevitável da compulsão à repetição (2011, p. 118, tradução nossa).*

Frente a tal cenário, os autores sustentaram uma tese ousada: na técnica psicanalítica o papel principal seria, naquele momento, o da repetição, e não mais o da rememoração. Essa proposição subverteu uma das bases do método de Freud, que desde o abandono da catarse centrava seus esforços em tornar o material inconsciente/recalcado, consciente – ou seja, rememorado.

Naturalmente essa afirmação poderia provocar (e talvez provocasse, inclusive nos dias de hoje) estranheza e mal-estar. Se, entretanto, pudermos nos remeter a todo o percurso da teorização clínica de Ferenczi – especialmente a partir de sua avaliação do surgimento dos sintomas transitórios – não ficaremos realmente surpresos. Nosso autor já havia, como sublinhamos nos tópicos oportunos,[26] acentuado as vantagens da repetição sobre a rememoração. Aqui, no entanto, há uma assertiva peremptória no sentido da precedência da repetição.

Essa observação nos dá ensejo a um parêntese: no contexto de uma ampla leitura da obra de Ferenczi, a importância desse trabalho com Rank talvez não resida só em novas propostas ou hipóteses clínicas, mas também na forma como é tratado esse conteúdo. O húngaro nos transmite a impressão de apresentar seus pontos de vista com uma firmeza até então ímpar, inclusive, em conjunto com o colega, parece à vontade para contestar alguns postulados da prática do próprio Freud, como nota Prado de Oliveira (2011, p. 122). Aquilo que vinha apresentando-se, por vezes, de forma tímida ou, por outras, marginal, participando de uma teorização que buscava constante e inquestionavelmente colocar-se na linhagem de um freudismo estrito, assume um tom crítico. Respeitoso, por certo, mas, como nunca antes, contestador.

Curiosamente, contudo, essa é uma percepção que parece ficar mais clara para os leitores, como foi nosso caso, do que para os

---

[26] Cf. capítulo 4, item "Sintomas transitórios e transferência: a resistência à rememoração e a repetição", e capítulo 5, item "O caso da musicista croata e o acréscimo de injunções na técnica ativa (a técnica ativa em dois tempos)".

próprios autores. A correspondência entre Freud e Ferenczi é salutar no sentido de demonstrar o quanto o húngaro e Rank estavam preocupados em não expor teses que se opusessem frontalmente àquelas do pai da psicanálise. Assim, ao responder uma carta de Freud, disse nosso autor: "Eu, e tenho certeza que também Rank, estávamos, desde o início da composição do trabalho, nos esforçando para evitar tudo com o que você pudesse não concordar" (Brabant et al., 2000a, p. 119, tradução nossa).[27]

Retornando ao curso do trabalho em estudo, ao recuperar a questão da rememoração, a constatação dos autores era a de que, com o tempo, a psicanálise tornara-se um processo exageradamente intelectualizado. Era necessário retomar e ressaltar os aspectos emocionais da experiência analítica. Essa é a primeira vez que Ferenczi sustenta abertamente tal oposição, que mantém até o final da vida e tem ampla repercussão em suas postulações clínicas derradeiras, nas quais revaloriza a dimensão da experiência afetiva no contexto da clínica analítica, como estudaremos adiante.

Entre os principais tópicos da técnica que Ferenczi e Rank apontavam como dignos de profunda reavaliação temos: (a) o fanatismo e o dogmatismo interpretativo (o perigo de se saber demais); (b) o "colecionar" associações; (c) a insistência na análise de sintomas e complexos; (d) o narcisismo do analista como criador

---

27 A citação prossegue: "o que conseguimos fazer facilmente pelo fato de que não nos afastamos, nem um fio de cabelo sequer, do solo psicanalítico" (Brabant et al., 2000a, p. 119, tradução nossa). É uma frase que dá o que pensar, pois, nas entrelinhas, percebemos Ferenczi (e Rank) preocupados em não desagradar a Freud, o que implica, naturalmente, que percebiam ter ideias que talvez não correspondessem àquelas do pai da psicanálise. Essa observação lança-nos na direção de uma questão sobre o quão livres alguns discípulos criativos de Freud se sentiam para propor ideias que lhe contestassem. Sabemos – e veremos com mais minúcia – que Ferenczi, até esse momento, experimentava um grande desconforto em tais situações.

de uma contratransferência nos pacientes; por fim, (e) o papel da repetição no processo analítico.

Vejamos cada um desses pontos mais detidamente.

Com relação ao fanatismo da interpretação, Ferenczi e Rank sustentavam que a técnica interpretativa não deveria ser encarada como finalidade ou objetivo do tratamento psicanalítico, mas como uma das formas de ajudar a compreensão da condição psíquica do paciente. Nesse sentido, não caminharia bem o analista que se preocupasse em interpretar excessiva e pormenorizadamente detalhes, afastando-se do conjunto do material psíquico trazido pelo analisando.

Por outro lado, Ferenczi e Rank afirmaram que colecionar associações seria uma tendência de estimular o processo associativo, como se pudesse constituir um fim em si mesmo. Prado de Oliveira observa que, nessas situações, o analista tornar-se-ia cúmplice de uma forma de resistência do paciente que já fora denunciada por nosso personagem em seu texto técnico "A técnica psicanalítica", a saber, o "uso abusivo da regra de associação" (2011[1919a], p. 120).

Supomos que, tanto esse caso como o anterior, poderiam estar, em certas circunstâncias, bastante determinados pelo narcisismo do analista, outro ponto tratado pelos autores. Acerca desse tópico, a tese de Ferenczi e Rank é de que o narcisismo dos praticantes poderia produzir uma contratransferência nos pacientes, que implicaria que estes começariam a dar maior relevo àquilo que agradaria o analista e reprimir as observações que eventualmente lhe fossem pouco lisonjeiras.

Essa observação, enquanto problema clínico, está em consonância com duas ponderações que fizemos anteriormente: primeiramente, a de que, tal qual o psiquismo do analista poderia ser induzido pelo do paciente, também o psiquismo deste poderia ser induzido pelo de seu terapeuta.[28] Dessa forma, não seria difícil para um paciente sensível captar os gostos e preferências de seu analista e, eventualmente, submeter-se a eles – e, como veremos a seguir, provavelmente os pacientes mais sensíveis a essas percepções seriam aqueles que experimentaram situações traumáticas, para quem a submissão ao outro, eventualmente o agressor, é uma questão delicadíssima. Além disso, notamos, ao tratar das fantasias provocadas, o quão importante era para Ferenczi perceber e trabalhar com os traços de transferência negativa que poderia perceber em seus pacientes (inclusive, estimulando, a partir de sua percepção contratransferencial, o surgimento de ideias relacionadas a tal aspecto da transferência).

Retomando os tópicos apontados por Ferenczi e Rank, a insistência na análise de sintomas e complexos caracterizaria uma etapa do desenvolvimento da teoria psicanalítica que já não correspondia ao estado da matéria naquele momento, no qual se colocava em investigação a personalidade do paciente de maneira ampla.[29] A concentração na análise de alguns complexos, como o de castração, demonstrava-se um empecilho ao amplo conhecimento dos aspectos inconscientes do paciente, conforme acentua Rachman (2004[1995], p. 149).

Por fim, e mais importante, o papel da repetição no processo de análise. Consoante dissemos, estava em jogo para esses autores refletir sobre o tema da compulsão à repetição, que havia recentemente sido objeto da preocupação de Freud em seu trabalho sobre o funcionamento psíquico "Além do princípio de prazer". Até então, como vimos, a repetição era compreendida e resumida,

---

28 Cf. capítulo 4, nota no item "A primeira revisão ferencziana da questão da(s) contratransferência(s)".
29 Algo, aliás, que Freud já assinalara em "Recordar, repetir e elaborar" (1996 [1914b]).

pela maioria dos autores, como uma resistência. Aqui, no entanto, Ferenczi e Rank buscam novas possibilidades de apreensão do fenômeno. É nesse ponto que, em nossa leitura, temos o aspecto do trabalho que procura, de forma mais inovadora, a "interdependência da teoria e da técnica".

Emprestemos a palavra aos autores:

> *Tomamos desde já por ponto de partida o último artigo técnico de Freud, "Rememoração, repetição e perlaboração" (1914), no qual ele atribui uma importância incomparável aos três fatores enumerados no título: a rememoração (Erinnern) é aí considerada o verdadeiro objetivo do trabalho analítico, ao passo que o desejo de repetição (Wiederholen), é considerado um sintoma de resistência que, como tal, cumpre evitar (Ferenczi & Rank, 2011[1924], p. 245, destaques dos autores).*

Interrompemos para enfatizar que, nesse primeiro trecho da citação, os autores apontaram a compreensão que a psicanálise da época, de forma ampla, tinha sobre as manifestações de repetição: eram formas de resistência a serem evitadas. É importante, entretanto, novamente relembrarmos que Ferenczi, como nos mostrou o caso da musicista croata, tinha uma posição um tanto diferente: ali, ele estimulou uma repetição como estágio necessário para acesso a memórias reprimidas.

Continuemos com a citação:

> *Sob o ângulo da compulsão à repetição (Wiederholungszwang) é absolutamente inevitável, porém, que o paciente repita no tratamento fragmentos inteiros de sua*

evolução e como a experiência mostrou precisamente fragmentos inacessíveis sob a forma de rememoração (Ferenczi & Rank, 2011[1924], p. 245, destaque dos autores).

Junto à mais recente teoria pulsional de Freud, surgia uma nova maneira de interpretar a repetição. Aquilo que, no primeiro trecho da citação, é descrito como algo a se "evitar", reaparece, no segundo trecho, como algo "inevitável". Teríamos chegado a um impasse? Não exatamente. Prossigamos com Ferenczi e Rank nessa preciosa reflexão: "de forma que o paciente não pode fazer outra coisa senão reproduzi-los e o analista considerá-los como o *verdadeiro material inconsciente*" (Ferenczi & Rank, 2011[1924], p. 245, destaque dos autores).

Duas breves colocações que merecem uma nova interrupção: o paciente não tem alternativa. Não se trata, pois, de uma escolha ou de algo que o analista possa, de imediato, modificar. São, médico e método, que devem flexibilizar-se para lidar com a situação, considerando o que é apresentado como "'o' [ênfase no artigo definido] *verdadeiro material inconsciente*". Isso significa que a repetição, não a rememoração, traria o analista efetivamente mais próximo do cerne inconsciente do paciente.

Finalizamos esse excerto com a proposta dos autores frente a essa situação: "Trata-se apenas de compreender essa forma de comunicação, a linguagem dos gestos, por assim dizer [Ferenczi], e de explicá-la ao paciente" (Ferenczi & Rank, 2011[1924], p. 245). Entenda-se, a despeito da nova maneira de se compreender as manifestações repetitivas, a forma de intervenção continua tradicional: a interpretação. Contudo, mesmo a interpretação teve seu papel (diríamos, talvez, sua "dimensão") reavaliado pelos autores. Como já antecipamos, criticaram o fanatismo interpretativo de alguns analistas. Para Ferenczi e Rank, é bastante importante, e reiteradamente recolocado, que não se pode confundir a "influência terapêutica em um paciente" com o "compartilhamento de conhecimento teórico": "*toda iluminação e explicação são, em si, um primeiro auxílio* em se esclarecer ao paciente o significado da reprodução que ele deve esperar na situação analítica", dizem eles (p. 23, destaque dos autores, tradução nossa).[30]

Os arrojados discípulos de Freud, a bem da verdade, deram um passo a mais. Com base na perspectiva de que o material inconsciente seria também encontrado na repetição, concluíram que essa, tal qual a rememoração, poderia ser alvo de formas de resistência que a obstaculizariam; resistências essas relacionadas a "sentimentos de culpa" e "ansiedades infantis". Ou seja, frisemos: para além de não ser compreendida unicamente como uma trincheira defensiva, por vezes o analista deveria trabalhar visando a possibilidade da repetição. Para tanto, uma nova ousadia: em tal contexto, a criação da situação analítica implicaria dar amplo espaço, por algum tempo, para que o paciente pudesse, no âmbito do tratamento, experimentar algo daquelas satisfações recusadas pelo ego. O caso da musicista croata é exemplar nesse sentido: Ferenczi encontrou a paciente em um estado de inibição, incitou uma repetição que, posteriormente proibida, redundou no acesso às memórias que constituiriam o material a ser analisado.

Percebamos como essa ideia confronta princípios estabelecidos nos textos técnicos de Freud. Ferenczi e Rank estão dizendo que, ao contrário do que apregoa a noção de abstinência, a obtenção de alguma espécie de satisfação no processo de análise poderia

---

[30] Os autores prosseguem esclarecendo que, em alguns momentos, o não interpretar é a reação aconselhável para a obtenção de material inconsciente.

ser importante para se desfazer amarras psíquicas que mantinham estagnados trabalhos analíticos.[31]

Ao consignar a importância da repetição, os autores também trouxeram de volta um conceito dos primeiros dias do tratamento psicanalítico. Diriam que "a ab-reação dos afetos . . . permaneceu o agente terapêutico essencial" (2012[1924], p. 25, tradução nossa). Essa ab-reação, contudo, seria distinta daquela promovida pelo método catártico de Breuer, na medida em que a última propunha a descarga de afetos em conexão com o ressurgimento das memórias patogênicas enquanto, por outro lado, a provocada pelo método psicanalítico dar-se-ia no contexto da transferência, com relação à figura do médico, que a utilizaria para "trazer a memória ou reproduzir os *fatores traumáticos* do passado" (p. 26, destaque nosso, tradução nossa). A referência aos "fatores traumáticos" merece ser destacada, pois nos coloca em linha com os futuros desenvolvimentos ferenczianos: a referência ao "trauma", conforme veremos, ressurgiria com força no começo dos anos 1920, a partir do ingresso nos consultórios dos psicanalistas de pacientes afetados por "neuroses de guerra".

E como os autores imaginavam que suas proposições poderiam – se é que poderiam – ser compatíveis com as ideias de Freud? Aliás, percebiam suas ideias como apartadas do modelo clássico freudiano?

A resposta é conciliadora: Ferenczi e Rank apontaram (2012[1924], p. 26) que suas reflexões enfatizariam a "experiência" e sua "reprodução", enquanto o método clássico de Freud

---

31 Os autores promovem uma curiosa distinção entre reprodução analítica e repetição real para dizer que a primeira, ocorrida na situação transferencial, deve ser estimulada, enquanto a segunda deve ser coibida, inclusive por medidas ativas (Ferenczi & Rank, 2012[1924], p. 11).

privilegiaria a "rememoração".[32] A despeito da diferença demarcada, afirmavam que a contradição seria apenas aparente: a incitação à repetição na situação analítica terminaria por provocar, no paciente, novas memórias no lugar dos complexos patológicos que foram subtraídos do restante do conteúdo psíquico. Tais processos seriam, então, reavivados e traduzidos em lembranças, sendo tornados conscientes durante a experiência de análise, de forma que a repressão ficaria impossibilitada. Assim, segundo os autores, a rememoração permaneceria o fator decisivo da cura, e o problema que se colocava era justamente o de transformar a repetição atuada em uma "forma de repetição-compulsão mnemônica" (Ferenczi, Rank, 2012[1924], p. 26).

Destarte, em que pese Ferenczi e Rank promoverem uma importante revisão das reflexões clássicas sobre a resistência, a repetição e a abstinência, sua conclusão é que se mantém, como critério decisivo da cura, a rememoração tal qual propunha a psicanálise estritamente freudiana. A reelaboração proposta no trabalho em comento não pretendia apresentar-se como uma ruptura com a teoria do pai da psicanálise – pelo menos essa era a compreensão dos dois analistas.

Outro aspecto polêmico de "Perspectivas da psicanálise" surge em seu sexto capítulo, no qual os autores fazem audaciosas ilações sobre um possível retorno do uso da hipnose e da sugestão, inseridos e compreendidos a partir do método psicanalítico, o que, segundo eles, poderia ser, "quem sabe, o cume na simplificação da técnica psicanalítica, na direção da qual, de acordo com nossa interpretação, deveríamos, e de fato estamos, tencionando" (2012[1924], p. 62, tradução nossa). Observamos, assim, que a hipnose e a sugestão, objetos de reflexão de Ferenczi desde

---

32 Como veremos adiante, Freud vai se opor a esse escrito exatamente por tal divergência.

seus escritos pré-psicanalíticos, retornavam como uma proposta terapêutica privilegiada na opinião de ambos os autores.[33] Uma reintrodução desse tema participaria das derradeiras hipóteses teórico-clínicas de nosso autor, como teremos a oportunidade de confirmar no oitavo capítulo deste livro.

E como Freud e os demais membros do Comitê Secreto receberam tal obra? Essa, sem dúvida, é uma das páginas mais controversas dos primeiros anos da psicanálise, com considerável repercussão para o percurso do pensamento clínico de Ferenczi.

"Perspectivas da psicanálise" – a recepção: o primeiro abalo na relação com Freud e a comunidade analítica

A alvorada de 1924 trazia um contexto de importantes mudanças na psicanálise, e noções que acompanhavam os analistas vinham sendo repensadas pelo próprio Freud que, no ano anterior, havia publicado o "O ego e o id", livro que remodela a metapsicologia psicanalítica, apresentando uma visão estrutural do psiquismo e conferindo ao "ego" um protagonismo até então desconhecido. Poucos anos antes, o próprio Freud também revisara sua teoria pulsional, propondo uma nova hipótese que não foi (como persiste não sendo) acolhida consensualmente.

Fossem apenas essas, já seriam muitas novidades. Mas ainda havia Klein, que começava a despertar a atenção com suas

---

33 Lembremo-nos, contudo, que o próprio Freud havia adiantado tal possibilidade, em sua conferência no congresso de Budapeste – consoante antecipamos no item "A técnica ativa: surgimento e dificuldades clínicas em questão" deste capítulo –, acentuando que esses instrumentos seriam, todavia, um "cobre" fundido com o "ouro puro" da psicanálise.

descobertas em análises infantis, e Ferenczi, com suas ousadias técnicas. Para além disso, a saúde de Freud começara a dar sinais de debilidade, tendo ele se submetido à primeira (de uma série) de intervenções cirúrgicas para extração de um câncer em seu maxilar.[34] O solo talvez estivesse um tanto instável no terreno da psicanálise e, frente a isso, é compreensível que a busca por algumas referências tradicionais conferisse um sentimento de segurança.

Sabemos pelas correspondências que Freud foi amplamente comunicado do trabalho conjunto de Ferenczi e Rank: "Freud acompanhou de perto a escritura desse livro. Ele escutou sua leitura. Pensou em atribuir-lhe um prêmio. Ele o patrocinou.... e, uma vez publicado, lhe retirou o apoio" (Prado de Oliveira, 2011, p. 133, tradução nossa). É assim que Prado de Oliveira resume a complexa relação que Freud teve com a publicação. Não podemos, nesse momento, contentar-nos com tal síntese, dado que o contexto mais amplo de elaboração e acolhimento de "Perspectivas da psicanálise" nos revela alguns dilemas com que Ferenczi se confrontava para desenvolver seu pensamento clínico.

Acompanhando a troca de correspondências que se dá ao longo dos primeiros meses de 1924, notamos a perplexidade e profunda dor com a qual nosso autor recebeu a comunicação do pai da psicanálise de que não estaria completamente de acordo com as ideias contidas no livro. Ferenczi diz: "Sua carta abalou-me consideravelmente. Pela primeira vez desde nosso conhecimento, que logo elevou-se a uma amizade, escuto palavras de insatisfação vindas de você" (Brabant et al., 2000a, p. 119, tradução nossa). O

---

34 Veremos adiante Ferenczi afirmar que o adoecimento de Freud teve influência na maneira como desenvolveu e, especialmente, deu publicidade a algumas de suas ideias clínicas. O húngaro transparece, na correspondência, eventualmente não ter sido totalmente honesto com suas percepções científicas por receio de que suas conclusões pudessem desagradar seu mestre num momento de debilidade física.

húngaro aparenta tamanho desespero que passa o restante dessa correspondência antecipando motivos e tentando justificar-se acerca do que teria desagradado Freud.

De fato, se rememorarmos nosso percurso até aqui, a constatação feita pelo húngaro sobre tratar-se do desacordo inicial entre ele e Freud faz sentido. Vimos no capítulo anterior como as ideias de Ferenczi, ainda que se utilizando de algumas noções próprias e que lhe caracterizariam a escuta – como a ênfase na observação da linguagem não verbal e nos sintomas transitórios –, desenvolviam-se *pari passu* com o pensamento do mestre de Viena. Claro que ocorriam momentos de mal-estar, como o conhecido incidente de Palermo, em 1910, quando o pai da psicanálise e nosso autor desentenderam-se sobre uma tentativa de contribuição conjunta, que resultaria no escrito de Freud sobre Schreber.[35] Tais incidentes, contudo, eram tratados por Ferenczi e por Freud sem grande alarde.

Freud respondeu à manifestação de Ferenczi afirmando que o livro teria um "defeito de nascimento": a ênfase na noção de "experiência". Alguns parágrafos adiante na correspondência, o pai da psicanálise fez uma importante reflexão. Disse:

---

35 A passagem que ficou conhecida como "o incidente de Palermo" é relatada em diversos livros que se debruçam sobre a obra e a relação de Ferenczi com o pai da psicanálise. Em uma viagem feita por Freud e nosso autor à Itália, o primeiro ficou bastante aborrecido com o que lhe pareciam demandas exacerbadas de comunhão emocional e de intimidade (Rachman, 2004[1995], p. 20) feitas pelo segundo. Por outro lado, Ferenczi ficou extremamente insatisfeito quando, em vez de se colocarem para escrever um artigo a quatro mãos, Freud solicitou-lhe simplesmente que tomasse nota daquilo que lhe seria ditado – o que implicaria que o referido artigo, mais tarde conhecido como "Caso Schreber" ("Notas psicanalíticas sobre um relato autobiográfico de um caso de paranoia (dementia paranoides)" (Freud, 1996[1911b]), não se trataria, realmente, de uma coautoria.

> *no que concerne ao seu esforço para manter-se em amplo acordo comigo, eu o considero profundamente como uma expressão de sua amizade, mas não acho que tal objetivo seja necessário nem fácil de atingir. Reconheço que sou de difícil abordagem e que não fico à vontade com ideias estrangeiras que não pertencem completamente ao meu quintal. Leva muito tempo até que tenha um julgamento sobre elas e, enquanto isso, tenho de manter meu julgamento em suspenso. Se você quisesse esperar tanto tempo toda vez, seria o final de sua produtividade. Dessa forma, não há como funcionar. Parece-me fora de questão que você ou Rank, em suas excursões independentes, abandonariam o solo da psicanálise. Então, por que vocês não deveriam ter o direito de tentar e descobrir se algo daria resultado de uma maneira diferente daquela que eu propus? Se vocês cometerem um erro ao fazê-lo, perceberão em algum momento, ou tomarei a liberdade de dizê-lo, tão logo eu próprio tenha certeza (Brabant et al., 2000a, p. 123, tradução nossa).*

A leitura desse excerto causa-nos algum desconforto. Freud apresenta-se, no início, como alguém que reconhece certas características (diríamos "limitações"?) que poderiam dificultar o trabalho científico de seus discípulos. Ele impulsiona Ferenczi a não se importar tanto com sua aprovação, de forma a fazer que o atropelo e a urgência do húngaro em justificar-se reduza sua figura a de uma criança em desalento por ter feito uma malcriação a um pai que, ao final, se mostra cordato e compreensivo. Até que chegamos às últimas linhas, na qual Freud fala do "erro". Tão logo tivesse certeza de um "erro" de avaliação de seus pupilos, ele os informaria.

Primeiramente, ressurge essa figura paterna que pode dizer o que é "certo" e o que é "errado". A partir daí, o que seria feito? Nesse ponto Freud interrompe sua fala. É justamente o sentido dessa interrupção que assombrava Ferenczi, discípulo de longa data, íntimo conhecedor e partícipe da história da psicanálise e alguém que conviveu muito proximamente de Freud. Prado de Oliveira, ao analisar esse mesmo trecho que destacamos, oferece uma resposta à nossa questão, que subscrevemos: "A liberdade deixada por Freud é também uma ameaça de sanção" (2011, p. 135, tradução nossa).

Mas não foi somente Freud que ficou descontente com o trabalho de Ferenczi e Rank: Antonelli, reportando-nos a uma correspondência de Max Eitingon para Freud, conta que a publicação "explodiu como uma bomba no seio do Comitê" (2014[1997], p. 121, tradução nossa). Desde o procedimento dos autores, que supostamente não levaram o livro ao conhecimento dos membros do Comitê Secreto antes de sua publicação, como era acordado, até o conteúdo, tudo (acrescido de antipatias pessoais e disputas políticas) desagradou a Jones, Abraham e demais.

A situação mostrava-se mais delicada porque não era somente pelo livro com Rank que Ferenczi era cobrado como também por outra obra, de lavra exclusiva de Rank e lançada quase simultaneamente a "Perspectivas da psicanálise", intitulada *O trauma do nascimento e seu significado para a psicanálise* (2016[1924]), do qual trataremos adiante.

No contexto desse embate, ainda no primeiro semestre de 1924, Rank realizou um projeto que Ferenczi também vinha acalentando: viajou para os Estados Unidos para fazer uma série de palestras, mantendo-se em solo estrangeiro por alguns meses. Ferenczi ficou sozinho tendo de administrar a defesa do livro conjunto, a defesa de algumas ideias do próprio Rank e, por fim, seu desejo (e possível inveja ante o empreendimento do colega) de emigrar.

Iniciaram-se, inclusive, boatos acerca da saúde mental de Rank. Ferenczi, então, começou a afastar-se pessoalmente desse parceiro e de algumas ideias que haviam sido sustentadas conjuntamente pelos dois – esse, aliás, é o motivo fundamental, com vista do objeto de nossa pesquisa, de expor toda essa situação.

Pouco depois de apresentar, no congresso de Bad Homburg, em 1926, suas "Contraindicações da técnica ativa" – artigo que estudaremos a seguir –, o húngaro escreveu um texto crítico sobre outro trabalho de Rank, "Crítica ao livro de Rank: a técnica da psicanálise" (2011[1927]). No que tange à técnica, Ferenczi reafirmou alguns dos pontos que defendera com o vienense (a importância de levar em conta o fator afetivo, por exemplo) e negou outros (afirmou a natureza intelectual do trabalho analítico, contestou o uso da fixação de uma data como forma válida de atividade etc.). Nosso autor, por certo, poderia conceber que o antigo parceiro talvez tivesse abusado em suas teses, mas nossa pesquisa nos conduz à concordância com a afirmação de Rachman de que, com relação a Rank, Ferenczi excedeu-se: "Em um tempo em que estava tratando de demonstrar lealdade ao mestre e unir-se à comunidade analítica, não só foi pouco acolhedor e amistoso como também irônico" (2004[1995], p. 141, tradução nossa).

Atravessamos o polêmico ano de 1924 com a certeza de que não há, nessa situação, nem heróis nem vilões. A leitura das cartas e dos relatos dos biógrafos não nos permite esse tipo de conclusão. É natural que, com base em nossas predileções pessoais, possamos nos aproximar de certo contexto histórico com simpatias e antipatias preconcebidas. Quando, contudo, o estudo nos coloca em contato com a intimidade daqueles que, por seus atos, se tornaram protagonistas de determinado contexto, geralmente podemos apreciar a grandeza dos homens em sua efetiva proporção, levando em conta, também, suas – humaníssimas – limitações.

6. A (re)introdução do trauma e uma nova compreensão da influência materna na cena analítica (1919-1924)

Trauma e maternidade? A confluência dos temas

No contexto das disputas que narramos, há ainda dois tópicos que retomamos e merecem ser discutidos em um capítulo à parte, tendo em vista sua enorme importância para os desenvolvimentos posteriores de Ferenczi. Estamos falando da questão do trauma e da importância da figura materna na estruturação e configuração do psiquismo – questões que conduziram os psicanalistas a refletir com maior vigor sobre a problemática das transferências maternas no contexto da clínica.

Em um olhar de relance talvez pareça estranho reunir esses dois temas, "trauma" e "maternidade", em um mesmo item. Para a psicanálise daquele período eram, efetivamente, assuntos díspares.[1] Todavia, especialmente com base em três importantes textos

---

1 Talvez alguns pudessem se perguntar sobre a "teoria da sedução" dos anos 1890, mas, nas observações de Freud, o sedutor que, em um contexto doméstico, infligia o trauma usualmente era o pai ou uma babá. A figura materna, de forma geral, foi poupada dessa posição – ao menos no que concerne a essas

da primeira metade dos anos 1920 – "Além do princípio de prazer" (1996[1920]), *O trauma do nascimento e seu significado para a psicanálise* (2016[1924]) e, finalmente, "Thalassa: ensaio sobre a teoria da genitalidade" (2011[1924b]) –,[2] a psicanálise teve de se haver com a íntima relação entre a mãe e o bebê (desde a situação intrauterina) e também com a relevância do exercício da maternagem em seus efeitos constitutivos (e, eventualmente, traumáticos) na conformação do psiquismo do neonato – psiquismo esse que, por um lado, não se formaria sem experimentar certo desprazer (tema sobre o qual Ferenczi já tinha feito apontamentos e que é objeto constante de sua atenção no futuro) e que, por outro, demandaria um ambiente atento e sensível para apurar quais medidas de proteção e incômodo seriam toleráveis para o infante.

Nesse sentido, foi no entroncamento dessas duas matérias – maternidade e trauma –, promovido não só por Ferenczi como também por Rank, Groddeck e, naturalmente, Freud, que muito da psicanálise moderna começou a florescer.

É bom esclarecer que a maior parte dos textos com os quais trabalharemos a seguir foi elaborada ainda no período da implementação da técnica ativa, na primeira metade dos anos 1920, mas há um viés menos clínico do que aqueles que exploramos no capítulo anterior. Por isso, consideramos importante reafirmar a

---

primeiras formulações que pensam a sedução no âmbito da violência. Fazemos essa ressalva porque teremos a oportunidade de perceber Freud discutindo certos aspectos da relação mãe-bebê nos quais ela surge como uma sedutora no sentido constitutivo, de erogenização do corpo infantil. Cf. Capítulo 8, item "O poder do analista e os efeitos terapêutico-constitutivos da sugestão – a sedução ética como um desviar da pulsionalidade mortífera (e um chamado para a vida)".

2 "Inibição, sintoma e ansiedade" (1996[1926]) certamente merece estar entre os textos relevantes referentes ao tema. Tangenciaremos brevemente seu conteúdo no próximo capítulo.

pertinência de tangenciá-los, em um capítulo separado, no presente livro.

Não é incomum que se salte imediatamente dos aportes ativos que Ferenczi propôs para a clínica em direção da fase seguinte de suas reflexões sobre o método terapêutico psicanalítico, que culmina naquilo que se convenciona nomear como seu "período de indulgência". Contudo, segundo nossa concepção, essa forma de reconstrução tende a provocar no leitor a falsa ideia de que todos os problemas e fatores que deram base às inovações contidas nos trabalhos de nosso autor posteriores a 1927 teriam sido percebidos, apenas, depois de 1927, e que sua mudança de concepções deu-se de forma abrupta, interpretação que, de maneira alguma, corresponde à verdade.

O que nos parece mais fiel à historicidade do desenvolvimento de seu pensamento é que, ao mesmo tempo que praticava e teorizava sobre a técnica ativa, Ferenczi, em outro lado de sua produção, vinha fomentando – e também poderíamos dizer "reencontrando" – certas ideias que o conduziriam a um giro de perspectiva clínica no final de sua vida.[3] E não se deve pensar que nossa advertência é a constatação da inexistência de aspectos clínicos nesses trabalhos. O tópico da "repetição", por exemplo, foi abordado em sua face terapêutica e também deixou os consultórios para ser um importante e explícito fundamento de revisões sobre a psicogênese humana.

Dessa forma, a ciência dos desenvolvimentos meta e psicopatológicos ofertados por esses textos nos dá um pavimento mais firme para compreendermos não somente de onde partiu Ferenczi em suas derradeiras inovações clínicas como também que tipo de noção de psiquismo e de adoecimento psíquico elas abarcavam.

---

3 Talvez um lado menos aferrado às hipóteses fundamentais da psicanálise clássica, como a ampla observância ao princípio de abstinência e a centralidade da transferência paterna, aspectos reforçados pelas propostas de clínica ativa.

A guerra e a revalorização do trauma no contexto psicanalítico: as neuroses traumáticas

Além da técnica ativa e dos novos quadros psicopatológicos, no já referido congresso de Budapeste, de 1918, o tema dos adoecimentos psíquicos decorrentes da guerra, ou "neuroses de guerra", esteve no centro das atenções, correlato ao momento histórico experimentado pelo mundo e, especialmente, pelo continente europeu. Justamente nesse contexto o conceito de "trauma", de extrema relevância na primeira década de formulação das ideias psicanalíticas, mas que fora, de certa maneira, deixado em segundo plano nas duas décadas seguintes, foi retomado, mostrando-se especialmente relevante para Ferenczi.

Freud, antes mesmo do encerramento do trágico conflito bélico e da realização do congresso na capital húngara, em "Conferências introdutórias à psicanálise" de 1916 (e 1917), recolocou-se na via das reflexões sobre o tema. Inicialmente buscava uma resposta para o problema da origem "endógena" ou "exógena" das afecções psíquicas. Assim, seriam elas, "resultado inevitável de determinada constituição ou . . . produto de determinadas experiências de vida prejudiciais (traumáticas)?", perguntava-se o psicanalista (Freud, 1996[1917b], p. 350).

Para responder à questão, ele propôs, na Conferência XXII, a noção de "séries complementares": "os casos de doença neurótica enquadram-se numa série dentro da qual os dois fatores – constituição sexual e experiência, ou se preferirem, fixação da libido e frustração – estão representados de tal modo que quando um dos fatores é mais forte, o outro o é menos" (Freud, 1996[1917b], p. 350). Prosseguindo em suas reflexões, na conferência seguinte (XXIII), Freud reiterou a necessidade de levar em consideração as vivências infantis e seu potencial efeito traumático, incluindo uma alegoria que seria, posteriormente, retomada de forma semelhante por Ferenczi, segundo a qual "a picada de agulha em uma camada germinal de um embrião no ato da divisão celular resulta em grave distúrbio de desenvolvimento. A mesma lesão infligida a um animal larvar ou inteiramente desenvolvido não causaria dano" (Freud, 1996[1917c], p. 364). Intuições como essas mostrar-se-ão em pleno diálogo com as revisões clínicas ferenczianas do final dos anos 1920 sobre o efeito do trauma na constituição do psiquismo infantil.

Ainda no período das conferências, devemos recordar algumas importantes observações feitas na Conferência XVIII, significativamente denominada "Fixação em traumas – o inconsciente". Nesse texto, ao fazer referência à guerra que assolava a Europa, Freud ingressou no supracitado tema das neuroses traumáticas, observando o incremento de sua incidência. As pessoas atingidas por tais afecções agiam como se jamais tivessem superado a ocorrência perturbadora, mantendo-se essa tarefa por ser realizada. "O termo 'traumático', não tem outro sentido senão o sentido econômico" (Freud, 1996[1917a], p. 283), diz o pai da psicanálise. Tal experiência imporia um aumento de estímulos cuja resolução desafiaria as formas habituais do psiquismo. Haveria algo nesse tipo de vivência que colocaria em xeque um pressuposto fundamental do pensamento freudiano, a saber, o do funcionamento do psiquismo regido pelo "princípio de prazer". Essa constante recolocação de uma situação desprazerosa, verdadeira "compulsão à repetição", foi auspiciosamente ilustrada e esclarecida pelo pai da psicanálise por meio da observação do caso de uma paciente que havia desenvolvido um sintoma obsessivo, por meio do qual buscava, segundo ele, "retificar uma parte desagradável do passado" (Freud, 1996[1917a], p. 285). Essa é uma afirmação importante, pois, ao falar em retificar o passado, Freud atribuiu, ainda que sem se aprofundar, um sentido àquilo que parecia mera e incompreensível presentificação de uma experiência anterior dolorosa.

Pouco antes de definitivamente encerrar-se a guerra, deu-se o reencontro dos psicanalistas no referido congresso na capital da Hungria. O contingente de ex-combatentes que se viram afetados pelas ditas neuroses de guerra era tamanho que, consoante o próprio Freud, as altas autoridades das potências centrais da Europa compareceram a Budapeste interessadas em promover um intercâmbio que, supostamente, culminaria na criação de centros para estudo e cura de tais adoecimentos. Ou seja, a psicanálise foi impulsionada também pela história dos povos a retomar o conceito de "trauma", tão fundamental em seus primeiros dias, para tentar ofertar uma explicação e um método terapêutico para um quadro que a psiquiatria e a neurologia da época não tinham compreensão. O próprio Ferenczi, depois de seus anos como médico do Exército, foi nomeado para cuidar do serviço neurológico do hospital militar Maria-Valéria, em Budapeste, ocasião em que teve contato com vários doentes que apresentavam sintomas diversos sem lesão orgânica detectável (Brabant-Gerö, 1993, p. 59).

Criou-se um simpósio dentro do próprio congresso de Budapeste para a discussão das neuroses de guerra, e Ferenczi foi um dos participantes. Sua contribuição, posteriormente publicada, fez um amplo recenseamento do que diziam os neurologistas da época sobre tais quadros clínicos e concluiu que, em maior ou menor medida, essa forma de adoecimento psíquico impulsionara grandemente, ainda que por vezes de forma incompleta, a aceitação das teses da psicanálise pela neurologia "oficial". Esse dado foi confirmado por Freud na introdução do livro resultante desse simpósio.

Além da resenha da literatura da época, no referido trabalho ("A psicanálise das neuroses de guerra", 2011[1919c]), Ferenczi constatou a "hipersensibilidade do ego" do doente traumatizado que, a partir de uma série de choques, subtraía sua libido do mundo externo, depositando-a no ego. Dar-se-ia, então, tal qual já vimos em outras situações, uma regressão ao narcisismo. O adoecimento derivaria do "prazer de permanecer no abrigo seguro da situação infantil, outrora abandonado a contragosto" (2011[1919c], p. 29).

Nessa esteira, nosso protagonista enfatizava ainda mais o aspecto regressivo presente nas neuroses traumáticas, que seria representativo de formas ultrapassadas de "adaptação" fundadas no princípio de prazer (ou, como diríamos em sua nomeação original, de "prazer-desprazer"). Os traumatizados comportam-se como crianças, recusam-se a trabalhar e buscam mimos, gostariam de ser cuidados e nutridos como bebês. Devemos perceber que aqui Ferenczi retoma a ideia de que nossa ligação com a realidade é frágil e que, desde o princípio, haveria uma tendência de regressão aos estágios de onipotência, cuja conformação mais ampla dar-se-ia na situação intrauterina, tal qual descrevemos no Capítulo 4,[4] no qual nos concentramos no texto "O desenvolvimento do sentido de realidade e seus estágios" (2011[1913c]).

Há ainda, no trecho final do artigo de 1919 de Ferenczi, uma passagem apressadamente lançada (escrita, esclarece, quando a publicação estava no prelo) e que merece um comentário especial. Trata-se da descoberta, por parte de nosso autor, do trabalho "apaixonante" do pediatra austríaco Ernst Moro, que relata a pesquisa de um reflexo típico dos neonatos que ficou conhecido como "reflexo de Moro".

O que Ferenczi diz, após descrever o experimento de Moro – consistente, de maneira sintética, em bater com as duas mãos, simultaneamente, nos lados direito e esquerdo de uma almofada sobre a qual um bebê encontra-se apoiado – é que o médico, ao

---

4 Cf. capítulo 4, item "O sentido de realidade: da onipotência ao (difícil) reconhecimento de um 'além de si' (e o ingresso nas vias de simbolização)".

fazê-lo, conseguiria deflagrar "uma pequena neurose de medo (neurose traumática)" no neonato (Ferenczi, 2011[1919c], p. 30). Para nosso autor, a resposta oferecida pelo bebê é notável: seus dois braços e pernas afastam-se e aproximam-se, fechando-se novamente, evocando um "reflexo natural de agarramento" (p. 30). Esse movimento se associa ao dos filhotes de macaco que se agarram ao pelo de suas mães quando essas saltam nos galhos das árvores. O movimento do bebê, completa o húngaro, seria assim uma "regressão atávica do comportamento, em consequência de um medo súbito" (p. 31). Ferenczi parece tão impressionado com essa observação que anexa uma gravura ao artigo onde se vê, de um lado, o bebê reagindo ao estímulo e, de outro, o pequeno símio agarrado a sua mãe.

Em nossa leitura, é interessantíssimo perceber como, por essa observação, Ferenczi relacionou o tema da neurose de guerra com a psicologia do bebê e a psicologia evolucionista, reunindo matérias que, como já vimos, eram de seu interesse. Com isso, nosso protagonista deu um passo importante no sentido que estamos demonstrando de como o tema da "neurose de guerra" impulsionou a pesquisa sobre o trauma em dimensões mais corriqueiras que um confronto entre nações.

Por outro lado, Freud, em sua introdução ao referido livro sobre as neuroses de guerra, acentuou como característica da neurose traumática um conflito que se dá no interior do próprio ego que, em um aspecto, torna-se belicoso enquanto, no outro, mantém uma feição pacífica. Buscando enfatizar o traço conflitivo que caracterizaria a gênese de tais neuroses, o pai da psicanálise diz que o ego pacífico veria sua existência em perigo e, na doença, encontraria refúgio desse outro aspecto egoico, de natureza ameaçadora. Esse perigo mortal, acentuou, seria um importante fator de diferenciação das neuroses traumáticas daquelas outras mais conhecidas até então, as "neuroses de transferência". Essas teriam a perda de amor como situação a ser evitada. Veremos como Ferenczi, em suas lições finais, demonstra que, para o neonato, perda de amor e morte são situações que convivem em assustadora vizinhança.

Por fim, o problema do trauma foi retomado mais uma vez por Freud em um de seus escritos mais importantes e, ao mesmo tempo, controversos. Em março de 1919, comunicou a Ferenczi estar gestando um trabalho com um título "enigmático": "Além do princípio de prazer" (Brabant et al., 1996, p. 335). Com esse texto, o pai da psicanálise trouxe o problema do trauma dos campos de batalha de volta para o cenário doméstico, propondo-se a pensar – a partir da famosa passagem em que descreve um bebê atirando e recuperando o seu pião – aquilo que, embora doloroso, seria comum a todos nós e constitutivo do psiquismo humano, o problema do afastamento da mãe. Vê-la partir sem protestar, afirma Freud, seria a "grande realização cultural da criança" (1996[1920], p. 26).

O trauma, o psiquismo para além do princípio de prazer e os processos de ligação como trilha para a psicogênese

A cena do *fort-da* pertence ao repertório clássico dos escritos freudianos. O que nela está em jogo é a luta da criança para lidar com a radical alteridade do outro (permitimo-nos a redundância, pois é algo aparentemente banal, mas, simultaneamente, tão duro e, por vezes, intransponível para o humano). Nessa passagem Freud nos conduz a um momento em que aquele bebê, seu netinho, parece dar-se conta de que a mãe é um outro. Isso relaciona-se intimamente com o pensamento ferencziano, especialmente com aquele trabalho que Freud, até então, considerava a maior contribuição do húngaro para a psicanálise, o texto de 1913 sobre o desenvolvimento do sentido de realidade. Ali vimos, e retomaremos várias vezes esse postulado de nosso autor, o quanto a criança peleja para abandonar uma posição inicial de onipotência e conformar-se à realidade de que há mais que ela no mundo – o que implica, em um segundo momento, renunciar também à completude dual e conformar-se que há outros que despertam o interesse materno. É essa posição infantil que Ferenczi, em seu texto sobre as neuroses de guerra, apontou que a criança só abandonaria a contragosto e a qual o traumatizado retornaria, ou, para nos lançarmos a outro ponto de confluência importante, "regressaria".

O tópico da regressão é fulcral em "Além do princípio de prazer" e, relativo a ela, a influência do pensamento de Ferenczi sobre o mestre de Viena é bastante considerável. Vimos o húngaro conjecturar, por uma nota lançada em seu texto de 1913 anteriormente mencionado,[5] a hipótese de uma tendência de regressão que iria, para além do infantil, na direção do inorgânico que habitaria todos nós. A incidência dessa ideia no texto freudiano de 1920 é tamanha que Figueiredo, em uma nota em seu *Palavras cruzadas entre Freud e Ferenczi*, não pôde deixar de observá-la e conjecturar se, ao fim, "Além do princípio de prazer" não seria uma "desproporcionalmente longa nota de rodapé anexada à curta nota de rodapé de Ferenczi" (1999, p. 159).

Mas não só isso. O argumento de Freud também remete a uma especificidade sobre a qual nosso autor insistiu em "Transferência e introjeção", que é a busca por ligação que a libido dispersa procuraria realizar. Essa, aliás, seria uma forma de se interpretar o "além do princípio de prazer". Observemos essa hipótese com

---

[5] Cf. capítulo 4, item "O sentido de realidade: da onipotência ao (difícil) reconhecimento de um 'além de si' (e o ingresso nas vias de simbolização)".

calma, amparados grandemente pela interpretação cuidadosa que Figueiredo promove do texto freudiano.

O pressuposto inicial de Freud seria de que o psiquismo se esforçaria para manter a estimulação tão baixa possível ou, ao menos, estável, pois nos dois casos o indivíduo estaria livre de altas intensidades de excitação que poderiam conduzir a um excesso insuportável. Assim, prazer e desprazer seriam experimentados como incremento ou rebaixamento de energia livre. Haveria, ainda, um problema de "ritmo" – não é só o aumento ou a diminuição de excitação que seria traumático, mas a velocidade em que isso se daria.

A partir desse pressuposto, como se poderia explicar as repetições dos sonhos traumáticos, das neuroses de guerra, da brincadeira infantil ou, para retomarmos o que tratamos no capítulo anterior, da transferência? Ou seja, qual seria a relação do princípio de prazer com a compulsão à repetição? Para fornecer uma resposta original a essa pergunta, Freud retomou a primeira tópica para discorrer sobre a consciência, o pré-consciente e a biologia, a partir do ser vivo mais simples que se poderia conceber: uma vesícula. A consciência teria o papel de oferecer ao sujeito a percepção das excitações externas e internas. O pré-consciente deveria abrigar os traços colhidos pela consciência para que esta, não saturada, continue a recolhê-los.

No caso de uma vesícula, perceberíamos os impactos vindos do exterior fazerem surgir uma crosta externa de proteção. Do risco de morte do ser ocorre uma morte parcial, de sua face mais extrínseca – constituindo a referida crosta – e, por conta disso, a vida estaria preservada e a identidade da vesícula seria mantida em uma cápsula de proteção. Em termos metafóricos, os sistemas psíquicos exerceriam a mesma função, protegendo o psiquismo das excitações externas. Mas como o psiquismo poderia se proteger de um inimigo mais íntimo, as excitações do próprio indivíduo?

Um primeiro mecanismo, já bastante conhecido, seria o da "projeção" – operação que, em conjunto com a introjeção, participa da primeira forma de construção da alteridade na concepção ferencziana, descrita em seu trabalho de 1909.[6] No entanto, como aponta Figueiredo ao retomar o "processo primário", se compreendemos que o "prazer" é descarga de energia livre e o "desprazer" significa acúmulo, teríamos de concluir pela existência de algo que deveria barrar a dispersão desordenada dessa energia pelo psiquismo. A existência de uma "estrutura" dessa ordem seria anterior a seu funcionamento. Essa estrutura seria constituída de uma forma de energia não livre, uma forma de energia "ligada" ou quiescente.

Novamente, temos de nos remeter ao texto de 1909 de Ferenczi, no qual nosso autor já percebera a relevância da *"Bindung"*, a "ligação", que seria uma forma, diversa da "descarga", de o psiquismo lidar com a libido que, permanecendo livre, se transformaria em "angústia". Uma parte dessa energia, ligada, daria forma a uma estrutura que permitiria justamente que outra parcela dela escoasse de maneira organizada.[7]

Segundo nossa leitura, Ferenczi, do final dos anos 1920 em diante, concentrou-se exatamente na importância da participação dos objetos externos, do ambiente, para a ligação dessas somas de energia dispersas no bebê, que resultariam exatamente na constituição dessa tão necessária estrutura psíquica.

As neuroses traumáticas seriam a consequência de uma invasão de altas intensidades energéticas que, sem o alerta oferecido

---

6 Processo que, para relembrarmos, traz o seguinte mote: "o que me é externo e me dá prazer é introjetado, tornado parte de mim, subjetivo. Aquilo que me pertence e me causa desprazer é projetado, visto como parte do objeto, tornado assim objetivo".

7 A ligação participaria também, como vimos anteriormente, da construção dos sintomas ou do engendramento das transferências, afastando o indivíduo desse mal-estar maior e, por vezes, inominável.

pela angústia, romperiam a proteção do psiquismo. O caráter traumático derivaria da estimulação externa, que eclodiria a cápsula de proteção inundando o aparato psíquico com estímulos. A partir daí, o psiquismo se mobilizaria para providenciar essa bandagem que é a ligação das energias dispersas.[8] O trauma, para sermos exatos, não seria o efeito imediato do rompimento do invólucro protetor, mas o resultado da liberação de muita energia livre em um psiquismo com pouca energia quiescente (ligada).

Com base nisso, podemos entender as repetições: os sonhos traumáticos teriam como função tentar promover a ligação das energias. Isso se daria por meio da produção retrospectiva da angústia que não foi vivenciada no momento propício e que prepararia o sujeito para o choque.[9] Diz Figueiredo: "trabalhado pela angústia, o indivíduo não se traumatiza e nas repetições do mesmo pesadelo a força traumática do acontecimento 'passado' iria se atenuando" (1999, p. 74).

Dessa forma, insistimos, uma parte da energia livre, antes mesmo do funcionamento do psiquismo a partir do princípio do prazer, deveria transformar-se em energia quiescente, estrutural, para que se conservasse e, concomitantemente, tal princípio pudesse implementar-se. Esse investimento no "próprio" seria, então, uma condição anterior ao funcionamento psíquico lastreado no "princípio de prazer", garantidora do predomínio de tal princípio – novamente aqui o papel do ambiente revelar-se-ia, no pensamento do húngaro, de extremo valor. Afinal, consoante já antecipara em 1913, esse retorno ao próprio teria de, de alguma forma, ser patrocinado por objetos externos que lhe propiciassem a manutenção de um sentimento de onipotência.

---

8 A dor seria, nesse contexto, o correlato consciente do investimento energético de ligação.
9 A "angústia sinal" de "Inibição, sintoma e ansiedade" (Freud, 1996[1929]).

Devemos perceber algo importante que passa a ser indicado a partir dessa conclusão: o retorno ao próprio (a regressão), que implicaria o afastamento da realidade, movimento que, até esse ponto, tenderia a ser compreendido no âmbito do "adoecimento psíquico" – ou da resistência ao tratamento analítico –, passa a poder ser entendido de outra maneira, justamente como tentativa de restabelecer as ligações necessárias para a manutenção da estrutura e o funcionamento do psiquismo após um evento traumático.

Assim, observada a situação com base no sonho, dar-se-iam duas formas de proteção ao psiquismo: uma seria a realização do desejo, na qual a tensão pode ser descarregada gerando satisfação; a outra, mais primitiva, implicaria esse investimento em si – o retorno em si próprio que possibilitaria a produção das ligações.

Também em outras ocasiões nas quais surgisse o excesso de energia livre, a tarefa de ligação impor-se-ia ao psiquismo e, com ela, a compulsão à repetição viria à luz. No caso do jogo infantil – da repetição que o constitui –, a criança tentaria retomar o controle sobre sua experiência, trocando a passividade pela atividade. Assim, aponta Figueiredo, ocorreria "a constituição do próprio, a constituição do aparelho psíquico" (1999, p. 80). As "repetições transferenciais", etapa necessária do tratamento, por sua vez, levariam o paciente a reexperimentar e tentar articular experiências infantis que implicaram em energias não ligadas. Tais energias, assim, revelariam o "mais pulsional das pulsões", sua tendência a retornar a uma condição que o ser vivo foi obrigado a abandonar contra suas disposições – algo bastante ferencziano como sabemos desde 1913: restaurar aquilo que antecede a perturbação seria retornar ao âmago de si.

Ferenczi com Groddeck: o (re)encontro e a legitimação de intuições esquecidas

No que concerne aos assuntos que estamos tratando neste capítulo, além da cooperação que Ferenczi mantinha com Freud – e que resultava na influência recíproca observada –, o aprofundamento dos laços de amizade e pesquisa científica do húngaro com Rank e Groddeck foi importantíssimo. Concordamos com a afirmação de Rachman de que a relação com esses dois analistas proveu nosso autor de "importantes objetos internos que aceitaram e legitimaram seu espírito audaz e criativo; oferecendo-lhe um oásis de aceitação na comunidade analítica" (2004[1995], p. 256). Nossa hipótese é que, somente após fortalecer tais laços de amizade, o húngaro se autorizou a retomar e aprofundar interesses que já eram pertinentes a suas reflexões e observações desde seu período pré-analítico. Talvez não seja coincidência que, após manter um contato mais íntimo com esses autores, Ferenczi conseguiu, por fim, publicar "Thalassa: ensaio sobre a teoria da genitalidade", um ensaio cuja escritura tomou-lhe aproximadamente dez anos.

Já apresentamos brevemente Rank no capítulo anterior. Nada falamos, ainda, de Groddeck. Esse médico, nascido na Alemanha em 1866 (sete anos mais velho que Ferenczi, portanto), é uma figura mais difícil de situar no contexto psicanalítico. Fez seu primeiro contato com Freud em 1917 e, imediatamente, entusiasmou o pai da psicanálise. O alemão, por seu lado, permaneceu com uma postura ambivalente frente aos psicanalistas: ao mesmo tempo que mostrava respeito pela teoria do mestre de Viena, parecia não querer exatamente ingressar para as fileiras do freudismo, divertindo-se com certa tendência que percebia nos analistas de compulsivamente buscar explicações ou racionalizar os fenômenos que observavam. Preferia, assim, manter uma postura independente.

Sua mais notória contribuição para a psicanálise é a ideia de "id", tomada (creditadamente) de empréstimo por Freud, que a adaptou à sua teoria metapsicológica proposta em 1923.

Parece-nos exato dizer que o espírito independente de Groddeck provavelmente causou impressão no devotado Ferenczi. Foi a ele que nosso protagonista pôde expressar, com maior liberdade, suas queixas e eventuais mágoas com relação a Freud, como fez em uma longa correspondência datada do Natal de 1921.

A engenhosidade do pensamento groddeckiano também influenciou nosso autor: não se deve ao acaso, segundo nossa leitura, o fato de que, após aproximar-se de Groddeck, Ferenczi não só se lançou em práticas mais ousadas como, principalmente, permitiu-se publicá-las e trazê-las ao centro de suas reflexões. Mais ainda: aventurou-se a recuperar as referidas intuições importantes que já tinha esboçado, inclusive antes do contato com o pensamento psicanalítico, mas que haviam ficado marginalizadas, supomos, por não estarem entre as preocupações centrais de Freud – ou por suas ideias diferirem, ainda que sem necessariamente excluírem, as do pai da psicanálise. Um dos temas que se enquadram nessa situação é justamente a relevância das transferências maternas e a relação e a importância do ambiente familiar, a partir do papel da mãe na constituição e no desenvolvimento do psiquismo infantil. O interesse de Groddeck na questão da transferência materna surgiu tanto na correspondência mantida com Ferenczi como em seu mais conhecido trabalho, *O livro disso* (1984[1921]).

Em uma troca de cartas de novembro de 1922, Ferenczi defendia o ponto de vista estritamente freudiano de que o fundamental para o trabalho analítico era a transferência paterna. Groddeck, então, com seu tom usualmente irônico frente às grandes certezas dos psicanalistas de seu tempo, moveu-lhe a seguinte objeção: "por que deveria ser menos eficaz a transferência materna, ou aquela de seu companheiro, ou da garrafa, ou do ritmo, ou da boneca de borracha, ou do brinquedo?" (Fortune, 2002, p. 35, tradução nossa). Alguns meses depois, ao ler *O livro disso*, o húngaro escreveu-lhe: "Não paro mais de sublinhar, ao lado do pai, a importância exorbitante da mãe ... as observações mais recentes conduzem nessa direção" (p. 49, tradução nossa).

De fato, no trigésimo capítulo de *O livro disso*, Groddeck relatou que, de forma geral (e ainda sem usar a noção de "transferência"), utilizava-se de uma técnica autoritária na sua prática da medicina, que relacionava à figura paterna.[10] Contudo, o atendimento de uma paciente amplamente sugestionável – atendimento que o conduziu ao método psicanalítico, é importante assinalar – provocou-lhe, sem qualquer planejamento, uma via diversa de intervenção: "Certas forças maternas do meu Isso ... foram despertadas por essa paciente e orientaram meu modo de proceder". Constrangido pela infantilidade da paciente, o médico fora levado, assim, a "representar o papel da mãe" (Groddeck, 1984[1921], p. 220; Antonelli, 2014[1997], p. 112).[11]

Retornando a Ferenczi, curiosamente, não podemos deixar de anotar que nosso protagonista já havia, em 1909, apontado a

---

10 Sobre essa técnica associada à figura paterna, Groddeck diz tê-la aprendido com "o maior mestre dessa arte do médico-pai, Schweninger". Ele a descreve da seguinte forma: "Eu usava a seguinte expressão: 'Morra mas não transgrida minhas prescrições'. E eu não estava brincando. Tive doentes do estômago que sentiam náuseas ou dores por ingestão de certos alimentos e eu os alimentava apenas com esses alimentos até que aprendessem a suportá-los" (1984[1921], p. 220).

11 A forma como Groddeck delineia o que seria esse papel de mãe é extremamente semelhante àquelas que Ferenczi utiliza a partir da elasticidade da técnica e do relaxamento. O alemão fala de "passividade" em vez de "atividade" e de "se apresentar tal como a paciente precisava que eu (Groddeck) fosse" (1984[1921], p. 221). Retomaremos isso adiante.

importância das transferências materna e paterna.[12] A mesma preocupação ressurgiu em um texto de 1913 que rapidamente mencionamos em nosso trabalho.[13] Como explicar, contudo, a surpresa que o húngaro demonstrou quando não só Groddeck como também Rank, como veremos, apontavam-lhe algo que ele mesmo já havia intuído?

A resposta, para nós, reside especialmente na submissão e constante busca pela aprovação de Freud. Esses traços de sua personalidade tinham sobre o húngaro o efeito de, por vezes, afastar-lhe de suas próprias intuições para mantê-lo próximo do pai da psicanálise. Toda disputa que se deu em 1924 em torno da publicação de "Perspectivas da psicanálise" (Ferenczi & Rank, 2011[1924]), que discutimos anteriormente, lançaram, como nunca antes, luz sobre as implicações da figura de Freud para Ferenczi: era profundamente angustiante e desconcertante para nosso autor perceber que suas ideias não eram totalmente acolhidas por seu mestre.

Poderíamos, nesse ponto, perguntar: o que, a partir de sua relação com Freud, teria conduzido Ferenczi a olvidar por tantos anos a questão da transferência materna? A resposta talvez estivesse no peso que Freud declinava à posição paterna que o médico deveria ocupar no tratamento analítico – sem considerar o mal-estar assumidamente vivenciado pelo pai da psicanálise, quando percebia seus pacientes desenvolverem, com relação a ele, transferências de ordem feminina.[14]

---

12 Em "Transferência e introjeção", de Ferenczi (2011[1909]), cf. Capítulo 3, item "Transferência e introjeção: as primeiras reflexões sobre a clínica psicanalítica".
13 "Adestramento de um cavalo selvagem", de Ferenczi (2011[1913d]), cf. Capítulo 4, item "Materna e paterna, terna e intimidadora, disposição e submissão: as diversas naturezas do fenômeno transferencial".
14 Acerca desse assunto, tanto Rabain (2010) como Zimerman (2004, p. 137) fazem menção a uma carta escrita por Freud a sua paciente Hilda Doolittle, em 1933, na qual o pai da psicanálise faz a seguinte confissão: "para lhe ser franco,

O lugar da maternidade e do feminino na psicanálise, por outro lado, foi o centro de uma nova disputa ocorrida concomitantemente àquela que se dava em 1924 sobre "Perspectivas da psicanálise", o trabalho conjunto de Ferenczi e Rank. Essa, a princípio, envolvendo só o vienense e seu trabalho mais conhecido, *O trauma do nascimento e seu significado para a psicanálise*,[15] conforme já antecipamos, alcançou nosso protagonista, especialmente pela proximidade que os dois autores desfrutavam naquele momento.

O trauma do nascimento: Ferenczi entre Freud e Rank

Rank era outro entusiasta da observação das relações entre mãe e bebê. Segundo relata seu biógrafo, Lieberman, ainda em 1919 o vienense, acompanhado de sua esposa grávida, em visita a Jones, teria expressado o seguinte ponto de vista, para surpresa do galês: "homens têm pouca importância na vida; a essência dela é a relação entre mãe e filho". Da mesma forma, também para Jones, conjecturou, em uma clara alusão à "inveja do pênis", que poderia haver uma "inveja do útero e do seio" (1985, p. 311).

Em *O trauma do nascimento* o vienense propunha uma interpretação do acontecimento traumático e da angústia a partir da separação inicial que o bebê experimentava da mãe no momento do parto.[16] Seria o protótipo de todas as angústias que adviriam de separações posteriores e também o fundamento das neuroses. De

---

não me agrada *ser a mãe* numa transferência. Isso sempre me surpreende e me choca um pouco. Sinto-me sendo muito masculino!".
15 A partir deste ponto, vamos nos referir a essa obra apenas como *O trauma do nascimento* para fluência de leitura.
16 Uma ideia que, também segundo Lieberman, foi sugerida por Freud ainda na primeira década do século XX, comparecendo como nota de rodapé da se-

forma semelhante com o que Ferenczi já antecipara em 1913, para Rank, o abandono da condição intrauterina era acompanhado de um enorme mal-estar, e a "ansiedade fundamental, bem como o traumático, eram aspectos dependentes dessa primeira experiência fundamental que dava colorido a todas as experiências posteriores" (Rachman, 2004[1995], p. 133, tradução nossa). Entre as experiências posteriores a que ele se referia estariam o desmame e, só mais tarde, o determinante eminentemente freudiano – o temor da castração. Rank dizia também que os pacientes, sem exceção, estabeleciam com os analistas, inicialmente, uma vinculação em que esses ocupavam o lugar de substitutos maternos. Ia além, afirmando que, por esse vínculo, o paciente buscaria restabelecer a condição intrauterina. Rank, ao contrário do que afirmavam os oponentes de sua concepção, não desconsiderava o papel do pai, mas o colocava em uma nova perspectiva, como asseverou em uma palestra realizada em 1924 nos Estados Unidos, na qual apresentou sua teoria nos seguintes termos:

> *A relação com o pai, cuja reprodução feita pelo paciente em sua atitude junto ao analista eu suponho que vocês estejam familiarizados, assume um novo aspecto. Seguindo a proeminente importância da fixação materna, a relação paterna mantém sua significância para a técnica e a terapia analítica, especialmente considerando que a análise deve ser uma reeducação baseada em uma nova formação de ideal. O objetivo final da cura analítica só é atingido por meio da identificação que o paciente faça do analista ao pai, ao invés de querê-lo como uma mãe (1996[1924], p. 81, tradução nossa).*

---

gunda edição de "A interpretação dos sonhos", editada em 1909 (Lieberman & Kramer, 2012, p. 9).

A teoria de Rank, contudo, tinha um aspecto ainda mais controverso: a ideia de que, desde o princípio do tratamento, deveria ser fixado um prazo para seu término, como em um renascimento. Isso seria parte de uma estratégia fundada nas técnicas ativas e, também, na importância da "repetição" de certas experiências na relação com o analista, como vinha sendo acentuado especialmente por ele e Ferenczi (e endossado, somente até certo limite, por Freud).

Tal qual se deu com relação a "Perspectivas da psicanálise", a reação de Freud ao ambicioso trabalho de Rank sofreu reviravoltas. Essas mudanças de opinião atingiram não só o autor do livro como também Ferenczi, que no primeiro momento ficou bastante inclinado a acolher as ideias do colega. Certa perplexidade ficou expressa na correspondência entre o húngaro e o fundador do método psicanalítico. Escreveu Freud, em 20 de março de 1924:

> *A forma de monomania entusiasmada com a qual ele apresenta suas inovações não é, evidentemente, adequada para recrutar amigos. Acima disso, as evidências não são sempre bem escolhidas ou convincentes... pode-se entender que o livro está sendo julgado, nesse momento, como uma tentativa descarada de colocar de lado nossas percepções prévias em favor de uma concepção nova e alienante (Brabant et al., 2000a, p. 129, tradução nossa).*

Quatro dias depois, Ferenczi, um tanto confuso, retrucou Freud em um tom mais confrontativo do que lhe era usual:

> *Recordo-me exatamente a caminhada durante a qual você compartilhou comigo a descoberta de Rank (trau-*

ma do nascimento)... Você acompanhou sua narrativa com a seguinte observação: "Eu não sei se 33% ou 66% disso é verdade, de qualquer forma, é o avanço mais significativo desde a descoberta da psicanálise" (Brabant et al., 2000a, p. 131, destaque do autor, tradução nossa).

Lieberman, o já mencionado biógrafo de Rank, retomando o que assinalamos anteriormente, aponta "a identidade do analista como uma mãe na transferência, tanto quanto, ou até mais do que como um pai" (1985, p. 386), como a principal causa dos temores de Freud concernentes a essas novas concepções.

De certa forma, podemos dizer que Rank, em sua nova hipótese, reuniu duas importantes percepções que, como vimos, Ferenczi tinha levantado no início dos anos 1910, sem, contudo, propor-lhes claramente a audaciosa correlação vislumbrada pelo vienense: a ideia da transferência materna e a ideia do desejo de retorno à quietude uterina.

Essa proposta, como já adiantamos, tinha implicações técnicas: para ele, uma análise bem-sucedida se pareceria com um novo nascimento, e o analista, retomando uma imagem já utilizada por Ferenczi no texto sobre a técnica de 1919, atuaria como um "parteiro" (Rachman, 2004[1995], p. 133; Lieberman, 1985, p. 362). Freud não se sentia nada confortável com essa hipótese, como nos assinala Antonelli (2014[1997], p. 134): em uma carta-circular (*"Rundbrief"*) enviada ao Comitê Secreto, segundo nos conta o italiano, o criador da psicanálise não acedia com a ideia de um retorno imaginário ao útero materno. De fato, na teoria de Rank, tal qual o nascimento, esse desejo dificilmente ascenderia à consciência, diferentemente do que se daria com aqueles relativos ao conflito edípico e à castração – que seriam, ao menos até então, as situações mais determinantes dos destinos psicopatológicos do psiquismo para Freud. A teoria de Rank trazia, aliás, e, para usar seus próprios termos, um redimensionamento[17] do complexo de castração. O descontentamento de Freud com essa proposta foi amplamente recebido (e talvez comemorado) pelos membros mais conservadores do comitê que, no cenário das disputas que já ocorriam em 1924, utilizaram-na como munição a mais para combater as orientações de Rank e Ferenczi.

Já tivemos a oportunidade de marcar como, a partir da amizade com Groddeck, Ferenczi reconectou-se com suas intuições sobre a importância da transferência materna. Vimos, inclusive, nosso autor confrontando Freud acerca da recepção que este ofereceu ao trabalho de Rank. E ele, Ferenczi, como foi afetado pelo livro do colega vienense?

É impossível responder a essa pergunta sem, novamente, levar em conta a gigantesca sombra que a figura de seu mestre lhe fazia. No primeiro momento, Ferenczi – tal qual Freud – mostrou-se entusiasmado com a hipótese de Rank. Escreveu em fevereiro de 1924:

> *Somente após o transcorrer de um longo período, como o senhor mesmo disse, algo poderá ser dito com certeza sobre o valor terapêutico das considerações sobre o trauma . . . Mas o valor teórico é indubitável. Eu próprio não posso mais abrir mão da elucidação e de remontar até o trauma do nascimento; de fato, o material é que me obrigou a formular certas ideias sobre a relação desse trauma e do poder traumatizante do*

---

17 Termo usado em carta já referida, enviada a Freud em 22 de agosto de 1922, na qual informava que ele e Ferenczi estariam "iniciando uma campanha científica" com o objetivo assinalado anteriormente.

complexo de Édipo (Brabant et al., 2000a, p. 126, tradução nossa).

Como se vê no final desse excerto, a tentativa de Ferenczi ia na direção de conciliar a teoria de Rank, que, como acentuamos, trazia para a superfície antigas intuições do nosso protagonista, com as hipóteses de Freud, que já estavam sedimentadas no campo analítico. A delicadeza em sustentar tal posição ressurgiu em um trecho do já citado trabalho crítico oferecido pelo húngaro ao livro técnico de lavra exclusiva de Rank (lançado alguns anos depois), que também merece nossa detalhada atenção. Assim disse nosso autor:

> *Gostaria de retomar uma vez mais a afirmação de Rank segundo a qual é a ligação biológica com a mãe que, na mais profunda camada pulsional, domina regularmente a situação analítica; ao passo que Freud confere essencialmente ao analista o papel do pai (Ferenczi, 2011[1927], p. 451).*

Façamos uma pausa na citação para acentuar uma nuance na proposição: Ferenczi aqui aponta duas posições parciais. A de Rank, relacionada com o que é da ordem do materno, e a de Freud, ligada à figura paterna. Prossigamos: "Essa hipótese, que alguns autores defenderam com frequência antes de Rank (Groddeck, Jung), teria seu valor se se limitasse a nos garantir contra a subestima da transferência materna para o analista" (Ferenczi, 2011[1927], p. 451).

Nova pausa para acentuarmos a ousadia desse trecho. Ferenczi sublinha o valor da hipótese rankiana como um contrapeso à superestima da transferência paterna. Isso, em si, já marca um afastamento do ponto de vista estrito de Freud sobre o assunto. O que traz a esse trecho, no entanto, um caráter ainda mais opositivo é a citação de discípulos com os quais o pai da psicanálise já havia se indisposto – especialmente Jung. Ou seja: em nossa interpretação, Ferenczi formula um discurso ambivalente, no qual, ao criticar explicitamente a aventada unilateralidade de Rank, também consegue fazê-lo, subliminarmente, no que concerne a Freud. Ele prossegue em seu exercício de equilibrista:

> *Mas perde todo o seu valor [refere-se à hipótese de Rank] se, caindo no outro extremo, ignorar a explicação dos sintomas pelo temor ao pai ou a angústia de castração . . . Nos casos graves de neuroses esforcei-me sinceramente para enfatizar o vínculo materno a fim de testar a teoria das neuroses segundo Rank e devo com efeito a essas tentativas muitos subsídios preciosos sobre certas camadas da estrutura neurótica (Ferenczi, 2011[1927], p. 451).*

Vemos, no conjunto da citação, Ferenczi tentando trazer à luz suas convicções, que, além de não desprezarem a totalidade das hipóteses de Rank, como talvez esperasse o pai da psicanálise, faziam-lhe elogios.[18] Mais do que isso: a parcialidade, aspecto que Ferenczi considerava delicado na hipótese de Rank, era por ele também percebida, ainda que exposta disfarçadamente, no pensamento de Freud. Alguns anos tiveram de se passar para que, no primeiro mês de 1930, nosso personagem pudesse, em uma longa correspondência na qual mostraria seu descontentamento com

---

18 Não à toa, conforme nos informa Antonelli (2014[1997], p. 152), Freud, em carta a Eitingon, de setembro de 1926, disse não ter ficado satisfeito com o peso crítico contrário a Rank nesse texto de Ferenczi.

uma série de posições pessoais e teóricas de Freud, expor sua contrariedade à "unilateralidade no desenvolvimento da psicanálise" (Brabant et al., 2000a, p. 383, tradução nossa).[19]

Não foi somente por meio da correspondência com Freud e de seu endosso às ideias de Groddeck e Rank, todavia, que Ferenczi recolocou-se na trilha de reflexões sobre a importância da figura materna na constituição do psiquismo infantil. O húngaro, na mesma época, finalizava um trabalho que lhe consumira anos, sua "teoria da genitalidade", texto publicado em 1924 sob o nome de uma figura feminina da mitologia grega que personificava a fertilidade e a origem da vida marinha: Thalassa. As ideias que se consubstanciaram nessa publicação, consoante já dito, semearam muitas reflexões do pai da psicanálise – algumas, inclusive, divulgadas antes que o escrito ferencziano viesse à luz, especialmente aquelas albergadas em "Além do princípio de prazer" – e enlaçam, a sua maneira, o tema da maternidade com o traumático ou, para tomar seus próprios termos, a ideia de "catástrofe".

Debrucemo-nos, por alguns instantes, sobre esse trabalho ímpar na história da psicanálise.

Thalassa, a mãe-oceano: *da filogênese à psicogênese, da regressão à adaptação*

A história da elaboração de "Thalassa: ensaio sobre a teoria da genitalidade" (doravante referido tão somente como "Thalassa") remonta ao início dos anos de 1910 e, especialmente, à mobilização de Ferenczi para os esforços de guerra em 1914. Naquele

---

19 Nessa correspondência, que será retomada adiante, Ferenczi dá outra explicação sobre sua atitude reticente, que atribuímos à submissão a Freud. Como anteriormente antecipamos, ele diz que temia pela saúde do pai da psicanálise.

momento, em suas horas vagas como médico do exército austro-húngaro, nosso autor dispôs-se a traduzir para sua língua materna os "Três ensaios sobre a teoria da sexualidade" (1996[1905c]) de Freud. A (re)leitura dessa obra o inspirou a retomar um tema que já constava de seus interesses de longa data: a relação entre a filogênese, a ontogênese e a psicologia, matéria que havia abordado em dois trabalhos sobre os quais já nos debruçamos: "Consciência e desenvolvimento" (1994[1900a]) e "O desenvolvimento do sentido de realidade e seus estágios".

Durante o período em que esteve alocado na cidade húngara de Pápa, nosso autor refletiu longamente sobre o tema, como mostra a correspondência com Freud. Vale a pena determo-nos um pouco no epistolário para observar algo sobre o processo criativo e afetivo do húngaro com relação à obra. Em 13 de janeiro de 1915, Ferenczi expressava sua ansiedade para encontrar uma solução para o "problema do coito e da excitação sexual em si" (Brabant et al., 1996, p. 45, tradução nossa); em 2 de fevereiro seguinte, dizia-se de tal forma perdido em problemas biológicos que não conseguia retornar à psicologia (p. 46). Em 18 de março seu humor parecia modificado ao anunciar que sua nova teoria do coito conseguiria "reunir todos (ou quase todos) os pontos" da teoria da sexualidade de Freud (p. 53). Já em 4 de abril do mesmo ano, todavia, o desânimo dominou-lhe após a fria acolhida oferecida por um amigo a sua exposição das hipóteses concernentes ao tema (p. 54). Em 18 de junho identificava a necessidade de estudar melhor o sono – situação fantasística de retorno ao estado fetal – antes de prosseguir com seus estudos sobre a genitalidade. Em 26 de outubro de 1915, finalmente, nosso autor ofereceu um delineamento do que imaginava vir a ser sua obra: a publicação de vários textos que teriam como título "Ensaios bioanalíticos".

Paralelamente a esse projeto surgiu outro, de coautoria com Freud, no qual os autores buscariam traçar pontes entre o pensamento psicanalítico e as concepções sobre a evolução das espécies de Jean-Baptiste Lamarck – que, para o fundador da psicanálise, segundo bem assinala Hoffer, "incluiriam traços de memórias traumáticas" dos indivíduos que antecederam o surgimento do homem (1996[n.d.], p. XXXVI). Esse trabalho, contudo, jamais foi concluído – o que não significa que Freud não tenha produzido algo em torno do tema: sua "fantasia filogenética", consubstanciada em "Neuroses de transferência: uma síntese" (Freud, 1985), texto publicado apenas nos anos 1980, foi noticiada e remetida para nosso autor em julho de 1915. Se o pai da psicanálise, por seu lado, conferiu "direitos de autor" a Ferenczi com relação a esse escrito (Brabant et al., 1992-1996, p. 78), por outro, o húngaro expressou sua satisfação com relação ao fato de que suas fantasias ontogenéticas "rapidamente tivessem ganhado uma irmã filogenética" (p. 70). No entanto, nem por um lado, nem pelo outro, essas especulações vieram a público imediatamente.

Após anos entre o engavetamento e a reflexão – que longa gestação! –, finalmente "Thalassa" veio à luz. Não se trata de um trabalho centrado na clínica, a despeito de fazer-lhe referências.[20] Sua importância, contudo, é inestimável para compreendermos aspectos importantes das concepções terapêuticas de nosso autor que estariam próximas de surgir, especialmente os usos da regressão no contexto de análise, que estão em íntima relação com a ideia da "regressão thalássica" aqui apresentada.

---

20 Como quando Ferenczi (2011[1924b], p. 304) aborda a hipnose paterna e materna de forma bastante interessante, como derivações do aparecimento dos caracteres sexuais secundários. A primeira paralisaria a vítima por intimidação e a segunda por "insinuação sedutora" – o que reaproxima a hipnose do "fascínio" e do feminino.

Para os fins de nosso trabalho, vamos nos restringir a reunir os elementos de "Thalassa" que se enlaçam de forma mais íntima com os desenvolvimentos clínicos de Ferenczi e que apontam para suas futuras postulações. Naturalmente, não é a única forma de entrar em contato com um texto tão rico e surpreendente.

Inicialmente, é importante assinalar que esse trabalho retoma o diálogo entre onto e filogênese a partir da já mencionada lei biogenética de Haeckel,[21] segundo a qual o desenvolvimento embrionário reproduz, sinteticamente, toda a evolução da espécie. No caso dos mamíferos superiores, o período intrauterino consistiria em uma "repetição" (atentar para esse termo, tão constante nas elucubrações clínicas de Ferenczi) da existência aquática dos seres vivos de outrora; o nascimento representaria a revivescência das catástrofes (trauma) que obrigaram tais seres a se adaptar (outro termo importantíssimo) à vida terrestre.

A partir dessa introdução, é possível perceber que permanecemos no âmbito dos aspectos traumáticos da chegada do bebê ao mundo, tal qual estudado por Rank e, conforme dissemos, antecipado por Ferenczi em 1913. Frente a essa situação dar-se-ia o desejo de "regressão thalássica" – o bebê ansiaria por retornar àquela condição de vida intrauterina, representante de um passado de vida marinha das espécies.

Ocorre, entretanto, que em um aparente paradoxo, tal desejo de regressão seria um dos aspectos que impulsionaria o ser humano ao desenvolvimento e à sexualidade genital: o pênis seria um representante, um símbolo do "eu" do homem, que buscaria, no contato com o genital feminino, o retorno ao ambiente aquático que abandonou em razão da seca do oceano (aspecto filogenético)

---

21 Conhecida por nós desde "Consciência e desenvolvimento" (Ferenczi, 1994 [1900a]), como vimos no capítulo 2, item "A influência de Haeckel e a visão da psicologia com base na teoria da evolução".

e do próprio nascimento (aspecto ontogenético).[22] A genitalidade derivaria, também, da "anfimixia", conceito extraído da biologia, que indica a concentração das pulsões parciais no órgão genital.

O acesso à sexualidade genital, contudo, seria uma forma bastante elaborada desse desejo de regressão uterina, indicativo de uma boa adaptação à realidade (seria seu "paralelo erótico", em termos exatos).[23] Com isso, Ferenczi quer dizer que o indivíduo teve sucesso em atravessar as fases de autoerotismo e narcisismo,[24] chegando a um grau de sexualidade que permite a inclusão do outro, ou seja, da alteridade.[25] Tal como nosso autor acentuou no trabalho de 1913, contudo, o desenvolvimento do sentido de realidade ocorreria paulatinamente e levaria tempo para que o indivíduo abdicasse do autoerotismo e incluísse o outro no cenário de realização erótica da fantasia de retorno ao ventre materno pela via do encontro sexual.

Chama muito a nossa atenção, aliás, que, com relação a esse aspecto das hipóteses trabalhadas em "Thalassa", possamos situar (excluindo-se os textos pré-psicanalíticos), uma reflexão ainda anterior àquelas do período da guerra que convocaria nosso autor à elaboração desse escrito: em uma carta para Freud, datada de 10 de agosto de 1910, o húngaro já se debruçara acerca da relação entre o coito e o movimento regressivo ao próprio, que, nessa correspondência, seria representado pelo "sono". Conta-nos Ferenczi:

---

22 A mulher, por identificação com o parceiro masculino, participaria da mesma busca, segundo a hipótese ferencziana.
23 Cf. Ferenczi, 2011[1924b], p. 294.
24 Fases de "onipotência do erotismo", para retomarmos a terminologia usada em "O desenvolvimento do sentido de realidade e seus estágios" (cf. capítulo 4, item "O sentido de realidade: da onipotência ao (difícil) reconhecimento de um 'além de si' (e o ingresso nas vias de simbolização)").
25 Fase da "realidade erótica", nos termos do trabalho citado na nota anterior.

Os fisiólogos dizem: durante o sono, ocorreriam processos de reorganização no interior dos elementos dos tecidos, decompostos pela atividade diurna. Mas nós vemos que o sono e o sonho não podem ser substituídos nem pelo repouso mais bem protegido. Creio que no decorrer da noite ocorra uma espécie de desconstrução *daquelas ligações químicas, que produziriam a acumulação dos componentes de prazer da existência diurna. O sono é, portanto, uma compensação sexual que se prolonga pouco a pouco por várias horas, uma espécie de equivalente do coito e* por esse motivo *todo sonho é a realização de um desejo, i.e., o processo paralelo dessa lenta compensação sexual (Brabant et al., 1994, p. 257, destaques do autor).*[26]

---

26 Trata-se, de fato, de uma longa correspondência na qual nosso autor efetivamente lança algumas ideias, além da que mencionamos, que seriam reveladas ao público quase quinze anos depois de sua escrita. Acreditamos encontrar aqui, inclusive pelo tom descompromissado de Ferenczi – "deixarei minha imaginação correr solta, continuando minha especulação" ou "agora chega de conversa fiada, quero voltar a falar de coisas mais razoáveis" (Brabant et al., 1994, p. 258 e 259, respectivamente) –, a primeira apresentação dessas hipóteses feita a Freud. A maneira como nosso autor introduz essas reflexões a seu mestre nos remete a observação feita por Andreas-Salomé (1987[1964]) sobre a forma por vezes desacreditada com que Ferenczi, no início da década de 1910, referia-se a suas intuições mais caras (cf. capítulo 4, item "A participação de Ferenczi no contexto da elaboração dos escritos técnicos de Freud"). Observe-se ainda que, por intermédio da troca epistolar com o pai da psicanálise, percebe-se como a proposição contida na citação que originou essa nota foi aproximando-se, por pequenos acréscimos e deslocamentos de palavras, àquilo que seria explorado em "Thalassa": em 2 de outubro de 1912, tal hipótese já seria nomeada pelo húngaro como "teoria do sono 'fetal'" (Brabant et al., 1995, p. 123) e, dias depois, como "regressão fetal" (p. 130).

Vamos fazer uma pausa para acentuar o quanto do que já foi falado está intimamente relacionado com o que Ferenczi percebia em sua clínica. Em primeiro lugar, lembremos que, nas origens da técnica ativa, nosso autor insistentemente invocou que a libido deveria abandonar um curto-circuito de autoerotismo para que, de forma genital, pudesse integrar o outro, o analista, em seu contexto. O acesso da libido à alteridade, à realidade e à genitalidade, pois, caminhavam juntos no psiquismo, por vias acidentadas, segundo suas hipóteses.

Por outro lado, rememoremos o pequeno e significativo avanço que nosso autor fez ao tratar do tema das neuroses de guerra, quando a regressão libidinal, esse retorno ao próprio, passou a poder ser enxergado clinicamente, não da perspectiva de uma resistência, mas como tentativa de restabelecer as ligações da estrutura psíquica após a incidência de um acontecimento traumático. Isso se daria de uma forma bastante semelhante àquela que Ferenczi disse na correspondência que o sono faria com a libido insatisfeita, ou desligada, ao longo do adormecimento e dos processos oníricos.

Retomando a problemática do nascimento, precisamos sublinhar o que, em Ferenczi, se diferencia da concepção traumática de Rank. É fato que o húngaro acentuou o aspecto traumático – catastrófico – representado pela saída do ventre materno, que estaria relacionado, na filogenia, como já assinalamos, com a secagem dos oceanos.[27] Contudo, já em "Thalassa" nosso autor

---

27 E também com o surgimento das espécies dotadas de órgãos genitais e seu correspondente ontogenético, o primado da zona genital. Vejamos nas palavras de nosso autor como se dá essa associação: "Na parte ontogenética falamos dessa tendência geral que incita tanto o macho quanto a fêmea a penetrar no corpo do parceiro sexual. Trata-se, portanto de uma luta dos sexos que termina com a vitória do macho e com a criação de sistemas de compensação para a fêmea. Acrescente-se agora que essa luta também tem, provavelmente, um correspondente na filogênese ... foi após a catástrofe da secagem oceânica,

percebeu que, concomitantemente ao perigo que se vislumbraria, existe a alegria que deriva da assimilação do novo ambiente. Diz ele: "O fato de um ser humano ter conseguido sobreviver ao perigo envolvido pelo nascimento e a alegria de ter descoberto a possibilidade de existir mesmo fora do corpo da mãe permanecem na memória para sempre" (Ferenczi, 2011[1924b], p. 312).

Assim, para nosso autor, no nascimento nem tudo é tragédia nem "triunfo":[28] o potencial para a chegada ao mundo ser experimentada de uma forma ou de outra está aberto ao neonato, e a participação do ambiente não é pequena no sentido de decidir-se para que lado pende a balança. É certo que em "Thalassa" a noção de ambiente está relacionada com a mudança que se dá no nascimento, do reconfortante e nutritivo meio aquático (intrauterino ou oceânico) para o terrestre/aéreo do pós-parto. Não seria ainda aqui, entretanto, que nosso autor se aprofundaria nas observações que fez em 1913 do papel dos cuidadores para tornar mais suave a passagem (e a adaptação) do bebê de um ambiente para o outro.

Se o autor não se concentra no papel da família na recepção do infante, em termos biológicos, propõe um acréscimo à mencionada lei de Haeckel que guarda relação com o tema, ao dizer que também o desenvolvimento dos anexos protetores do embrião (a "perigênese") faz parte da história da espécie. Esses anexos não seriam, pois, formações completamente novas, como defende o grande biólogo. Para Ferenczi, ao longo da própria evolução, foram

---

quando pela primeira vez o animal teve que buscar uma alternativa que substituísse a vida aquática perdida, que se manifestou também pela primeira vez a tendência à penetração no corpo de um outro animal . . . a luta no decorrer das primeiras tentativas de coito era, de fato, uma luta pela umidade que substituía o oceano" (2011[1924b], p. 325).

28 Termo com o qual Ferenczi caracterizaria o nascimento em um escrito posterior, conforme veremos no capítulo 7, item "O trauma como produto de desajustes na adaptação do mundo adulto à criança".

sendo oferecidos ao embrião invólucros protetivos que resguardariam sua integridade.

Qual seria a relação possível entre tais anexos e a família? A resposta a essa pergunta pode ser encontrada na intuição de Sabourin, ao observar que, na obra de Ferenczi, o "prosseguimento dessa proteção (a perigênese) é garantido ao recém-nascido pelo amor e a afeição maternas durante esse período de grande fragilidade do infante, traço de sua prematuridade" (2012, p. 102, tradução nossa). Ou seja, essa inovação que Ferenczi propõe à teoria de Haeckel nos coloca na trilha da importância da interação (proteção) do ambiente familiar com o bebê, possibilitando uma adaptação com menos sofrimento ao infante, ao mesmo tempo que vai complementando as percepções freudianas que antecipamos em nossa apresentação de "Além do princípio do prazer" sobre a gênese do psiquismo – com relação à "perigênese", Freud fez observação semelhante ao falar do surgimento de uma cápsula de proteção que resguardaria a simples vesícula, desenvolvimento que o pai da psicanálise também tomou como alegoria para tratar do papel dos sistemas consciente e pré-consciente com relação ao psiquismo.

Como já destacamos, a noção de "adaptação" é outro termo caro nesse texto de Ferenczi. Aliás, devemos apontar que é uma palavra que se torna cada vez mais importante no pensamento do húngaro (faz parte do título de um de seus escritos tardios mais importantes, "Adaptação da família à criança", por exemplo), mas para a qual se dá pouca atenção.[29] Em "Thalassa", contudo, podemos ter uma boa dimensão do que representa. A história dos desenvolvimentos da

---

29 E ressurge como um dos possíveis ganhos do paciente com um trabalho de análise. Diz ele em "A elasticidade da técnica psicanalítica" (2011[1928c]) que, com a análise, o paciente saberá mais sobre si (um ganho de ordem intelectual e racional) e, se persistir até o fim, adaptar-se-á melhor às dificuldades da vida (aqui não se trata mais de um ganho de ordem intelectual, mas de uma efetiva alteração na organização psíquica, que tem a ver com o ego, a instância adapta-

espécie dos mamíferos superiores (filogênese), tal qual a do bebê-indivíduo (ontogênese), segundo a teoria ferencziana, passa pela tentativa de sobreviver e habituar-se a ambientes completamente diversos: desde o rico meio aquático, no qual tudo é provido de maneira que pouca atividade é necessária para a manutenção da vida, até o menos acolhedor ambiente aéreo/terreno que, se não é menos rico, exigiria mais atividade para a manutenção do indivíduo. A passagem de uma posição de "passividade" para outra de "atividade", o abandono da ilusão de onipotência, a separação do "eu" do "meio externo", o "desenvolvimento do sentido de realidade". É dessa situação de trânsito (e Ferenczi já antecipara, no clássico trabalho de 1913, o quão longo e repleto de estágios é esse trânsito) que tratamos ao falar, em "Thalassa", de adaptação. Escutemos a palavra de Ferenczi em uma citação destacada também por Sabourin (2012, p. 106): "A adaptação implica renúncia aos seus objetos de satisfação a fim de habituar-se a novos objetos, ou seja, transformar uma perturbação (sempre dolorosa no começo) em satisfação" (Ferenczi, 2011[1924b], p. 355, nota 57).

É também a partir do binômio trauma/triunfo do nascimento que Ferenczi nos encaminha para o tema da "compulsão à repetição", repetição que valorizava tanto no processo analítico e cuja relação com "Além do princípio de prazer" fora também objeto de reflexão em "Perspectivas da psicanálise", o trabalho clínico publicado com Rank no mesmo ano de 1924. Ferenczi abordou esse tema retomando as conclusões que destacamos no texto de Freud de 1920 – de que as neuroses traumáticas e jogos infantis representariam formas de "liquidar" quantidades de excitação não ligadas, retomando a noção de "ligação", como bem aponta Figueiredo em *Palavras cruzadas entre Freud e Ferenczi* (1999, p. 166).

---

tiva do psiquismo, conforme "Adaptação da família à criança" (2011[1928a]), que será abordado mais adiante).

Essa compulsão e sua tentativa de liquidação (ligação) dessas excitações, seria um componente importantíssimo da busca pela regressão thalássica que, como vimos, poderia ser atingida por meios bastante pouco afeitos ao reconhecimento da alteridade (inclusive o sono) ou, ainda, pela via genital (o estágio máximo de alteridade e realidade em termos sexuais).

Nesse sentido, Ferenczi parece propor certa circularidade nas noções de regressão ou progressão, nas quais as direções seriam mais diversas do que o destino: partiríamos sempre de um mesmo ponto e a ele retornaríamos, podendo, ou não, nos afastar cada vez mais do ponto de partida e reencontrá-lo somente após o percurso de toda a circunferência. E, ao longo de toda uma vida, poderíamos oscilar na direção que tomamos, de maneiras mais ou menos favoráveis à saúde psíquica do indivíduo. Nesse sentido, estamos de acordo com a conclusão de Figueiredo:

> *A problemática da evolução ou desenvolvimento e a do retorno ou regressão estarão tão entrelaçadas no texto de Ferenczi que, a rigor, qualquer concepção unidirecional do tempo ficará invalidada e, em consequência, os próprios termos "progressão" e "regressão", embora indispensáveis para o discurso do autor, estarão sendo permanentemente desconstruídos no texto (1999, p. 129).*[30]

Ao reencontrar em "Thalassa" o tema das energias livres e de sua liquidação, Ferenczi nos recolocou frente ao mesmo problema que Freud destacou em seu texto de 1920: a constituição do

---

30 Figueiredo encerra essa citação, aliás, destacando a complexidade do pensamento ferencziano com relação à temporalidade, pois, simultaneamente, utiliza e põe em questão o evolucionismo de Lamarck e Haeckel.

psiquismo. A adaptação ao resultado da grande catástrofe que nos subtraiu do ambiente aquático para a vida extrauterina dependeria, tal qual se dá com os organismos mais simples (a vesícula de Freud), de que algo retornasse a uma condição de adormecimento, quase inorgânica, ou, por vezes, efetivamente inorgânica, como a "energia quiescente" que se neutraliza para oferecer condição de o psiquismo ser colocado em marcha a partir do princípio de prazer. Novamente a tendência de "regressão para o próprio" mostra-se um garantidor da preservação da vida.

A afirmação de desprazer: novas formulações sobre a psicogênese e o acesso à alteridade a partir dos regimes pulsionais

Tanto a questão da adaptação (do sentido de realidade) como das pulsões de vida e morte, desde sua desimbricação, foram retomadas por Ferenczi em outro trabalho importante e menos comentado, publicado dois anos depois de "Thalassa": "O problema da afirmação do desprazer (progressos no conhecimento do sentido de realidade)" (2011[1926a]). O tópico da "afirmação" (note-se a palavra) de desprazer abre um diálogo com o texto "A negativa", de Freud (1996[1925b]). A pergunta que nosso protagonista se propõe a responder, tomando emprestada a síntese de Saunal no prefácio ao volume da coleção da Petit Bibliothèque Payot que contém o texto em comento, é: "Como o sujeito não masoquista chega a aceitar psiquicamente o desprazer, o que vale dizer, a tensão, o desacordo interno?" (2012, p. 29, tradução nossa).[31]

---

31 Ferenczi, aliás, permaneceria intrigado com esse fenômeno psíquico até o fim de sua vida, afirmando no *Diário clínico*, por exemplo, continuar se "surpreendendo com razão com um fato que, psicologicamente, jamais pode ser explicado por inteiro: a afirmação do desprazer" (1990[1932], p. 74).

O mecanismo de defesa da "negação", objeto de estudo do pai da psicanálise no texto citado, é parte desse processo, sendo reconhecido pelo húngaro como uma "fase intermediária entre a ignorância e o reconhecimento da realidade" (Ferenczi, 2011[1926a], p. 432). A negação, diz Ferenczi – utilizando um termo que ainda lhe será caro para falar do trauma infantil –, caracterizaria um "desmentido", um momento no qual algo é sabido, mas não pode ser reconhecido. É uma tentativa de o sujeito, concomitantemente, ter ciência e desconhecer algo que lhe desagrada. Tal movimento nos faz pensar, naturalmente, menos no mecanismo tradicional do recalcamento, mencionado por Ferenczi, do que em uma verdadeira "cisão" no ego do indivíduo, de forma semelhante com o que já havia observado no texto de 1908, "Psicanálise e pedagogia" (2011[1908b]).[32]

Ampliando o que observou em "Thalassa", nesse artigo de 1926, Ferenczi faz uma afirmação extremamente consequente, costurando pontos já sedimentados de seu pensamento com outros que vão ainda ser desenvolvidos. Ele diz:

> *Com efeito, o desenvolvimento orgânico apresenta protótipos da adaptação progressiva do ser vivo à realidade do mundo externo. Certos organismos primitivos parecem ter permanecido no estágio narcísico; aguardam passivamente a satisfação de seus desejos e, se esta lhes for constantemente recusada, eles morrem – pura e simplesmente; encontram-se ainda tão próximos do ponto de emergência para fora do inorgânico que sua pulsão de destruição tem muito menos caminho a per-*

---

32 Cf. capítulo 3, item "As primeiras ponderações psicanalíticas sobre a interação do ambiente com a criança: a educação".

correr para a ele retornar e mostra-se, portanto, muito mais eficaz (2011[1926a], p. 439).

A quantidade de ideias relevantes subjacentes às palavras desse excerto é enorme. Algumas já nos são conhecidas, outras estão em processo avançado de gestação intelectual por Ferenczi e vão vir à luz em seus próximos escritos. Temos aqui:

a) A percepção da necessidade de um processo de "adaptação progressivo", ou seja, de uma habituação paulatina de certos organismos (e, como retoma, do bebê) com o além de si (o "mundo externo", a "realidade"). Não pode ser algo que se dê de maneira abrupta, e Ferenczi, especialmente em 1913 e também em "Thalassa", fez referências aos movimentos de interação necessários com o ambiente para que tal adaptação se desse de forma gradual.[33]

b) A hipótese de que "organismos primitivos" partem de um "estágio narcísico" em direção da "realidade". A manutenção de tal estágio (do qual tais organismos, e também o bebê, somente podem sair em boas condições *progressivamente*), contudo, depende de uma satisfação de seus desejos que lhes seja oferecida de maneira a eles poderem experimentá-la de forma "passiva". O termo passividade nos remete à busca da total integração com o meio, um meio que não objetasse e que, portanto, não implicasse esforços

---

33 Vale menção também, nesse contexto, ao problema de "ritmo" apontado por Freud em "Além do princípio de prazer" (1996[1920]), tal qual declinamos no capítulo 6, item "O trauma, o psiquismo para além do princípio de prazer e os processos de ligação como trilha para a psicogênese": o esforço do psiquismo para manter a estimulação psíquica no nível mais baixo possível implicaria que não só o aumento ou a diminuição de excitação que seria traumático como ainda o ritmo em que isso se desse.

ativos do bebê para sua alteração nem um além de si que precisasse ser experimentado.

c) Em não sendo satisfeitos tais "desejos" (ou seja, havendo uma "frustração" de tais desejos – e, entre tais "desejos", alguns poderiam ser mais bem nomeados "necessidades"),[34] é posta em marcha a "pulsão de destruição", que conduz o ser vivo à morte, ao regresso à condição inorgânica. Implica dizer: insatisfeitos os desejos (ou as necessidades), o bebê tem de lidar com o meio que objeta sua satisfação – o além de si surge como esse que frustra, o que tem repercussões em seu psiquismo. Dependendo da forma como isso se dá (lembremos: a adaptação deve ser "progressiva"), tais efeitos podem ser constitutivos ou disruptivos. No caso dos animais a que Ferenczi se refere nesse parágrafo, a solução para uma adaptação conduzida de forma pouco adequada é a marcha da tendência regressiva para o inorgânico.[35]

É nesse ponto – nessa correlação entre nascimento, passagem de uma situação de narcisismo para outra, na qual o bebê começa

---

34 Conforme reflexão de Kahtuni e Sanches (2009) distinguindo as ordens da "necessidade" e do "desejo", colacionada em nota no item "A regra de abstinência e o problema da satisfação (e da frustração) libidinal durante o encontro analítico", do capítulo 4.

35 A partir do que foi exposto, podemos perceber a importância do concurso de algo externo para que o tênue pulsar de vida nesse organismo primitivo ganhe vigor e se consubstancie em um ser com possibilidade de existência autônoma – do contrário prevaleceria a tendência à autodestruição. Essa é uma observação importantíssima, que, aplicada ao bebê, tem uma série de desdobramentos como ainda observaremos – uma delas, talvez a mais surpreendente, é a que esse objeto externo surge como um desvio – nesse sentido, um "sedutor" – ante a autoimpositiva pulsão de morte. Isso será mais bem detalhado adiante, especialmente nos itens "Os reflexos do trauma na pulsionalidade infantil – novas considerações sobre a pulsão de morte" (capítulo 7) e "O poder do analista e os efeitos terapêutico-constitutivos da sugestão – a sedução ética como um desviar da pulsionalidade mortífera (e um chamado para a vida)" (capítulo 8).

a estabelecer relações com objetos, e a interpretação desses movimentos associadas às pulsões de vida e morte – que, em nossa leitura, reside a maior novidade desse escrito. Ferenczi retomaria seu texto clássico de 1909, "Transferência e introjeção", para conciliá-lo com o movimento pulsional. Ele diz que a percepção do objeto se faz pela sua ausência (usa o seio materno como exemplo) e que, a partir desse ponto dá-se a separação (desintrincamento) das pulsões, refletida na ambivalência com a qual o bebê experimenta um objeto que frustra – e ele o odeia por isso –, mas também pode satisfazer, despertando sentimentos de amor. É ao criar uma oposição (ao objetar), que o seio surge como objeto.

Ferenczi permaneceria com a ideia antecipada no último tópico para refletir sobre a gênese do psiquismo humano nos seus escritos do final dos anos 1920 e 1930. Na verdade, esse comentário abre ensejo para uma pequena imersão na cuidadosa pesquisa empreendida por Avello (2013[2006]) sobre as reflexões ferenczianas acerca da pulsionalidade. Levando em conta uma concepção semelhante àquela de "circularidade" nos processos de investimento progressivo ou regressivo, tal qual formulamos no item anterior, esse autor sublinha que, a partir de "Thalassa", a compreensão de Ferenczi da pulsão de morte não seria idêntica à de Freud, aproximando-se mais de uma concepção nietzschiana que implicaria a presença da vida, ainda que de maneira germinal, naquilo que fosse inorgânico.[36] Nesse contexto de revisão dos regimes pulsionais, o texto de 1926, em comento, é crucial, pois nele:

---

36 Citemos Avello: "desde 1924, ele [refere-se a Ferenczi] não compartilha da noção de primado, de 'hegemonia' da pulsão de morte. Ele pensa de maneira mais acentuada, com Nietzsche, em uma oscilação entre pulsões de vida e morte. Essa divergência, aqui delineada, mas que se aprofundará ao longo dos anos seguintes, aparecerá de forma aberta e radical nas Notas [refere-se às anotações de Ferenczi que viriam a compor o *Diário clínico* e a compilação de fragmentos contidos no quarto volume das obras completas]" (Avello, 2013[2006], p. 70, tradução nossa).

> *As ideias provenientes de "Além do princípio de prazer", que constituem ainda sua fonte de inspiração, servem-lhe ... de base para repensar as interações que permitem a construção do psiquismo. A gênese do eu está diretamente posta em relação com o "desintrincamento pulsional", quando a pulsão de morte é liberada em face da ausência do "objeto primordial". Esse desintrincamento, ao curso do qual a pulsão de morte se destaca, é considerado por Ferenczi como a primeira etapa do reconhecimento da realidade, ainda que não se trate do reconhecimento propriamente dito. A reaparição do objeto repara esse desintrincamento e recoloca em lugar, ou mesmo instaura o objeto pela primeira vez. O desintrincamento pulsional e a prevalência da pulsão de morte são, então, o primeiro tempo da própria possibilidade de construção das instâncias psíquicas. Podemos assinalar o sentido particular e não tão coerente que a expressão "pulsão de morte" adquire aqui, utilizada para nomear isso que, no limite, colabora com a vida, na medida em que, segundo o autor [refere-se a Ferenczi], uma vida nasce graças ao desintrincamento (Avello, 2013[2006], p. 74, tradução nossa).*

Consoante já antecipamos, não cabe no corpo desse livro um estudo próprio acerca das reflexões ferenczianas sobre a pulsionalidade. Mas devemos advertir o leitor que, a partir desse momento, perceberemos mais e mais nosso autor formulando hipóteses que englobam esse aspecto da metapsicologia, dado que uma dimensão importante de suas postulações sobre os efeitos do trauma diz respeito à refletir sobre como tais eventos repercutem no regime pulsional e, consequentemente, na conformação do psiquismo daqueles que lhe são submetidos. Um exemplo do que afirmamos é dado pelo próprio Avello, reportando-se à reflexão de Ferenczi contida no fundamental trabalho de 1929, "A criança mal acolhida e sua pulsão de morte", que examinaremos mais detidamente adiante, em que nosso autor assim assinala:

> *Aqueles que perdem precocemente o gosto pela vida apresentam-se como seres que possuem uma capacidade insuficiente de adaptação, semelhante àqueles que, segundo a classificação de Freud, sofrem de fraqueza congênita de sua capacidade para viver, com a diferença, porém, de que nos nossos casos, o caráter congênito da tendência mórbida é simulado, em virtude da precocidade do trauma*[37] *(Ferenczi, 2011[1929a], p. 59).*

---

37 A redação dessa frase na versão em português não dá a dimensão da divergência nela contida dos pontos de vista de Freud e de Ferenczi, sendo objeto de alguma disputa. Avello (2013[2006]) sustenta haver um erro na tradução do alemão para outros idiomas (que teria, então, se perpetuado na tradução para o português). Segundo o autor, onde se lê "simulado" deveríamos encontrar "estimulado". Não nos parece ser a melhor opção. A redação original do trecho final do excerto é a seguinte: "*Doch mit dem Unterschied, in unseren Fällen das Angeboren der Kränklichkeit durch die Frühzeitkeit des Traumas vorgetäuscht wird*" (Ferenczi, 2011[1929a], p. 254) e o "*vorgetäuscht*", objeto de discussão, efetivamente tem o sentido de "simulado", "enganoso", de algo que conduz a equívoco. A versão que melhor resolve a questão, sendo fiel ao termo em alemão, mas, ao mesmo tempo, destacando a divergência do ponto de vista freudiano, parece-nos ter sido obtida pelos tradutores ingleses: "*but with the difference in all our cases the innateness of the sickly tendency is deceptive and not genuine, owing to the early incidence of the trauma*" (Ferenczi, 2002[1929], p. 106) – que poderia ser traduzida da seguinte maneira: "com a diferença de que, em todos os nossos casos, o caráter inato da tendência doentia é enganoso e não genuíno, devendo-se à incidência precoce do trauma". Assim, torna-se mais claro que a tendência doentia não é efetivamente inata, mas decorre de uma experiência traumática extremamente precoce.

Após assentarmos o que o texto de 1926, "O problema da afirmação de desprazer (progressos no conhecimento do sentido de realidade)", traz de mais importante no que concerne à avaliação de nosso autor sobre aspectos constitutivos e eventuais patologias dos regimes pulsionais, cumpre retomá-lo para sublinhar mais um tópico. Nele diz o húngaro que: "Num estágio mais evoluído, o organismo é capaz de rejeitar partes de si mesmo que constituem para ele fontes de desprazer e de salvar assim a sua própria vida (autotomia)" (2011[1926a], p. 439).

Nessa passagem Ferenczi faz menção a um importante mecanismo de defesa cuja matriz biológica já havia sido reconhecida em "Thalassa". Referimo-nos à "autotomia", que consiste em um processo por meio do qual "o animal desprende do seu corpo, ou seja, 'deixa cair' literalmente, por meio de movimentos musculares específicos, aqueles seus órgãos que estiveram submetidos a uma irritação excessivamente intensa ou que, de algum modo, o façam sofrer" (Ferenczi, 2011[1924b], p. 301). Isso significa que, de uma forma menos brusca que aquela descrita anteriormente, o organismo (e, como ainda veremos, o psiquismo) pode não se entregar completamente à morte, mas deixar para trás uma parte de si, uma parte ferida ou que cause desprazer, para que possa, então, preservar-se.

"Adaptação", "desmentido", "abandonar-se à morte", "autotomia", "cisão"... Lentamente caminhamos colecionando uma série de termos que têm grandíssima relevância no pensamento final de Ferenczi. Ainda, reunimos elementos que, acreditamos, demonstram a fluência e os passos da construção de um pensamento clínico que, na medida em que enfrentava novos desafios no consultório e entrava em contato com teorias recentes, especialmente as de Freud, mas também de outros autores como Groddeck, Rank etc., avançava em um movimento que revisitava e se enriquecia de ideias, não perdendo o vigor e o caráter inventivo – mesmo com os quase trinta anos de carreira médica/psicanalítica.

Finalizando nossa incursão no escrito de 1926 sobre a afirmação do desprazer, nele situamos valiosas e diretas prescrições sobre a atividade clínica.

Ferenczi, a partir de um texto de 1913 de Tausk,[38] concluiu que a fase de "negação" do desprazer só seria ultrapassada quando sua "afirmação", ou seja, a capacidade de o psiquismo suportá-lo, oferecer ao indivíduo certa vantagem, uma compensação. Da mesma forma como o bebê só abandonaria a satisfação alucinatória quando a fome o impulsionasse, sem remédio, a buscar alimento no seio materno, ao longo da cura, somente graças à força do amor de transferência, uma possibilidade de compensação oferecida pelo próprio tratamento, é que o paciente admitiria aquilo que, psiquicamente, lhe causasse desprazer.

É uma anotação que poderia passar desapercebida, mas que, no contexto do nosso estudo, nos recoloca nos trilhos de um problema fundamental que é a questão da satisfação que o paciente poderia obter no contexto do trabalho analítico, ou seja, o tópico da abstinência.

Conforme estudamos, Freud propôs essa posição como um "princípio" em meados dos anos 1910, e Ferenczi, com seu endosso, conduziu-a a novos limites nas suas primeiras revisões sobre a técnica, visando combater estagnações no processo associativo que poderiam decorrer de satisfações obtidas no curso da análise (referimo-nos à "técnica ativa"). Por outro lado, em um segundo momento de suas especulações sobre a atividade (no caso da

---

38 "*Entwertung des Verdrängungsmotifs durch Rekompense*", cuja tradução aproximada seria "Desvalorização dos motivos da repressão por meio da recompensa" (título em francês: "*Dévalorisation du motif du refoulement par récompense*", Tausk, 2000[1913]).

musicista croata, por exemplo), bem como no texto técnico escrito com Rank, o húngaro observou que certo grau de satisfação que derivasse do processo de análise poderia, ao contrário do que pensava Freud, facilitá-lo. Aqui nosso autor dá um novo passo nessa direção ao considerar, como bem aponta Saunal: "É o prazer ligado ao amor de transferência que lhe [ao paciente] oferece um 'consolo à dor'" (2012, p. 29). É de se pensar qual a natureza da satisfação em jogo, um tema que aqui desponta – em diálogo com a discussão anterior sobre as formas de transferência que sustentam o trabalho de análise – para ser objeto de atenção de Ferenczi.[39]

Assim, foi a dificuldade com certas satisfações, avaliadas como impeditivas do trabalho de análise (consubstanciadas, muitas vezes, nos sintomas transitórios), que conduziu Ferenczi à técnica ativa. Seria a dor que o paciente experimentaria no trabalho de análise e outros possíveis efeitos iatrogênicos dessa inovação que o conduziriam a reavaliá-la.

Ao longo do curso de uma série de trabalhos que discutimos, especialmente no capítulo anterior, e enfrentando forte oposição – tanto de membros do Comitê Secreto quanto de analistas mais novos –, Ferenczi continuou advogando a importância da abordagem fundada na atividade.[40] Todavia, as novas descobertas que foram acrescidas ao pensamento psicanalítico com base nos trabalhos

---

39 A discussão anterior deu-se no item "Positiva e negativa: aspectos sugestivos e fenômenos de resistência nas transferências" (capítulo 4) de nosso livro. Daqui para diante, nossa intuição é que essa satisfação, ao menos parcialmente – especialmente no caso dos pacientes traumatizados –, tem a ver com o encontro de um objeto empático, o analista, que consiga oferecer condições de acolhimento e escuta. Uma satisfação de "reconhecimento". Isso será detalhadamente estudado nos dois próximos capítulos.
40 Glover, foi um dos jovens que se posicionou contra essa prática, redigindo o importante artigo "Active therapy and psycho-analysis" (1976[1924]).

que discutimos neste capítulo também lhe deram subsídios importantes para questionar a extensão do valor das intervenções ativas.

Deste ponto ingressamos na última (e certamente mais conhecida) parte da contribuição de Ferenczi ao pensamento psicanalítico, quando o húngaro irá, na continuidade do caminho que vinha pavimentando, oferecer concepções inovadoras e perenes do adoecimento psíquico e de seu tratamento. É desse período que trataremos em nossos dois próximos – e últimos – capítulos.

7. A relação entre trauma e ambiente primário e suas consequências psicogênicas e clínicas: o início do período de indulgência (1925-1931)

A revisão da técnica ativa

A virada para os anos 1920 trouxe abundantes dificuldades para Ferenczi e o cenário psicanalítico de Budapeste. A derrota na Primeira Guerra Mundial cobrou um preço altíssimo da parcela húngara do antigo império dos Habsburgo: com o Tratado do Trianon, a extensão do seu território encolheu-se a um terço e a população a menos da metade. Perdeu-se a costa que lhe dava acesso ao mar Adriático. A pungência econômica da virada do século esmoreceu e, concomitantemente, veio a turbulência política: em um lapso de três anos (1918-1920) o país viu-se governado, a partir de sucessivas quebras no regime democrático, por liberais, comunistas e, por fim, reacionários, que, comandados por Miklos Horthy, detiveram o poder até os anos 1940. Sabemos por Lendvai que os judeus foram grandemente responsabilizados pela instabilidade do período. Segundo o raciocínio das forças reacionárias:

> *Os judeus bolcheviques, liderados por Béla Kun, figuravam como os principais agressores ... os intelectuais judeus que teriam subvertido todos os valores nacionais e cristãos, e os judeus milionários do mercado negro que lucravam com a miséria do país e com os soldados mortos de fome nos campos – teriam sido eles a entregar a Hungria ao seu destino (Lendvai, 2003, posição 601, tradução nossa).*[1]

O movimento psicanalítico húngaro foi imediatamente atingido. Ferenczi, que, como antecipamos, havia sido convidado durante o regime comunista de Kun a dar aulas de psicanálise na universidade, não só foi privado de seu posto de professor como teve seu registro cassado na Sociedade Médica Real da Hungria. O isolamento do país e as dificuldades de comunicação fizeram com que nosso autor, em 1920 e a pedido de Freud, renunciasse ao seu cargo de presidente da associação internacional em favor de Jones.

A conjuntura nacional estimulou a saída de inúmeros intelectuais, pesquisadores e artistas do território húngaro: de Georg Lukács a Béla Bartók, passando por Alexander Korda e Michael Curtiz, uma parcela considerável da instigante e florescente Hungria de outrora abandonava o país. O mesmo movimento foi observado no contexto da psicanálise budapestina, que viu figuras distintas como Klein, Sándor Radó, Sándor Lorand, René Sptiz, George Devereux e o casal Balint (Alice e Michael) abandonar sua terra de origem em favor de destinos diversos como Viena, Berlim, Paris e Nova York.

Foi na onda de tais eventos – e no refluxo do cenário de instabilidade político-institucional e de tentativa de amenização das

---

[1] No mesmo sentido, Mészáros (2014[2008], p. 51).

discordâncias clínico-teóricas havidas entre os psicanalistas, tal qual observado em capítulo anterior – que Ferenczi partiu para os Estados Unidos em setembro de 1926. As mudanças no Comitê Secreto eram evidentes: Rank desligara-se do movimento e Abraham teve a vida ceifada por um câncer no Natal do ano anterior. Freud cogitou a mudança do húngaro para outra capital europeia – da Áustria ou da Alemanha –, como forma de suprir as baixas representadas pela perda desses dois analistas insignes. Ferenczi, entretanto, estava convicto da importância dessa viagem e informou ao mestre de Viena que a mudança para a América consolidaria "um momento de desmame" para ele e sua mulher (Brabant et al., 2000a, p. 259, tradução nossa).

A estadia americana durou nove meses e, ao retornar à Europa, antes mesmo de chegar a Budapeste, Ferenczi palestrou em Londres para uma plateia composta de célebres figuras da psicanálise britânica como, naturalmente, Jones e também Klein, Susan Isaacs e Roger Money-Kyrle. O tema de sua fala verter-se-ia em um texto seminal, "Adaptação da família à criança" (2011[1928a]), trabalho muitas vezes indicado como marco de abertura da fase derradeira de reflexões teórico-clínicas de nosso autor,[2] reconhecida por muitos comentadores como seu "período de indulgência", e caracterizada, entre outras coisas, pelas técnicas de relaxamento e elasticidade, por uma profunda revisão sobre a regra da abstinência (a qual se conjuga a noção de "empatia"), pela valorização da mutualidade e do trauma – na constituição do psiquismo e em seus adoecimentos.

Os efeitos didáticos de tal divisão da obra de Ferenczi, como já dissemos, devem ser objeto de atenção do estudioso, primeiramente, porque muitas vezes dá-se a impressão de que o que passaremos

---

2 Talvez, inclusive, por ser o primeiro texto do quarto volume de suas obras completas, tal qual organizadas na maioria dos países em que foram publicadas, uma divisão na apresentação de seu trabalho que teria certo peso simbólico.

a estudar surgiu no pensamento do húngaro como um raio em um céu azul de verão. Como esperamos ter demonstrado até aqui, esse não é o caso: as descobertas e hipóteses derradeiras de nosso autor são fruto de um exercício de reflexão que atravessou décadas, iniciando-se antes mesmo de sua aproximação de Freud. Falando de forma concreta, o tema da adaptação, por exemplo, parte do título do trabalho a que nos referimos previamente, já era objeto de cuidado de Ferenczi desde antes de seu ingresso no universo psicanalítico. Foi debatido em suas primeiríssimas reflexões sobre a pedagogia, retomado nos seus trabalhos de 1913 sobre o desenvolvimento do sentido da realidade e naqueles de meados dos anos 1920, com relação aos quais acabamos de nos debruçar.[3]

Ou seja, consoante apontamos nas linhas vestibulares de nosso livro e reaproximando-nos dos pontos de vista de Lorin e Antonelli que expusemos no terceiro capítulo (quando pesquisamos a aproximação de Ferenczi da psicanálise), consideramos, tal qual o autor francês, que há de fato aspectos de seu pensamento pré--psicanalítico que persistem ao longo de toda sua obra, às vezes ficando mais evidenciados, às vezes situados de forma periférica em favor de uma leitura estrita do pensamento freudiano.

Nesse último período, contudo, Ferenczi conseguiu vencer grande parte de suas inibições, trouxe e afirmou a legitimidade desses aspectos que ficavam à margem e, assim, partiu para uma tentativa de integração explícita de suas intuições com o pensamento original de Freud – o que implicaria, às vezes, deixar bastante claro alguns pontos de difícil conciliação, como o manejo da

---

3 Rachman, por exemplo, percebe essa sutileza ao dividir o desenvolvimento do pensamento clínico-teórico ferencziano em quatro partes e anota que, "a despeito de que em seu último período seu método psicanalítico humanista (1924-1932) era diferente de seu trabalho inicial como psiquiatra no período pré-freudiano, a semente do humanista era evidente já em seus primeiros trabalhos" (2004[1995], p. 213).

regra de abstinência e o uso da regressão na clínica, por exemplo. Perceber tais dificuldades, no entanto, nunca fez que Ferenczi quisesse afastar-se do movimento psicanalítico, ou, para sermos mais precisos, da teoria e da clínica psicanalítica.[4] Pelo contrário: deve ser reconhecido como um pioneiro na tentativa de ampliar seu âmbito de abrangência terapêutica, levando-o, inclusive, para além dos limites que Freud estipulara sua pertinência – buscando incluir o tratamento de neuroses severas e psicoses – mantendo-se, ao mesmo tempo, em um campo de diálogo com os avanços da metapsicologia postulada por ele.

Nos capítulos anteriores, acentuamos a pressão que nosso autor sentiu ao sustentar certos pontos de vista que se opunham àquilo que já era, à época, reconhecido como "técnica clássica da psicanálise". Se inicialmente essa pressão partiu do exterior, com os colegas que iam revelando seus incômodos com relação à técnica ativa, paulatinamente o próprio Ferenczi deu-se conta de que, a despeito de alguns bons resultados, sua primeira grande inovação clínica eventualmente redundava em cenários pouco favoráveis ao desenvolvimento de um processo terapêutico-analítico. A partir de então, propôs-se a, honestamente, reexaminar seus procedimentos.

Essa revisão iniciou-se com "Contraindicações da técnica ativa" (2011[1926b]), trabalho apresentado no IX Congresso Internacional de Psicanálise, que se deu em setembro de 1925 (anterior, portanto, a sua viagem aos Estados Unidos), e publicado no ano seguinte. O que nosso autor constatou nesse escrito foram os efeitos iatrogênicos da técnica, ou seja, que as proibições e injunções que a caracterizavam e visavam vencer as resistências trazendo

---

4   E poderíamos acrescentar, da figura de Freud. Fazemos essa ressalva, pois, nesse período final, temos a impressão de que Ferenczi buscou distanciar-se o quanto pôde da institucionalização e da burocracia da psicanálise, com as quais esteve tão envolvido anteriormente e das quais foi um dos grandes patrocinadores.

novo material psíquico para o trabalho de análise, muitas vezes, culminavam em um efeito oposto – geravam um aumento de tensão tão grande que levaria ao reforço da resistência. Nesses casos, diz Ferenczi, "A atividade enquanto medida de frustração, tem sobretudo por efeito, portanto, perturbar e desfazer a transferência" (2011[1926b], p. 402), podendo provocar a fuga dos pacientes, caso não seja utilizada com bastante parcimônia.

Ferenczi começava a dar voz aos efeitos contraterapêuticos que a radical supressão das "satisfações" poderia promover. Frente a essa situação, não propôs o abandono completo da atividade, mas que tivesse uma "flexibilidade elástica" – expressão que fará história em seu pensamento, utilizada para contrapor a uma "intransigência estrita". Dessa forma, nosso autor, em vez de impor as medidas ativas, passava a buscar o acordo com os pacientes sobre a oportunidade e o momento de praticá-las.

Nessa esteira, "Contraindicações da técnica ativa" revela-se efetivamente um importante trabalho de transição. Em seu corpo encontramos também a noção de "relaxamento" que, tal qual a de elasticidade, faz parte do arsenal técnico do qual nosso protagonista lança mão no final dos anos 1920. De maneira interessante, o relaxamento é introduzido vinculado estreitamente à corporeidade, mas com a finalidade de fornecer material psíquico para ser, então, trabalhado de maneira psicanalítica. Conta Ferenczi:

> *Aprendi depois que é útil, por vezes, aconselhar exercícios de distensão[5] e que esse modo de* relaxamento

---

[5] "Exercícios de distensão" surge como uma expressão intrigante que, por um lado, faz remissão a uma atividade ("exercício") que conduziria, contudo, a um relaxamento ("distensão"). Teríamos assim, não um abandono da atividade, mas uma atividade que, em vez do que se objetivava na técnica ativa, o incremento da tensão psíquica, buscaria dessa vez sua redução.

permite com frequência vencer também, com maior rapidez, as tensões psíquicas e as resistências à associação. Seria útil dizer-lhes que tais conselhos só têm utilidade para a análise, e que só tem alguma a coisa a ver com os exercícios físicos de autocontrole e de relaxamento da ioga na medida em que esperamos compreender melhor, graças a eles, a psicologia de seus adeptos (2011[1926b], p. 409, destaque nosso).

Ou seja, em nossa leitura, esse excerto esclarece como Ferenczi, ao meditar sobre as técnicas que aqui apresentava – tal qual se deu com relação às propostas de atividade – percebe-as como uma via para possibilitar o acesso a um material a ser "compreendido", ao âmbito intelectual, termo que nos reaproxima da psicanálise clássica. E nosso autor faz questão de ressaltar que, a despeito dos novos métodos, a "interpretação continua sendo, como antes, a principal tarefa da análise" (Ferenczi, 2011[1926b], p. 407).[6] Aliás, no que concerne à posição do analista, faz – nesse mesmo trabalho – uma apresentação sintética que merece ser transcrita para tomarmos como referência ante as propostas clínicas que virão. Diz ele:

---

6 Perguntamo-nos: essa ênfase, com relação aos exercícios de relaxamento, no escopo restrito de "compreensão" do psiquismo do paciente – e não da "cura" nem de efetiva "transformação psíquica" –, seria uma proposição totalmente sincera de nosso autor ou, simultaneamente, uma forma de indicar seus interesses marginais e uma tentativa de não se afastar demasiadamente do campo psicanalítico anteriormente palmilhado por Freud e avalizado pela instituição, mantendo como instrumento "definitivo" de intervenção a "interpretação"? A pergunta parece-nos pertinente, sobretudo se levarmos em conta o efetivo interesse demonstrado por Ferenczi pela ioga, consoante duas de suas últimas notas escritas: "Lamaísmo inconsciente e ioga" e, especialmente, "Disciplina da ioga" (datadas de 30 de novembro e 22 de dezembro de 1932, respectivamente; cf. Ferenczi, 2011[1949], pp. 319 e 321), em que o húngaro, rapidamente, reflete sobre a afirmação de desprazer a partir dessa perspectiva.

> *Em geral, pode-se formular o limite da atividade permitida da seguinte maneira: são admitidos todos os modos de expressão que não obriguem o médico a sair do seu papel de observador e conselheiro benevolente. Convém deixar insatisfeitos os desejos que o paciente tem de obter sinais de uma contratransferência positiva; com efeito, à análise não cabe fazer a felicidade do paciente durante o tratamento por uma conduta carinhosa e amigável[7] (no tocante a essas demandas, cumpre reenviá-lo para a vida real após a análise), mas deve repetir as reações do paciente à privação em condições mais favoráveis do que aquelas que foram possíveis na infância e corrigir os distúrbios do desenvolvimento cuja reconstituição histórica possa ser feita (Ferenczi, 2011[1926b], p. 408).*

Outro tema que Ferenczi passaria a desenvolver em seus escritos posteriores e que fez aparição nesse trabalho de revisão da técnica ativa foi a "traumatogênese", que ali ressurgiu em estreita ligação com a técnica proposta por Rank em seu livro *O trauma do nascimento* (2016[1924]).

O húngaro, a partir da ideia que ficou ligada à hipótese clínica rankiana de estipulação, desde os primeiros momentos, de um prazo para o término do trabalho analítico,[8] apresentava-nos o projeto terapêutico de seu colega como algo que englobaria, sempre, a necessidade de se reexperimentar a vivência dita traumática

---

[7] Noções semelhantes a essa "conduta carinhosa" passariam a ser importantes nos avanços clínico-teóricos de nosso autor no final dos anos 1920, como veremos.

[8] Lembremos: uma estratégia de intervenção usada por Freud e Ferenczi de maneira bastante mais temperada.

do nascimento no contexto da análise. Ferenczi, entretanto, afirmava, em suas reconsiderações à técnica ativa, que não acreditava ser exato que toda separação entre analista e paciente deveria "adotar obrigatoriamente o caminho traumático do aviso prévio" (2011[1926b], p. 405). Isso quer dizer, observemos bem, que o traumático pode surgir no âmbito do tratamento analítico a partir de uma intervenção do analista – o tal "aviso prévio", no caso. Essa percepção foi-lhe de suma importância no contexto em debate. Nesse sentido, citamos Balint:

> Agora ele [refere-se a Ferenczi] entrevista por que a técnica ativa tinha fracassado. Sem dúvida, ela conduzia a uma reativação das experiências traumáticas da infância na situação analítica, mas, em certos casos, essa reativação não era acompanhada de uma resolução da compulsão a repetição porque as condições predominantes na situação analítica não eram . . . as mais favoráveis (2011[1967b], p. XVII).

É por conta de tal observação acentuada por Balint que veremos, em alguns textos que se seguem, Ferenczi retomar o trabalho de Freud de 1914, "Recordar, repetir e elaborar" (1996[1914b]), para dizer que nem a interpretação nem a repetição, sozinhas, trariam a saída para os impasses da clínica, como tanto se discutira ao longo dos anos anteriores. Ferenczi vai enfatizar, a partir de então, a importância dos processos de elaboração, ponto em que a técnica de Rank claudicava.

Não foi, no entanto, somente com relação às intervenções ligadas à atividade que Ferenczi percebeu efeitos iatrogênicos. No curso de suas investigações, compreendeu que também a técnica dita "clássica" poderia ter os mesmos efeitos retraumatizantes. E foi assim que o termo "trauma", reintroduzido enfaticamente no pensamento psicanalítico a partir da virada dos anos 1920, nunca mais abandonou o vocabulário ferencziano, tornando-se objeto de profunda reflexão e centro de suas preocupações clínicas, relacionado, como já vimos no capítulo anterior, com a ideia de repetição – assunto esse que, por sua vez, intrigava o húngaro desde seus escritos sobre "sintomas transitórios", na primeira metade da década de 1910.

Devemos perceber, desta feita, como o período final do pensamento ferencziano integra uma série de preciosos achados que foram por ele colecionados, conquistas próprias ou apropriadas das figuras do movimento psicanalítico com as quais mais se identificara. As descobertas clínicas desse período estão, também, em um constante diálogo com as hipóteses que Ferenczi foi construindo acerca da criança, do universo infantil e da relação desse com o mundo adulto. Tal tema é constante nos oito textos que publicou entre 1928 e 1933, mais as notas e o *Diário clínico* (1990[1932]) que deixou escrito (e que foi publicado muitos anos depois), trabalhos que vêm sendo o sustentáculo principal dos estudos sobre as importantes revisões clínico-teóricas propostas por nosso protagonista, e que serão o fundamento desta parte final de nosso percurso.

Vamos, então, retomar a trilha do pensamento de Ferenczi e ingressar nesse intrigante e sensível aprofundamento que propõe em torno do problema do trauma. Primeiramente, faz isso a partir do trabalho apresentado em Londres, "Adaptação da família à criança", no qual, desde o título, revisitou pontos de sua trajetória e apontou para novos horizontes, com os acréscimos que fez a alguns dos temas tratados nesse artigo em outra publicação do mesmo ano (e de maior ênfase clínica): "O problema do fim de análise" (2011[1928b]).

Após isso, teremos contato com "A criança mal acolhida e sua pulsão de morte", outro texto extraordinário de Ferenczi que impressiona pela desproporcionalidade entre sua pequena extensão (apenas seis páginas!) e a capacidade intuitiva de versar sobre problemas que persistiriam e seriam retomados – incontáveis vezes – pelo pensamento psicanalítico ao longo dos anos posteriores.

O trauma como produto de desajustes na adaptação do mundo adulto à criança

"Adaptação da família à criança" é um título incomum, avisa-nos Ferenczi (2011[1928a], p. 1). De fato, para os leitores inadvertidos, o que se mostra, à primeira vista, parece contrapor-se à noção de educação, da habituação de uma criança ao seu microcosmo inicial – a família – e, em decorrência, ao mundo exterior.

Contudo, para nós que estamos acompanhando cuidadosamente seus passos, talvez tal designação cause menos estranheza: se pudermos desviar o olhar da proa para a popa da nave que nos conduz pelas reflexões ferenczianas, perceberemos que essa ideia já havia sido visitada em outros artigos. Vamos nos remeter, por exemplo, ao texto pré-psicanalítico de 1901, "Leitura e saúde" ("Lecture et santé", 1994[1901c]) e "Psicanálise e pedagogia" (2011[1908b]), escritos em que Ferenczi, conforme sublinhamos nos Capítulos 2 e 3,[9] antecipara que a educação, entendida como avatar desse encontro do infantil com o adulto, pode, caso não haja maleabilidade deste último, provocar dificuldades para o desenvolvimento do psiquismo nascente da criança.

---

9 Cf. capítulo 2, item "'Leitura e saúde': as reflexões iniciais acerca do universo infantil", e capítulo 3, item "As primeiras ponderações psicanalíticas sobre a interação do ambiente com a criança: a educação".

Podemos ir além e lembrar que, de uma maneira ainda mais sutil, Ferenczi destacara – em "O desenvolvimento do sentido de realidade e seus estágios" (2011[1913c]) – a importância da família, dos pais e cuidadores, irem ao encontro da criança, proporcionando condições para que ela, com seus aspectos de prematuridade intrínseca, conseguisse sobreviver à nova condição extrauterina. Se quisermos acrescentar um pouco mais de nuance, devemos lembrar o quanto de trabalho psíquico Ferenczi, Freud e também Rank apontaram, nos textos da primeira metade dos anos 1920, ser necessário para a construção de estruturas mentais que permitiriam o atravessamento das situações de abalo psíquico, *verbi gratia*, a separação da mãe.

Foi a partir desta última condição que Ferenczi discutiu, nesse trabalho publicado em 1928, a noção de "trauma" – termo que efetivamente é utilizado no texto para referir-se a algumas circunstâncias usuais e necessárias da vida do bebê e da criança, conforme veremos adiante. Curiosamente, contudo, nosso autor evitou relacionar a palavra "trauma" ao "nascimento", que preferiu, então, descrever como um "triunfo". Fez esse desvio de uma forma engenhosa, remetendo a Freud a lição de que "os sintomas de angústia estão relacionados com as modificações fisiológicas particulares, ocasionadas pela passagem do ventre materno para o mundo exterior" (Ferenczi, 2011[1928a], p. 4).

De fato, em 1926 – dois anos, portanto, depois do surgimento do livro de Rank e da publicação da teoria da genitalidade de Ferenczi –, o mestre de Viena trouxe à luz aquele que é reiteradamente reconhecido como um de seus trabalhos clínicos mais importantes dos anos 1920: "Inibição, sintoma e ansiedade". Segundo Jones, parte do interesse desse escrito derivava de "observar os esforços de Freud para ter uma visão mais clara dos problemas que a teoria de Rank estimulara" (1989[1957], Vol. III, p. 258). O próprio Freud, no processo de elaboração desse texto, citou Rank em correspondência a Ferenczi, ao dizer "meu ensaio [refere-se a "Inibição, sintoma e ansiedade"] nada diz sobre a técnica ativa e ocupa-se apenas dos aspectos teóricos da doutrina de Rank, que, no que diz respeito à ansiedade, se sai bastante bem" (Brabant et al., 2000a, p. 226, tradução nossa). De qualquer forma, em "Adaptação da família à criança", nosso personagem preferiu mostrar-se distante de Rank e, a despeito de indicar a angústia relacionada às mudanças fisiopsicológicas que se dão no nascimento, optou pela percepção triunfal desse evento.

Por que um "triunfo"? Ferenczi comenta:

> *Eu próprio me ocupei dessa questão [refere-se ao trauma do nascimento] de maneira muito profunda mas, quanto mais eu avançava em minhas observações, mais se tornava evidente que não havia nenhuma mudança nem evolução na vida para as quais precisamente o indivíduo estivesse mais bem preparado do que para o nascimento: a previdência fisiológica e o instinto dos pais tornam essa transição tão suave quanto possível* (2011[1928a], p. 5).

Tal postulação leva-nos a concluir que haveria uma simplificação descabida se propuséssemos que a noção de "triunfo do nascimento" seria tão somente uma resposta defensiva de Ferenczi à política psicanalítica, uma tentativa forçada de afastamento das hipóteses de Rank que ele, anteriormente, abraçara. Primeiramente porque essa ideia, como antecipamos, já se encontrava de certa maneira contida em "Thalassa", quando nosso autor contava que o nascimento era permeado por um duplo aspecto: de "catástrofe", mas também de "comemoração" (2011[1924b], p. 311), comemoração pela sobrevivência, pela possibilidade de adaptação ao novo meio.

Acrescentemos a isso um olhar contido sobre o trecho final do excerto supracitado. Sobre a "previdência fisiológica", Ferenczi apontou como uma série de órgãos do bebê estariam aptos a mostrar-se funcionais no ambiente terrestre/aéreo tão logo se desse o nascimento. Sobre esse ponto é interessante, então, que percebamos o seguinte: ao falar dessa dupla face do nascimento, nosso autor nos conduziu a reconhecer que, em certa medida, o humano traz no bojo de sua constituição aspectos opostos que, por um lado, apontam para sua prematuridade enquanto, por outro, indicam nossa possibilidade (a princípio fisiológica) de adaptação instantânea ao novo ambiente após o nascimento – inclusive, sabemos da necessidade, para a saúde do bebê e da mãe, de que o parto não exceda certo prazo.

A essas observações, contudo, Ferenczi fez um apontamento crucial. Diz: o "instinto dos pais os impele a tornar a situação do recém-nascido tão agradável quanto o possível" (2011[1928a], p. 5). É nesse ponto, nesse curto comentário, que Ferenczi recoloca-nos diante da importância da família para que o evento da chegada do bebê ao mundo não se encaminhe para um curso de exacerbado "mal-estar" para a criança. Ele nomeou a importância da participação ativa dos pais, (ou seja, de sua "adaptação" à criança) e lançou mão do termo "instinto" – provavelmente derivado aqui de suas reflexões biológicas – para falar de algo que pareceria dado como certo nos seres humanos. A explicação "instintual" seria para ele a única possível? Certamente, não. Ferenczi poderia, por exemplo, ter lançado mão de outras noções que já pertenciam ao arsenal psicanalítico de então, como o "narcisismo" dos pais que Freud observara, em 1914, acentuando o aspecto intergeracional dessa formação psíquica ("sua majestade, o bebê").

Entre as medidas de cuidado materno e paterno citadas, há algumas que já conhecemos de trabalhos escritos quase quinze anos antes:[10] "o bebê é deitado no quente, protegido ao máximo das excitações ópticas e acústicas". Os pais, diz Ferenczi, "fazem a criança esquecer efetivamente o que se passou, como se nada tivesse acontecido" (2011[1928a], p. 5).

Rememoremos: até aqui, apresentamos as concepções de Ferenczi sobre o nascimento – que, nesse texto, fica registrado sob o signo de um triunfo. No entanto, nosso autor apontou que passagens posteriores, comuns da vida do recém-nascido, poderiam resultar em situações efetivamente traumáticas: o desmame, a educação para asseio pessoal, a restrição à sexualidade e, por fim, a "passagem para a vida adulta", relacionada à situação edípica.

Vejamos algo sobre cada uma dessas fases com maior detalhamento.

Primeiramente, ao falar do "desmame", Ferenczi acentuou a passagem de um modo de nutrição passiva para outro, que implica a mastigação ativa. Essa importante transformação de relação com o ambiente já havia sido acentuada em "Thalassa": o termo "ativa" remete a um ser – no texto de 1928, especificamente, o bebê – que começa a ter de tomar parte, ainda que de forma reduzida, na manutenção de sua existência. Também aqui nos introduziu uma concepção das decorrências do "trauma": um desmame malfeito pode "projetar uma sombra sobre toda a sua vida" (Ferenczi, 2011[1928a], p. 5), referindo-se, naturalmente, ao bebê.[11] Ferenczi

---

10 "O desenvolvimento do sentido de realidade e seus estágios". Também já encontrados em seu diálogo com a pediatria, conforme sua apreensão do pensamento de Czerny, vista no capítulo 3, item "As primeiras ponderações psicanalíticas sobre a interação do ambiente com a criança: a educação".
11 A observação acerca da "sombra" que pode ser "projetada" por um desmame malfeito nos remete ao debate epistolar que nosso autor teve com Freud, trazido por nós no Capítulo 3, no item "'Transferência e introjeção': as primeiras

assentou, pois, que esse tipo de ocorrência é capaz de influenciar negativamente a relação das crianças com os objetos, retomando inclusive, de maneira um pouco alterada, a metáfora que vimos Freud utilizar na Conferência XXIII.[12] Diz o húngaro: "Nos estágios precoces do desenvolvimento embrionário uma picada de alfinete pode impedir a formação de uma parte do corpo" (p. 5). Lembremos que, no texto de 1926 sobre a afirmação de desprazer, Ferenczi assentou a importância do concurso do objeto (aqui representado pelo seio) para que a adaptação do bebê e os primeiros movimentos de sua pulsionalidade ocorressem de maneira "progressiva", respeitando um ritmo adequado.

A questão do "asseio", por outro lado, levou nosso autor a apontar a "perda da felicidade" da criança e como os adultos deveriam ser atentos às dificuldades que derivariam de tal circunstância. Trata-se de uma ferida narcísica, pois a criança ama o excremento como ama a si (Ferenczi, 2011[1928a], p. 7). A saída, segundo Ferenczi, seria tratá-la com prudência, permitindo-lhe viver, até certo ponto, a partir de seus impulsos, criando, simultaneamente, a possibilidade de sublimá-los – algo bastante próximo

---

reflexões sobre a clínica psicanalítica", no qual esclareceu ao pai da psicanálise que aquilo que ele nomeara, ao tratar da melancolia, "projeção da sombra do objeto sobre o Eu narcísico", nosso autor preferia designar por "introjeção". Ou seja, parece legítimo interpretar que, nessa passagem do texto de 1928, Ferenczi estaria de fato especulando acerca da qualidade de experiência objetal que o bebê introjetaria a partir de uma ablactação descuidada, especialmente de sua repercussão na constituição egoica.

12 Que retornaria ainda, de forma semelhante, em "Confusão de línguas entre os adultos e a criança", ao falar dos frutos que amadurecem muito rapidamente após serem bicados por um pássaro (Ferenczi, 2011[1933], p. 119). Cf. capítulo 6, item "A guerra e a revalorização do trauma no contexto psicanalítico: as neuroses traumáticas".

daquilo que já havia afirmado vinte anos antes, como vimos, em "Psicanálise e pedagogia".[13]

O terceiro evento com potencial traumático está ligado à "sexualidade infantil e sua contenção". Aqui vemos Ferenczi (re)introduzir três termos que serão importantes na pavimentação de suas novas concepções e que retomaremos nos tópicos a seguir. Primeiramente, diz que o médico deve tratar com "tato" a angústia paterna relacionada à masturbação infantil.

Outra noção importante é da "confusão" – que se tornará, posteriormente, uma "confusão de línguas" – entre os adultos e as crianças. Nosso autor assinalou que aquilo que é óbvio para as crianças não é percebido pelos pais e vice-versa. O infante esperaria deles um reconhecimento da excitabilidade dos genitais e de sua função libidinal, o que lhe é "negado" (eis nosso terceiro termo) tão logo que o sente. A criança, então, fica inquieta e torna-se desconfiada – e disso pode derivar um abismo entre ela e o adulto.

Essa não é uma percepção inédita de Ferenczi. Basta relembrarmos o que havia percebido desde seu escrito de 1908 sobre psicanálise e pedagogia: a educação muitas vezes colide com o princípio do prazer e, nessa oposição, nem sempre ocorre o esperado desaparecimento da disposição satisfatória, mas, sim, o surgimento de uma "personalidade distinta" no psiquismo infantil, que cresceria às escondidas (conforme também expusemos no Capítulo 3).[14]

Em vez do reconhecimento, observa Ferenczi, o que a criança obtém muitas vezes é uma negativa ou mesmo uma reprimenda.

---

13 Cf. capítulo 3, item "As primeiras ponderações psicanalíticas sobre a interação do ambiente com a criança: a educação".
14 Cf. capítulo 3, item "As primeiras ponderações psicanalíticas sobre a interação do ambiente com a criança: a educação".

Como assinalou no outro trabalho anteriormente mencionado, editado no mesmo ano, "O problema do fim de análise":

> *Na origem, para a criança, tudo o que tem gosto bom é bom. Deve aprender a considerar e a sentir que muitas coisas que têm gosto bom são ruins e a descobrir que a obediência a preceitos que implicam renúncias difíceis transforma-se em fonte de felicidade e satisfação extremas (Ferenczi, 2011[1928b], p. 20).*

Essa situação nos remete, de certa maneira, ao mecanismo da "negação", discutido em "O problema da afirmação de desprazer" (2011[1926a]),[15] mas de uma forma diversa: se, naquele trabalho, a negação – fase intermediária entre a ignorância e a realidade – tinha de ser sustentada frente a uma percepção que lhe seria desagradável, aqui a criança deve negar algo que lhe é agradável, mas que desagrada aos pais, representantes imediatos da cultura.[16]

Finalmente, o quarto e último evento traumático descrito é, segundo nosso autor, o momento de maior independência da criança, que se relaciona ao *Édipo*. As ameaças de morte ao pai e casamento com a mãe, que antes eram engraçadas, passam a ser punidas. A partir dessa situação, Ferenczi apresentou-nos uma – possivelmente sua primeira – concepção sobre a gênese do superego, que resultaria de um esforço defensivo e adaptativo da criança ao ambiente: partiu de uma conceituação do id como a parte central do psiquismo, responsável pelos movimentos pulsionais. O ego, por sua vez,

---

15 Cf. capítulo 6, item "A afirmação de desprazer: novas formulações sobre a psicogênese e o acesso à alteridade a partir dos regimes pulsionais.
16 Estamos, naturalmente, na esfera do tema da "hipocrisia", uma desconfiança que deriva de uma desautorização, de um desmentido, pois deve dizer que algo bom é ruim.

seria a parte periférica suscetível à adaptação. A criança, que no princípio temia a punição, identifica-se com os pais, as autoridades que punem. Ato contínuo, mães e pais reais ficam de lado e, então, surgiria o superego, derivado da interação com o ambiente e de um enriquecimento do ego que se dá nessas relações.

Essa explicação implica, como se supõe, as noções de introjeção e identificação. Desde "Transferência e introjeção" (2011[1909]), acostumamo-nos com a concepção ferencziana de que o ego tendia a introjetar aquilo que lhe causasse "prazer". Contudo, nesse caso específico dá-se a introjeção de algo diverso, desprazeroso e amedrontador. Ferenczi explica-nos essa mudança em outro apelo à intergeracionalidade, por uma forma de "compensação", tal qual tratamos no final do capítulo anterior. Diz que a criança que se submete imagina o prazer que advém quando, sendo pai, tiver de corrigir seu filho. Adiante, essa reflexão ganha novas tonalidades que nos conduzem a refletir sobre a "identificação com o agressor".

Antes de prosseguirmos, marquemos a dupla inversão das disposições mais espontâneas da criança que, como sublinhamos, Ferenczi aponta nesse momento. Primeiramente, a tendência espontânea da criança é de introjetar aquilo que causa satisfação e projetar eventuais fontes de desprazer. A constituição do superego, contudo, implicaria justamente instaurar no psiquismo uma instância reguladora do imediatismo na obtenção da experiência satisfatória. Essa é a primeira inversão, à qual se segue a segunda, cuja hipótese assenta que a educação (e a instauração do superego) impõe que a criança eventualmente encare aquilo que causa prazer como algo ruim, o oposto de sua disposição espontânea, que seria reconhecer que aquilo que imediatamente causa sensações prazerosas é bom. É necessário ressaltar esse ponto, pois, segundo nossa leitura, uma questão importante no pensamento ferencziano seria, justamente, como constituir essa instância reguladora do prazer de uma maneira saudável, proveitosa para o indivíduo e, também, para a cultura.[17]

Apresentadas as quatro situações de "traumatismos reais" – como Ferenczi as nomeou (2011[1928a], p. 5) –, caberia uma pergunta que constrói uma ponte com o que debatemos no capítulo anterior:[18] em que consiste, nesse momento de suas reflexões, o trauma? Como podemos defini-lo a partir desses novos exemplos?

Primeiramente, cabe assinalar que todos os eventos de que tratamos estão no âmbito daquilo que é amparado pela cultura, cujo ingresso é patrocinado pelos pais. Com isso, queremos anotar que, neste ponto, não trabalhamos – como posteriormente faremos – no contexto de atitudes perversas de adultos frente a crianças, mas de seu ingresso regular na civilização, na linha daquilo que Freud antecipara, como vimos, em "Além do princípio de prazer" (1996[1920]).

Contudo, em todos os casos, Ferenczi aponta que haveria formas de atravessar tais situações que não imporiam à criança desprazer desnecessário ou insuportável (situação indutora de traumas). Ou seja, não lhes causaria feridas que deixariam marcas dolorosas em sua constituição egoica, possibilitariam sublimações eficientes, resguardariam sua confiança nos adultos e, por fim, não as colocariam sob o jugo de um superego atroz. Falhas nos referidos "instintos paternos" – derivadas, inclusive, do esquecimento

---

17 Esse é um ponto merecedor de um estudo mais detido que, todavia, não cabe no âmbito de nosso livro. A princípio, parece-nos que as ideias de Freud e Ferenczi sobre a relação entre indivíduo e cultura não iriam no mesmo sentido: enquanto, para Freud, o mal-estar seria inerente a constituição da cultura, para Ferenczi, derivaria da forma como os indivíduos são nela integrados.

18 Rememoremos: no capítulo seis discutimos a reinserção do trauma na cena psicanalítica dos anos 1920 a partir das neuroses de guerra, das postulações de Freud sobre "Além do princípio de prazer", da separação da mãe e de seu correlato filogenético, a perda do ambiente oceânico tal qual descrito em "Thalassa".

dos pais de sua própria infância –, segundo Ferenczi, dariam o tom traumático a tais situações.

De forma geral, os autores que se debruçam sobre a obra de Ferenczi apresentam as reflexões do húngaro acerca do trauma com base no seguinte pressuposto: deriva de um fator exógeno que determina uma modificação no aparelho psíquico. É assim que fazem, por exemplo, Pinheiro (1995, p. 65), Rachman (2004[1995], p. 258), Kahtuni e Sanches, (2009, p. 400). Há um detalhe, contudo, que merece nossa prudência e que complementa esse ponto de vista: como já vimos, a constituição saudável, não traumática, da estrutura psíquica também deriva, em grande medida, de um fator exógeno que impulsiona modificações no psiquismo (a ligação da libido criando uma estrutura de energia quiescente, debatida no Capítulo 6,[19] é exemplo disso). Foi exatamente o que Ferenczi demonstrou nos estágios do desenvolvimento do sentido de realidade e retomou aqui.

Desse modo, queremos dizer que, para além dos estímulos externos que ultrapassariam o limite do tolerável pelo bebê, há um mundo de excitações internas que também só podem ser suportadas pelo infante com o auxílio do ambiente – o problema do desmame demonstra isso com mais clareza. Os objetos externos, os pais, em sua interação com o bebê, têm a possibilidade de auxiliá-lo a constituir um psiquismo sadio para suportar, não sem sofrimento (mas sem efeitos traumatizantes), tais excitações. Porém, caso algo lhes iniba os "instintos paternos", podem faltar com a sensibilidade para cumprir essa tarefa, implicando na construção de uma estrutura psíquica que reagiria com mais fragilidade às imposições de seu mundo instintivo e pulsional e do além de si. Com

---

19 Cf. capítulo 6, item "O trauma, o psiquismo para além do princípio de prazer e os processos de ligação como trilha para a psicogênese".

tudo isso exposto, fica mais claro o paralelo que já antecipamos,[20] entre a noção de "perigênese", proposta por Ferenczi em "Thalassa" e a função de ambiente protetivo desempenhada pelas figuras paternas com o nascimento do bebê, conforme tratado em "Adaptação da família à criança": cabe aos membros desse meio que circunda o neonato oferecer-lhe acolhimento, reconforto e proteção – "hospitalidade", como nomeia Kupermann (2009, p. 46) –, em sua chegada ao mundo, resguardando-lhe dos excessos de estímulos (externos e internos) que sobre ele possam incidir.

Não encontramos nesse escrito referências explícitas ao trabalho clínico. Entretanto, estamos de acordo com Kahtuni e Sanchez para quem, a partir de "Adaptação da família à criança", cada vez mais caminhamos com Ferenczi na direção de uma clínica em que, tal qual os pais, "é o analista quem precisa se adaptar à singularidade de cada paciente, e não o paciente às prescrições teóricas e restrições técnicas da psicanálise" (2009, p. 29).[21] O próprio Ferenczi, em um texto posterior, reportou-se à "Adaptação da família à criança" para responder a Anna Freud, surpresa ao conhecer seus novos métodos de trabalho: é necessário "uma espécie de acolhimento caloroso em preparação da análise propriamente dita" (Ferenczi, 2011[1930], p. 75).[22]

Essas novas disposições ficam mais claras a partir da publicação de "A elasticidade da técnica psicanalítica" (2011[1928c]) e "Princípio de relaxamento e neocatarse" (2011[1930]) – o texto posterior antes mencionado –, trabalhos que vieram à luz em

---

20 Cf. capítulo 6, item "'Thalassa', a mãe-oceano: da filogênese à psicogênese, da regressão à adaptação.
21 Especialmente se levarmos em conta que as noções de flexibilidade, elasticidade e relaxamento já constavam do texto de 1926, "Contraindicações da técnica ativa".
22 Anna Freud teria dito a Ferenczi: "você trata seus pacientes como eu trato minhas crianças" (Ferenczi, 2011[1930], p. 75).

período próximo a "Adaptação da família à criança", dos quais trataremos adiante, ainda neste capítulo.

Os reflexos do trauma na pulsionalidade infantil: novas considerações sobre a pulsão de morte

Permanecendo na seara da traumatogênese, em 1929, Ferenczi retomou o tema do nascimento do bebê em "A criança mal acolhida e sua pulsão de morte" (2011[1929a]). Nesse outro trabalho indispensável para a compreensão de suas ideias, vemos nosso autor integrar antigas intuições a essa revalorização do trauma no contexto da constituição do psiquismo infantil. Disso resultou mais um avanço em seu pensamento clínico-teórico: além de enfatizar a dimensão intersubjetiva, o húngaro demonstra que a impossibilidade de um acolhimento suficientemente "adaptado" (para nos referirmos ao título do texto de 1928) deixa outras marcas, além daquelas já mencionadas na constituição das instâncias psíquicas – "ego" e "superego". Algo anterior seria afetado, justamente o campo pulsional, lugar a partir do qual os fenômenos vitais deveriam ser considerados – o dualismo entre as pulsões de vida e morte.

Esse trabalho de 1929 compõe, assim, um belo diálogo com o texto de 1926 sobre a afirmação de desprazer, no qual Ferenczi nos posicionou frente ao problema do *desintrincamento pulsional*, constatando a permanência de alguns organismos em um *estágio narcísico* de desenvolvimento, no qual, não tendo seus desejos passivamente atendidos, morreriam. Pois bem, nesse novo artigo ("A criança mal acolhida e sua pulsão de morte") nosso personagem traria definitivamente essa premissa para o campo da constituição do psiquismo humano.

Quando Freud postulou sua nova teoria pulsional, ratificou a importância de Eros e da pulsão de morte manterem-se fusionadas. Contudo, ao contrário do elemento de união que caracterizaria Eros, a pulsão de morte teria como traço de distinção o elemento de desagregação. Nesses momentos em que elas se desentrelaçam, verificar-se-ia o "desintrincamento", a desfusão dos instintos, também chamada "disjunção pulsional". São momentos críticos, uma vez que neles a pulsionalidade mortífera, consoante antecipamos noutra parte, tende a situações delicadas. Ferenczi retoma, em 1929, o exemplo freudiano de um ataque epilético como resultado do completo desintrincamento pulsional,[23] um sintoma derivado de uma perfeita separação dessas pulsões – uma representação da tendência à autodestruição e à ausência da vontade de viver.

Sua experiência clínica como médico do exército durante a Primeira Guerra Mundial referendava esse ponto de vista: naquele tempo, interpretara dois casos de espasmo na glote como tentativas de suicídio por autoestrangulamento – outra derivação do desintrincamento pulsional com o predomínio da pulsão de morte. Partindo dessa leitura, nosso autor expôs a seguinte teoria: os dois pacientes que atendera durante a guerra teriam sido "hóspedes indesejados" no seio familiar – o ambiente não se adaptara suficientemente para recebê-los. Desse mau acolhimento derivaria a separação intempestiva e radical das pulsões de vida e morte. Trata-se, é certo, de um fenômeno extremamente primitivo e anterior à consolidação das estruturas psíquicas, situado no limiar entre o físico e o somático, consoante os momentos de formação do psiquismo.

Assim diz Ferenczi, apontando três possíveis destinos desses hóspedes mal recebidos:

---

23 Exemplo formulado em "O ego e o id" (1996[1923], p. 54).

Eu queria apenas indicar a probabilidade do fato de que crianças acolhidas com rudeza e sem carinho morrem facilmente e de bom grado. Ou utilizam um dos numerosos meios orgânicos para desaparecer rapidamente ou, se escapam desse destino, conservarão um certo pessimismo e aversão à vida (2011[1929a], p. 58).

"Carinho" e "rudeza"[24] são termos importantes de se enfatizar, pois é nesse ponto que Ferenczi diz que há algo a mais do que aquilo que já era reconhecido como necessário para a sobrevivência do neonato.

Percebamos com detalhe: não se fala aqui de componentes fisiológicos nem da adaptação cultural para que as crianças desenvolvam seu potencial de vida. Os termos são outros. Se, por um lado, a "rudeza" é aquilo do que elas deveriam ser protegidas, por outro, o "carinho" estaria, também, entre as necessidades fundamentais do recém-nascido – o carinho é elevado a um condicionante das possibilidades de constituição do psiquismo. Ferenczi ilustra essa asserção ao reportar-nos à fala de uma paciente alcoólatra: "mas por que me trouxeram ao mundo se não estavam dispostos a acolher-me carinhosamente?" (2011[1929a], p. 57).

As reflexões desenvolvidas em "Thalassa" também foram retomadas e ampliadas quando nosso autor propôs que os órgãos (e a pulsão de vida) desenvolver-se-iam com rapidez, na condição intra ou extrauterina, somente em circunstâncias favoráveis de proteção do embrião (a "perigênese", conceito que destacamos anteriormente, elaborado no texto de 1924) e do feto (prolongamento da função da perigênese à adaptação dos cuidadores à criança, aquilo que já tinha sido assinalado em "O desenvolvimento do sentido

---

24 No alemão original, "*(un)liebenswürdig*" e "*barsch*".

de realidade e seus estágios" e retomado em "Adaptação da família à criança", como uma atitude "instintiva" dos pais de proteger o filho). Ou seja, para que o nascimento pudesse ser, como anteriormente indicado, um "triunfo", o ambiente deveria tomar providências. Deduz-se, assim, que a tal "força vital" não seria tão intensa no imediato momento da chegada do bebê ao ambiente aéreo/terreno.

Tomando essas constatações de Ferenczi, Figueiredo conclui que, a partir da desfusão, seria possível perceber uma predominância da pulsionalidade mortífera.[25] Isso porque, e esse detalhe é importantíssimo, para nosso autor a pulsão de vida, as pulsões libidinais, só se realizariam com o concurso do objeto. Quando o objeto faltasse, o bebê ficaria sem essa referência indispensável. Frise-se: quando o recém-nascido não encontra o objeto, temos o caminho livre para a pulsão de morte, uma vez que essa modalidade pulsional dispensa um objeto. Quanto menos o objeto colaborar, quanto menos estiver presente (às vezes, tomado de suas próprias angústias), maior a tendência de a pulsão de morte invadir o bebê. Nos termos de Ferenczi:

> [a] força vital que resiste às dificuldades da vida não é, portanto, muito forte no nascimento; segundo parece, ela só se reforça após a imunização progressiva contra os atentados físicos e psíquicos por meio de um tratamento e de uma educação conduzidos com tato[26] (2011[1929a], p. 58).

---

25 As referências a Figueiredo neste parágrafo e no seguinte referem-se a anotações da sexta aula do curso "Modelos psicopatológicos em psicanálise: os processos de adoecimento psíquico", ministrada no programa de pós-graduação da Pontifícia Universidade Católica de São Paulo (PUC-SP), em 8 de abril de 2015.
26 "Educação", "tato", as intuições de seus primeiros tempos como psicanalista ressurgem novamente para ilustrar nosso ponto de vista de que, em seus momentos finais, Ferenczi costurou com grande sensibilidade temas que lhe

Retomando os apontamentos de Figueiredo em sua leitura do pensamento ferencziano, ocorreria que, em vista da extrema dependência que as pulsões de vida teriam de um meio ambiente favorável, quando não o é, a pulsão de morte dominaria o psiquismo que carregaria, a partir de então, a fantasia da morte como sua maior realização. Isso não dependeria de o sujeito estar em um momento crítico ou traumático: a fantasia de morte o acompanharia, transformando-se em ideias ou atos suicidas.

Além dessas, Ferenczi destacou outras caraterísticas que perdurariam na personalidade de indivíduos que experimentaram "traumas precoces" dessa ordem: pessimismo, desconfiança, nostalgia, inapetência para o trabalho, infantilismo emocional, tentativas de consolidação forçada do eu,[27] impossibilidade de lidar com o conflito edipiano (vale lembrar, o quarto momento de possibilidade traumática que o húngaro contabilizou em "Adaptação da família à criança") e a vida conjugal (frigidez, no caso da moça, impotência, no dos rapazes).

A despeito de ser um trabalho bastante enxuto, "A criança mal acolhida e sua pulsão de morte" fazia referência também a modificações da técnica psicanalítica necessárias para que o analista conseguisse trabalhar com pacientes que trouxessem no psiquismo a marca dessas vivências traumáticas precoces. Essas recomendações reúnem, de maneira sucinta, aquilo que Ferenczi abordou em dois trabalhos publicados entre 1928 e 1930, "A elasticidade da técnica psicanalítica" e "Princípio do relaxamento e neocatarse", nos quais o húngaro apontara para um importantíssimo redirecionamento de seu pensamento clínico, após a relativização do uso

---

ocuparam ao longo da vida e que não surgiram abruptamente no ocaso de sua criação clínico-teórica.
27 Uma primeira referência ao que se reconheceria como "progressão patológica", por exemplo.

da técnica ativa. Para não sermos redundantes, analisaremos esses aspectos em conjunto com o conteúdo desses dois artigos em um novo item, a seguir.

Aspectos da elasticidade da técnica: o tato, a estética no encontro analítico e a ênfase na perlaboração

Após o retorno dos Estados Unidos, Ferenczi absteve-se de publicar durante o ano de 1927. Não que isso fosse indicativo de alguma forma de esgotamento de ideias, muito pelo contrário: no item anterior, vimos nosso autor ocupando-se de refletir sobre o trauma e seus efeitos psicogenéticos e metapsicológicos em artigos imediatamente posteriores a esse período. A clínica, outrossim, também não foi deixada de lado: a partir dessas formulações, o húngaro foi desenvolvendo novas hipóteses sobre a prática da psicanálise e o lugar do analista. As percepções que tinha em um campo de pesquisa alimentavam novas hipóteses no outro, gerando um movimento que – acrescido da retomada de antigas intuições – redundou em uma explosão de criatividade e produção clínico-teórica impressionante.

O primeiro de seus trabalhos focando a prática terapêutica nesse momento foi "A elasticidade da técnica psicanalítica", cujo rascunho remeteu a Freud com saudações de feliz Ano-Novo em 1º de janeiro de 1928. Poucos dias depois, o pai da psicanálise respondeu-lhe em uma carta com conteúdo revelador:

> *Seu trabalho enviado – aqui reenviado – é testemunho dessa maturidade superior que você adquiriu nos últimos anos e com relação à qual ninguém está próximo*

de ti. O título é excelente e mereceria ser mais aplicado. Meus conselhos sobre a técnica, dados tempos atrás, foram essencialmente negativos. Eu considerava mais importante enfatizar o que não deveria ser feito, demonstrar as tentações que se opõem à análise. Quase tudo o que é positivo, que se deve fazer, eu deixei para o "tato", que foi introduzido por você. Mas o que consegui foi que os obedientes não tomassem nota da elasticidade dessas advertências e se submetessem a elas como se fossem tabus. Isso tinha de ser revisto em algum momento, sem que, certamente, fossem revogadas as obrigações (Brabant et al., 2000a, p. 332, tradução nossa).

A elaboração desse artigo – antes mesmo de ingressarmos em seu conteúdo – e a correspondência de Freud enviam-nos à história da construção do método psicanalítico e ao lugar que Ferenczi algumas vezes ocupou junto a seu mestre nessa empreitada.

Em nota no item "A participação de Ferenczi no contexto da elaboração dos escritos técnicos de Freud" (Capítulo 4) de nosso texto, fizemos menção àquilo que Figueira nomeou "três níveis de definição da técnica psicanalítica". A partir de uma interpretação cuidadosa do primeiro parágrafo de "Recomendações aos médicos que exercem a psicanálise" (1996[1912c]), esse autor concluiu que, em seus trabalhos sobre técnica, Freud estabeleceu três níveis de comunicação com seus leitores.[28]

---

28 "Recomendações aos médicos que exercem a psicanálise" (1996[1912c]) é o texto que traz as já mencionadas metáforas do "cirurgião", do "espelho" e do "receptor telefônico", vale rememorar. Diz o referido parágrafo: "As regras técnicas que estou apresentando aqui alcancei-as por minha própria experiência, no decurso de muitos anos, após resultados pouco afortunados me haverem levado a abandonar outros métodos. Ver-se-á facilmente que elas (ou, pelo

O primeiro nível indicaria "a codificação do superego técnico do psicanalista no modelo que é dominante na IPA" (Figueira, 1994, p. 5), codificação que, sublinha, seria objeto de ataque de vários analistas, inclusive do fundador da psicanálise. O segundo nível resumiria "a base de uma 'clínica do analista'", no qual as regras não seriam, como no primeiro nível, "médico-cirúrgicas e muito menos religiosas como vieram a se tornar após a sua institucionalização" (p. 4). Teriam o caráter de prescrições indicando uma questão fundamental: "qual deve ser o *posicionamento subjetivo do analista* para que possa haver análise" (p. 4, destaque do autor). Por fim, no terceiro nível, conforme enunciado por Freud na abertura do parágrafo analisado, a técnica psicanalítica que passaria a expor derivaria de sua individualidade; poderiam surgir outras mais, a partir de organizações subjetivas diversas (p. 4).

Fundamentados na carta escrita pelo próprio Freud e nessa valiosa apreciação dos níveis de comunicação do discurso freudiano, parece pertinente a seguinte constatação feita por Sanches, especialmente no que concerne ao trabalho de nosso personagem sobre a elasticidade da técnica:

---

menos, muitas delas) podem ser resumidas num preceito único [cf. em 129]. Minha esperança é que a observação delas poupe aos médicos que exercem a psicanálise muito esforço desnecessário e resguarde-os contra algumas inadvertências. Devo, contudo, tornar claro que o que estou asseverando é que esta técnica é a única apropriada à minha individualidade; não me arrisco a negar que um médico constituído de modo inteiramente diferente possa ver-se levado a adotar atitude diferente em relação a seus pacientes e à tarefa que se lhe apresenta" (Freud, 1996[1912c], p. 125). A referência que Freud faz à continuação desse texto (o dito "preceito único") remete exatamente ao excerto que traz a analogia do inconsciente do analista ao "receptor telefônico", transcrito ao final de nosso item "Princípio da neutralidade e contratransferência: considerações freudianas nos anos 1910" (capítulo 4).

> *No caso de Ferenczi, podemos perceber como o desenvolvimento de sua obra vai gradativamente, e cada vez com maior clareza, caminhando em direção do segundo e, principalmente, ao terceiro nível [de comunicação] proposto por Freud. Isso equivale dizer que o florescimento do que há de mais original no pensamento de Ferenczi é diretamente proporcional ao afastamento pessoal e profissional de Freud, porque cada vez mais próximo daquilo que, na obra de Freud, corresponde ao não oficial, ao latente, ao dissociado (Sanches, 1994, p. 37, destaques do original).*[29]

Já havíamos levantado essa hipótese no início do quarto capítulo de nosso livro e, após percorrer um longo trajeto do curso do pensamento clínico-teórico de Ferenczi, concluímos que, de fato, se mostra sustentável, como o próprio Freud reconhece na carta que citamos. Coube a Ferenczi em outras oportunidades, como já vimos (*v.g.*, Capítulo 5),[30] revelar ou ressaltar aspectos do pensamento de Freud que o próprio pai da psicanálise, por diferentes razões, deixou indicados, às vezes indicados de forma a gerar certa tensão com outras nuances de suas reflexões.

Foi, aliás, por esse último texto freudiano ao qual fizemos referência, que Ferenczi iniciou seu artigo sobre a elasticidade da técnica. Ele conta que, a partir da publicação de "Recomendações aos médicos que exercem a psicanálise", haveria uma reunião de

---

29 Acerca desse ponto específico, não deixa de ser interessante o valor simbólico da insistência de Freud para que Ferenczi – nos momentos finais de sua vida, em que suas teorizações pareciam mais distantes da oficialidade da transmissão psicanalítica institucional – se candidatasse à presidência da associação internacional, assunto do qual trataremos adiante.

30 Cf. capítulo 5, item "As fantasias provocadas: das injunções às reconstruções, os novos usos da contratransferência".

elementos para investigação metódica do psiquismo. Não seria necessário, então, ser um sábio para praticar a psicanálise, bastaria estudar o método. Ferenczi chegou inclusive a propor que, na medida em que os analistas fossem analisados, reduzir-se-ia no tratamento a incidência da chamada "equação pessoal", as características próprias do analista deixariam, cada vez mais, de influenciar sua escuta. Entretanto, haveria algo dessa equação que permanecia e informava os erros nos procedimentos dos analistas – o "tato psicológico".[31]

Conforme sublinhamos anteriormente,[32] e antes de Ferenczi ressaltá-la no escrito em questão, a noção de "tato" no tratamento psicológico já permeava o vocabulário freudiano e era usada pelo húngaro desde seus dias de juventude, quando, recentemente ingresso no círculo psicanalítico, oferecia palestras de divulgação da nova ciência em Budapeste. O termo fora também utilizado em seus trabalhos mais recentes e participaria dos outros dois textos publicados em período próximo, conforme destacamos.[33] Em "A elasticidade da técnica psicanalítica", contudo, conceitua que o "tato psicológico" no tratamento analítico está relacionado a: (a) saber quando e como comunicar algo ao paciente, (b) perceber como o analista pode responder a uma reação inesperada, e (c) constatar em que momento se deve calar e em qual momento o silêncio se torna iatrogênico (ou seja, quando a técnica psicanalítica traumatizaria).

Qual seria a importância, então, dessa referência ao toque, ao tato?

---

31 Na redação original em alemão lê-se "*psychologischen Taktes*".
32 Cf. capítulo 3, item "A apropriação ferencziana da teoria psicanalítica".
33 Em "O problema do fim de análise" (2011[1928b]), para fornecer mais um exemplo, o húngaro assinala que, para chegarmos ao fim de um trabalho analítico, seria preciso que o paciente fosse apresentado a si como quem se mira em um espelho. Isso, contudo, só poderia ser alcançado com muito "tato".

Preliminarmente, é lícito pensar que o tato, diferentemente dos outros sentidos, refere-se ao mais efetivo encontro de proximidade dos corpos. Ao instante no qual, sem deixar margem à dúvida, pela tessitura da pele, as formas de um e do outro se unem. É pelo tato que entramos em contato mais intimamente com as formas do outro, e o outro também o faz com a nossa forma. Dessa maneira, nesse encontro que se dá pelo tato, deve haver uma adequação mútua, deve-se encontrar a justa medida da distensão possível desses corpos.

Mas a noção em tela nos remete ainda a outra dimensão da clínica psicanalítica. Consoante bem indicam Kahtuni e Sanchez (2009, p. 368), "tato" tem a ver com "ritmo e tom da intervenção" do analista, certa fluência. A menção ao "ritmo" e ao "tom" nos convoca a pensar em aspectos da clínica até então pouco teorizados pelos analistas e que Ferenczi, com sua já destacada sensibilidade para as dimensões não verbais dos encontros humanos (*v.g.*, interesse sobre transmissão de pensamentos, sintomas transitórios e elementos formais da sessão analítica), buscou enfatizar. Somos, assim, prontamente convocados a pensar no aspecto estético da atividade do psicanalista, nas formas que o praticante, em seu ser e agir (um agir que inclui a fala, não exatamente pelo que ela, em seu conteúdo, revela em termos interpretativos, mas precisamente por sua forma, sua cadência, sua tonalidade etc.), pode tentar imprimir ao encontro, levando em consideração a singularidade afetiva que marcaria a relação com cada paciente.[34]

Essa perspectiva reabre uma senda que fora apontada por Freud em meados dos anos 1910 e que, em certa medida, ficou

---

34 Essa observação vai no mesmo sentido de Kupermann, para quem "Falar 'com' implica, portanto, o estabelecimento de um espaço de jogo para o qual influem não somente o conteúdo do que é dito, mas também o tom da voz, o ritmo da fala, bem como a gestualidade que a acompanha, os silêncios e os risos, o que exige do analista o pleno exercício de sua sensibilidade" (2008, p. 121).

abandonada ante a disputa que testemunhamos, ao longo da primeira metade dos anos 1920, entre aqueles que vislumbravam a centralidade da "rememoração" no processo analítico e aqueles que, como Ferenczi, entreviam o protagonismo da "repetição". Estamos falando justamente da "perlaboração",[35] que é também retomada pelo húngaro nesse momento de suas reflexões.

Assim, não bastava acreditar que a descoberta do material inconsciente e o conteúdo da comunicação do analista, sua interpretação, resolveria imediatamente determinado conflito psíquico, nem mesmo, como havia feito Rank, estipular uma regra de fixação de tempo irrestrita para todos os pacientes, forçando a repetição de uma suposta experiência traumática. O processo de análise deveria sempre levar em conta a particularidade de cada analisando, seu ritmo, seu tempo, como assinala o próprio Freud nos últimos parágrafos de "Recordar, repetir e elaborar": "Deve-se dar ao paciente tempo para reconhecer melhor essa resistência com a qual acabou de se familiarizar, para elaborá-la, para superá-la, pela continuação, em desafio a ela, do trabalho analítico" (1996[1914b], p. 170). Nesse sentido, vale mencionar a reflexão de Kupermann, que retoma a estética a partir dos efeitos, no paciente, do encontro com o analista:

---

[35] Na tradução para o português das obras de Ferenczi, feita a partir do francês, utiliza-se o termo "translaboração". Em nota, os tradutores franceses expõem a dificuldade de encontrar uma boa versão para o termo original "*Durcharbeitung*", dando liberdade para os leitores de utilizar alternativamente o termo "perlaboração", de largo uso na França ("*perlaboration*"), sem, contudo, citar o termo "elaboração", primeira tradução do "*Durcharbeitung*" para o português, contida nas obras completas de Freud da Edição Standard Brasileira e mantida na nova tradução elaborada por Paulo César Souza para a Companhia das Letras. Tendo em vista que o termo "perlaboração" já tem algum reconhecimento dos leitores de Freud (o próprio Souza cita-o, em nota explicativa, sem, contudo, adotá-lo), optamos por mantê-lo em vez da "translaboração", visando evitar possíveis confusões conceituais.

> Os dois últimos parágrafos de Recordar, repetir e elaborar explicitam a tendência de modificação do estilo clínico freudiano, a partir da descoberta da compulsão à repetição como fenômeno irredutível. O tripé no qual se sustentava a prática analítica – associação livre, princípio de abstinência e interpretação – se mostrava desequilibrado, e elementos até então pouco reconhecíveis, como a preocupação com o "tempo" e o ritmo de trabalho de cada analisando, a "paciência" do psicanalista e a "ab-reação das cotas de afeto estranguladas pela repressão" mostravam-se cruciais para a elaboração das resistências e o consequente avanço do tratamento (ibid., p. 202-203). Mas justo esses elementos, que constituem a "experiência que convence o paciente da existência e do poder de tais impulsos" que estão na base do seu sofrimento (ibid., p. 202), configuram o que nomeamos de dimensão estética da clínica, evitando que a psicanálise seja reduzida às técnicas de elucidação inteligível dos segredos do corpo e da alma, devedores do paradigma indiciário surgido no século XIX, como a semiologia médica e, mesmo, a arte da decifração explorada pela literatura policial (2010, p. 37).

Ferenczi resgata a perlaboração, primeiramente, em "O problema do fim de análise", texto de 1928 já mencionado, enfatizando seu aspecto quantitativo (sem, em nossa leitura, elucidá-lo tão bem) e o aspecto repetitivo de mecanismos de transferência e resistência experimentados na análise, que poderiam, "de modo imprevisto", redundar em certo progresso no trabalho terapêutico. Ele a retoma de forma mais clara em "A elasticidade da técnica psicanalítica", esclarecendo a relação entre "repetição" e "aspecto quantitativo" a partir da ideia de descarga de afetos (o que nos conduz, proximamente, ao tópico da "neocatarse"), mas destaca também um aspecto qualitativo que aponta para a dimensão de simbolização do processo: "*Cada nova compreensão das significações exige toda a revisão do material precedente*" (2011[1928c], p. 39, destaque do autor). O tema da "perlaboração", o jogo do carretel do neto de Freud, as ênfases nos processos de simbolização de "O desenvolvimento do sentido de realidade e seus estágios" e "Thalassa", elementos que vão se costurando para que, num personalíssimo jogo de avanços e recuos, Ferenczi formule suas novas hipóteses clínicas.

Retomando o fio do pensamento de nosso protagonista em seu diálogo com Freud, podemos agora destacar, na elogiosa correspondência com que abrimos este item, a reação do mestre de Viena às proposições de Ferenczi sobre o tato. Adiantamos: com relação a esse ponto específico o fundador da psicanálise mostrava-se receoso, por motivos já conhecidos. Diz ele:

> *Tudo o que você disse acerca do "tato" é, de fato, verdade, porém tenho algumas dúvidas sobre a forma como faz essas concessões. Todos aqueles que não têm tato verão no que você escreve uma justificativa para a arbitrariedade, por exemplo, a subjetividade, a influência de seus próprios complexos não resolvidos . . . Não há como se propor regras sobre isso, a experiência e a normalidade dos analistas deverão ser os fatores decisivos. Mas deve-se despir o tato, com relação aos novatos, de seu caráter místico (Brabant et al., 2000a, p. 332, tradução nossa).*

Tal qual vimos com relação a certos aspectos dos "escritos técnicos" (e de forma até paradoxal com o que apontara no início da carta, com relação à forma religiosa como algumas das "recomendações" técnicas foram seguidas por certos analistas), o problema da transmissão da psicanálise faz que Freud mostre-se contido a respeito de uma proposição teórica, com a qual, em termos científicos, efetivamente concordava. O conflito derivado da dupla função de Freud, de líder institucional e teórico da psicanálise, surge nítido nessa correspondência e nos leva a imaginar o quão inibidora essa situação teria sido para alguém como Ferenczi, que constantemente buscava a aprovação de seu mestre. De fato, por vezes poderia, simultaneamente, agradar o teórico e desagradar o chefe de escola, como nesse caso.[36]

Dez dias depois, Ferenczi respondeu a Freud, esforçando-se por convencer o chefe de instituição daquilo que o teórico já parecia convencido. "Nossas concepções não são diferentes" (Brabant et al., 2000a, p. 334, tradução nossa), diz-lhe Ferenczi, acrescentando que sua proposta de tato não é uma abertura a condutas arbitrárias ou derivadas de "complexos" dos analistas. Cedamos-lhe a palavra para que complete seu argumento:

> *Eu somente penso que é necessário se colocar no lugar do paciente, "empatizar",*[37] *mas compartilho total-*

---

36 As ressalvas de Freud, diga-se, são compreensíveis se tomarmos em conta o quão delicada é a transmissão da prática psicanalítica – e, visto sob tal perspectiva, o diálogo entabulado nessa correspondência é interessantíssimo. Como estabelecer a difusão das teses da psicanálise sem que, por um lado, se caracterizem como dogmas e, por outro, se mantenham como balizas sérias de referência, reflexão e questionamento para o praticante? Tais pontos delimitam esse debate, rico, em nossa leitura, para todos que se situam como transmissores da psicanálise.

37 Na versão em inglês da correspondência entre Freud e Ferenczi, encontramos aqui exatamente a palavra *"empathize"* e o termo em alemão *"einfühlen"* destacado ao lado. Na tradução em francês, o alemão é vertido como *"entrer dans ce qu'il ressente"* (Brabant et al., 2000b, p. 372), o "sentir com", segundo a tradução

> *mente sua opinião sobre a topografia desse processo psíquico. A empatia do analista não deve se dar no inconsciente, mas sim no pré-consciente. Ser corretamente analisado corresponde, para o analista, ao que você chama normalidade. Se essa condição está presente estamos em condições de corretamente julgar as diferentes reações (a saber, as suas próprias e as do paciente) e tomar a decisão adequada (Brabant et al., 2000a, p. 334, tradução nossa).[38]*

O tom da carta é cordial e Ferenczi não parecia, desta vez, tão ansioso para obter a aceitação de seu estimado professor. Pediu, inclusive, a permissão para incluir as objeções de Freud em seu texto e contrapô-las, o que de fato fez. Simultaneamente, em sua resposta, Ferenczi nos aproximou desse outro conceito determinante de suas novas conjecturas clínicas que é a "empatia", um tópico que nosso autor estudou com tal profundidade que o levou a ficar identificado com o conceito. Analisemos o desenvolvimento dessa noção em um novo item.

---

em português da obra de Ferenczi, que também pode, e parece mais correto, ser traduzido como "entrar no que ele sente". Essa observação já nos faz antecipar a problemática tradução do *"einfühlen"* para o idioma francês (e daí para a versão em português dos textos de Ferenczi), que observaremos melhor no item a seguir.

38 Essa correspondência é substancial para estudarmos as interfaces entre a empatia e a contratransferência, especialmente no que concerne ao "topos" em que se daria a experiência empática proveitosa ao trabalho terapêutico. Isso será retomado adiante.

Aspectos da elasticidade da técnica: a empatia e o aprofundamento do uso da contratransferência

Boa parte dos autores que se debruçam sobre a obra de Ferenczi, ao apreciarem o tema da elasticidade na técnica, analisam conjuntamente o "tato" e a "empatia". O próprio autor parece sobrepor os termos quando afirma que "*O tato é a faculdade de 'sentir com' (Einfühlung)*" (2011[1928c], p. 31, destaque do autor), expressando a grande intimidade das noções.[39] Kahtuni e Sanches, no entanto, propõem especificidades aos termos que são úteis para o objeto de nossa pesquisa. Se o tato diria respeito, como acentuamos anteriormente, à capacidade que o analista demonstraria de fazer uma crítica a sua forma de intervenção, enfatizando seu agir (que levaria em conta forma e momento), um passo atrás estaria a empatia, que, consoante a observação das autoras, consistiria na "tendência de o sujeito, no caso o analista, ser sensível às comunicações verbais e não verbais de seu paciente, podendo colocar-se em seu lugar sem, entretanto, perder os referenciais próprios e, a partir de então, sentir e pensar *como se fosse* o paciente. A empatia, dessa forma, indica uma *habilidade relacional de identificação*" (2009, p. 369, destaque do autor).[40]

---

39 Avello faz ressalvas importantes à tradução do "*einfühlen*" como "sentir com". Diz ele: "ao menos no sentido da tradução mais precisa da partícula '*Ein*' de 'Einfühlung': por dentro ('*dedans*'), no interior . . . Na edição francesa de 'Elasticidade da técnica psicanalítica' não encontramos essa tradução de 'Einfühlung', mas aquela de 'sentir com' ('*sentir avec*'). É absolutamente necessário modificar a tradução para 'sentir por dentro' ('*sentir dedans*'), não por mero purismo linguístico impossível, mas porque somente essa última expressão permite que se diferencie o termo de um outro que lhe é próximo e que aparece exclusivamente nas notas de 1932: *Mitfhülen*, este efetivamente a se traduzir como 'sentir com' (*Mit* = avec)" (2013[2006], p. 223, destaques do autor, tradução nossa).

40 Em nossa interpretação, ao relacionar o "tato" a uma possibilidade de "crítica", percebemo-nos situados mais próximos das dimensões conscientes do

Essa distinção é importante para realçar aspectos diversos do percurso das ideias de Ferenczi que darão suporte ao uso clínico feito por ele da noção de "empatia" – especialmente a contratransferência, conforme antecipamos ao final do item anterior. Esse conceito aparece subsumido a outros termos que, no desenvolvimento de suas hipóteses, já o designaram. Mas não apertemos o passo: o conceito de empatia não surgiu na psicanálise nem mesmo nos escritos de Ferenczi, no trabalho de 1928 em comento ("A elasticidade da técnica psicanalítica"). Antes de verificá-lo nesse momento do pensamento de nosso autor, contemos um pouco de sua história no contexto psicanalítico.

Strachey, na sua introdução ao livro de Freud *Os chistes e sua relação com o inconsciente* (1996b[n.d.], p. 12), conta sobre o interesse do mestre de Viena pela obra de Theodor Lipps – filósofo alemão a quem se atribui a propagação do termo *"Einfühlung"*, criado por Robert Vischer –, que é mencionado algumas vezes na correspondência entre Freud e Wilhelm Fliess, em razão da influência que teve naquele momento no pensamento do pai da psicanálise. Não nos impressiona que as primeiras menções de Freud à empatia surjam no texto antes citado, já que, conforme anotam alguns autores, no tema do humor podemos encontrar estudada, de forma inovadora, uma dimensão social do inconsciente.[41] O termo reaparece em um escrito técnico, "Sobre o início do tratamento" (1996[1913]), e na publicação do caso do Homem dos Lobos (1918) – nas duas situações, frise-se, ressaltando a importância

---

psiquismo, ao passo que a "empatia", para uso psicanalítico, demandaria certa capacidade de identificação pré-consciente, como apontou Ferenczi na correspondência anteriormente citada. Seria, então, algo diverso de uma identificação histérica inconsciente, por exemplo. Essa situação seria um requisito à manutenção do analista em relação com os seus referenciais, condição necessária para que o fenômeno empático pudesse informar o tratamento psicanalítico.

41 Quinodoz, por exemplo, ressalta o aspecto social do cômico, em contraposição ao sonho (2007[2004], p. 63).

de se estabelecer um vínculo empático para que o analista possa desenvolver sua tarefa.[42] Ressurge no trabalho "Psicologia de grupo e a análise do ego", em 1921, quando Freud discutiu os processos de identificação e afirmou que a empatia "desempenha o maior papel em nosso entendimento do que é inerentemente estranho ao nosso ego nas outras pessoas" (1996[1921], p. 118).

Nos escritos psicanalíticos de Ferenczi, a primeira menção à empatia que conseguimos localizar deu-se em um trabalho de apresentação da obra de Freud sobre o chiste, de 1911, no qual nosso autor afirmou que, no caso de piadas que teriam como mote o tamanho anormal de uma parte do corpo, por via da "empatia", pessoas que as escutassem comparariam seus atributos com o do cômico e, dessa comparação, resultaria um efeito de descarga de excitações que seria fonte do prazer humorístico.[43] A segunda

---

[42] Temos, com relação ao excerto de "Sobre o início do tratamento", uma divergência nas traduções. Enquanto na versão da Companhia das Letras lemos: "No entanto é possível desperdiçar esse primeiro sucesso se adotarmos já no início uma outra postura que não a de empatia" (2010[1913], p. 187); na versão da edição da Imago a noção de "empatia" é substituída por "compreensão simpática" (1996[1913], p. 154). Conferir explicação na nota seguinte. Já com relação ao Homem dos Lobos, lemos que "as análises de neuroses infantis podem reivindicar um interesse teórico bastante elevado. Para o entendimento correto das neuroses dos adultos elas prestam contribuição comparável à dos sonhos infantis em relação aos dos adultos. Não que sejam mais fáceis de penetrar ou mais pobres em elementos, digamos; a dificuldade de empatia com a vida psíquica da criança faz delas um trabalho particularmente difícil para o médico" (2010[1918], p. 16). Em ambos os casos, curiosamente, a tradução da *Edição standard das obras psicológicas completas de Sigmund Freud* não traz o termo "empatia". Ele consta, no entanto, da tradução de Souza, editada pela Companhia das Letras, e corresponde ao *"Einfühlung"* que foi efetivamente usado por Freud no original alemão, conforme consultado na *Gesammelte Werke* (1955[1913], p. 474; 1955[1918], p. 31).

[43] De forma intrigante, aqui novamente encontramos uma discrepância de tradução. Na versão em inglês das obras de Ferenczi lê-se: "*In these cases by means of 'empathy' one compare's one's own attributes with those of the comic person*"

menção seria feita no texto de 1926 em que nosso autor trabalha o problema da afirmação do desprazer e aduz ter chegado a algumas hipóteses a partir de certa "empatia" ao psiquismo infantil – justamente aquele que Freud considerava bastante difícil de ser sintonizado, conforme já acentuamos neste item (em nota).

Coelho Jr. faz uma valiosa observação, contrapondo as apropriações do húngaro e do mestre vienês da noção de "empatia". Diz o autor que, a despeito de reconhecer sua importância clínica, no conjunto da obra de Freud, a "empatia (*Einfühlung*) possui um sentido predominantemente cognitivo" (2004, p. 76), diferentemente de Ferenczi que lhe atribuiria uma dimensão de natureza "afetiva ou emocional".

Essas características da abordagem ferencziana da empatia teriam raízes em sua própria história: estamos de acordo com Rachman (2004[1995], p. 160) ao afirmar que os aspectos traumáticos da infância de Ferenczi tornaram-se um "presente" para seus pacientes, conduzindo-o a transformar sua empatia pessoal em empatia clínica. Para tanto, prossegue Rachman, a percepção da importância da relação entre mãe e filho (que, conforme percebemos, foi gradualmente assumindo uma posição central no pensamento ferencziano) permitia-lhe sintonizar-se, "sentir de dentro",[44] a privação daqueles que analisava. Os aspectos transferenciais maternos, tão enfatizados por Rank, Groddeck e por nosso autor, bem como outros traços associados a uma concepção do femini-

---

(2002[1911], p. 343). Já na tradução para o português das obras completas de nosso autor, lê-se a mesma passagem da seguinte maneira: "Em todos esses casos, comparo meu estado real com o estado em que me veria se me colocasse no lugar do personagem cômico" (2011[1911c], p. 164). Ou seja, a palavra "empatia", que havia sido inclusive destacada entre aspas na versão em inglês, simplesmente desaparece na versão em português.

44 Expressão que deriva de uma tradução mais acurada, segundo nossas pesquisas, do "*Einfühlung*", consoante apontado na nota no início deste item.

no assumiriam, então, posição de frente no raciocínio clínico de Ferenczi – consoante ele mesmo afirmaria posteriormente em seu *Diário clínico*:

> *Homem e mulher podem, portanto, da mesma maneira, ser analistas bastante bons mas a mulher, para o futuro, deve aprender algo do autodomínio e da moderação masculinos . . . o homem, por sua parte, só poderá ser um bom analista se, além das regras lógicas e éticas que lhe são familiares, aprender, utilizar e ensinar também a* capacidade de intuição *feminina e, caso se faça necessário, inculcá-la aos outros (1990[1932], p. 212, destaque nosso).*[45]

Em que pese a teorização sobre o tema do valor da empatia ser tardio na obra de Ferenczi, a prática de uma clínica guiada por essa forma de recepção do paciente foi constante em seu trabalho, ainda que isso o fizesse desobedecer decretos ministeriais – como vimos ainda no segundo capítulo de nosso escrito[46] – ou quando se encaminhou na clínica psicanalítica passando ao largo das regras técnicas propostas pelo pai da psicanálise, consoante assume ter

---

45 "Capacidade de intuição": na tradução para o inglês vê-se efetivamente o uso do termo "*empathy*" (1988[1932a], p. 167). Já a tradução francesa, fonte da versão em português, menciona "*la capacité d'intuition*" (2014[1932], p. 306). Na versão alemã, idioma original do texto, lê-se "*Einfühlungsfähigkeit*" (1988[1932b]), que pode ser traduzido por "capacidade de empatia". Sabemos por Hochmann (2012, p. 12) que o termo "*Einfühlung*" foi cunhado (por Vischer) em 1873 – curiosamente, o ano do nascimento de Ferenczi – recebendo sua tradução como "*empathy*" para o inglês em 1909 e, apenas na década de 1960, surge o termo francês "*empathie*", o que nos ajuda a compreender esse reiterado problema de tradução.

46 Cf. capítulo 2, item "Considerações sobre hipnose, sugestão e alguns outros métodos terapêuticos nos escritos de Budapeste".

feito algumas vezes: "No decorrer da minha longa prática analítica vi-me constantemente na situação de transgredir ora um ora outro dos 'Conselhos técnicos' de Freud" (Ferenczi, 2011[1930], p. 67), afirma nosso autor, arrolando diversas situações em que pacientes levantaram-se do divã, sessões sem contrapartida financeira, visitas a casa de pacientes, prolongamento de sessões por um período maior que o inicialmente demarcado.

O caso Rosa K., narrado em um dos escritos de Budapeste, no qual Ferenczi solicita a essa paciente transexual que escreva suas memórias – conforme tivemos a oportunidade de conhecer[47] – também é exemplar. Há ainda a situação contada por uma importante paciente do húngaro, a quem ainda retornaremos – Clara Thompson –, de um soldado que, punido por algumas transgressões durante a guerra, teria desenvolvido uma enfermidade mental aguda que lhe conduziu ao total desleixo consigo e com sua higiene. Ciente dessa situação, Ferenczi, removido para o campo de exercícios militares, foi ao encontro desse oficial e, intuitivamente, sem que qualquer palavra fosse dita, abraçou-lhe com verdadeira preocupação. A partir desse encontro, o enfermo pôs-se em pronta recuperação. A paciente que registrou essa história para a posteridade – importante terapeuta interpessoal – interpreta que o húngaro havia percebido a necessidade de que o homem fosse reassegurado de que um amigo se importaria consigo, independentemente de quão desgraçado fosse. Podemos, ainda, encontrar traços do método empático em situações que se deram durante o período de técnica ativa, como o momento em que Ferenczi percebeu a inibição da musicista croata[48] e ofereceu-lhe, cuidadosamente, a

---

47 Cf. capítulo 2, item "As críticas à idealização da prática médica e a busca por uma escuta singular (o caso Rosa K.)".
48 Cf. capítulo 5, item "O caso da musicista croata e o acréscimo de injunções na técnica ativa (a técnica ativa em dois tempos)".

oportunidade e o contexto favorável para que expressasse suas tendências inibidas e se pusesse a cantar.

Esse, aliás, é um dos aspectos em que a postura empática favorece a clínica psicanalítica: a oferta de certas condições para que experiências desencadeadoras de vivências traumáticas possam ser revividas em um contexto favorável, que permita sua eventual reprodução e também sua elaboração. Isso é ressaltado por nosso autor em uma nota clínica de dezembro de 1932, intitulada "Análise do traumatismo e simpatia" (Ferenczi, 2011[1949], p. 323), na qual assenta que uma análise das origens do trauma é impossível se não se pode oferecer condições mais favoráveis do que aquela em que a criança experimentou o traumatismo original. Ou seja, um dos aspectos da empatia é justamente tentar conferir ao paciente um objeto mais adaptado, na linha do que Ferenczi pensou em "Adaptação da família à criança", a suas necessidades infantis.

Esses procedimentos, se não propunham uma completa inversão na situação clínica, traziam a problematização dos lugares estanques e práticas engessadas que decorreriam da estreita observância (ou melhor, de uma observância régia) daquilo que se entendia como a maneira clássica, institucionalmente aceita e incentivada, de se conduzir um trabalho de análise. Tal qual a família precisava adaptar-se à criança, o analista também devia ter elasticidade para movimentar-se e um psiquismo suficientemente flexível para desenvolver empatia por diversas configurações psicológicas e diferentes indivíduos.

Ferenczi percebe, na "qualidade asséptica e um tanto arbitrária" dos analistas de seu tempo, os mesmos traços de dogmatismo que lhe inquietavam desde sua época de recém-formado.[49] Naque-

---

49 Atitude que "respondia à prevalência de um modelo médico no qual este (o médico) era entendido como uma forte figura parental" (Rachman, 2004[1995], p. 166, tradução nossa). Vimos outro exemplo dessa concepção da medicina

le momento, inclusive, reencontrava o autoritarismo que permeava a conduta de colegas médicos em outras pradarias, como a pedagogia:[50] a rigidez imposta aos corpos infantis pela austeridade do modelo de educação vigente no Império Austro-Húngaro tinha, em seu modo de ver, um paralelo não desconsiderável com a forma como a psicanálise vinha sendo praticada. As injunções – bem como as proibições – de sua técnica ativa trouxeram em seu bojo, a despeito das boas intenções, essa feição despótica de forma ainda mais proeminente.

Como consequência disso, Ferenczi condena o analista que adota um tom professoral. A forma de interpretar sofre a mesma flexibilização das medidas ativas: devem ter tom de proposição, nunca de verdade definitiva, seja para não irritar o paciente, seja porque o analista pode estar enganado. As medidas ativas, por sua vez, são ainda mais suavizadas: deve-se esperar que o próprio paciente indique alguma intenção de atividade para, então, apoiá-lo a executar. Nosso autor sustenta que o analista deveria ter uma confiança precária em suas hipóteses, uma modéstia que expressa aceitação dos limites do seu saber. Dessa maneira, retirar-se-ia de uma posição de onipotência, buscando o sentido de realidade no encontro clínico, uma relação de efetiva alteridade com o paciente.

Em "A elasticidade da técnica psicanalítica", Ferenczi sustentou, ainda, a manutenção da empatia inclusive àqueles que apresentam ou por quem se sente antipatia. Nosso personagem sabe o quanto isso é difícil e, em seu *Diário clínico*, dá um exemplo dos apuros que o analista pode passar ao fazê-lo sem toda a honestidade, tal

---

com a confissão de Groddeck que trouxemos a esse trabalho. Seu modelo de médico, até determinado momento de seu percurso, estava referenciado a uma figura paterna (cf. capítulo 6, item "Ferenczi com Groddeck: o (re)encontro a legitimação de intuições 'esquecidas'").
50 Vide nossos comentários sobre seu artigo "Leitura e saúde" no capítulo 2, item "'Leitura e saúde'": as reflexões iniciais acerca do universo infantil".

qual se deu no início do trabalho com uma de suas pacientes mais célebres, Elizabeth Severn (que teve sua identidade protegida sob a rubrica RN.), de quem falaremos mais no capítulo a seguir.

Em sua nota de 5 de maio de 1932, Ferenczi nos conta ter iniciado o tratamento de Severn sem "simpatia especial", na verdade, com "antipatia" (1990[1932], p. 134). A partir de sua técnica de elasticidade e de maneira supercompensatória, nosso autor adotou uma atitude de indulgência e grande interesse. Aí começou a confusão: a paciente achava que Ferenczi apaixonara-se por ela, o que Ferenczi interpretava como uma resistência.[51] Se, por um lado, o húngaro negava a observação da paciente, por outro, empreendia mais esforços e dedicação a seu caso, aumentando-lhe o número de sessões e visitando-a em casa. No desenrolar desse trabalho, Ferenczi registrou a afirmação de RN. de que o analista não teria a menor empatia nem compaixão por ela, ao mesmo tempo que afirmava perceber-lhe sentimentos de raiva.[52]

---

51 Transferência erótica como resistência, consoante vimos no capítulo 4, item "Positiva e negativa: aspectos sugestivos e fenômenos de resistência nas transferências".

52 Novamente, temos uma diferença na tradução do original para o inglês e para o português. Na versão brasileira do *Diário clínico* lemos: "As queixas contínuas (provenientes do mais profundo do inconsciente) que, na realidade, eu não compartilhava nem das emoções nem do sofrimento, de que eu estava emocionalmente morto" (1990[1932], p. 122); na versão em inglês temos: "*The continuous protests (from the deepest unconscious) that I do not in fact have any real empathy or compassion for the patient, that I am emotionally dead*" (1988[1932a], p. 85). Ou seja, novamente na versão em português o termo "empatia" não é mencionado, diferentemente da versão em inglês. Aqui, entretanto, também na versão original alemã do texto não encontramos o substantivo *"Einfühlung"* nem o verbo associado, *"einfühlen"*, mas uma declinação do *"mitfühlen"* referido por Avello na nota 39 deste capítulo: *"Die fortwährenden Klangen darüber (aus dem tiefsten Unbewußten), daß ich in Wirklichkeit nicht* mitfühle *oder mitleide, daß ich emotionell tot bin"* (1988[1932b], p. 134, destaque nosso). É importante anotar, ainda, que essa passagem está na gênese de

Assim, percebemos que o tema da empatia rondara a clínica e o pensamento ferencziano antes mesmo que tivesse uma teorização mais clara de sua importância no contato com os pacientes, permanecendo e se ampliando no período final de sua vida.

Mas isso não é tudo. Um ponto importante do pensamento de Ferenczi que retorna em "A elasticidade da técnica psicanalítica", com base na proposta de empatia, é o uso clínico da contratransferência. A referência não é explícita, mas se faz por uma palavra que, na trajetória de suas reflexões, guarda-lhe notável intimidade, consoante já demonstramos, que é a "adivinhação". Ferenczi diz:

> *Se,* com a ajuda do nosso saber, *inferido da dissecação de numerosos psiquismos humanos, mas sobretudo da dissecação de nosso próprio eu, conseguirmos tornar presentes as associações possíveis ou prováveis do paciente, que ele ainda não percebe, poderemos – não tendo, como ele, que lutar com resistências – adivinhar não só seus pensamentos retidos mas também as tendências que lhe são inconscientes* (2011[1928c], p. 31, destaque do autor).

Já sabemos que, mesmo antes da primeira menção de Freud à contratransferência, em 1910, Ferenczi foi um estudioso dos fenômenos dessa natureza, que lhe encantavam desde a aparentemente extravagante ideia de "transmissão de pensamentos". Lembramos também de seus valiosíssimos aportes sobre o tema contidos no texto de 1919, "A técnica psicanalítica", no qual nosso autor, de maneira vanguardista, anunciou que, em alguma medida, as vivências contratransferenciais do analista não deveriam ser nem

---

outra importante proposta clínica de Ferenczi, a "análise mútua", que estudaremos adiante.

completamente evitadas, nem correspondidas por ele sem um exercício de reflexão sobre a natureza dos sentimentos que eram experimentados pelo médico.[53] Estudamos ainda,[54] como tais hipóteses foram aproveitadas por Ferenczi em seu período ativo, por meio de uma intervenção reconhecida por "fantasia provocada", mediante a qual propunha o uso de seu conteúdo psíquico para promover a "reconstrução" da vida inconsciente do paciente. Algo dessa sutileza reapareceu, também, na carta de nosso autor que fez a transição para este item, na qual assinalou que a empatia não deveria ser evitada, tampouco poderia realizar-se no inconsciente do analista, e sim em seu pré-consciente. Isto é, para que fosse útil ao processo analítico o "sentir de dentro", que caracteriza a experiência empática, deveria, ao mesmo tempo, ser honesto e acessível à observação do analista, não uma mera resposta a suas disposições mais imediatas e pessoais. Exatamente essa posição na topologia do psiquismo que daria ensejo ao "exame crítico" fundador do tato analítico, uma disposição que, em nossa leitura, teria uma proximidade considerável com aquilo que, em 1919, Ferenczi nomeou como "controle" da contratransferência.[55]

Nesse sentido, Coelho Jr. (2004) encontra, ainda, um precioso paralelo no texto de 1928 sobre a elasticidade – no qual Ferenczi afirma: "De fato, quase poderíamos falar de uma oscilação perpétua entre 'sentir com', auto-observação e atividade de julgamento" (2011[1928c], p. 38) –, com o trabalho do húngaro de 1919, cujo último parágrafo tem o seguinte conteúdo:

---

53 Cf. capítulo 4, item "A primeira revisão ferencziana da questão da(s) contratransferência(s)".
54 Cf. capítulo 5, item "As fantasias provocadas: das injunções às reconstruções, os novos usos da contratransferência".
55 Cf. nota 40 deste capítulo.

> *A terapêutica analítica cria, portanto, para o médico, exigências que parecem contradizer-se radicalmente. Pede-lhe que dê livre curso às suas associações e às suas fantasias, que deixe falar o seu próprio inconsciente; Freud nos ensinou, com efeito, ser essa a única maneira de aprendermos intuitivamente as manifestações do inconsciente, dissimuladas no conteúdo manifesto das proposições e dos comportamentos do paciente. Por outro lado, o médico deve submeter a um exame metódico o material fornecido, tanto pelo paciente, quanto por ele próprio, e só esse trabalho intelectual deve guiá-lo, em seguida, em suas falas e em suas ações. Com o tempo, ele aprenderá a interromper esse estado permissivo em face de certos sinais automáticos, oriundos do pré-consciente, substituindo-o pela atitude crítica. Entretanto, essa oscilação permanente entre o livre jogo da imaginação e o exame crítico exige do psicanalista o que não é exigido em nenhum outro domínio da terapêutica: uma liberdade e uma mobilidade dos investimentos psíquicos, isentos de toda inibição (Ferenczi, 2011[1919a], p. 367).*

São observações dessa natureza que legitimam o reconhecimento atribuído a Ferenczi de pioneiro na observação profunda da "metapsicologia dos processos psíquicos do analista", expressão também encontrada nesse texto de 1928 (2011[1928c], p. 40).

É preciso ressaltar, contudo, que, da mesma forma que a empatia não deveria confundir-se com uma identificação inconsciente – ou seja, enfatizamos, deveria dar-se no pré-consciente, possibilitando a reflexão crítica do analista –, a elasticidade da técnica também não implicaria uma prática clínica não sujeita a contrapesos. Aliás, talvez devêssemos trazer, nesse momento, a exata concepção de Ferenczi do que seria tal "elasticidade". Diz: "É necessário, como uma tira elástica, deixar ceder às tendências do paciente sem, contudo, abandonar a tração na direção das próprias opiniões" (2011[1928c], p. 36). É importante que isso fique sempre assinalado, pois o analista elástico e "bondoso" (expressão já presente nos primeiros textos do húngaro, como vimos, que ressurge aqui) não é o analista "bonzinho", que tudo aceita e nada opõe. O próprio Ferenczi cuidou de fazer tal advertência apontando que, se na técnica ativa o médico pode desviar seu procedimento para manifestações de sadismo, os analistas devem cuidar para que as novas recomendações não se transformem em uma "técnica masoquista", implicando o sofrimento do médico, o que não deve ser o caso.

A elasticidade foi a primeira revisão da técnica psicanalítica proposta por Ferenczi em seu dito "período de indulgência". Mas não foi a última e certamente tampouco foi a mais polêmica. Teremos a oportunidade, mais à frente, de perceber que a manutenção desse movimento elástico nem sempre foi tranquila para nosso autor, o que o levou a novas hipóteses como aquelas sobre a mutualidade e a relevância da "pessoa real do analista" para o processo terapêutico. Antes disso, no entanto, passemos à neocatarse, uma concepção de intervenção clínica que leva nosso autor a reconsiderar pontos importantes da origem do método psicanalítico.

A emancipação clínica de Ferenczi: o princípio de relaxamento, as regressões e a nova partida

Antes de dar mais um passo, ajustemos nossa bússola. Nos dois itens anteriores concentramo-nos em propostas clínicas que

Ferenczi levou adiante a partir de sua reavaliação da técnica ativa e de suas novas observações sobre o trauma, contidas no trabalho elaborado em 1927 e publicado em 1928 intitulado "A elasticidade da técnica psicanalítica". Já no item "Os reflexos do trauma na pulsionalidade infantil: novas considerações sobre a pulsão de morte", conhecemos algumas ponderações trazidas em "A criança mal acolhida e sua pulsão de morte", trabalho de 1929. Nesse mesmo ano, Ferenczi apresentou-se novamente na Inglaterra, no XI Congresso da Associação Internacional de Psicanálise, realizado no mês de julho, em Oxford, onde proferiu uma palestra nomeada "Avanços na técnica psicanalítica". Diferentemente de sua passagem anterior, no retorno dos Estados Unidos, a nova estadia inglesa não foi completamente recompensadora: desventuras vividas no congresso foram noticiadas por carta a Freud e sua indisposição com Jones, atenuada por alguns anos, reacendeu-se. Ao mesmo tempo, nosso autor dava ao mestre de Viena amplo conhecimento do grau de satisfação que vinha obtendo com a clínica e suas novas experiências. "Trabalho intensamente em meus casos e estou satisfeito com os progressos em conhecimento ['*insight*'] (e também com os resultados terapêuticos)" (Brabant et al., 2000a, p. 371, tradução nossa).[56]

A eficácia terapêutica da psicanálise, diga-se, era um tema que, por vezes, punha Freud e Ferenczi em lados opostos e foi um dos motes de uma importante troca de correspondências entre eles que perdurou de novembro de 1929 até janeiro do ano seguinte. Nosso autor recebera para tratamento dois pacientes anteriormente analisados por Freud[57] e, ao dar notícias a seu mestre sobre o uso de

---

[56] Isso foi reafirmado por Ferenczi meses depois, quando agregou a esse contentamento o fato de ter aceitado uma série de renúncias que lhe foram impostas nos últimos anos, como a carreira de professor universitário e a direção do Instituto de Psicanálise de Berlim.

[57] Um deles, o inglês John Rickman, tornou-se uma figura importante na psi-

suas novas técnicas e dos bons resultados obtidos com esses indivíduos, recebeu uma significativa resposta:

> *É bastante possível que você esteja praticando a análise com ambos, ou com todos os seus pacientes, melhor do que eu, mas também não me oponho a isso. Estou saturado da análise como terapia, farto ["fed up"] e quem, então, poderia praticá-la melhor do que você? (Brabant et al., 2000a, p. 380, tradução nossa).*

A essa afirmação, Ferenczi respondeu, após uma importante autocrítica que retomaremos adiante, da seguinte maneira:

> *Eu, por exemplo, não compartilho de sua visão de que o processo de cura é desimportante, ou que se deve negligenciá-lo só porque não nos parece ser tão interessante. Eu, também, muitas vezes me senti "farto" dele, mas superei esse impulso e posso informar com alegria que foi precisamente aí que toda uma série de questões se moveu para uma luz diferente, mais nítida, talvez até mesmo o problema da repressão! (Brabant et al., 2000a, p. 383, tradução nossa).*

A troca de correspondências a que nos referimos nesse momento é valiosa para a compreensão e comprovação da importância de Freud – não só das ideias do fundador da psicanálise como ainda de sua figura – para o desenvolvimento do pensamento clínico-teórico de nosso personagem. Correndo o risco de tornarmo-nos

---

canálise daquele país e foi responsável pela tradução de parte das obras de Ferenczi para seu idioma.

fastidiosos, vamos dar a Ferenczi mais uma vez a palavra, para que escutemos do próprio o que se passava:

> *Agora, reprovações a mim mesmo e confissões talvez apareçam. Uma consideração certamente exagerada por sua saúde me fez evitar, por um longo tempo, comunicar algumas reservas que comecei a ter com relação a unilateralidade no desenvolvimento da psicanálise. Por anos eu carreguei comigo ideias que finalmente ganharam voz na palestra de Oxford. Isso foi completamente errado! Em vez de uma conversa honesta, uma amuada contenção – isso foi certamente infantil, talvez também estúpido de minha parte. Talvez eu não tenha avaliado sua habilidade de receber críticas com a grandeza que ela merece (Brabant et al., 2000a, p. 383, tradução nossa).*[58]

Se ainda era possível ter dúvidas sobre o peso que a relação mantida com Freud tinha na produção ferencziana, é provável que se dissipem aqui. Acreditamos também que, simultaneamente, temos nesse trecho a confirmação do que viemos sustentando ao longo de nosso estudo sobre o quanto Ferenczi deixou indicadas, na margem de seus escritos, especialmente naqueles anteriores

---

58 Caso se queira arriscar uma interpretação do viés transferencial estabelecido por nosso autor com Freud, o excerto da correspondência transcrito parece ligar-se à seguinte passagem do *Diário clínico*: "A superperformance emocional, sobretudo a gentileza exagerada, é idêntica a sentimentos da mesma ordem a respeito de minha mãe. Quando minha mãe afirmava que eu era mau isso me tornava ainda pior. Sua maneira de me ferir mais fundo era dizer que eu a estava matando; era o ponto culminante a partir do qual eu me obrigava, contra minha convicção íntima, a mostrar bondade e obediência" (1990[1932], p. 137).

a sua viagem aos Estados Unidos, hipóteses que não se sentia à vontade para trazer ao centro de suas reflexões, temendo qualquer possível reação de mal-estar de Freud.

Essa postura, contudo, parece ter sido deixada de lado especialmente a partir de sua conferência no referido congresso inglês, publicada em 1930 com o nome de "Princípio de relaxamento e neocatarse". Algumas das conclusões que nosso autor expôs nesse trabalho foram aprofundadas em outro escrito, produzido no ano seguinte por conta das comemorações do 75º aniversário de Freud, intitulado "Análise de crianças com adultos" (2011[1931]). Serão essas as nossas referências principais no que segue.

Ao iniciar sua palestra em Oxford, assim disse Ferenczi: "Após terem ouvido minha exposição, alguns de vocês terão muito provavelmente a impressão de que era inteiramente injustificado intitulá-la 'progressos da técnica' e que seu conteúdo pareceria, pelo contrário, ser qualificado como um passo atrás, um retrocesso" (2011[1930], p. 61). Tal fala de Ferenczi adquiria tons proféticos. De fato, a partir de sua exposição em 1929, parte de sua produção indicou um retorno a temas que já haviam sido visitados pela psicanálise em seus primeiros anos, como a catarse, a sugestão, a teoria da sedução e o problema da realidade das vivências traumáticas experimentadas pelos pacientes. Certamente, remexer o baú das questões supostamente "superadas" pelo método lhe traria complicações frente a seus pares.

Em "Princípio de relaxamento e neocatarse", nosso autor arrolou os momentos diversos pelos quais passou a técnica psicanalítica, desde sua pré-história com o "método catártico" até a concepção mais atual daquele tempo, a "análise do ego", objeto de crítica de Ferenczi pelo tom professoral que o analista assumia na relação com o paciente. Devemos perceber: o "tom professoral", a pedagogia inadaptada às disposições mais espontâneas da criança/

paciente – notemos como esse é um tema que retorna nesses últimos escritos ferenczianos. Não à toa, na sequência do texto, nosso autor assumiu um tom pessoal ao contar que o primeiro caso que atendera psicanaliticamente chegou a um bom termo por conta da ab-reação que o paciente conseguira produzir de um traumatismo de infância, após revivê-lo com "viva sensação de realidade" (2011[1930], p. 64).

Destarte, opondo-se à disposição racional-interpretativa e professoral da "análise do ego", o húngaro envia-nos para outro tempo, uma "era" em que o tratamento visava à revivescência da experiência emocional. Essa foi a deixa para que Ferenczi retomasse o tópico da "catarse", que surge indisfarçado no título ao lado do termo "relaxamento".

Fazendo um levantamento da associação dessas duas noções ao longo do pensamento de nosso autor, Antonelli observa que, ainda que de forma precária, poderíamos remontar sua combinação aos experimentos com transmissão de pensamento, nos quais o estado o mais tranquilo possível (ou seja, uma forma de "relaxamento") seria necessário para desenrolar-se o fenômeno, conforme comunicara nosso autor a Freud em correspondência de 19 de dezembro de 1910. Mas não só: o biógrafo italiano (Antonelli, 2014[1997], p. 399) ainda nos remete a dois textos ferenczianos – "Pensamento e inervação muscular", de 1919, e outro importante trabalho, "Psicanálise dos hábitos sexuais", de 1925 –, nos quais o húngaro afirmava "existir uma certa relação entre a capacidade de relaxamento muscular em geral e a capacidade de praticar a associação livre" (2011[1925], p. 381, nota 24) – o que, por sua vez, nos conduz a algo que já havíamos apontado ao comentar o texto sobre as contraindicações à técnica ativa: a noção de relaxamento, em alguns momentos do pensamento ferencziano, incluiria de forma ampla a corporeidade, ainda que visando os processos associativos.[59]

Ferenczi diria, inclusive, que o método de associação livre seria, em alguns casos, "muito seletivo" (2011[1931], p. 81), impondo-se uma entrega mais profunda, que redundaria em um mergulho total nas impressões, tendências e emoções que surgissem de modo espontâneo.[60] O grande número de casos que chegavam a seu consultório impondo-lhe adotar tal postura, mais elástica do que aquela preconizada pela psicanálise "clássica", implicou que nosso autor transformasse essa proposta de relaxamento em um novo princípio para o trabalho analítico – o "princípio de relaxamento" (também conhecido por *laisser-faire*), que se contraporia ao "princípio da frustração" (a "abstinência").

Ainda nessa esteira, no texto de 1931, vemos Ferenczi fazer uma importante correlação do "princípio do relaxamento" com as "transferências maternas". Ele diz:

> *gostaria de emitir a hipótese de que os movimentos de expressão emocional da criança, sobretudo os libidinais, remontam fundamentalmente à terna relação mãe-criança, e que os elementos de malevolência, de arrebatamento passional e de perversão aberta são, na maioria das vezes, consequências de um tratamento desprovido de tato por parte do ambiente. É uma vantagem para a análise quando o analista consegue, graças a uma paciência, uma compreensão, uma benevolência e uma amabilidade quase ilimitadas, ir o*

---

59 Cf. capítulo 7, item "A revisão da técnica ativa".
60 Perceba-se que, nesse ponto, o aspecto estético da clínica, do qual tratamos no capítulo 7, item "Aspectos da elasticidade da técnica: o tato, a estética no encontro analítico e a ênfase na perlaboração", reaparece.

> *quanto possível ao encontro do paciente. . . . O paciente ficará então impressionado com o nosso comportamento, contrastante com os efeitos vividos em sua própria família e, como se sabe agora protegido da repetição, atrever-se-á a mergulhar na reprodução do passado desagradável (2011[1931], p. 85).*

A aposta em um procedimento empático do analista, regido pelo princípio de relaxamento, é, então, a de que as vivências traumáticas de outrora não se "repetirão" no curso do tratamento. Observe-se a nova e interessante hipótese de Ferenczi: na medida em que tais experiências não se "repetirão", que o analista tem a possibilidade de ofertar uma relação de base, um ambiente diverso do original – que tanto mal causara ao paciente –, torna-se possível a "reprodução" (que não se confunde mais com a "repetição") das referidas vivências.

Parece-nos situar-se exatamente nesse ponto o problema da "regressão terapêutica". O termo não surge, nesse sentido, nos textos que usamos aqui como referência, mas em seu trabalho final, "Confusão de línguas entre os adultos e a criança", descrevendo, contudo, o que aqui já está explicitado: os pacientes traumatizados, de fato, buscariam estabelecer com o analista, enquanto ambiente confiável, uma relação que não seria correspondida pela atitude "fria e pedagógica" da análise convencional. Em algumas condições, tais indivíduos responderiam "como uma criança que não é mais sensível ao raciocínio, mas, no máximo, à benevolência (*Freundlichkeit*) materna" (Ferenczi, 2011[1933], p. 115).[61]

---

61 "Falamos muito em análise em regressão ao infantil, mas é manifesto que nem nós mesmos acreditamos até que ponto temos razão" (Ferenczi, 2011[1933], p. 115). Também no *Diário clínico* encontramos a mesma orientação, quando Ferenczi afirma: "Análise deve permitir ao paciente *the ultmost regressions* sem

É importante ressaltarmos, resumidamente, o percurso que o tema da regressão libidinal fez ao longo do pensamento ferencziano. Seus prolegômenos encontram-se já no texto de 1909, "Transferência e introjeção", quando nosso autor afirmou que a libido "desligada" buscaria integrar o outro como parte de si, afastando-se da possibilidade da experiência da angústia – essa seria a origem do processo de introjeção. Daí passamos às dificuldades observadas na clínica, quando a libido desligada, para além dos sintomas patológicos, estaria relacionada à formação dos "sintomas transitórios" observados por Ferenczi, bem como da própria transferência. Concomitantemente a esses estudos clínicos, nosso autor propôs seu primeiro grande ensaio ontogenético de matriz psicanalítica, "O desenvolvimento do sentido de realidade e seus estágios", no qual afirmou a tendência de o bebê buscar o regresso a uma condição de satisfação plena, que corresponderia à permanência – ainda que fantasística – no útero materno. Todas essas constatações participariam das origens da "técnica ativa", manejo clínico pelo qual o terapeuta buscaria o aumento da tensão psíquica, confrontando o paciente com experiências de insatisfação libidinal, visando forçá--lo a extrair-se do curto-circuito pulsional do autoerotismo.

Ao estudar as neuroses de guerra, contudo, deu-se um passo para a observação da regressão libidinal a partir de um prisma de saúde: o "retorno ao próprio" pôde ser pensado, em certas situações, como um esforço para restabelecimento de ligações em um psiquismo afetado por um "*quantum*" de energia superior a suas capacidades de elaboração – o acontecimento traumático. Por fim, em "Thalassa", Ferenczi constatou – em um diálogo que estabelecera

---

se envergonhar! É somente então, depois que ele (ela) desfrutou durante um certo tempo, sem escrúpulos, do *taking everything for nothing*, que o paciente fica em condições de adaptar-se aos fatos, até mesmo de tolerar o sofrimento alheio de um modo maternal sem esperar algo em troca (bondade)" (1990[1932], p. 155, destaques e termos em inglês do autor).

com Freud desde a década de 1910 e que resultou em semelhantes postulações do pai da psicanálise em "Além do princípio de prazer" – que, por vezes, seria preciso que algo no psiquismo retornasse a uma condição de adormecimento quase inorgânica para que pudesse, de maneira mais estruturada, passar a funcionar regido pelo princípio de prazer. Assim, como dissemos anteriormente, a tendência de regressão para o próprio se mostraria um garantidor da preservação da vida. A manutenção dessa espécie de "regressão thalássica", que, em termos ontogenéticos, dependeria da "perigênese", seria assegurada posteriormente, em termos psicogenéticos, pela família, como vimos quando estudamos seu trabalho de 1928, "Adaptação da família à criança".

Da mesma forma, nesse momento derradeiro de seus estudos, nosso autor estava postulando que, em algumas situações, caberia ao analista "benevolente" e empático, pelo efeito de sua atitude clínica, oferecer tal ambiente ao paciente para que daí se desse a referida regressão. Assim, seria a partir da instalação de um contexto confiável no processo de análise – garantidor de certas condições "perigenéticas" de segurança, sustentação e acolhimento – que se propiciaria ao psiquismo do analisando a possibilidade do retorno à situação de "amor objetal passivo" ou "amor primário".[62] Dessa maneira, finalmente, tornar-se-ia factível a oferta de um "novo começo", para usar a terminologia de Ferenczi, que ficou conhecida a partir da obra de Balint, consoante exposto na nota de 11 de novembro de 1932 de nosso autor:

> *A análise em profundidade deve retroceder sob o nível de realidade, até as épocas pré-traumáticas e os mo-*

---

62 Condições a que nosso autor se referiu em "Thalassa" (2011[1924b], p. 294), no capítulo dessa obra em que, justamente, retomou o desenvolvimento do sentido de realidade.

> *mentos traumáticos, mas não se pode esperar nenhuma solução, se a solução não for desta vez diferente do que se passou primitivamente. Uma intervenção é aqui necessária (regressão e nova partida).*[63] *Ver, a este respeito, a compreensão amistosa, o "dar livre curso" e tranquilizar mediante o encorajamento e o apaziguamento ("sugestão") (Ferenczi, 2011[1949], p. 316, destaque do original).*

Com base nas propostas de intervenção clínica aqui comentadas, ampliou-se o hiato entre as orientações da psicanálise clássica e as descobertas ferenczianas. Se Freud acolheu, não sem ressalvas, algumas das ideias recentes sobre a prática da psicanálise que nosso autor apresentara, como suas considerações sobre o "tato", as hipóteses aqui apresentadas, bem como as que se seguem, de forma geral, causaram enorme desgaste na relação de Ferenczi com seu estimado mestre.

Outras implicações do princípio de relaxamento: a análise como jogo e a neocatarse

Do relaxamento e da regressão, resultaria outro aspecto das novas propostas clínicas de nosso autor, que Rachman situa como uso de um comportamento não interpretativo, pondo em prática ações que visariam responder às necessidades dos analisandos.

---

63 Na versão em português das obras completas de Ferenczi encontramos a expressão "nova partida". Na versão em inglês, contudo, lê-se nesse trecho efetivamente *"new beginning"* (2011[1949], p. 271), tal qual Balint utilizou-se em seus escritos, expressão que se costuma traduzir em português como "novo começo". Também a referida noção de "amor primário", como se sabe, é comumente utilizada por Balint.

Ele exemplifica a partir de uma referência à célebre paciente de Ferenczi, Clara Thompson:[64]

> *uma paciente que havia sido sempre muito pontual, cujo primeiro atraso, devido a uma evidente resistência, estava acompanhado de uma grande ansiedade e temor de ser desaprovada. Com o objetivo de expressar sua compreensão acerca de seu verdadeiro estado mental, o tempo de atraso lhe foi concedido ao final da sessão como um presente e com uma explicação do significado dele (Rachman, 2004[1995], p. 230, tradução nossa).*

Esse comportamento não interpretativo, para além da situação com Thompson, resultou em um experimento ainda mais interessante e de maior repercussão, que foi a proposta da análise como um "jogo".

Para explicar essa ideia, nosso autor, em seu texto de 1931 ("Análise de crianças com adultos", p. 81), fez uma breve digressão sobre a história da análise infantil (citando, inclusive, suas pioneiras, Hermine von Hug-Hellmuth, Klein e Anna Freud) e situando o valor do jogo (pode-se dizer, igualmente, do "brincar") na análise de crianças. Para Ferenczi, nos casos em que mesmo os processos associativos pareceriam trazer uma "seleção muito consciente de pensamentos" (2011[1931], p. 81), a implementação do relaxamento com sua entrega completa resultaria, inúmeras vezes, em manifestações ingênuas e infantis. Ele exemplificou seu novo

---

[64] Nesse ponto vale recordar o leitor que Ferenczi começara a investir em práticas não interpretativas no seu período de técnica ativa, como ressaltamos especialmente ao estudar o caso da musicista croata no capítulo 5, item "O caso da musicista croata e o acréscimo de injunções na técnica ativa (a técnica ativa em dois tempos)".

procedimento falando de um paciente adulto que, após vencer uma série de resistências, passou a descrever cenas que envolviam seu avô. Acompanhemos a narrativa de nosso autor:

> De repente, a meio de seu relato, passa-me um braço em redor do pescoço e murmura-me ao ouvido: 'sabe, vovô, receio que vou ter um bebê...' Tive então a feliz ideia, parece-me, de nada dizer de imediato sobre a transferência ou coisa alguma do gênero, mas lhe devolver a pergunta no mesmo tom sussurrado: 'Ah, sim, por que você pensa isso?' Como veem, deixei-me levar para um jogo que poderíamos chamar de perguntas e respostas, inteiramente análogo aos processos que nos descrevem os analistas de crianças, e já faz algum tempo que esse pequeno truque funciona muito bem (Ferenczi, 2011[1931], p. 82).

Essa passagem ilustra a diferença do procedimento fundado no "princípio de relaxamento" daquele que nosso autor se utilizava quando de suas intervenções baseadas nas concepções "clássicas" do método e da "técnica ativa": ao ser transferencialmente confundido com um objeto libidinal do paciente, Ferenczi não optou por uma leitura da situação como uma "resistência" que deveria ser trabalhada pela via de uma "interpretação" (como o vimos fazer anteriormente) nem determinou que o paciente deixasse de tocá-lo ou falar-lhe de certa maneira, como poderia se dar em um procedimento ativo. Adotando um estilo não interpretativo, nosso autor ingressou em um "jogo de perguntas e respostas" que propiciaria a reprodução das experiências traumáticas no contexto da clínica.[65] Antonelli (2014[1997], p. 428), ao refletir sobre a atuação do analista no jogo, destaca algumas funções desempenhadas pelo clínico em tal situação: caberia a ele, primeiramente, representar certo papel – Ferenczi foi o avô no caso citado. Além disso, o analista deveria ter a capacidade de brincar com o paciente e, especialmente, com a criança que habita o paciente. Finalmente, cumpriria a ele sustentar a manutenção do jogo e observá-lo no contexto da análise.

Do que observamos até agora, podemos sublinhar uma importante conclusão a que chegou Ferenczi acerca da atividade clínica do psicanalista: ela se sustenta sobre um paradoxo, pois trabalha com dois meios que se opõem – o aumento de tensão pela frustração e o relaxamento ao autorizar certas liberdades, inclusive a de brincar. Para nosso autor, sustentar essa tensão seria uma das tarefas do analista, que não poderia, assim, nem deixar de lado a abstinência, nem impor frustrações de tal monta que reconduzissem o paciente a experimentar os excessos que constituíram, em outro momento, vivências traumáticas.[66] Tal paradoxo, contudo, seria o equivalente de uma contraposição que extrapolaria os limites do

---

65 Ferenczi diz, sobre esse estilo, que não há outra forma de se proceder, pois não se pode fazer perguntas, interpretações ou qualquer proposição que não seja simples o suficiente para a compreensão de uma criança (1931a, p. 83). Ele nomeava o procedimento no alemão original, "*Frage-und-Antwortspiel*": da mesma forma que se dá em outros idiomas, no alemão "*spielen*" é um verbo que serve para referir-se ao que em português seria "jogar" ou "brincar".

66 Talvez seja importante aqui ressaltar que tais ponderações de Ferenczi enfatizavam algo que Freud também dissera em seu artigo de 1915, "Observações sobre o amor transferencial (novas recomendações sobre a técnica da psicanálise III)", mas que, em face de sua insistência acerca da importância do "princípio de abstinência", talvez tenha sido deixado de lado: não se deve privar o paciente de tudo aquilo que ele deseja, "pois talvez nenhuma pessoa enferma pudesse tolerar isso" (1996[1915], p. 182). Cf. capítulo 4, item "A regra de abstinência e o problema da satisfação (e da frustração) libidinal durante o encontro analítico".

consultório e nos levaria de volta à cena doméstica: a educação infantil funcionaria baseada no mesmo princípio, conceder amor (carinho) e, ao mesmo tempo, impor frustrações visando adaptação à realidade.

A psicanálise clássica enfatizava a importância da abstinência, algo que Ferenczi, em momento algum, desconsiderou. Buscou, de fato, mitigá-la com as propostas de elasticidade e relaxamento, uma modificação que lhe parecia necessária e lógica, a partir de suas observações sobre a psicogênese e a psicopatologia.[67] É necessário ressaltar, no entanto, que nos parece exata a constatação de que, ao experimentar práticas de indulgência, Ferenczi teve de se haver com seus limites – o que lhe colocou diante de situações bastante delicadas. Isso fica especialmente claro em seu trabalho de análise justamente com a mencionada Clara Thompson (a paciente Dm.), que analisaremos no capítulo seguinte, momento no qual se afirmou, para lidar com o paradoxo aqui apontado, a importância da "pessoa real do analista" no processo terapêutico.

Do princípio de relaxamento derivou, além da hipótese da regressão terapêutica e do manejo clínico por meio de jogos, uma terceira proposta a partir da qual o húngaro nos trouxe para perto dos fundamentos da psicanálise – referimo-nos às já mencionadas experiências de neocatarse. Ele postulou que, especialmente a partir de movimentos regressivos, surgiriam variações de grau de consciência que tenderiam a efetivos "estados de transe", "auto-hipnóticos" no sentido das primeiras pesquisas de Breuer e Freud, comparáveis às "manifestações catárticas" então observadas. Tudo isso, na opinião de Ferenczi, conduziria o analista a dimensões de compreensão do psiquismo do paciente bastante mais amplas do

---

67 Diz ele, por exemplo, "a ênfase que ponho sobre o relaxamento *ao lado* da frustração e da objetividade evidente" (Ferenczi, 2011[1930], p. 70, destaque nosso).

que aquelas obtidas pela "análise do ego" – como já dissemos, a concepção moderna de técnica psicanalítica de então.

Novamente um exemplo extraído do *Diário clínico* será útil para ilustrar o procedimento. Nesse sentido, vejamos a nota do dia 28 de janeiro de 1932, "Recalcamento, conversão histérica; evidência de sua gênese quando do retrocesso catártico":

> *A paciente (B.) cujos antecedentes reconstituídos por via analítica fazem supor, com grande certeza, uma violação incestuosa, tinha o hábito de produzir, numa fase bastante precoce de sua análise, ab-reações catárticas, quase alucinatórias dos eventos traumatógenos recalcados. (De fato, desde a primeira sessão, introduzida pelo "sonho do ovo", há uma reprodução completa das sensações: o mesmo odor de álcool e tabaco que na boca do agressor, torção violenta das mãos e dos pulsos, sensação de tentar rechaçar o peso de um corpo enorme de cima dela (com as palmas das mãos), depois sensação de peso sobre o peito, obstrução da respiração pela roupa, sufocação, violenta abertura forçada (abdução) dos membros inferiores, sensação extremamente dolorosa de* leakage, *finalmente a sensação de estar estendida como que pregada ao chão, hemorragia incessante, visão de um rosto de olhar perverso, depois somente a visão de pernas enormes de um homem arrumando as roupas e deixando-a ali estendida (Ferenczi, 1990[1932], p. 54, destaque e termo em inglês do autor).*

Antonelli, ao comentar o texto ferencziano sobre o "Princípio de relaxamento e neocatarse", faz uma observação que nos parece relevante: o húngaro, em seu escrito, fez questão de ressaltar a capacidade de Breuer escutar Anna O. – uma "paciente genial", consoante a caracteriza. "Breuer preserva, aos olhos de Ferenczi, o mérito incontestável de ter seguido as indicações do método de sua paciente", diz o italiano (2014[1997], p. 403, tradução nossa). Nessa esteira, ao enaltecer a figura do médico austríaco, Ferenczi poderia revelar certa identificação e, tal qual Breuer fizera antes, nosso autor estaria ofertando a maior adaptação possível ao paciente, às suas disposições, na busca por um efeito terapêutico. "O relacionamento Breuer-Anna O. relembra aquele entre Ferenczi e (Elizabeth) Severn", conclui o biógrafo de nosso protagonista.

Ferenczi, contudo, ao nomear seu método de neocatarse, procurou afastar-se daquele de Breuer, que chamaria de "paleocatarse". Tal distinção não se mostra importante apenas para tentar obter maior aprovação de seus colegas, que conforme adiantou, provavelmente, seriam bastante resistentes a aceitar uma "novidade" surgida quase cinquenta anos antes. Há outro fator que é a já mencionada ênfase na "perlaboração". Para Ferenczi, não se trataria somente de ab-reagir o afeto vinculado a uma lembrança, mas de oferecer ao paciente a possibilidade de que algo fosse integrado ao psiquismo.

Em "Análise de crianças com adultos", nosso autor chegou a propor que o término do tratamento passaria pela "reprodução real dos processos traumáticos" (2011[1931], p. 84). Ou seja, se por um lado tal aspecto é uma distinção a se considerar da técnica breueriana, por outro, não há como evitar observarmos uma incômoda proximidade que, no dizer de Antonelli, indicaria que "o círculo ia se fechando" (2014[1997], p. 405, tradução nossa) e assuntos que participaram da formação da psicanálise, antes mesmo da aliança do húngaro com Freud, ressurgiam agora em seu pensamento buscando reelaborações e saídas que nem sempre agradariam o pai da psicanálise.

Pelos registros pessoais de Ferenczi, temos mais acesso a sua forma de trabalhar com a neocatarse. Em uma nota de 17 de agosto de 1930 ("A propósito do tema da neocatarse"), o húngaro esclareceu que nesse método a antiga explosão catártica breueriana (paleocatarse) serve apenas de marco em que o analista deve demorar-se, explorar e "fazer pressão" para saber mais sobre as "experiências vividas" pelo paciente, o que deve repetir-se várias e diferentes vezes até que "o paciente se sinta, por assim dizer, cercado por todos os lados e não possa impedir-se de repetir diante dos nossos olhos o trauma propriamente dito que, em última instância, tinha conduzido à desintegração psíquica" (2011[1949], p. 275).

Após apresentar seu novo método e concluindo seu artigo, Ferenczi fez uma importante anotação, que nos dá ensejo a retomar a problemática do trauma na forma como ele avança nos anos a seguir. O húngaro diz que, em se confirmando as teorias derivadas do relaxamento e da neocatarse, seria possível restabelecer e redistribuir a energia psíquica do paciente. Ele afirma: "as forças intrapsíquicas apenas representam o conflito que se desenrolou na origem entre o indivíduo e o mundo externo" (Ferenczi, 2011[1930], p. 77). Com isso, estaria mantida a esperança de transformar a repetição em rememoração e, assim, na manutenção do trabalho de análise. Compreendamos: para Ferenczi, a luta travada no interior do psiquismo do paciente representaria aquilo que, em sua origem, foi uma disputa travada pelo paciente com o além de si.

No próximo capítulo, conheceremos algumas implicações desse raciocínio de nosso autor.

8. A ampliação do campo do trauma e os derradeiros avanços clínicos de Ferenczi (1931-1933)

A retomada de antigas intuições freudianas e a ampliação do campo dos traumatismos

Os textos de 1930 e 1931[1] que viemos debatendo não se restringem à discussão clínica, pelo contrário, oferecem-nos a entrada para os derradeiros desenvolvimentos de Ferenczi sobre o trauma. Não nos espantamos com isso: o próprio autor já havia anunciado que seus esforços para tornar suas técnicas acessíveis a outros analistas o reconduziam à compreensão da psicologia de uma forma mais extensa (2011[1928c], p. 29). Ou seja, para avançarmos no pensamento de nosso autor, permanece indissociável o diálogo entre clínica e teoria.

Em "Princípio de relaxamento e neocatarse" (2011[1930]), há um pequeno capítulo, o quarto deles, no qual Ferenczi introduziu uma nova dimensão das origens e repercussões da traumatogênese

---

[1] "Princípio de relaxamento e neocatarse" (2011[1930]) e "Análise de crianças com adultos" (2011[1931]), respectivamente.

no psiquismo humano. O húngaro parecia trazer esse assunto à baila sem muita certeza de tratar-se do fórum correto para a discussão. Se, por um lado, iniciou o capítulo confiante, afirmando "O que lhes tenho agora a dizer é, de certo modo, a sequência do que acaba de ser dito" (2011[1930], p. 73) e propondo, portanto, a relação do trauma com as questões clínicas contidas no trabalho, por outro, encerrou sua reflexão, pouco mais de duas páginas depois, dizendo sem tanta convicção: "mas por que infligir-lhes, nesta exposição essencialmente técnica, uma extensa lista, embora incompleta, de argumentos teóricos semielaborados?"; até concluir com uma síntese: "Ficarei satisfeito se tiverem colhido a impressão que levarmos na devida conta a *traumatogênese*, por tanto tempo negligenciada, poderia mostrar-se uma decisão fecunda não só no plano terapêutico" (p. 75, destaque do original).

Nesse capítulo de parcas linhas, o autor reafirma e amplia o tema que absorveu sua atenção por seus próximos (e poucos) anos de vida. Ao comentar os resultados obtidos pelo método neocatártico, constatou:

> *O material mnêmico descoberto ou confirmado pela neocatarse voltou a dar grande importância ao fator traumático original na equação etiológica das neuroses. As medidas de precaução da histeria e as evitações dos obsessivos podem encontrar sua explicação por formações fantasísticas puramente psíquicas: são sempre perturbações e conflitos com o mundo exterior que são traumáticos e têm um efeito de choque, que dão o primeiro impulso à criação de direções anormais de desenvolvimento... Após ter dado a atenção devida à atividade fantasística como fator patogênico, fui levado, nesses últimos tempos, a ocupar-me cada vez com*

maior frequência do próprio traumatismo patogênico (2011[1930], p. 73).

Percebamos a sutileza da proposição de Ferenczi. Há uma "equação etiológica das neuroses". Ou seja, do produto final "neurose" participam diversos fatores – o que nos remete, por exemplo, ao problema das "séries complementares" abordadas por Freud em suas conferências do final dos anos 1910. A partir disso, há uma constatação: a "atividade fantasística" é um dos fatores que participa da patogenia das neuroses. Com isso, ele nos informa: permaneço fiel à compreensão da psicogênese dos sintomas neuróticos proposta pela psicanálise.[2]

O salto (para a frente? Para trás? O progresso que busca uma volta às origens, uma forma de movimento tipicamente ferencziana) viria na ideia de que essas fantasias derivariam de "perturbações e conflitos com o mundo exterior" que "são traumáticos" (Ferenczi, 2011[1930], p. 73), ou seja, têm um pé naquilo que efetivamente foi vivido pelas crianças, não sendo totalmente produto de seu mundo interno, de seus desejos recalcados. Aqui se afasta do campo anteriormente demarcado. Para além, com essa observação, nosso autor começava a reavivar uma discussão sobre o lugar da "realidade" e da "fantasia" na constituição da cena traumática, um tema que, como se sabe, foi importantíssimo para Freud nos anos 1890 e conduziu-lhe à conhecida constatação feita a Fliess de não acreditar mais em sua neurótica.

Dando um passo a mais nesse parágrafo de Ferenczi, nosso autor fez outra observação: o adulto, para além de às vezes não

---

2 "Formações fantasísticas puramente psíquicas", nesse caso a expressão parece-nos uma contraposição a uma possível ingerência do "orgânico" na constituição dessa forma de adoecimento, o que Ferenczi exclui reafirmando sua lealdade ao campo psicanalítico.

conseguir oferecer um ambiente de acolhimento ao infante, por vezes trata-lhe de forma efetivamente excessiva, má, tirânica. Em seus termos:

> *verificou-se que o traumatismo é muito menos frequentemente a consequência de uma hipersensibilidade constitucional das crianças... do que de um tratamento verdadeiramente inadequado, até cruel... Hoje estou de novo tentado a atribuir, ao lado do complexo de Édipo das crianças,* uma importância maior à tendência incestuosa dos adultos, recalcada e que assume a máscara da ternura *(2011[1930], p. 73, destaque do autor).*

Uma pausa para realçarmos a diferença marcada nesse trecho que nos parece sumamente importante. Tratamento "inadequado" ou "cruel". Até aqui, parece-nos exato dizer, nosso autor conduzira-nos pelo trauma que derivava de tratamento "inadequado": falou de desmames malfeitos, cuidados higiênicos propostos sem o devido tato, falta de amor e carinho etc.[3] A crueldade é algo de outra ordem, parece referir-se a um ímpeto do adulto no qual há uma dimensão de certo sadismo desmensurado, uma perversidade enviesada e, até mesmo, uma violência explícita, tornando aquele que deveria cuidar não só alguém com alguma (ou total) inaptidão para tanto – como no caso do "inadequado" – como também uma efetiva ameaça ativa para a criança. As "punições ou ameaças graves", o "terrorismo do sofrimento" e a "paixão erótica" – esta derivada de uma tendência incestuosa recalcada do adulto e endereçada, então, para a criança – são três exemplos de com-

---

3 Cf. capítulo 7, item "O trauma como produto de desajustes na adaptação do mundo adulto à criança".

portamento dessa natureza trazidas pelo húngaro. Assim, percebemos uma expansão no campo de observação das experiências traumáticas que se abriu, em "Adaptação da família à criança" (2011[1928a]) e "A criança mal acolhida e sua pulsão de morte" (2011[1929a]), focalizada no problema do acolhimento com pouco investimento ambiental.

Antes de prosseguirmos, marquemos novamente a posição de nosso autor: Ferenczi não negou a existência das tendências edípicas infantis; elas estão presentes na passagem referida. Acrescentou ao contexto, dando maior importância, as disposições da sexualidade recalcada dos (ou, de certos) adultos. Aliás, sobre esse aspecto específico, Avello traz um esclarecimento importante, se não para a totalidade dos eventos traumáticos, para uma parcela considerável deles. Diz o autor:

> *O traumatismo não se exerce sobre uma criança assexuada; é a busca da própria criança que a torna vulnerável aos traumas. Eles atingem a criança em seu período edípico, movida por sua libido, uma libido terna que o adulto agressor toma por uma libido adulta* (Avello, 2013[2006], p. 124, tradução nossa).

Os estudos e as considerações de Ferenczi sobre o campo ampliado do trauma e suas repercussões, desse ponto em diante, passaram a ter um amplo registro em anotações que foram reunidas, primeiramente, em um texto póstumo, "Reflexões sobre o trauma" (contendo cinco notas), publicado em 1934. Posteriormente, outras notas foram publicadas e incluídas no quarto volume de suas *Obras completas* (2011) e, finalmente, no famoso *Diário clínico*, composto especialmente de anotações (1990[1932]). No total, são aproximadamente duzentas notas conhecidas, mais da metade escrita à máquina (o restante de próprio punho), de tamanhos e conteúdos diversos. Por fim, e para conhecimento público, Ferenczi deixou seu derradeiro artigo, intitulado "Confusão de línguas entre os adultos e a criança" (2011[1933]), um amplo sumário de suas considerações acerca desse tema e de suas repercussões na dimensão do trabalho analítico – cujo conteúdo ingressará de forma mais contundente em nossas reflexões a partir de nosso item "O trauma em três tempos: a sedução incestuosa e suas repercussões angustiantes, defensivas e identificatórias (a identificação com o agressor)" (Capítulo 8).

A cisão do ego e seus mecanismos: a autotomia, a prematuração patológica e o teratoma

A ampliação do campo do trauma no pensamento de nosso autor passou pela análise das cisões do ego, modos de defesa radicais que permeariam todo o território de tal experiência. Sabemos que o problema da *"Ichspaltung"* ocupou o pensamento de Freud especialmente a partir da segunda metade da década de 1920 e refere-se, como salientam Laplanche e Pontalis (2001[1967], p. 67), à existência de uma dupla atitude no seio do ego quando a realidade exterior contraria uma exigência pulsional.

Já assinalamos como a fina percepção de Ferenczi o conduziu a descrever fenômenos que estariam na órbita das clivagens antes de haver uma clara acepção desse conceito na seara psicanalítica. Assim, em "Psicanálise e pedagogia" (2011[1908b]), por exemplo, nosso autor concluiu que uma educação conduzida sem cuidado redundaria na produção de uma "personalidade distinta" no interior da criança; anos mais tarde, em "O problema da afirmação de desprazer (progressos no conhecimento do sentido de realidade)"

(2011[1926a]), discutiu as repercussões da negação das experiências satisfatórias a que a cultura submete a criança, gerando, novamente, uma grande tensão (e eventual cisão) de seu ego.[4] Nos dois casos Ferenczi adiantava que, ante uma expectativa externa, uma parte do ego poderia ser deixada de lado para que a outra, adaptada, prevalecesse.

Uma forma importante dos processos de cisão – que, em alguma medida, já atravessou o nosso percurso – passou a participar de maneira mais efetiva do pensamento de nosso autor: a "autotomia". Já mencionamos a presença desse termo no texto de 1926, anteriormente referido, e em "Thalassa" (2011[1924b]). Avello (2013[2006], p. 154) situa no artigo ferencziano de 1921, "Reflexões psicanalíticas sobre os tiques" (2011[1921]), sua estreia na obra do húngaro. A autotomia, lembremos, é um mecanismo observado em alguns seres vivos a partir do qual, diante da incidência de um intenso desprazer ou mediante uma ameaça, uma parte do corpo é cindida e abandonada para salvar o indivíduo. Em 1921 surgiu para Ferenczi como uma forma de descarga motora, de "retorno sobre o próprio indivíduo" (Ferenczi, 2011[1921], p. 99).

Cinco anos depois, em "O problema da afirmação de desprazer (progressos no conhecimento do sentido de realidade)", esse mecanismo apareceu como "modelo" ou "protótipo do recalcamento" em um âmbito biológico (Ferenczi, 2011[1926a], p. 439). Ao longo das notas redigidas por nosso autor nos anos 1930, adverte Avello, a autotomia juntou-se a outros fenômenos de natureza específica, "vertical", que incidiam sobre o próprio ego – diferentemente da "horizontalidade" do recalque derivado do conflito neurótico, que manteria afastadas as instâncias diversas do psiquismo. Uma importante demonstração dessa distinção está na correspondência de 31 de maio de 1931, na qual Ferenczi encaminhou para Freud

---

4 Discussão retomada também em "O problema do fim de análise" (2011[1928b]).

um esboço de apresentação em um congresso de psicanálise em que se lia:

> 2. *Uma extensão possível de nosso universo de representação metapsicológica. As construções metapsicológicas de Freud são o resultado de experiências analíticas com neuróticos (recalcamento). Teríamos direito, entretanto, de tomar a sério mecanismos de outra ordem, relativamente universais, e que agem por detrás das produções de psicóticos e daqueles que sofreram uma comoção traumática... (exemplos: fragmentação e atomização da personalidade, formação de sequestro)* (Brabant et al., 2000a, p. 412, tradução nossa).

Como exemplo da "universalidade" dos fenômenos de cisão do ego, Ferenczi destacou em uma das notas de 1930 que, ante uma excitação de desprazer, todo ser vivo reagiria com uma "dissolução" que começaria por uma "fragmentação".[5] A "tendência para a autotomia" seria inibida por uma corrente inversa que conduziria a uma nova consolidação.[6] Esse é um ponto que devemos en-

---

5 "Toda adaptação é precedida de uma tentativa inibida de desintegração", anotação de 10 de agosto do ano referido (Ferenczi, 2011[1949], p. 271). Nessa nota Ferenczi interroga-se: "Pulsão de morte?", para, em uma resposta consequente, propor: "mas em vez de pulsão de morte seria preferível escolher uma palavra que exprima a completa passividade desse processo" (p. 271). O tema da compreensão de nosso autor dos movimentos pulsionais a partir de sua posição monista pré-psicanalítica, passando pelo dualismo da psicanálise clássica, pela segunda teoria pulsional, até chegarmos a essa afirmação, configura um tema interessante de estudos, que extrapolaria a dimensão do nosso trabalho.
6 Ferenczi, naturalmente, relaciona essa corrente inversa à pulsão de vida. Aqui é importante que os objetos externos cumpram suas funções paraexcitatórias e desejantes, por meio das quais é possível que tais pulsões prevaleçam consolidando a formação do psiquismo infantil.

fatizar, pois a consolidação de um psiquismo cindido, na verdade, é, para Ferenczi, uma saída frente a uma tendência radical de autodestruição completa.

Registremos duas passagens em que nosso autor acentua esse ponto de vista, contidas em apontamentos distintos redigidos no dia 10 de agosto de 1930, que fazem parte de "Notas e fragmentos", texto disposto no quarto volume das Obras completas. Na primeira, "Erotismo oral na educação das crianças", ele assim diz:

> Antes que essa clivagem se produza, existe provavelmente uma tendência traumática para a autodestruição, mas que pode ainda ser inibida pelo caminho, por assim dizer: a partir do caos é criada uma espécie de Nova Ordem a qual se adapta às condições exteriores precárias (2011[1949], p. 271).

A segunda nota, oportunamente nomeada "Toda adaptação é precedida de uma tentativa inibida de desintegração", contém a seguinte afirmação: "A tendência para a autotomia é inicialmente completa; entretanto, uma corrente oposta (pulsão de autoconservação, pulsão de vida) inibe a desintegração e impele para uma nova consolidação desde que a plasticidade resultante da fragmentação o permita" (2011[1949], p. 272).[7]

Ao longo de seus próximos escritos, o termo "autotomia" perderia força e, em "Análise de crianças com adultos", Ferenczi daria

---

7 No Diário clínico, Ferenczi lança mão de um novo conceito para referir-se às forças que mantêm o psiquismo estruturado, ainda que de maneira precária, como saída frente a morte: "orpha". Assim descreve-a nosso autor: "após a perda ou o abandono do pensamento consciente instintos vitais organizadores ('orpha') são despertados, trazendo a loucura ao invés da morte" (Ferenczi, 1990[1932], p. 40).

um novo passo em suas observações sobre as clivagens do ego, registrando, com base na observação de pacientes que se sentiram abandonados no curso do processo de análise, que "uma parte de sua própria pessoa começa a desempenhar o papel da mãe ou do pai" (2011[1931], p. 87), anulando a sensação de abandono. Notemos: a clivagem aqui se dá em um aspecto do ego que experimenta o abandono e o desamparo e outra que desenvolve aptidões para cuidar da primeira.[8]

Esse fenômeno poderia ser observado desde uma dimensão que envolve a corporeidade, como no caso do chupar de dedos de um bebê – em que uma parte do corpo, o dedo, cuida do indivíduo, aliviando a dor do abandono pelo seio materno –, até aquela que nosso autor nomeia "autoclivagem narcísica", a "clivagem da pessoa numa parte sensível, brutalmente destruída e uma outra que, de certo modo, sabe tudo mas nada sente" (Ferenczi, 2011[1931], p. 88). "Dividir-se para cuidar-se", como bem resumem Kahtuni e Sanchez (2009, p. 68), passa a ser uma estratégia de sobrevivência do psiquismo submetido a situações traumáticas.

Sobre a gênese desse processo de autoclivagem, Ferenczi conta que: "Tudo se passa verdadeiramente como se, sob a pressão de um perigo iminente, um fragmento de nós mesmos se cindisse sob a forma de instância autoperceptiva que quer acudir em ajuda, e isso desde os primeiros anos de infância" (2011[1931], p. 89).[9]

---

[8] Tal apontamento, aliás, já consta em outro trecho de nota de 1930 anteriormente transcrita, no qual nosso autor anota ser "(...) evidente que a vida amorosa do recém-nascido começa no modo de passividade completa. A retirada do amor conduz inegavelmente a sentimentos de abandono. A consequência é a clivagem da própria personalidade em duas metades, uma das quais desempenha o papel maternal" (2011[1949], p. 271). Na sequência dessa nota, contudo, Ferenczi acentua que tal organização na realidade é uma resposta a um direcionamento ainda mais radical: a autodestruição.

[9] Essa observação traz a nosso autor a lembrança do sonho típico do "bebê sábio", analisado em 1923, no qual uma criança mostra-se um ponderado conse-

Ferenczi foi um dos primeiros autores a falar no tema da "prematuração", fazendo isso a partir desse conceito – também conhecido como "prematuração patológica" (ou "progressão traumática"). Trata-se de uma resposta possível ao objeto externo que falha: dá-se uma cisão em que a parte mais externa do ego, em contato com a realidade, é extremamente investida para proteger o núcleo dessa instância, que fica em estado de torpor ou quase morte. Ou seja, por uma supercompensação, uma parte do ego fica bem viva (uma área muito adaptada e responsiva não integrada) para cuidar de outra, completamente ameaçada. Em suma: um mundo adulto desadaptado para corresponder às necessidades narcísicas da criança poderia implicar que essa tivesse de amadurecer rapidamente para suprir o que faltou no campo intersubjetivo.

A progressão traumática foi outro tema que nosso personagem exemplificou de maneira mais ampla em seu *Diário clínico* e nas "Notas e fragmentos" que em seus artigos. Em uma dessas anotações, intitulada "A vulnerabilidade das capacidades traumáticas progressivas (e também das crianças prodígios)", ele diz:

> *A capacidade de realizar não é uma prova de verdadeira* vontade *de realizar e de verdadeiro* prazer *em realizar. A faculdade de superdesempenho adquirida por via traumática é (em consequência da corrente regressiva, inconsciente, sempre forte), na maioria das vezes, passageira ... não tem o caráter de persistência e a capacidade de resistência em face dos obstáculos que emergem. Também é vulnerável: um novo traumatismo (ataque) gera facilmente um "colapso" (regressão a uma total incapacidade de viver, paralisia psíquica), ou seja,*

---

lheiro dos adultos – algo que efetivamente pode ser percebido em situações de "progressão traumática".

> *uma recaída no pueril/infantil como o desejo nostálgico de proteção, de amparo; o sonho e o mundo fantasístico são lúdicos, pueris (em especial o desejo de ser irresponsável) (2011[1949], p. 306, destaques do autor).*

O tema da progressão traumática ressurgirá mais adiante quando retomarmos a questão da sugestão, associada ao "terrorismo do sofrimento". Para encerrarmos este tópico, devemos assinalar que nosso personagem abordou ainda outras concepções de autoclivagem. Uma delas, o "teratoma", nosso autor levou para mais perto do território da morte psíquica: "nenhum homem sensato", diz Ferenczi, "hesitaria em submeter tal teratoma ao bisturi do cirurgião se a existência da pessoa inteira estivesse ameaçada" (2011[1930], p. 76).

Essa noção, trazida pelo húngaro ainda em "Princípio de relaxamento e neocatarse", assim foi apresentada: "nada tem de licença poética comparar o psiquismo do neurótico a uma dupla má-formação, uma espécie de teratoma, poderíamos dizer: uma parte do corpo, escondida, alberga as parcelas de um gêmeo cujo desenvolvimento foi inibido"[10] (2011[1930], p. 76). O teratoma é um tumor usualmente localizado em células germinativas contendo diversos tecidos e, por vezes, materiais de outras naturezas (cabelos, dentes etc.). Psiquicamente, Figueiredo caracterizou-o como:

> *uma espécie de conglomerado de maus objetos internos em estado de morte, dejetos mortos... É só coisa, não é*

---

10 O que é reafirmado no mesmo trabalho: "casos de neurose... em que, talvez em resultado de choques infantis de efeito particularmente intenso, a maior parte da personalidade converte-se como um teratoma, ao passo que todo o trabalho de adaptação real é assumido por uma parcela que foi poupada" (Ferenczi, 2011[1930], p. 77).

palavra, não tem representação, mas tem atratividade. E a despeito de estar em um local profundo é o centro, em torno do qual o psiquismo foi se organizando e tentando se virar (Anotação da aula de 22 de abril de 2015, proferida no Programa de Pós-Graduação em Psicologia Clínica da PUC-SP).

Percebe-se, assim, a gravidade das formações às quais nosso autor se refere por essa expressão: a maior parte do psiquismo, nessas situações, se organizaria em certo estado de morte, cabendo ao que restou uma tentativa de adaptação e manutenção – o que se daria de forma automática e mecânica, uma vez que a instância egoica desses indivíduos não teria a força e a maleabilidade suficientes para mediação dos impulsos do id, dos imperativos e anseios do superego e dos limites impostos pelo além de si. Configurar-se-iam, a partir disso, situações de extrema precariedade emocional.

Em "Análise de crianças com adultos", nosso autor retomou o problema das configurações psíquicas em estado de quase morte – sem se referir expressamente aos "teratomas" –, ao observar alguns indivíduos, que, na experiência de análise, mesmo apresentando uma aparência de equilíbrio, demonstravam em seu íntimo uma profunda experiência de "agonia física e psíquica" ou de "dor incompreensível e insuportável". Ferenczi chegou a caracterizar tais pacientes como "moribundos" (2011[1931], p. 90), pessoas que não exibiam o menor prazer de viver.

Ao mencionar os referidos "pacientes moribundos", nosso protagonista invocaria a compreensão freudiana de tais organizações psíquicas: para o fundador da psicanálise, tal situação implicaria, segundo o húngaro, a "volta da agressão contra a própria pessoa" (2011[1931], p. 90). Essa interpretação, nos parece, coaduna bem com a ideia de um superego avassalador, por ele exposta em

"Adaptação da família à criança". Contudo, nesse momento, talvez possamos especular se Ferenczi já não se encaminhava para outra hipótese (preferindo atrelar essa ideia da volta da agressão sobre si a Freud) que seria, "simplesmente", a de que essa criança desinvestida pelo ambiente, ao experimentar o abandono, entregar-se-ia psiquicamente – ao menos de maneira parcial – à morte, por ausência de um ímpeto de vida derivado de outro desejante.[11]

A nota do dia 12 de janeiro de 1932 contida no *Diário clínico* e apropriadamente nomeada "Caso de esquizofrenia progressiva (RN.)" é ilustrativa de como nosso autor relacionava as experiências traumáticas com os processos de cisão egoica. Ferenczi nos introduz à já mencionada paciente RN. – com relação à qual nos deteremos mais adiante –, salientando as experiências disruptivas a que fora submetida em diferentes momentos de sua vida. Aos cinco anos, Ferenczi sublinha possibilidade de se situar ao menos três frações distintas em seu ego. Após o último evento traumático, ocorrido aos onze anos e, "apesar da precariedade dessa tripartição, estabelecera-se uma forma de adaptação à situação aparentemente insuportável. Submeter-se à hipnose e ao abuso sexual tornou-se o esquema de sua vida" (Ferenczi, 1990[1932], p. 40).

Após nos lançarmos no campo mais amplo do traumatismo – em que Ferenczi passou a assinalar e incluir, além da "inaptidão", a "crueldade" dos adultos no tratamento com as crianças – e apresentarmos algumas perspectivas que o autor nos ofereceu para compreender como o psiquismo reagiria a tais situações, e antes

---

11 Como pano de fundo dessas duas possibilidades temos, como se pode supor a partir do que dissemos em nota anterior, o problema do lugar da pulsão de morte no pensamento de nosso autor nessa época: falar de uma volta da agressão contra si parece necessariamente falar de um movimento de ímpeto, de acréscimo pulsional, algo ativo. Por outro lado, o "abandono de si" implicaria, necessariamente, tal movimento ou estaríamos mais inclinados ao âmbito do "desinvestimento", de uma entrega a passividade?

de ingressarmos de forma mais contundente em seu derradeiro escrito, "Confusão de línguas entre os adultos e a criança", podemos conhecer algumas especificidades do tratamento empreendido por ele com duas de suas pacientes mais conhecidas (e já mencionadas algumas vezes, *en passant*, ao longo de nossa pesquisa), que estariam no centro de suas inovações clínicas e também de algumas das situações mais polêmicas em que o húngaro se envolveu: Clara Thompson e Elizabeth Severn, as pacientes Dm. e RN. (mencionada no parágrafo anterior), respectivamente. Esses foram tratamentos cuja repercussão gerou reconhecido estremecimento em sua relação com Freud.

A paciente Dm. (Clara Thompson) e a polêmica "técnica do beijo": novas considerações sobre a abstinência e a importância da pessoa real do analista

As teorias de Ferenczi sobre a clivagem e a fragmentação psíquica foram apresentadas ao pai da psicanálise ao longo de seu desenvolvimento, a despeito do ritmo de correspondência entre eles ter diminuído. De fato, Ferenczi parecia satisfeito em desfrutar de uma condição de maior isolamento, não só de Freud como também do movimento psicanalítico de forma ampla – mesmo em Budapeste, cidade em que introduziu o pensamento freudiano, nosso autor sentia-se circundado de analistas pelos quais não tinha grande respeito intelectual e que não lhe estimulavam considerável troca afetiva (Antonelli, 2014[1997], p. 177).

Em uma carta de setembro de 1930, Freud afirmou a nosso autor considerar seus pontos de vista sobre a fragmentação traumática do psiquismo "muito engenhosos" (Brabant et al., 2000a, p.

399).[12] Para Ferenczi, ter suas hipóteses avaliadas por seu mestre dessa maneira era pouco. Na correspondência, vemos Freud reiteradamente preocupar-se com o grau de energia que os experimentos técnicos demandavam de nosso personagem enquanto, de seu lado, Ferenczi mostrava-se constantemente satisfeito ao tentar abrir novas sendas para a clínica psicanalítica. Essa situação, a princípio, somente causava maiores consternações para Freud quando era tomada por Ferenczi como justificativa para não assumir alguns compromissos que esperava vê-lo encarregar-se, como a presidência da Associação Internacional de Psicanálise.

Tal situação de tensa amabilidade, contudo, sofreria um grande abalo no final de 1931, quando Freud tomou ciência de que, em decorrência de suas novas disposições, Ferenczi estava permitindo que uma paciente, a já referida Clara Thompson (a citada paciente "Dm." do *Diário clínico*) se desse a liberdade de dar (e receber) beijos em (de) seu analista: "... posso beijar papai Ferenczi quando quiser" (Shapiro, 1993, p. 160), era o que ela anunciava a outras pacientes, em uma frasística que, assim relatada, não deixa de ter tons de coquetismo.

Prado de Oliveira, em trabalho sobre a criação do método psicanalítico (2014, p. 254 e ss.), oferece-nos uma breve biografia dessa paciente de Ferenczi. Thompson nasceu no seio de uma família estadunidense bem estabelecida. Com a chegada da adolescência, após uma infância repleta de esportes e aventuras, tornou-se uma figura introspectiva, com dificuldades de legitimar sua feminilidade. No início da vida adulta, abandonou a religião batista e foi

---

12 Não sem acrescentar, contudo, que, tendo em conta o poder de síntese do ego, falar de trauma implicaria falar das formações cicatrizantes que derivariam de tal capacidade dessa instância do psiquismo. Nosso personagem não se opunha, afirmando (nos parece, sem convicção) estar de acordo com a ideia de que o trauma se reaproximaria da "infatigável tendência de unificação (pulsão de vida) no interior do psiquismo" (Brabant et al., 2000a, p. 400, tradução nossa).

estudar medicina em Nova York. Lá conheceu Harry Stack Sullivan, figura central do movimento que ficou conhecido como "psicanálise interpessoal". Juntos, em 1926, assistiram a uma palestra de Ferenczi nos Estados Unidos e, então, ela decidiu mudar-se para a Europa e empreender um trabalho de análise com nosso autor. Posteriormente, tornou-se uma importante analista interpessoal em Nova York – além de narradora de algumas situações vividas por nosso protagonista, contadas anteriormente.

Freud, ciente da situação e, após um encontro com nosso autor, contrapôs-se a Ferenczi em uma dura correspondência (Brabant et al., 2000a, p. 421): não cabe à análise oferecer satisfações eróticas ao paciente – esse é um princípio técnico da psicanálise. E os demais analistas, perguntava, por que se satisfariam só com o beijo?[13] Como Ferenczi poderia sustentar, publicamente, tal "avanço técnico"? "Imagine qual será a consequência da publicação de sua técnica. Não há um revolucionário que não seja ultrapassado por outro ainda mais radical" (Brabant et al., 2000a, p. 422, tradução nossa), apontava Freud, temendo pensar para onde o gesto de nosso personagem poderia conduzir a ciência que criara. O pai da psicanálise foi mais além e relembrou o húngaro de supostos avanços em jogos sexuais que esse teria cometido em sua fase pré-analítica.

Nosso autor acusou o golpe da forte correspondência de Freud. "Talvez pela primeira vez fatores de discordância estão

---

13 Novamente o tema da transmissão surge entre as preocupações de Freud. Parece-nos importante fornecer a interpretação e o contexto que Freud dá a esse gesto. "Para nós", descreve o pai da psicanálise, circunscrevendo-se aos seus marcos culturais, um beijo seria uma "indicação de inquestionável intimidade erótica" (Brabant et al., 2000a, p. 422, tradução nossa). Seria diferente "no tempo dos Nibelungos" ou "entre os soviéticos", apontou, fazendo uma clara e importante menção à sua referência cultural burguesa vienense – o que nos abre a perspectiva de pensar as possíveis variações da clínica psicanalítica a partir da cultura em que se insere.

misturando-se com nosso relacionamento de forma mais ampla", respondeu (Brabant et al., 2000a, p. 424, tradução nossa). Ferenczi não esclarece muito, em carta, a circunstância do beijo – deixa suas ponderações sobre o episódio para o *Diário clínico* –, mas faz questão de dizer a Freud que todo eventual excesso que veio a cometer foi submetido a honesto trabalho de análise. Contra-argumentou, ainda, que a técnica ativa também tinha uma dimensão radical, todavia de natureza asséptica, protegendo o próprio médico contra tendências de difícil controle – nesse sentido, uma medida extrema, visando, porém, resguardar os princípios da abstinência e da neutralidade.[14] Tendo em vista que tais tendências haviam sido elucidadas, complementa nosso autor, as evitações tornar-se-iam desnecessárias, possibilitando a criação de uma "atmosfera suave e desapaixonada"[15] – observação que não o impediu de afirmar ao pai da psicanálise que se manteria vigilante com relação a possíveis extravios.

---

14 Aqui vale a pena remeter o leitor ao nosso capítulo 4, item "Princípio da neutralidade e contratransferência: considerações freudianas nos anos 1910", no qual estudamos todo o contexto do surgimento das reflexões sobre os problemas contratransferenciais e assentamos o quanto, para Freud, era importante criar condições de proteção para o médico, condições essas que, supostamente, permitiriam a ele o exercício da psicanálise – condições das quais, nesse momento, percebia Ferenczi abdicando, como apontamos no início desse item.

15 Outro ponto que nos parece crucial, pois aqui, segundo nossa leitura, Ferenczi indicava que as tendências do próprio médico, eventualmente, serviriam como fatores indutivos de certas situações transferenciais, como as transferências eróticas, por exemplo. No item "'Perspectivas da psicanálise' – a aliança com Rank: novas observações sobre a repetição e a experiência afetiva na clínica psicanalítica" (capítulo 5), trabalhamos uma hipótese desenvolvida por Ferenczi e Rank, a do "narcisismo do analista como criador de contratransferências no paciente", que nos parece fundamentar esse tipo de questionamento – cuja raiz mais profunda, certamente, está na crença ferencziana da capacidade de indução psíquica que permearia os encontros analíticos e humanos, de maneira mais ampla.

Foi nesse contexto que, em janeiro seguinte, Ferenczi começou a refletir (*Diário clínico*, anotação de 7 de janeiro de 1932):

> Ver o caso de Dm., uma senhora que, "obedecendo" à minha passividade me beijou. Considerando que isso foi autorizado sem resistência, permitido em análise ... Em primeiro lugar, tratei o constrangimento que se seguiu com uma total ausência de afeto, no que diz respeito a essa análise. ... Foi somente a compreensão e a confissão da falta de naturalidade da minha passividade que a devolveu, por assim dizer, à vida real, a qual deve levar em conta as resistências sociais. ... se tratava de um caso de repetição de uma situação pai-filho: quando ela era criança, seu pai, que não sabia se dominar, cometera contra ela um abuso sexual muito grave, mas ela foi em seguida, de certa forma, caluniada pelo pai, manifestamente por causa da má consciência e da angústia social dele. A filha teve que se vingar do pai de maneira indireta, pelo fracasso de sua própria vida (1990[1932], p. 33 e ss).

A narrativa que nosso autor nos faz do caso Dm. coloca em tela uma infância que fora interceptada por uma experiência de trauma sexual e de "desmentido" (tema atinente, como já adiantamos, à problemática das vivências traumáticas, sobre o qual nos aprofundaremos adiante). Ferenczi situou o episódio do beijo como uma "reprodução analítica"[16] da situação vivida entre a paciente e seu pai.

---

16 Para usar a expressão que ele forjou com Rank no trabalho de 1924, consoante nota que lançamos no item "'Perspectivas da psicanálise' – a aliança com Rank:

Para além disso, o húngaro apontou a relevância de perceber qual foi sua reação ao que se deu – "passividade" e "falta de naturalidade" –, o que confirmaria ainda em outra nota, de 13 de março. Nessa anotação, nosso autor contou que, após a paciente apontar certo afastamento e frieza de Ferenczi, ela pôde reter a sensação de que reencontrara a confiança do analista e de que ele não a trataria como seu pai. Ao sublinhar seu desconforto com a "falta de naturalidade" da situação, percebemos que esse episódio foi importante para que Ferenczi, já ciente dos aspectos iatrogênicos da "técnica ativa", pudesse também dar-se conta dos efeitos perniciosos de uma "passividade" excessiva e artificial do analista. É nesse ponto que passa a importar, para nosso autor, aquilo que os estudiosos do pensamento ferencziano nomeiam de "pessoa real do analista": a autenticidade do analista passa a integrar seu arsenal terapêutico, o que implicaria, certamente, uma constante auto-observação e uma genuína autocrítica acerca de sua prática. Assim, Ragen e Aron refletem sobre essa aposta clínica de nosso autor:

> *Honestidade emocional, acessibilidade, franqueza, abertura, espontaneidade, realidade, desvelamento da pessoa do analista – isso provoca no paciente maior naturalidade, franqueza, acesso ao reprimido, reconhecimento e sensibilidade ao outro, aumento da autoestima e maior realismo e, portanto, profundidade no relacionamento. Este é o legado que Ferenczi nos deixou. Da maneira como vemos, a essência de sua contribuição é que abre a pessoa do analista como um domínio em que ocorre importante trabalho analítico. O analista torna-se uma pessoa distinta e real a quem o paciente*

---

novas observações sobre a repetição e a experiência afetiva na clínica psicanalítica" (capítulo 5).

realmente afeta e por quem é afetado (Ragen & Aron, 1993, p. 224, tradução nossa).

Acerca desse tema certamente é valioso e interessará ao leitor a interpretação da própria paciente de Ferenczi, Thompson, sobre modelo de intervenção de nosso autor:

Por volta de 1927, . . . [Ferenczi] desenvolveu um método a que chamou terapia de relaxamento . . . Concluiu que uma das razões para o êxito terapêutico da análise fora o fato de que fornecera ao paciente um meio diverso, uma atmosfera de tolerância, em vez de desaprovação, e porque, em virtude da diferença entre a nova experiência e as de seu passado, o paciente estava em condições de ganhar consciência das tensões a que estivera sujeito na vida. Nesse ponto, Ferenczi estava proclamando, com efeito, a importância da relação real com o analista. Não só o paciente pode tentar reviver, com o analista, suas relações pregressas, como Freud pensava, mas, em virtude do analista exibir uma atitude diferente, o paciente também pode viver uma nova experiência . . . Como Jung, acreditava ele [Ferenczi] que as crianças sentem e reagem à personalidade dos pais antes de conhecerem o significado das palavras. Na relação muito íntima de analista e paciente, partiu do princípio de que um modo análogo de consciência também deve existir. Portanto, todo paciente reage à personalidade real do analista, tanto quanto no caso de estar submetido à experiência de transferência. Ferenczi considerou a personalidade do analista como

> *instrumento de cura. Como ninguém existe sem alguns defeitos, pensou que o analista devia francamente admitir suas faltas e erros, sempre que surgissem no processo. Quando o analista nega deficiências, aberta ou tacitamente, aumenta as dificuldades do paciente. . . . Quando o analista se conduz de um modo muito parecido ao dos pais, pensou Ferenczi, o paciente cai numa revivescência de sua situação de infância, mas sem ganhar consciência do problema atual. . . . Outro aspecto da teoria de Ferenczi sobre o significado da relação real era sua crença, também, no fato de que o analista deve realmente gostar e aceitar o paciente pelo que ele é, com defeitos e tudo ou, nenhuma situação será possível. É claro que, ao salientar a importância das atitudes reais do analista, Ferenczi volvera seus interesses para o estudo da interação recíproca de pessoas (Thompson, 1950, p. 167).*

Perceber as eventuais dificuldades derivadas da terapia de relaxamento fez que Ferenczi, novamente, pusesse sua prática em questão, valorizando, então, a implicação autêntica do terapeuta no trabalho de análise, sem excessos na atividade (e, portanto, na abstinência) e sem a oferta de concessões insustentáveis para o próprio analista.[17] Como se dera outras vezes, Ferenczi descobrira

---

17 Aqui vale uma nova referência a Thompson, para quem Ferenczi, a princípio "não tinha uma ideia clara acerca das exigências neuróticas do amor. Sua suposição de que os pacientes adoeciam porque não eram amados o suficiente era um conceito útil, sem dúvida, mas ele pensava que o anseio de amor do neurótico adulto era, simplesmente, uma repetição do insatisfeito desejo infantil. Não via que a necessidade neurótica de amor já estava servindo a outros propósitos, tais como ser um recurso para esconder a hostilidade, ganhar ascendente ou poder etc., e que a ânsia de amor também prossegue, não porque

que a prática clínica concebida a partir de uma visão unilateral (no caso, afiançada amplamente na passividade do analista) era inviável. Tal entendimento, contudo, não encerrou a busca por aperfeiçoamentos da clínica por parte de nosso autor, como veremos a seguir.

A paciente RN. (Elizabeth Severn): da análise mútua ao princípio da mutualidade

A conclusão sobre o valor da "pessoa real do analista" levou Ferenczi a uma nova questão: qual medida de desvelamento da autêntica figura do terapeuta produziria resultados no trabalho de análise? Tal interrogação o conduziu a mais um experimento, possivelmente o mais controverso de seu arsenal, no qual se revelaria como um analisando a seu paciente. Estamos nos referindo à "análise mútua", forma de intervenção postulada, especialmente, na análise de Elizabeth Severn, a já citada paciente RN., que figura em seu *Diário clínico*.

O trabalho de Ferenczi com Severn teve início em 1924, por indicação de Rank. Prado de Oliveira (*L'invention de la psychanalyse*, 2014) nos apresenta uma breve biografia dessa intrigante figura. A paciente nasceu em 1879 nos Estados Unidos e seu nome de registro era Leota Brown. Desde criança apresentava sintomas físicos, e crises depressivas eram constantes em sua adolescência.

---

nenhum amor lhe seja acessível, mas porque o paciente tornou-se incapaz de aceitá-lo... Não obstante, a ideia de que o analista deve gostar do paciente e aceitá-lo, a fim de o ajudar, é uma observação válida, numa acepção genérica" (1950, p. 169). Ou seja, para a ex-analisanda do húngaro, convertida em terapeuta, a oferta de uma nova experiência afetiva tem valor, mas, em conjunto, é fundamental que se provoque a percepção das defesas que, eventualmente, impediriam o paciente de receber o amor que está a sua disposição.

De uma carreira de vendedora de enciclopédias, passou a trabalhar como cuidadora e, daí, começou a autonomear-se terapeuta mental, adotando também o nome pelo qual ficou conhecida. Em 1912 mudou-se para a Europa buscando análise com Freud. Instalou-se em Londres por vários anos, onde permaneceu em sua atividade de terapeuta. Com o início da Primeira Guerra Mundial, retornou aos Estados Unidos e lá permaneceu até 1924, quando conheceu Rank durante a estadia dele no continente americano. O vienense sugeriu que ela procurasse Ferenczi, que, dessa forma, passou a atendê-la muitos anos antes da efetiva elaboração das anotações publicadas, nas quais é reiteradamente referida. Sem dúvida, seu caso foi bastante importante para a construção das várias hipóteses finais de nosso personagem, como já pudemos assinalar, além da tentativa de análise mútua que tratamos aqui. Os registros dessa forma de atendimento estão consignados, especialmente, no *Diário clínico* de 1932 e nas já referidas "Notas e fragmentos", posteriormente coligidas.

A experiência da análise mútua aparece relatada já na primeira nota do *Diário clínico*: trata-se de uma maneira de o analista "exprimir ideias e opiniões acerca do paciente que de outra forma nunca lhe chegariam ao ouvido" (Ferenczi, 1990[1932], p. 35). Em uma anotação de 17 de janeiro, temos uma descrição mais apurada das formas e objetivos do procedimento:

> *Reconhecimento do que existe de artificial nos comportamentos do analista; admitir, em princípio, emoções tais como a irritação, o desprazer, a fadiga, 'mandar tudo para o diabo' e, finalmente, também as fantasias libidinais e lúdicas. Resultado: o paciente torna-se mais natural e mais sincero (Ferenczi, 1990[1932], p. 42).*

Mencionamos pela primeira vez o caso RN. quando estudamos a introdução da elasticidade da técnica. Naquela mesma nota em que Ferenczi contava da antipatia que sentira à primeira vista pela paciente (anotação de 5 de março de 1932) – e de seus movimentos de supercompensação que culminaram no desenvolvimento, por ela, de uma transferência erótica –, temos uma descrição do surgimento do método. Ele conta:

> *Eu pretendia, duro como ferro, que ela devia odiar-me por causa de minha maldade a seu respeito, o que ela negava resolutamente, mas, por vezes, negava-o com tanta irritação que os sentimentos de ódio acabavam sempre por transparecer. Ela, pelo contrário, pretendia perceber em mim sentimentos de ódio e começava a afirmar que a análise não progrediria nunca se eu não me decidisse a deixar que ela analisasse os sentimentos escondidos em mim. Resisti durante cerca de um ano e depois resolvi fazer o sacrifício (1990[1932], p. 137).*

A partir daí, Ferenczi percebeu-se liberto de algumas angústias e o tratamento, que se encontrava estagnado há dois anos, caminhou. Nosso autor, então, resolveu sistematizar o método, oferecendo "sessões duplas, ou alternadas, uma para ela, uma para ele" (Dupont, 1990[1985], p. 21). Retomando a questão do valor da pessoa real do analista no *setting*, assim Fortune resume a situação:

> *por meio da análise mútua, Ferenczi percebeu que honestidade, inclusive a admissão de seu desapreço por RN., aumentou a confiança dela, aprofundou a terapia e fez dele um melhor analista para todos os seus pacientes. Ele sentia-se menos sonolento durante as sessões e*

fazia intervenções "sinceramente sensíveis". Ferenczi concluiu que o relacionamento "real" do analista com o analisando pode ser terapêutico e fortalecer a aliança terapêutica. "Quem deveria ficar com o crédito desse sucesso", ele [Ferenczi] perguntou. Sua resposta? Ele mesmo, por arriscar-se no experimento, mas "acima de tudo, é claro, a paciente, que... nunca cessou de lutar por seus direitos" (1996, p. 175, tradução nossa).

Prado de Oliveira (2014) situa os primeiros passos da análise mútua muito antes dos experimentos ferenczianos dos anos 1930, conferindo a esse tipo de tratamento um papel nada desprezível no desenvolvimento do método psicanalítico desde seus primeiros dias – e a Freud o seu pioneirismo. Desde a análise recíproca de sonhos, que Freud teria promovido com seu irmão Alexander, passando pelas correspondências de teor analítico mantidas com seus colaboradores, pela análise que Rank promoveu de alguns de seus sonhos em 1906 e, especialmente, na viagem da Europa para os Estados Unidos em 1909, durante a qual o pai da psicanálise, Jung e Ferenczi analisaram reciprocamente seus sonhos, a ideia da "análise mútua" perscrutaria a história da psicanálise.

A referência ao episódio da análise dos sonhos durante a viagem de Freud, Ferenczi e Jung aos Estados Unidos é valiosa também em outro sentido, relacionado com o que aqui discutiremos. Jung nos conta que, em dada circunstância durante o cruzeiro que os conduziu, pediu a Freud maiores detalhes de sua vida privada para que pudesse interpretar um dos sonhos do pai da psicanálise, que lhe respondeu, para surpresa do suíço: "O caso é que não posso arriscar minha autoridade". Jung, ao relatar a situação, conclui categoricamente: "Foi nesse instante que ele a perdeu" (2002[1962], p. 191, tradução nossa).

Nosso objetivo, ao trazer essa passagem, é reiterar que o pressuposto da autoridade que fundamenta uma relação verticalizada, de matriz paterna, é constante no pensamento de Freud. Tal pressuposto, como já vimos diversas vezes ao longo de nossa pesquisa, surgia em certos aspectos de sua concepção da terapia psicanalítica e, também, em sua relação com seus discípulos – e já pudemos observar o impacto que tal forma de ser teve na personalidade obediente de Ferenczi. Esse deve ter sido um dos motivos pelos quais, em dezembro de 1912, a expressão "análise mútua" apareceu, sob a pena de Ferenczi em uma correspondência para Freud, seguida da observação: "É um absurdo e uma impossibilidade. Cada um deve ser capaz de suportar uma autoridade sobre si, da qual aceita as correções analíticas" (Brabant et al., 1995, p. 167).

Essa pequena citação traz em seu bojo uma ética do tratamento e da posição do praticante da psicanálise que, justamente, Ferenczi colocava em questão nos seus últimos dias. Cada vez menos a figura do analista enquanto autoridade, que implicava uma figura paterna distante e rígida – a unilateralidade da qual se queixara a Freud – parecia preencher, em sua opinião, os requisitos para um efetivo trabalho terapêutico.[18] Nesse sentido, vale lembrar outra passagem, ainda mais antiga da correspondência com Freud, na

---

18 O termo "unilateralidade", sob a pena de Ferenczi, ganhava cada vez mais um *status* de crítica reiterada à prática psicanalítica de seu tempo. Concepções que não contemplassem a complexidade desse campo, fosse ao tomar os fenômenos transferenciais somente pelo viés materno ou paterno, como vimos, ou ao apegar-se rigidamente a uma teoria em detrimento daquilo que era demonstrado e experimentado na prática do encontro clínico, como acentuou no *Diário clínico* – "a atitude que consiste em aferrar-se desesperadamente a uma posição baseada na teoria será rapidamente reconhecida pelo que é pelos próprios pacientes que, ao invés de no-lo dizer (ou de dizerem para si mesmos), utilizam nossa particularidade técnica ou nossa maneira *unilateral* de ver para nos impelir para o absurdo" (1990[1932], p. 32, destaque nosso) –, estavam na mira da apreciação negativa de nosso autor.

qual Ferenczi diz ter sonhado vê-lo nu como a expressão de "desejo de franqueza mútua absoluta" (Brabant et al., 1994, p. 277, correspondência de 3 de outubro de 1910). Esse desejo ou, em alguns casos, necessidade de disposição quase integral e "mútua abertura" seria, então, reencontrado por Ferenczi nos pacientes com os quais se propôs o uso da análise mútua nos anos 1930, como vimos acontecer com Severn.

Talvez por se tratar de uma proposta de intervenção técnica que não foi formalmente introduzida por Ferenczi, encontramos alguma discrepância na maneira que os autores que se debruçaram sobre sua obra a descrevem. Alguns, como Prado de Oliveira ou Rachman, vão acentuar o aspecto da troca de posições, situação na qual o "analista intercambia seu lugar com o analisando, permitindo que esse analise seu comportamento" (Rachman, 2004[1995], p. 210, tradução nossa). Pinheiro, por sua vez, acentua o aspecto de uma análise na qual "a percepção que o paciente tem dos sentimentos subjetivos do analista seria por este levada em consideração" (1995, p. 114). Enfatizando-se um aspecto ou outro, é certo que a ideia de reciprocidade, consoante a interpretação que Ferenczi ofereceu para seu próprio sonho com Freud, visava atingir o máximo de sinceridade e proximidade afetiva do paciente, que imporia redimensionar a distância e a idealização da figura do analista – implicando em maior espontaneidade e menor "artificialidade" no trabalho clínico.

Sem fugir de sua habitual autocrítica, nosso autor reconheceu, em mais de uma nota de seu *Diário clínico*, os limites que a proposta de análise mútua trazia em seu bojo: desde dificuldades que iriam do risco de o paciente esquecer-se de si para, de forma paranoide, buscar os complexos do analista, passando pela impossibilidade de, uma vez implementado o método, ele deixar de ser aplicado em favor da análise convencional, até dificuldades éticas como a de manter a discrição que impede a revelação, a um paciente, daquilo que o analista teria escutado de outro. Tais cenários tornavam, para o próprio Ferenczi, a análise mútua um recurso sensível e extremamente excepcional.

A despeito do eventual malogro que tal intervenção possa configurar de maneira mais ampla, concordamos com Avello (2013[2006], p. 216) ao ressaltar que algo de sua motivação permaneceu como um aspecto notável do pensamento clínico ferencziano, podendo ser elevado ao estatuto de um "princípio": a "mutualidade", que implicaria justamente uma redução na assimetria dos lugares ocupados por analista e paciente no contexto do encontro analítico. No mesmo sentido, Gondar aponta como essa forma de se situar do analista poderia interferir no psiquismo do paciente traumatizado, tomando como pressuposto a "vulnerabilidade" da criança. Segundo essa autora, Ferenczi conseguiu alcançar o que há de vulnerável em seus analisandos justamente:

> *Através da criança que existe no analista.... O analista abre mão do lugar verticalizado de suposto saber para arriscar situar-se na mesma linha em que a criança que existe em seu paciente também está.*[19] "*A impressão que se tem é a de duas crianças igualmente assustadas que trocam suas experiências, que em consequência de um mesmo destino se compreendem e buscam instintivamente tranquilizar-se*" (Ferenczi, 1932/1990, p. 91).
>
> *Há aqui a suposição de uma comunidade – "uma comunidade de destino", afirma ele – que pode se consti-*

---

19 O que tem bastante relação com a proposta da análise como jogo, que estudamos anteriormente.

> *tuir horizontalmente, a partir da precariedade de seus membros – paciente e analista. . . . O laço horizontal, tanto nas relações de amizade quanto na relação analítica permitem que a confiança se reestabeleça (Gondar, 2012, p. 203).*

As lições dos autores referidos, que subscrevemos integralmente, ressaltam o quanto importantes aspectos das revisões clínicas propostas por nosso autor derivam desse experimento. A partir dele, como sublinha Fortune, nosso personagem "definiu o processo analítico de 'duas-pessoas', desafiando o modelo clássico proposto por Freud, que pressupunha a tela branca, a mão única ou o processo analítico de uma pessoa" (1996, p. 171). Ainda segundo esse autor, tal exploração ferencziana deixou suas marcas (antecipando, de maneira direta ou indireta) uma série de teorias relacionais que lhe seguiram – a teoria das relações objetais britânica, a teoria interpessoal norte-americana, a psicologia do *self* de Kohut e a terapia centrada no cliente de Rogers.

Consoante dissemos, Ferenczi não incluiu em seus artigos reflexões sobre a análise mútua. Efetivamente, a partir de todo mal-estar desencadeado pelo fatídico episódio do beijo, nosso protagonista parecia cada vez menos disponível para compartilhar suas reflexões clínicas – ao menos por alguns meses, período em que preparou um trabalho provisoriamente nomeado como "A paixão do adulto e a sua influência sobre o desenvolvimento do caráter e da sexualidade da criança", a ser lido no XII Congresso Internacional de Psicanálise, que se realizaria em Wiesbaden, Alemanha. Esse trabalho, publicado posteriormente como "Confusão de línguas entre os adultos e a criança", mostrou-se o testamento público de suas derradeiras descobertas clínico-teóricas.

Concomitantemente, Ferenczi fez, ao longo do ano de 1932, as anotações que, reunidas, formariam seu *Diário clínico*.

Essas são as duas principais fontes que utilizaremos de agora em diante para conhecer os derradeiros progressos clínico-teóricos de nosso autor e para nos encaminhar ao encerramento de nosso percurso.

O trauma em três tempos: a sedução incestuosa e suas repercussões angustiantes, defensivas e identificatórias (a identificação com o agressor)

Uma breve revisão: iniciamos este derradeiro capítulo de nossa pesquisa com um item no qual afirmávamos que, em determinado trecho de "Princípio de relaxamento e neocatarse" (2011[1930]), Ferenczi propusera, de forma explícita, a ampliação do campo do trauma, que abrangeria desde o tratamento "inadequado" que o adulto dispensasse à criança até aquele que se consideraria "cruel" – e dentre esses últimos estariam as "paixões", derivadas de suas tendências incestuosas inconscientes.

As decorrências da crueldade (e das paixões) dos adultos para o psiquismo infantil seriam o principal tema de "Confusão de línguas entre os adultos e a criança". No artigo, Ferenczi aproxima-se do tópico reportando-se, implicitamente, ao importante parágrafo do texto de 1930, transcrito anteriormente.[20] Desde as primeiras linhas do novo escrito, somos informados que seu objetivo era mostrar as raízes exógenas da formação do caráter e da neurose, exatamente o que ele ressaltara, incidentalmente e sem tanta convicção, em seu trabalho de três anos antes.

---

20 Cf. neste capítulo item "A retomada de antigas intuições freudianas e a ampliação do campo dos traumatismos".

Avello (2013[2006]), ao apresentar as especificidades da concepção ferencziana de "trauma" no campo ampliado, destacou que, para nosso autor, o traumatismo deveria ser entendido como um evento em três tempos. O primeiro deles, preexistente a qualquer ação traumatogênica, diria respeito ao vínculo que haveria entre o agressor, uma figura em posição de poder, e a criança.[21] Os dois tempos seguintes seriam o da ocorrência da situação de agressão (a sedução incestuosa, que desencadearia angústias e diferentes processos defensivos e identificatórios no psiquismo infantil) e o "desmentido" do evento, que se daria pelos cuidadores da criança, tendo efeitos consideráveis em seu psiquismo (aspecto específico que trataremos no item a seguir).[22]

Por outro lado, ao discutir as fontes externas do adoecimento psíquico em "Confusão de línguas entre os adultos e a criança", Ferenczi retomou um dos tópicos iniciais da construção da teoria psicanalítica: o problema das seduções incestuosas, tema sobre o qual Freud debruçou-se longamente durante a década de 1890, ao propor que a origem das neuroses estava relacionada à violência sexual sofrida pelos pacientes em sua infância, que, *a posteriori*, com a reativação da sexualidade na puberdade, teria efeitos dramáticos – concepção essa que ficou conhecida como "teoria da sedução". Tal hipótese, naturalmente, trouxe embaraços ao pai da psicanálise e foi relativizada – ousaríamos dizer, abandonada? – quando, em setembro de 1897, escreveu a Fliess não mais acreditar

---

21 Saliente-se que, em nossa opinião, *a priori*, a posição do adulto ante a criança, independentemente da intimidade que haja, é de poder – o que não torna indiferente qual a qualidade do vínculo (grau de confiança e proximidade) que a criança tenha com determinado adulto.

22 Devemos chamar a atenção do leitor de que essa tripartição dos tempos do trauma pode ser ainda mais detalhada se levarmos em conta que, incluídos no segundo tempo (o tempo da agressão/sedução incestuosa), há os quatro movimentos de angústia e defesa do psiquismo infantil, que veremos adiante: recusa, medo, submissão e identificação com o agressor

em sua neurótica.[23] A partir daí, o valor da fantasia e da disposição infantil para o complexo de Édipo ressaltaram-se aos olhos do mestre de Viena.

Como adiantamos, em seu trabalho de 1933, nosso autor tentou explicar o processo das seduções incestuosas e suas consequências para o psiquismo infantil – que poderiam redundar exatamente em uma identificação com aquele que lhe perpetrasse a investida traumática, situação que ficou conhecida como "identificação ao agressor". A partir disso, recolocou o que, no contexto da análise, poderia aproximar-se, por linhas sutis, a situações dessa natureza.

O aperfeiçoamento da técnica psicanalítica, conforme sabemos, era uma das preocupações centrais dos últimos estudos de Ferenczi. Assim, em "Confusão de línguas entre os adultos e a criança", ele redobrou sua atenção para reunir esses três pontos (a sedução incestuosa, o trauma a ela relacionado e o trabalho clínico) e descobrir aquilo que, talvez por vaidade, talvez por apego estrito a determinadas concepções teóricas (ou talvez por insuficiente autoconhecimento), os analistas deixavam de lado na relação com seus pacientes – e que poderia fazer que se repetissem, no *setting* analítico, situações traumáticas, de forma a inviabilizar o processo terapêutico.

Para tanto, nosso autor optou por não aderir à postura mais usual dos analistas de seu tempo – que atribuía as dificuldades no trabalho de análise às fortes resistências dos pacientes ou aos recalques intransponíveis –, buscando refletir honestamente sobre a veracidade das recriminações de frieza e egoísmo eventualmente dirigidas a ele nos atendimentos.[24] Quanto mais Ferenczi descobria

---

23 O lugar que ficou reservado à teoria da sedução na obra de Freud é tema de constante debate que, naturalmente, não abordaremos aqui.
24 Encontramos um exemplo dessa forma de reflexão ferencziana já nas páginas de abertura do *Diário clínico*, quando expõe, criticamente, sua atuação em

sobre o que se passava na relação analista-analisando, mais dados reunia para lançar hipóteses sobre o psiquismo, especialmente dos indivíduos traumatizados.

Passemos a explorar cada um dos três aspectos referidos, começando pela explicação que nosso autor ofereceu, em 1933, para o processo de sedução incestuosa, o segundo tempo do trauma. Ele conta: um adulto e uma criança compartilham de um sentimento comum recíproco – o amor. A criança tem fantasias lúdicas com relação ao adulto, entre elas a de exercer junto a ele um papel maternal. A "ternura" é, então, a forma de a criança experimentar o amor. Entretanto, em sendo o adulto alguém com tendências psicopatológicas, tais manifestações afetuosas infantis e as brincadeiras delas decorrentes seriam confundidas com desejos de alguém que atingiu a maturidade sexual, redundando em uma investida por parte daquele.

Ferenczi descreveu o caminho percorrido pelo psiquismo infantil a partir da violência da sedução incestuosa. São quatro os momentos a se destacar, nesta ordem: (1) "recusa" (e repulsa), (2) "medo", (3) "submissão" e (4) "identificação com o agressor". Vejamos com detalhes.

---

um atendimento: "Recordo-me por exemplo, do caso N.G., que não se cansava de me falar de sua execrável governanta que, embora fosse muito gentil com ela, jamais abandonava a posição pedagógica, apesar da intimidade da vida comum. Antes, a paciente tivera uma babá que se comportava sempre com naturalidade. Estou convencido de que o relativo insucesso dessa análise pode ser imputado à não percepção dessa situação. Se eu tivesse compreendido suas acusações e queixas encobertas e, em consequência, modificado o meu comportamento, a paciente não teria sido coagida a repetir inconscientemente, em seu comportamento comigo, a atitude obstinada de sua infância. O trágico em seu caso residia, portanto, na incapacidade dela para suportar o comportamento rígido e em parte hipócrita dos pais, preceptores e adultos" (1990[1932], p. 32).

Inicialmente, nosso autor aponta que a primeira reação da criança seria a de "repulsa", talvez até pela dor física que, eventualmente, lhe fora impingida. Todavia, nem sempre essa reação chegaria a acontecer: a personalidade infantil ainda seria frágil para protestar contra a força e autoridade do adulto. Ela tem "medo" (o segundo momento). Parece-nos importante ressaltar, novamente, o termo "autoridade", uma atribuição de poder de ordem mais incerta que a força física, mas que mostra sua aptidão para submeter a criança. Nesse ponto temos de lembrar que, desde seus estudos sobre a hipnose – até suas considerações sobre a mutualidade –, o problema da autoridade (e do poder que dela derivaria) já inquietava nosso autor. Em "Confusão de línguas entre os adultos e a criança" esse tema, atrelado ao da submissão, é fulcral, como começaremos a perceber desde aqui.

A "submissão", aliás, é o terceiro momento do psiquismo infantil ante essa sedução. Citemos Ferenczi: "Mas esse medo, quando atinge seu ponto culminante, obriga-as a submeter-se automaticamente à vontade do agressor, a adivinhar o menor de seus desejos, a obedecer esquecendo-se de si mesma e a identificar-se totalmente com o agressor" (2011[1933], p. 117). É importante perceber que a submissão aparece relacionada por nosso autor a uma capacidade que a criança teria de perceber o desejo do outro e tomá-lo para si. Ou seja: a submissão implicaria um processo de identificação. O indivíduo que sofre o trauma identifica-se com seu agressor, fazendo seu (diríamos, "introjetando") o desejo nele percebido. Tal movimento resultaria na "identificação ao agressor" – justamente o quarto e derradeiro momento do psiquismo infantil nesse processo, no qual nos deteremos um pouco mais.

Desde a citação anterior, já há algo a observar: a "identificação ao agressor" é antecedida de um movimento psíquico relevante, um esquecimento de si. A evanescência de aspectos do ego é necessária para que essa identificação se instale, ou, nas palavras de Ferenczi: "por identificação, digamos, por introjeção do agressor este desaparece enquanto realidade exterior e torna-se intrapsíquico" (2011[1933], p. 117).[25] Esse aspecto é tão crucial no processo que nosso autor chegou a propor que o psiquismo de alguns pacientes traumatizados seria composto somente de um "id" e um "superego" – exatamente a instância na qual residiriam os elementos dessa identificação.

Nesse ponto somos levados a pensar exatamente que as formações superegoicas ferozes, que Ferenczi já destacara em "Adaptação da família à criança", poderiam surgir também como um legado dessa sedução violenta.[26] Avello (2013[2006], p. 151) observa que, no *Diário clínico*, Ferenczi referiu-se a diversas e diferentes formações dessa natureza: "superego enlouquecido", "superego feroz",

---

[25] Ferenczi utiliza-se de expressões diferentes para nomear fenômenos de mesma ordem: "identificação ansiosa com o agressor", "identificação com o agressor" e "introjeção do agressor". Em nosso trabalho, tomamos as três indistintamente.

[26] Em "A elasticidade da técnica psicanalítica" (2011[1928c], p. 39), Ferenczi propunha que, no primeiro momento da análise de pacientes traumatizados, o processo de cura consistia na substituição da figura do pai original pela do analista dentro do superego. A partir de dado momento do trabalho de análise, no entanto, todo o superego deveria ser deixado de lado, ao menos, transitoriamente. Nosso autor pretendia, assim, livrar o paciente dos imperativos inconscientes distônicos, para que eles – os pacientes – pudessem viver a partir de seus ideais (um "superego pré-consciente"). Brabant-Gerö (1993, p. 46) não deixa de notar nessa luta de Ferenczi contra as disposições opressivas do superego um traço de otimismo reformador do jovem médico que acreditava, como vimos de seus escritos pré-analíticos, que uma educação e uma sociedade fundadas em maior liberdade redundaria em menos adoecimento psíquico – foi nesse sentido que afirmamos, em nota no item "O trauma como produto de desajustes na adaptação do mundo adulto à criança" (capítulo 7), que Ferenczi talvez tivesse uma concepção da relação do homem com a cultura diferente daquela que se observa em certas passagens do pensamento freudiano.

"superego nocivo (vontade estranha)" e "superego não assimilado". Segundo o autor, essa identificação com o agressor estaria na base de tais formações, o que observamos do punho do próprio Ferenczi na nota de 3 de abril de 1932 do seu diário, acerca do relato de uma paciente que assinalava o cumprimento, por mandato superegoico, das vontades de sua mãe:

> *Depois que ouviu falar da teoria de Freud sobre o Superego como produto da clivagem do Ego, repete com uma grande convicção que, no seu caso, um Superego feroz, vontade da mãe dela, acorrenta-a por uma grande angústia e força-a a condutas autodestrutivas (sente inclusive que sua tendência para engordar de forma não desejada é obra dessa vontade estranha, que lhe é imposta e se deposita também fisicamente nela)* (1990[1932], p. 133).

Outro ponto importante relativo à noção de "identificação ao agressor" é o aprofundamento de um acréscimo em sua teoria original acerca da introjeção – ou, diríamos com maior exatidão, um refinamento de tal conceito. Retomando o que já foi dito, na primeira exposição de tal teoria, em 1909, Ferenczi nos afirmou que a criança tendia a introjetar o "bom", aquilo que traria satisfação. Em "Adaptação da família à criança", contudo, nosso autor afirmou que, a partir de uma possibilidade de compensação transgeracional, a criança poderia introjetar as figuras paternas em sua dimensão frustradora, supondo que assim poderia agir, futuramente, com um filho. Em "Confusão de línguas entre os adultos e a criança", nosso autor defenderia a possibilidade de introjetar-se algo que, além de frustrar, agride. O que justificaria tal movimento?

Encontramos uma surpreendente resposta no próprio corpo do texto em referência – a identificação com o agressor estaria, na realidade, a serviço da evitação do desprazer: "a personalidade ainda fracamente desenvolvida [da criança] reage ao brusco desprazer não pela defesa, mas pela identificação ansiosa e a introjeção daquele que a ameaça e a agride" (Ferenczi, 2011[1933], p. 118). Ou seja, por mais estranho que possa parecer, Ferenczi delineia uma situação cuja melhor síntese está no dito popular "Se não pode vencê-los, junte-se a eles". Não havendo possibilidade de a criança, ativamente, defender-se da ofensa que lhe recai, ela adota um mecanismo de "defesa passiva" – consoante definição de Figueiredo – e, por identificação, tenta obter algo da satisfação daquele que lhe agride, evitando a dor lancinante que poderia afetá-la.[27]

A esse mecanismo surpreendente, Ferenczi acrescentou mais um fator que sustentaria a identificação com o agressor: ao fazê-lo, o psiquismo da criança conseguiria restabelecer e manter os sentimentos de ternura preexistentes à agressão com relação àquele que lhe desferiu o agravo. Ou seja, em vez de experimentar e expressar ódio pela situação vivida, a criança agredida poderia,

---

[27] Figueiredo observa no pensamento de Ferenczi uma série de saídas para as situações de profunda angústia, ou mesmo agonia, que se constituem como "defesas" ou "soluções" pela passividade: "Autodestruição – integral ou de parte de si – supressão da atividade psíquica, da motilidade (diante do primeiro susto você não se mexe, às vezes corta a respiração), estados de alienação traumática (uma das formas da passividade é o sujeito entregar-se alienado ao mundo), estado de choque, coma, desorientação, paralisias, anestesias, adaptação mecânica (algo que continua vivo se adapta sem vitalidade e propriedade), extinção. Vários graus de defesa nos quais o si mesmo se perde. As defesas passivas, todas, incluem uma sobrevivência por um ausentar-se de si" (anotação da aula de 22 de abril de 2015, proferida no Programa de Pós-Graduação em Psicologia Clínica da PUC-SP). A nota do dia 21 de fevereiro de 1932 do *Diário clínico* ("Fragmentação") é exemplificativa a esse respeito: "justamente a descontração total que se estabelece pelo abandono de si pode criar circunstâncias mais favoráveis para poder suportar a violência", diz Ferenczi (1990[1932], p. 73).

identificando-se, manter relativamente incólume seu amor por quem a maltratou.[28] Aqui a questão deixa de ser "vencer" o agressor, mas sim o medo de "perdê-lo" – o que pode ser espantoso para alguns e demonstra o quão emaranhadas são as tramas das vivências sobre as quais estamos nos debruçando.

Costuremos esse aspecto com a clínica. Ao estudar os temas em comento, nosso autor deu um passo a mais e recuperou o problema da submissão, do desejo do adulto e da identificação com o agressor como vivências que poderiam ser experimentadas na relação do paciente com o analista. O problema da submissão dos pacientes ao analista, como já vimos, havia sido objeto de reflexão de Ferenczi nos textos de 1924 sobre fantasias provocadas e em "Perspectivas da psicanálise" (2011[1924]), participando, também, de sua revisão das propostas de técnica ativa.

Consoante apontamos nos parágrafos introdutórios deste item, a elaboração de "Confusão de línguas entre os adultos e a criança" derivou grandemente de um esforço do nosso autor para levar a sério as recriminações feitas a sua pessoa e conduta por seus pacientes. Ferenczi observava, no entanto, que tais críticas somente sobrevinham ao final das sessões e que as interpretações que propunha para explicá-las eram aceitas com empenho impressionante. Disso, obteve três conclusões. Primeiramente, que mesmo os pacientes mais dóceis traziam sentimentos de raiva. Em segundo lugar, que tais sentimentos, contudo, reiteradamente seriam expostos sem convicção. Finalmente, que a aceitação de tais interpretações não era um indicativo fidedigno de sua correção, mas sim da submissão dos analisandos.

---

28 Nos termos de Ferenczi: "A agressão deixa de existir enquanto realidade exterior e estereotipada, e, no decorrer do transe traumático, a criança consegue manter a situação de ternura anterior" (2011[1933], p. 117).

Em "Confusão de línguas entre os adultos e a criança", tal qual se deu no primeiro texto de 1924 anteriormente referido, nosso autor contou que incitava os pacientes a abandonar a posição demasiadamente respeitosa com ele – o que dificilmente ocorria. Ferenczi não diz claramente a que atribuía a inibição dos pacientes, mas podemos propor hipóteses. A primeira seria um sentimento de culpa. A segunda poderia estar ligada à manutenção incólume do objeto de amor idealizado, a submissão como forma de preservar o analista – tal qual a criança faria com relação ao agressor.

O aguçado olhar clínico de Ferenczi foi mais longe. Notou que, além de não se queixarem, os pacientes, tal qual vimos dar-se com as crianças, percebiam "com muita sutileza os desejos, as tendências, os humores e as simpatias e antipatias do analista, mesmo quando ele está inconsciente disso" (2011[1933], p. 113); então, estabeleciam uma "identificação" àquilo que conseguiriam captar do seu desejo – outro mecanismo símile àquele que descrevemos nos casos das identificações infantis com o agressor.[29]

Com base em tais percepções, nosso personagem propôs duas medidas para os analistas: ficar atentos às associações do paciente sobre aquilo que poderia haver de crítica em seu conteúdo – temos que "adivinhar", ele diz (2011[1933], p. 113), ou seja, usar a contratransferência para perceber aquilo que não pode ser dito – e encorajá-los a formular tais críticas.[30]

---

[29] Novamente aquilo que Ferenczi e Rank afirmaram sobre a possibilidade de os analistas produzirem uma contratransferência nos pacientes, de forma que eles passariam a ressaltar o que agradaria o analista – e evitar o que propusesse o sentimento oposto (cf. capítulo 5, item "'Perspectivas da psicanálise' – a aliança com Rank: novas observações sobre a repetição e a experiência afetiva na clínica psicanalítica").

[30] Mais uma vez encontramos a importância do uso da contratransferência ("adivinhação") que Ferenczi expôs no texto de 1924 sobre o uso das fantasias provocadas e dos processos de "reconstrução" no curso da análise.

O tema da "identificação" e a delicadeza da relação entre a criança e o adulto violento ganharia ainda mais nuances a partir da questão do desmentido, o terceiro tempo do trauma na concepção ferencziana, já referido por nosso autor em "Análise de crianças com adultos", e que retorna em "Confusão de línguas entre os adultos e a criança", como veremos a seguir.

O trauma em três tempos: o desmentido, o aspecto intergeracional do trauma e a escuta analítica como experiência de reconhecimento

Recapitulando: no item anterior introduzimos a concepção de Ferenczi sobre trauma em três tempos, quais sejam: estabelecimento do vínculo com o adulto, agressão/sedução incestuosa e, por fim, o desmentido. Neste item nos concentramos nesse último momento.

Ainda em "Análise de crianças com adultos", Ferenczi introduziu-nos essa dimensão da experiência traumática – também conhecida como negação ou desautorização.[31] Tal aspecto se mostrou

---

31 Diferentes vocábulos vêm sendo empregados para referir-se a essa noção apresentada por Ferenczi, como "desmentido", "desautorização", "denegação", "negação", entre outros. Ele não chega a insistir em uma palavra para designar esse tipo de acontecimento, preferindo, como veremos, descrever situações sem, contudo, delimitar um termo conceitual. A frase que contém o termo "negação" em itálico na citação seguinte é grafada no original alemão da seguinte maneira: "*Das schlimmste ist wohl die* Verleugnung, *die Behauptung, es sei nichts geschehen...*" (1982[1931], p. 285, destaque nosso). A palavra "*Verleugung*" foi traduzida na edição em inglês das obras de Ferenczi como "*deny*" ("*Probably the worst way of dealing with such situations is to deny their existence...*", 1994[1931], p. 138, destaque nosso). Na edição francesa, texto de origem da tradução para o português, vemos o uso de "*desaveu*" ("*Le pire c'est vraiment le désaveu, l'affirmation qu'il ne s'est rien passé...*" (2006[1931], p. 146, destaque

dos mais relevantes no contexto de todo o pensamento de nosso autor e foi retomado e aprofundado em "Confusão de línguas entre os adultos e a criança". Sigamos a cronologia de seu desenvolvimento, tomando como ponto de início o primeiro trabalho anteriormente citado.

Foi a partir de sua prática com pacientes em estado de agonia (os citados "pacientes moribundos") que Ferenczi concluiu:

> *As falas apaziguadoras e cheias de tato... reduzem a reação a um nível em que o paciente volta a ser acessível. O paciente relata-nos então as ações e reações inadequadas dos adultos, diante de suas manifestações por ocasião de choques traumáticos infantis, em oposição com nossa maneira de agir. O pior é realmente a negação, a afirmação de que não aconteceu nada, de que não houve sofrimento ou até mesmo ser espancado e repreendido quando se manifesta a paralisia traumática do pensamento ou dos movimentos; é isso, sobretudo, o que torna o traumatismo patogênico (2011[1931], p. 91, destaque nosso).*

---

nosso). Não é um termo desconhecido de debates anteriores, especialmente por seu uso no contexto da obra freudiana. Assim, no *Dicionário comentado do alemão de Sigmund Freud*, Hanns explica que "A palavra alemã *verleugnen* permanece ambígua entre a verdade e a mentira. Seus significados podem referir-se a: 1) desmentir algo; 2) agir contra a própria natureza; 3) negar a própria presença... O termo quase sempre se refere a uma tentativa de negar algo afirmado ou admitido antes" (1996, p. 303). Optamos pela manutenção dos termos "desmentido" e "negação" por já estarem consagrados na leitura da obra ferencziana e por nos manter de maneira mais estreita no campo de vizinhança com as pesquisas brasileiras sobre a escrita freudiana, tal qual o uso do significante idêntico pelos autores, "*Verleugnung*", parece indicar-nos.

Acompanhamos, desde 1908, os efeitos que a "negação" de uma vivência poderia trazer, segundo Ferenczi, ao psiquismo infantil. Fizemos uma recapitulação de momentos em que seu pensamento tangenciou a matéria no item em que abordamos o tema das clivagens[32] – no qual não mencionamos, contudo, as "mentiras por necessidade" referidas em "Adaptação da família à criança", situação na qual meninas e meninos são conduzidos a negar o valor libidinal de uma experiência em favor do amor das figuras parentais.

O problema do "desmentido" nos trouxe, nas novas reflexões ferenczianas de 1931 e 1933, a outro desdobramento desse tipo de "confusão" entre o adulto e a criança. Nos textos desse período, não se tratava mais de uma experiência libidinal, mas da ocorrência (ou da consequência) de um evento traumático que seria negado. Kahtuni e Sanchez conceituam bem a situação: "O desmentido é a desconfirmação decisiva por parte de um adulto significativo à criança, que após ter sofrido uma violência perpetrada por outrem, o procura, ansiosa, num esforço último de ter legitimada sua percepção da realidade" (2009, p. 119).

Se observarmos atentamente, na descrição que Ferenczi nos deu do desmentido em 1931 (excerto apresentado), não há apenas uma forma de tal ocorrência se impor na experiência infantil, mas, ao menos, três. O adulto poderia: (a) "afirmar que nada aconteceu", o que implicaria uma negativa da percepção; (b) "afirmar que não houve sofrimento", confirmando, portanto, a percepção, mas negando sua repercussão emocional; por fim, (c) "espancar e repreender a criança", nesse caso não se daria exatamente uma negativa, mas a implicação da criança como responsável, ou corresponsável, pela experiência (ou pelo mal-estar que sua narrativa gerou no adulto ouvinte), que conduziria a uma punição.

---

32 Cf. neste capítulo item "A cisão do ego e seus mecanismos: a autotomia, a prematuração patológica e o teratoma.

Os desmentidos fazem que certas experiências fiquem para sempre excluídas do campo do representável e simbolizável, de forma que se alojam em partes clivadas do ego – derivando daí, grandemente, sua característica traumática. Como resultado, a criança passaria a duvidar de suas percepções e sentimentos. Pinheiro (1995, p. 73) observa que o adulto, ao desmentir o acontecimento, torna sua "introjeção" impossível para a criança. Nessa esteira, impediria que a criança tivesse uma "palavra própria", o que só se atingiria por meio da relação com um adulto – é por intermédio dele, adulto, que a fala da criança poderia ter sua existência autorizada.[33]

Em "Confusão de línguas entre os adultos e a criança", o tema do desmentido ressurgiu com acréscimos, ligado à identificação ansiosa com o agressor e sua angústia – o que nos abre espaço para pensar a importante dimensão inter e, até, transgeracional do pensamento ferencziano. Estaria presente, por exemplo, em uma observação lançada em um curto parágrafo do texto: "Mas a mudança significativa, provocada no espírito da criança pela identificação ansiosa com o parceiro adulto, é a introjeção do sentimento de culpa do adulto: o jogo até então anódino apresenta-se agora como um ato merecedor de punição" (2011[1933], p 117).

Notemos: no item anterior, ao refletir sobre a violência experimentada na sedução incestuosa, vimos como nosso autor percebera a identificação que se daria pela via do desejo do outro. Aqui constatamos outra consequência importante: além do "desejo", a criança tomaria para si o "sentimento de culpa" do adulto, daquele que lhe antecede. Experimentaria a culpa derivada de um ato que não foi por ela proposto. Ferenczi aponta a existência de uma "identificação ansiosa", uma ansiedade compartilhada pelos participantes da situação.

---

33 Assim, o uso do termo "desautorização" enfatizaria esse aspecto do desmentido.

Com isso, parece-nos exato afirmar, aproximamo-nos de uma forma mais ampla da "transmissão transgeracional das vivências traumáticas": há algo que se transmite pela via da angústia, bem como pelo possível mutismo que lhe circunda (âmbito do "desmentido"). Sublinhemos: ao versar sobre tais experiências, Ferenczi dispôs sobre a dimensão da transmissão do desejo, mas também da culpa e de outros sentimentos que poderiam circundar experiências traumáticas.[34] Ao fazermos tal interpretação, somos conduzidos a pensar o quanto a noção de desmentido pode ser útil para – ampliando o campo das vivências traumáticas em uma dimensão que vá além da "inadequação" e da "crueldade" – trabalharmos com situações dramáticas que se dão no ambiente doméstico ou nas histórias familiares e com aquelas que se referem a tragédias de grande escala derivadas de acidentes, estados políticos de exceção etc.

E como somos apresentados, no texto de 1933, à noção de "desmentido"? Citemos Ferenczi: "Some-se... o comportamento grosseiro do adulto, ainda mais irritado e atormentado pelo remorso, o que torna a criança mais consciente da sua falta e ainda mais envergonhada" (2011[1933], p 117). Notemos nosso personagem apontar certo grau de correspondência de sentimentos bastante intrigante. Ele fala do "remorso do agressor", que reforçaria o sentimento de culpa ("falta", em seus termos) e a "vergonha", aqui introduzida. A ambivalência do possessivo "sua" nessa frase enriquece o contexto, pois é disso que se trata, um mal-estar compartilhado por adulto e criança.

Curiosamente, então, a sensibilidade de Ferenczi demonstra-nos que, ao lado da criança indefesa e submissa ao ato (lado inocente da divisão), surge outra, que percebe o sofrimento do agressor, sentimento que redunda em um remorso, e se vê responsável

---

34 Como a "vergonha", que anotamos no parágrafo seguinte.

pelo sofrimento daquele que a agrediu (lado culpado da divisão que se opera na criança). Dá-se, assim, uma cisão: inocente e culpada. A intensidade desse sentimento é de tal ordem que a criança chegaria a perder a confiança no testemunho de seus próprios sentidos. Ainda que um aspecto de seu ego cindido lhe conte de sua inocência, nem ela, integralmente, pode acreditar em si.

Segundo nossa leitura, em "Confusão de línguas entre os adultos e a criança" Ferenczi explorou essa noção de outras duas maneiras. Ele já nos falou do desmentido na relação do agressor com o agredido. Falta conhecermos suas reflexões acerca do conceito na relação da criança com seus cuidadores (ou "demais cuidadores", pois não é infrequente que a figura do agressor confunda-se com a de um cuidador). Diz nosso autor: "as relações com uma segunda pessoa de confiança – no exemplo escolhido, a mãe – não são suficientemente íntimas para que a criança possa encontrar uma ajuda junto dela; algumas tênues tentativas nesse sentido são repelidas pela mãe como tolice" (2011[1933], p. 117). Inicialmente, vemos em tal afirmação uma dimensão do desmentido que se daria pela própria criança – ela dificilmente teria intimidade para tratar de tal assunto com a mãe. Ferenczi não esclarece como chegou a tal conclusão, mas poderíamos apostar que algo da dimensão da hipocrisia com que são tratados os assuntos sexuais (o "é feio" e outras posturas do adulto ante a sexualidade infantil) transformaria o psiquismo da criança em um solo fértil para a disseminação da culpa. Com isso queremos dizer que, mesmo como vítima, ela não estará à vontade (não terá intimidade) para expor a situação passada, pois, ao fazer isso, estaria admitindo a existência de algo sexual que, insistentemente, os responsáveis se empenhariam em negar.

Para além da impossibilidade de um vínculo de intimidade, dando-se uma tentativa de a criança revelar o que sucedeu, Ferenczi nos aponta algo mais: o cuidador trataria da denúncia infantil como uma "tolice". Algumas considerações serão importantes a partir disso, inclusive no que concerne ao manejo clínico. O que levaria essa terceira pessoa a não conferir crédito à queixa infantil? Obviamente, não há uma resposta que abarque todas as situações, mas parece legítimo pensar ainda na dimensão de angústia a qual se submeteria o próprio cuidador ao assumir como verdade a palavra da criança: angústias das mais diversas ordens, de não ter cuidado bem e do que socialmente se pensaria da situação, angústias que poderiam dizer respeito inclusive ao vínculo do agressor com o cuidador ou, quem sabe, angústias que se refeririam propriamente às vivências mais íntimas do cuidador. A lista seria infinita, mas, para efeito do nosso estudo, o importante é destacar que algo na abordagem do tema do trauma despertará, no cuidador, a angústia. O desmentido, assim, teria a função de proteger o cuidador de seu próprio mal-estar, e a criança, ao aperceber-se disso, calar-se-ia – exercendo assim, ainda que traumatizada, a função de cuidar do cuidador.

Com ciência de todos esses desmentidos, conclui-se que a criança pode identificar-se não só com o agressor como também com esse terceiro que desmente – às vezes, por conta de sua própria angústia – uma experiência traumática.[35]

Não seria só sobre o contexto familiar ou o ambiente originário do paciente que Ferenczi debruçar-se-ia para refletir acerca dos efeitos do desmentido. De fato, nosso autor, na primeira nota de seu *Diário clínico*, nos faz reconhecer a possibilidade de sentimentos derivados dessa experiência surgirem no contexto da própria análise. Diz sobre aquilo que caracterizou como a "insensibilidade do analista":

---

35 E assim teríamos descrito, além do "desejo", do "sentimento de culpa" e da "vergonha", mais uma experiência afetiva que poderia ser incorporada: a "angústia".

> A insensibilidade do analista *(maneira afetada de cumprimentar, exigência formal de "contar tudo", a atenção dita flutuante que afinal não o é e certamente não é apropriada para as comunicações dos analisandos, impregnadas que estão de sentimentos e frequentemente trazidas com grandes dificuldades)* tem por efeito: (1) o paciente sente-se ofendido pela falta ou insuficiência de interesse; (2) como ele não quer pensar mal de nós, nem nos considerar desfavoravelmente, procura a causa dessa não reação nele mesmo, ou seja, na qualidade daquilo que comunicou; (3) finalmente, duvida da realidade do conteúdo que ainda estava tão próximo do sentimento.
>
> Assim, ele "retrojeta", poderíamos dizer, introjeta a censura contra nós. Na realidade a recriminação é assim enunciada: Você não acredita em mim! Não leva a sério o que estou lhe comunicando (Ferenczi, 1990[1932], p. 31, destaque de Ferenczi).

Trata-se de um parágrafo bastante impressionante, pois Ferenczi se coloca em clara oposição ao uso irrefletido de duas ferramentas cruciais do método freudiano: a exigência do trabalho fundar-se, desde o primeiro instante, no método associativo ("contar tudo") e sua contrapartida com relação ao analista, a "atenção flutuante". Ao menos em certas situações, diz, a mera proposição dessa forma de trabalho poderia redundar no (res)surgimento de uma vivência traumática, naquilo que a concepção do trauma, para nosso personagem, tem de mais característico, que é sua negação. Dessa forma, podemos observar como nosso autor reconhecia a possibilidade iatrogênica de certos traços da "técnica clássica". Para Ferenczi, em algumas situações, esses procedimentos deveriam ser mitigados.

Nessa esteira cabe perguntar: que propostas Ferenczi trouxe para tratarmos o tema do desmentido no âmbito da clínica? A opinião de nosso autor era a de que, quando o ambiente conferisse à criança condições de confiabilidade e compreensão, haveria a possibilidade de ela lidar com o acontecimento de forma a integrar sua experiência. Deixaria de ser necessário, pois, o uso de uma defesa radical como a clivagem do ego. A "legitimação" e o "reconhecimento" seriam as respostas que esse ambiente poderia oferecer no sentido de auxiliar a assimilação da situação vivida pela criança traumatizada – e pensar isso no contexto do trabalho de análise implicaria rever pontos importantes da escuta analítica.

Primeiramente, isso se daria porque essa situação nos coloca diante da discussão que Ferenczi trouxe novamente à baila sobre o aspecto de "realidade" das experiências traumáticas. A proposta usual da psicanálise "clássica", que acentuava a escuta e a intervenção sobre "realidades psíquicas" (que poderiam estar completamente dissociadas das vivências efetivas dos pacientes), flertaria, em certos casos, com o retraumatizante – na medida em que, tal qual o adulto que desmente, negaria uma percepção ou responsabilizaria a criança por tal vivência, ainda que fantasística.

Aspectos da posição do analista passariam, então, a ser decisivos, como o tato em seu viés de uma escuta acolhedora e até mesmo "testemunhal", que, antes de interpretar, reconheceria a experiência da dor e do sofrimento, dimensões essenciais para que se trabalhasse com tais pacientes. Gondar, em artigo que trata dos aspectos políticos do pensamento ferencziano – relacionando algumas ideias de nosso autor com a "teoria do reconhecimento" de Axel Honneth – assim diz a respeito:

> *Considerar o reconhecimento como o avesso do desmentido implica dizer que efeitos traumáticos podem*

> *ocorrer quando alguém não é reconhecido na sua condição de sujeito. De fato não é possível uma posição neutra a esse respeito: ou se reconhece alguém ou se o desmente, sendo a neutralidade uma atitude produtora de desmentidos – atitude para a qual Ferenczi já teria nos alertado, ao escrever o quanto a insensibilidade ou a frieza dos analistas pode ser traumatogênica. Desse modo, o desmentido, enquanto não validação das percepções e dos afetos de um sujeito, pode ser entendido como um reconhecimento recusado (2012, p. 200).*

Parece-nos importante retomar, com base nessa citação a Gondar, aquilo que Ferenczi constatara em seu texto de 1919 sobre os usos da contratransferência.[36] Frente a uma situação traumática experimentada por um paciente, o analista não poderia proteger-se da afetação por um distanciamento que, nos termos da autora, resvalaria na frieza, constituindo uma resistência do próprio clínico a reconhecer o sofrimento (afetação) dela decorrente. Nesse sentido, algo da "neutralidade", ou ao menos de certa concepção de "neutralidade" que a assimila com "indiferença", deveria ser flexibilizado.

Emprestemos a palavra ao próprio Ferenczi para que, em outra passagem do *Diário clínico*, delineie claramente sua posição:

> *os pacientes não podem acreditar, pelo menos não completamente, na realidade de um evento, se o analista, única testemunha do que se passou, mantém uma atitude fria, sem afeto e, como os pacientes gostam de di-*

---

[36] "A técnica da psicanálise" (2011[1919a]), abordado no capítulo 4, item "A primeira revisão ferencziana da questão da(s) contratransferência(s)".

> *zer, puramente intelectual, ao passo que os eventos são de natureza tal que devem evocar em toda pessoa presente sentimentos e reações de revolta, de angústia, de terror, de vingança, de luto e de intenções de fornecer uma ajuda rápida, a fim de eliminar ou destruir a causa ou o responsável; e, como se trata em geral de uma criança ferida (mas mesmo independentemente disso), manifestam-se sentimentos de querer reconfortá-la afetuosamente, etc., etc. (1990[1932], p. 57).*

Contudo, e é importantíssimo que isso seja ressaltado, nosso autor também fez questão de destacar que uma conduta oposta teria efeitos igualmente indesejáveis. O analista que, apressando-se por tentar eliminar a dor trazida pelo paciente, não conseguisse manter a posição de "reserva" (outra concepção de "neutralidade"), demonstraria, também, uma resistência à afetação pela angústia que lhe é exposta. Essa dificuldade do clínico, inclusive, poderia deslocar involuntariamente o analisando para a mencionada posição de "cuidar do cuidador", nesse caso, o próprio analista.

No item a seguir, aprofundaremos tais hipóteses a partir da fina percepção estabelecida por nosso personagem sobre a dimensão opressiva do amor que a criança nutre pelo adulto, um tema que nos aproxima da questão do poder e da perspectiva ferencziana da ética psicanalítica.

O terrorismo do sofrimento e as dimensões opressivas do amor e da transferência

Retomemos o alargamento no âmbito da traumatogênese proposto por nosso autor a partir dos anos 1930. Se, em seus textos do final dos anos 1920, Ferenczi enfatizava uma concepção deficitária, na qual o trauma estava relacionado a um ambiente que se mostrava descuidado por "ausência" de investimento e desejo, está claro que, no momento final de seu percurso, o ambiente (entendido como o mundo adulto) surgiria como desencadeador de traumas derivados, especialmente, de excessos, da paixão. Quando se refere aos momentos iniciais do amor objetal, Ferenczi diz que: "Se, no momento dessa fase de ternura, se impõe às crianças mais amor, ou um amor diferente do que elas desejam, isso pode acarretar as mesmas consequências patogênicas que a privação de amor até aqui invocada" (2011[1933], p. 118).

É pela trilha do excesso e, novamente, a partir da observação clínica que, em "Confusão de línguas entre os adultos e a criança", o húngaro nos encaminha para mais uma observação de relevância ímpar: o aspecto opressivo do amor que a criança poderia provar em sua relação com o adulto – e, eventualmente, o paciente em seu vínculo com o analista.

As intuições de nosso autor acerca dos descaminhos da relação afetiva da criança com o adulto, que redundariam em situações de opressão amorosa, derivam, primeiramente, da correlação feita por Ferenczi, ainda na primeira década do século XX, dos fenômenos hipnóticos com as transferências – situações nas quais percebeu o grau de desprendimento de si que poderia ser despertado, em alguns sujeitos, em favor dos comandos do sugestionador. Além disso, Ferenczi observou muitas vezes como o excesso de rigidez e ternura poderia conduzir a situações delicadas e, ainda em 1913, no seu texto "Adestramento de um cavalo selvagem" (2011[1913d]), propôs a já aventada hipótese de que crianças submetidas a excessos de tais naturezas poderiam permanecer, indefinidamente, sensíveis à sugestão materna ou paterna, perdendo grandemente seu ímpeto para a autonomia.[37]

Ao longo dos anos 1920, essas observações ressurgiram em "Thalassa", quando, como já adiantamos parcialmente, Ferenczi comentou:

> *As minhas observações psicanalíticas levaram-me a distinguir duas maneiras diferentes de induzir a obediência hipnótica: a hipnose paterna e a hipnose materna. A primeira atua paralisando a vítima por intimidação; a segunda por insinuação sedutora. Nos dois casos o hipnotizado regressa ao estágio de criança impotente (2011[1924b], p. 304, corrigido).*[38]

---

[37] Cf. capítulo 4, item "Materna e paterna, terna e intimidadora, disposição e submissão: as diversas naturezas do fenômeno transferencial".

[38] Há na tradução para o português desse trecho do texto ferencziano um equívoco que corrigimos em nossa própria transcrição – ou nossa referência a ele perderia o sentido. Na versão brasileira da Martins Fontes lê-se: "As minhas observações psicanalíticas levaram-me a distinguir duas maneiras diferentes de induzir a obediência hipnótica: a *hipnose materna* e a *hipnose paterna*. A primeira atua paralisando a vítima por intimidação; a segunda por insinuação sedutora" (2011[1924b], p. 304, destaques nossos). Ou seja, a referência à "hipnose materna" antecede a "paterna". Isso, contudo, contraria a conclusão que vem a seguir, ferindo a lógica do pensamento ferencziano: é a hipnose paterna que intimida, e a materna que insinua e seduz. Consultado o texto original alemão, encontramos a confirmação de nossa emenda. Nele, lê-se: "*Wir nannten sie Vater – und Mutterhypnose. Die erste lehnt ihr Opfer mit Hilfe der Einschüchterung, die letztere durch einschmeichelndes des Verhalten*" (Ferenczi, 1982[1924], p. 345). Ou seja, a referência à hipnose paterna surge antes daquela à hipnose materna ("*Mutterhypnose*"), e relacionada à "*einschüchterung*", a intimidação. Vale também mencionar a tradução inglesa, mais acessível ao leitor brasileiro: "*We have called these father- and mother-hypnosis. The former paralyzes its victim by intimidation, the latter through ingratiation*" (Ferenczi, 1968[1924], p. 32).

Observando os avanços clínicos e teóricos que nosso autor propôs nessa última fase de suas reflexões, parece natural sua ocupação com esse tema. A teorização acerca do trauma, de um superego tirânico, sobre a pulsionalidade mortífera, bem como as observações concernentes à possibilidade de compartilhamento, entre adultos e crianças, de sentimentos de culpa, vergonha e angústia, traça uma trilha que logicamente lhe (re)conduziria a esse ponto.

Analisemos, assim, as hipóteses em comento com base em três anotações do *Diário clínico*.

Em uma das primeiras notas desse registro, de 24 de janeiro de 1932, nosso autor retomou os fenômenos de hipnose "paterna" e "materna", associando-lhes às experiências traumáticas: "a hipnose paterna equivale ao terror de ser morto, a hipnose materna equivale ao terror de ser abandonado pela mãe, isto é, à ameaça de retirada da libido", disse Ferenczi, fazendo essa última equivaler a "algo tão mortal quanto uma ameaça agressiva contra a vida" (1990[1932], p. 49). Em nota posterior, de 25 de março de 1932, o húngaro apontaria que a hipnose – assim como a narcose e a ansiedade – destruiria as capacidades de síntese do ego: "O sentimento de não ser amado, ou de ser detestado (ligar as hipnoses materna e paterna) faz desaparecer o desejo de viver, isto é, de ser reunificado, desaparecer" (p. 106). Por fim, em 3 de maio de 1932, nosso personagem trataria da sugestão como uma "introdução fraudulenta de emoções não espontâneas" nas crianças, situação que lhes seria bastante difícil de ultrapassar (p. 133).

O que temos nesse momento, então, é um importante acréscimo que Ferenczi faz a sua teorização sobre a psicogênese e o "sentido da realidade", ou seja, o abandono da posição de onipotência infantil. Como assinalamos até aqui, para que a criança ultrapassasse os estágios que a conduziriam à "realidade" (o registro da alteridade), seria indispensável, por um lado, que o meio vitalizasse de forma suficiente o infante, investindo-o libidinalmente – e veremos adiante acréscimos que partem dessas mesmas premissas, referindo-se, contudo, à "sedução" em sua dimensão ética (ou constitutiva). Por outro lado, a qualidade dessa libido (terna, não passional) deveria incentivar-lhe uma experiência de vida autônoma, com a constituição de uma instância egoica que não ficasse imperiosamente submetida a um superego tirânico. Não se dando as condições, a criança possivelmente permaneceria refém desse amor opressivo.

Trazendo tais hipóteses para o campo do encontro analítico, subscrevemos a lição de Kahtuni e Sanches (2009) que, no verbete "hipnose materna e hipnose paterna" de seu *Dicionário do pensamento de Sándor Ferenczi*, nos advertem acerca da possibilidade de vinculações fundadas em modelos similares às hipnoses "materna" e "paterna" serem reencontradas no *setting*. Assim dizem as autoras:

> *Vale lembrar que essas diferentes formas de poder podem ser inconscientemente repetidas pelo analista na relação com seu paciente, levando-o, de modo* iatrogênico, *a ser* sugestionado de forma obediente como havia sido por seus pais.
>
> *Uma análise bem-sucedida deveria levar em conta a existência de tais* padrões de relação com a autoridade, *auxiliando o paciente a torná-las conscientes para, então, libertar-se delas e poder tomar as rédeas da sua própria vida (Kahtuni & Sanches 2009, p. 200, destaques das autoras).*

Delineadas as formas de amor opressivo oriundas de contextos próximos aos modelos de hipnose materna e paterna, declinemo-nos sobre outra vertente dessa experiência, denominada por nosso autor de "terrorismo do sofrimento". Nessa situação, o adulto inverteria seu papel de cuidador com a criança, e esta passaria a ter de desempenhar as funções psíquicas que a ele caberiam – cuidado, proteção, apaziguamento, reasseguramento etc.

Referindo-se a uma nota do *Diário clínico* de Ferenczi, Antonelli conta que esse conceito está relacionado a situações em que a criança tem a necessidade de suavizar quaisquer desordens observáveis na família, "com isso querendo dizer, carregar sobre suas próprias e frágeis costas o peso que recai sobre as costas de todos". O autor complementa, observando ainda que a criança "não se comporta desse modo por altruísmo, mas exatamente porque, aterrorizada com o sofrimento, deseja voltar a desfrutar da tranquilidade perdida e da ternura que aquela tranquilidade conferia"; finaliza suas observações sublinhando que, em casos como esse, surge a figura do "bebê sábio", protagonista de alguns sonhos típicos, segundo nosso autor, que teria como papel evitar a loucura do adulto – e, ao fazê-lo, se resguardaria do receio de ficar desamparado (Antonelli, 2014[1997], p. 416, tradução nossa).

A referência ao "bebê sábio" nos leva a perceber o quanto tais situações, como antecipamos, estariam intimamente ligadas à noção já estudada de "prematuração patológica",[39] na medida em que, novamente, a criança deveria amadurecer rapidamente, dessa vez para fazer a função de cuidador, não de si, mas do adulto – e seus eventuais sentimentos de ódio e raiva com relação a esse adulto não poderiam ser experimentados ante sua fragilidade.

Esse tipo de comportamento, segundo nossa experiência clínica, é bastante comum: pacientes que, eivados de um sentimento de enorme responsabilidade – e de uma grande competência –,

---

39 Cf. neste capítulo item "A cisão do ego e seus mecanismos: a autotomia, a prematuração patológica e o teratoma.

permanecem em uma condição de cuidadores da vida emocional de um adulto (um dos pais, geralmente), ou de toda uma família, que lhes parece emocionalmente frágil. São situações de manejo delicado, pois pensar na possibilidade de subtrair-se de tal posição imprime-lhes, reiteradas vezes, uma enorme angústia e sentimento de culpa – que, geralmente, é descrito a partir de uma percepção de "egoísmo". Muitas vezes, são analisandos que desenvolvem grande capacidade racional, eventualmente até profissional, mas que não conseguem sentir-se senhores de seu destino – nem confortáveis com seu presente. Em outros casos, mesmo a ideia de utilizar suas habilidades a seu favor é sentida como uma traição a esse polo de atração opressiva. Nos dois casos, estaríamos eventualmente lidando com pacientes povoados de fantasias de "ruína pelo êxito".

Alice Miller oferece outra hipótese convincente acerca da origem dessa forma de abuso psicológico:

> *Em todas essas pessoas encontrei uma história infantil que parece significativa para mim:*
>
> *1. Havia uma mãe que, no fundo, era emocionalmente insegura e que, para seu equilíbrio narcísico dependia de um tipo específico de comportamento ou modo de ser da criança....*
>
> *2. Existia uma espantosa habilidade da criança de, intuitivamente – ou seja, inconscientemente –, perceber e responder a essa necessidade de sua mãe ou de seus pais, isto é, de assumir o papel que inconscientemente lhe foi designado.*
>
> *3. Esse papel assegurava amor para a criança, ou seja, um investimento narcísico por parte dos pais. Ela poderia sentir-se necessária e isso daria à sua vida garantia*

de existência (Miller citada por Kahtuni & Sanches, 2009, p. 291).

Aproximando-nos da clínica, no Capítulo 4,[40] apresentamos as três formas de reações contratransferenciais arroladas por Ferenczi em seu texto de 1919, "A técnica psicanalítica" (2011 [1919a]). Relembrando, nós as nomeamos de "controle", "resistência" e "sucumbência" à contratransferência. Especificamente no que concerne à esta última reação, observamos tratar-se de uma dimensão de extrapolação e excesso, que impede a postura de "reserva" do analista. Consideramos que situações dessa ordem servem como um bom começo para refletirmos sobre o tema do amor opressivo na clínica, no sentido que apontamos na parte final do item anterior: um analista que sucumbe à contratransferência, movido por sua angústia, estaria bastante propenso a exceder-se e fomentar no paciente uma resposta angustiada ou o desenvolvimento de uma relação de excessivo cuidado para com seu cuidador – o terapeuta, no caso.

Com relação a isso, como já havia nos ensinado Ferenczi, devemos estar atentos àqueles pacientes que são exageradamente zelosos com relação ao analista e ao *setting* analítico, bem como às manifestações disfarçadas de ódio que demonstram, de maneira a poder, com muito tato, integrá-las. Ou seja, retomando um brocardo ferencziano que serve como uma firme orientação de sua disposição clínica, também os analistas deveriam reconhecer a submissão por trás do amor de transferência, bem como o desejo de libertação desse "amor opressivo" (Ferenczi, 2011[1933], p. 119). Dois dos objetivos da análise seriam, então, desvincular o paciente (a) dessa identificação que se dá com os desígnios do superego,

---

[40] Cf. Capítulo 4, item "A primeira revisão ferencziana da questão da(s) contratransferência(s)".

derivada da introjeção da figura do adulto/agressor e, consequentemente, (b) da transferência tirânica, que seria, então, uma reprodução da relação com esse adulto e de sua introjeção superegoica.

Apontamos, neste item, como nosso autor costurou percepções colhidas em âmbitos e períodos diversos do seu percurso para nos oferecer um olhar sobre a natureza dos fenômenos sugestivos e hipnóticos, da sua presença fora do contexto clínico (no ambiente doméstico) e, por fim, de seu aspecto coibidor da possibilidade do desenvolvimento de um psiquismo que se encaminhasse em direção da autonomia.

A questão da travessia do "amor opressivo" foi importante na vida de Ferenczi, não só como uma questão clínico-teórica como também como experiência pessoal. Dizemos isso porque, justamente ao conseguir uma melhor elaboração de aspectos tirânicos dos sentimentos que o ligavam a Freud, nosso autor pôde, como já dito, rever e sustentar certas impressões que colecionara no percurso de seus estudos sobre o psiquismo humano. Entre elas, uma das mais polêmicas foi afirmar que haveria, sim, aspectos terapêuticos na sugestão – e que tais aspectos, em aparente contradição com o que aqui dissemos, seriam de importante auxílio para que o paciente pudesse, precisamente, livrar-se de certos sentimentos de dominação e opressão. Tal questão, contudo, nunca foi (e persiste não sendo) confortável no contexto do trabalho psicanalítico, como observamos ao longo de nosso estudo.

Vejamos como Ferenczi retoma o tema em suas reflexões finais que foram, lamentavelmente, interrompidas por sua morte precoce.

O poder do analista e os efeitos terapêutico-constitutivos da sugestão: a sedução ética como um desviar da pulsionalidade mortífera (e um chamado para a vida)

O tema da sugestão (conjuntamente à hipnose), consoante já adiantamos no Capítulo 5,[41] fizera seu reaparecimento em "Perspectivas da psicanálise", o famigerado trabalho escrito a quatro mãos por Ferenczi e Rank. Naquele texto, os autores propuseram a seguinte e consequente afirmação, já parcialmente colecionada por nós:[42]

> *Na hipnose, por exemplo, o médico alcançava efeitos passageiros e não radicais porque a sua utilização ocultava todos os motivos psíquicos eficazes. Por isso mesmo foi descartada por Freud em favor do método de associação livre, que deu lugar a compreensão do jogo de forças psíquicas. Reconhecemos com Freud que a hipnose deve integralmente seus êxitos a suspensão das resistências . . . Se fosse possível associar essa valiosa vantagem da técnica hipnótica com a vantagem analítica de resolver a situação afetiva hipnótica conseguiríamos um enorme avanço de nosso saber terapêutico (Ferenczi & Rank, 2011[1924], p. 61).*

---

41 Cf. capítulo 5, item "'Perspectivas da psicanálise' – a aliança com Rank: novas observações sobre a repetição e a experiência afetiva na clínica psicanalítica"

42 O excerto encontra-se no capítulo sexto do texto – que, talvez não por acaso, não está entre aqueles que constam na edição das obras completas de Ferenczi, consoante explicamos em nota no item "'Perspectivas da psicanálise' – a aliança com Rank: novas observações sobre a repetição e a experiência afetiva na clínica psicanalítica" (capítulo 5).

O parágrafo seguinte é o mais contundente para o que pretendemos demonstrar:

> *A psicanálise já lançou luz suficiente nesse problema, de forma a nos permitir reconhecer a situação edípica como núcleo das relações afetivas hipnóticas. Entretanto, ainda não pôde oferecer a compreensão mais profunda daquilo que é específico do estado hipnótico. Quando conseguirmos obter o todo da natureza do laço hipnótico com o médico – o qual não foi completamente esclarecido pelo reconhecimento da natureza da transferência – é possível que cheguemos ao ponto em que o analista poderia colocar novamente a hipnose a serviço de sua técnica, sem temer o fato de não ser capaz de desfazer o cordão umbilical afetivo com o qual o paciente está unido a ele (Ferenczi & Rank, 2011[1924], p. 62).*[43]

Chertok e Stengers, em "O coração e a razão: a hipnose de Lavoisier a Lacan", não só apontam que esses fundamentos poderiam estar entre aqueles que levaram Freud e os demais membros do Comitê Secreto a repudiar a obra conjunta de Ferenczi e Rank,

---

43 É importante lembrar que, por mais polêmica que essa proposta possa nos parecer, algo dela já havia sido antecipado pelo próprio Freud, em seu trabalho exposto no congresso de Budapeste de 1918 – publicado no ano seguinte com o título "Linhas de progresso na terapia psicanalítica" –, conforme já acentuamos no capítulo 5 (item "A técnica ativa: surgimento e dificuldades clínicas em questão"). Naquela ocasião, o fundador da psicanálise apontou que a massificação da terapia possivelmente conduziria a uma reinserção da sugestão e da hipnose nos trabalhos de análise, inserção essa que não poderia, contudo, confundir-se com o "ouro" do método psicanalítico. Novamente, então, percebemos nosso autor lançando luz sobre um aspecto mais controverso, e talvez por isso de menor ressonância, das reflexões freudianas.

como relembram que, a partir do texto de 1930, "Princípio de relaxamento e neocatarse", os temas da sugestão e da hipnose voltariam a frequentar os escritos de nosso autor (Chertok & Stengers, 1990[1989], p. 114). Nós mesmos fizemos menções aos estados "auto-hipnoides" relacionados aos processos neocatárticos referidos nesse escrito no Capítulo 7.[44] A auto-hipnose retornaria em "Análise de crianças com adultos", de 1931, trabalho no qual Ferenczi apresentaria outra série de considerações sobre a sugestão, a hipnose – que se reportariam, enfim, ao "poder" que os adultos têm na relação com a criança – e seu valor terapêutico. É exatamente a questão do "poder", na relação de adultos e crianças, que está em jogo e que Ferenczi pretende examinar em seus últimos escritos – um interesse que nos relança na direção de algumas de suas reflexões pré-psicanalíticas.

O aspecto mais conhecido dessa pesquisa é de que esse poder, eventualmente, seria exercido de formas tão invasivas que redundariam em excessos, abusos e situações traumatogênicas. A outra faceta, no entanto – e que novamente nos empurra para um campo paradoxal –, é que nosso autor parece observar, primeiramente, que a situação analítica se entabula a partir do restabelecimento dessa relação de poder, que tornaria o paciente analisável (como também o tornaria sugestionável ou hipnotizável).[45] Em segundo lugar ele observa que, a despeito de uma das metas da análise ser a tentativa de oferta ao paciente de uma existência mais autônoma, em certos casos, isso somente seria possível se o analista se utilizasse, exatamente, desse poder para exercer sua função. Essa

---

44 Cf. capítulo 7, item "Outras implicações do princípio de relaxamento: a análise como jogo e a neocatarse".
45 "A máxima influência faz do paciente adulto, privado de defesas e não disposto a resistir, uma criança, e uma criança exposta ao arbítrio do analista", como bem resume Antonelli (2014[1997], p. 427, tradução nossa), ao comentar esse aspecto do pensamento ferencziano.

circunstância não passou desapercebida também por Freud, que, ainda em 1919, nos ofereceu a seguinte observação, ao referir-se a pacientes "desamparados e incapazes de uma vida comum":

> *vez por outra surgem ocasiões nas quais o médico é obrigado a assumir a posição de mestre e mentor. Mas isso deve ser feito com muito cuidado, e o paciente deve ser educado para liberar e satisfazer a sua própria natureza, e não para assemelhar-se conosco (Freud, 1996[1919], p. 178).*

Seria nesse sentido que, em "Análise de crianças com adultos", veríamos Ferenczi diferenciar a antiga forma de sugestionar, que denomina "introssugerir", de uma nova, derivada de suas hipóteses correntes, nomeada "exossugerir". Como apontam os prefixos, na exossugestão não caberia ao médico incutir no psiquismo do paciente aquilo que supõe convir-lhe, mas sim impulsionar e encorajar-lhe a trazer "de" (e "para") si aquilo que nele já se encontra, no entanto, inibido ou eventualmente desconhecido.[46] Atentemos a como o próprio Ferenczi descreve sua proposta:

> *Que as crianças sejam influenciáveis, que sejam propensas a apoiar-se sem resistência num "grande" nos momentos de aflição, que exista, portanto, um elemen-*

---

46 Novamente citamos Antonelli: "Para o analista, tratar-se-á, então, de insistir com o paciente para obter dele mais informações, não através daquilo que Ferenczi chama de *Inhalt-Suggestion*, *sugestão de conteúdo* (que corresponde ao estilo clássico de sugestão), mas através da *Courage-Suggestion*, *sugestão de coragem*, uma sugestão formal, específica, não vinculada a este ou àquele conteúdo e que se apresenta como um encorajamento do paciente a pensar de maneira ampla eventos psíquicos traumáticos interrompidos" (2014[1997], p. 427, tradução nossa; citações em outros idiomas do autor).

to de hipnose na relação entre crianças e adultos, é um fato inegável, com o qual há que conformar-se. Portanto, é esse grande poder que os adultos têm em face das crianças, em vez de utilizá-lo sempre, como geralmente se faz, para imprimir as nossas próprias regras rígidas no psiquismo maleável da criança, como algo outorgado do exterior, poderia ser organizado como meio de educá-las para maior independência e coragem (Ferenczi, 2011[1931], p. 87).

Esse parágrafo, segundo nossa leitura, é importantíssimo. Primeiramente porque nele podemos situar um contrapeso à mutualidade estudada no Capítulo 8[47] – temos, assim, novamente, a reflexão ferencziana nos levando a reconhecer a complexidade da clínica psicanalítica –, assentando a importância de que o analista surja, em certos momentos, como uma figura de referência vertical, um garantidor que impulsiona e resguarda a legitimidade das disposições mais livres do paciente. Além disso, vemos nesse excerto Ferenczi apontar para algo que se deve reconhecer não como uma nova técnica ou um novo princípio, mas como uma dimensão "ética" da atuação dos pais e também do psicanalista. Com isso, queremos dizer que, além do "o que fazer" (ou "não fazer") ou do "como fazer", nosso autor inclui a posição do analista, "de onde ele faz", e o efeito desse lugar que ocupa como indivisível dos frutos de sua prática. Essa posição e o poder que dela decorre, demonstra Ferenczi, estariam disponíveis para serem utilizados tanto na manutenção indefinida de uma condição opressiva como na tentativa de estabelecimento de uma proposta emancipatória.

---

[47] Cf. item "A paciente RN. (Elizabeth Severn): da análise mútua ao princípio da mutualidade" deste capítulo.

O aprofundamento que nosso autor deu às observações desse campo encontra-se em seus escritos póstumos. Em uma nota com o título significativo "Sugestão = ação sem sua própria vontade" (2011[1949], p. 298), escrita logo após sua exposição de "Confusão de línguas entre os adultos e a criança" no congresso de Wiesbaden, Ferenczi relacionou justamente o problema da sugestão aos seus estudos derradeiros, fornecendo-nos uma boa introdução às novas hipóteses que elaborou concernentes a esse delicado problema. Observava que, em casos de paralisia histérica, haveria uma falta de vontade de agir que somente poderia ser superada mediante uma "vontade, que deve ser transmitida por alguma outra pessoa, por sugestão" (2011[1949], p. 298).

Nesse sentido, a histeria seria, para Ferenczi, a regressão à "ausência de vontade" e à aceitação ("aceitação", diríamos, como uma sujeição passiva) de uma vontade estranha, como na infância. Essa observação fez com que o húngaro se perguntasse: "A sugestão (*healing*) será necessária após (ou durante) a análise? Quando o relaxamento é muito profundo, pode ser alcançada uma profundidade em que o ato voluntário ausente/omisso só pode ser substituído por uma ajuda bem-intencionada/favorável" (2011[1949], p. 298). Aqui reencontramos os processos sugestivos como possibilidade de força emancipatória e de reparação egoica, em oposição a "uma sugestão anterior que só exigia obediência" (p. 298) que, por sua vez, reforçaria os aspectos superegoicos tirânicos do psiquismo. Emprestemos novamente a palavra a nosso autor para que nos esclareça acerca do percurso clínico: "1. Regressão à fraqueza. 2. Sugestão de uma força, aumento da autoestima no lugar da sugestão de obediência de outrora. (Recaída na ausência de vontade e contrassugestão oposta de obediência angustiante de outrora)" (p. 298).

Percebemos em que sentido Ferenczi reconhece o valor da sugestão como forma de intervenção: isso se daria em certos contextos clínicos nos quais o analista perceberia a importância de que algo da vitalidade ("uma força") fosse restituída (ou até mesmo conferida) a um paciente. Esse analista que "exossugere", que encoraja, emprestaria, segundo nossa leitura da hipótese ferencziana, sua vitalidade, metaforicamente, como ignição para os processos psíquicos do paciente. Vejamos a descrição de semelhante hipótese em outra nota, de 2 de novembro de 1932 ("Infantilismo em decorrência de angústia diante de tarefas reais"), na qual o autor diz: "*Sugestão sem análise = Forçar o superego do hipnotizador* (exigência de esforços excessivos) – Tratamento correto: (*a*) retorno à infância, soltar-se, (*b*) aguardar a tendência espontânea para "crescer" – aqui, o *encorajamento* tem certamente lugar – é preciso exortar à coragem" (2011[1949], p. 309, destaques do autor).

Atentemos para a situação complexa que Ferenczi descreve. A exigência de esforços excessivos (algo que poderíamos aproximar de certa faceta das antigas intervenções ativas) seria um tratamento incorreto. É preciso, antes, possibilitar o relaxamento – processo que, regressivamente, conduziria o paciente à infância. Daí encontraríamos uma tendência supostamente espontânea para crescer. Poderíamos perguntar: se essa tendência é espontânea, por que se faria necessária a exortação à coragem? Provavelmente porque essa espontaneidade, na realidade, consistiria mais em um potencial, dependente de um ambiente facilitador. Vimos, no Capítulo 7,[48] que para Ferenczi a pulsão de vida, as pulsões libidinais, somente se realizariam com a presença de um objeto disponível – caso o bebê não o encontrasse, haveria a ampla possibilidade do predomínio da pulsão de morte, que dispensa um objeto e se impõe por si.

---

[48] Cf. capítulo 7, item "Os reflexos do trauma na pulsionalidade infantil: novas considerações sobre a pulsão de morte".

Essa última hipótese ferencziana vem ao encontro das reflexões contidas neste item, pois, encontrando-se o analista na presença de um paciente traumatizado, esse "a mais", o encorajamento, seria necessário para conferir vitalidade e impulsionar o trabalho terapêutico.[49]

Coloquemos essa nova proposta de Ferenczi em perspectiva com o percurso de seus primeiros desenvolvimentos: já havíamos anotado, ao tratar de seus escritos pré-psicanalíticos (e também de alguns de seus textos psicanalíticos inaugurais), a forma como o húngaro relacionava a sugestão ao "encanto" que o médico precisaria exercer para tentar conduzir o paciente à situação hipnótica – contexto ilustrado pela figura de Svengali, o sugestionador da ficção de olhar penetrante, presença imponente e segura, mencionado por nosso autor. Não temos dúvida de que, ao nos referir à sugestão, ao "encantamento" e à transferência, colocamo-nos na área de fenômenos da ordem da "sedução".

Ao afirmar isso, vamos no mesmo sentido de Roussillon, segundo quem:

> *Queira o clínico ou não, a questão da sedução está presente no encontro clínico, em todos os encontros clínicos, pois é também um efeito induzido pelo processo*

---

49 Para Ferenczi, "se o paciente realmente sentir que nos preocupamos de verdade com ele e que levamos a sério sua necessidade infantil de ser socorrido (uma boa parte do paciente nada mais é senão uma criança aflita a quem não se pode sufocar de teoremas quando ela sofre terrivelmente), então será possível levá-lo a voltar sem terror seu olhar para o passado. Uma nova prova de que o efeito duradouro do trauma provém da ausência de um ambiente benévolo, compreensivo e esclarecedor" (1990[1932], p. 258). É isso que, completando nossa observação, o húngaro concluíra alguns meses antes da nota citada, em 24 de agosto de 1932, em anotação com intrigante título "O medo da psicanálise em face da sugestão".

> *transferencial que lhe é consubstancial . . . Como não escapamos da transferência, não escapamos também dos efeitos de sedução, de sugestão ou de influência que ele implica . . . o problema não é a sedução em si, é sua forma de utilização (2014, p. 39, tradução nossa).*

Indo um pouco mais longe e alinhavando o que até aqui estudamos, podemos inferir que, se os primeiros passos de Ferenczi ao pautar o tema da sedução infantil focalizavam o contexto dos acontecimentos traumáticos de ordem desconstitutiva ou desorganizadora do ego, encontramos também, pela via da tríade encantamento/sugestão/sedução, importantes efeitos constitutivos da terceira, justamente naquilo que concerne à "erogenização", ao chamado do bebê para a vida, que vai se dar no contato com o corpo e nos cuidados que a mãe exerceria e que a tornariam, no dizer de Freud, a principal "sedutora" da criança. Em uma das "Novas conferências introdutórias sobre psicanálise" ("Feminilidade", Conferência XXXIII), lavrada no mesmo ano de 1932 em que Ferenczi desenvolveu as hipóteses sobre as quais nos debruçamos, Freud assim disse:

> *No período em que o principal interesse voltava-se para a descoberta de traumas sexuais infantis, quase todas as minhas pacientes contavam-me haverem sido seduzidas pelo pai. Fui forçado a reconhecer, por fim, que tais relatos eram inverídicos, e assim cheguei a compreender que os sintomas histéricos derivam de fantasias, e não de ocorrências reais. Apenas mais tarde pude reconhecer nessa fantasia de ser seduzida pelo pai a expressão do típico complexo de Édipo nas mulheres. E agora encontramos mais uma vez a fantasia de sedu-*

ção na pré-história pré-edipiana das meninas; contudo, o sedutor é regularmente a mãe. Aqui, a fantasia toca o chão da realidade, pois foi realmente a mãe quem, por suas atividades concernentes à higiene corporal da criança, inevitavelmente estimulou e, talvez, até mesmo despertou, pela primeira vez, sensações prazerosas nos genitais da menina (Freud, 1996[1932], p. 120).[50]

Nesse revelador parágrafo, o fundador da psicanálise apresenta uma dimensão da sedução que, imediatamente, se atrela à adaptação a qual o ambiente – mãe – deve submeter-se para oferecer ao bebê aspectos do cuidado necessário (as atividades de higiene infantil). Esse cuidado, na medida em que é efetuado, redundaria em uma situação de sedução propiciadora da erogenização – e da vitalização – do corpo infantil, processo que certamente cooperaria para despertar as pulsões de vida do bebê. Nesse sentido, De Paula Jr. resume bem o paradoxo da sedução: "A sedução é, desde então, este evento traumático, violento, assujeitante, que incute no pequeno ser uma disposição à afetação, condição de prazer e dor,

---

50 Em "Esboço de psicanálise", um de seus escritos finais, Freud, totalmente convencido da grande importância da mãe para o desenvolvimento infantil, reitera essa lição: "Não há dúvida de que, inicialmente, a criança não distingue entre o seio e o seu próprio corpo; quando o seio tem de ser separado do corpo e deslocado para o 'exterior', porque a criança tão frequentemente o encontra ausente, ele carrega consigo, como um 'objeto', uma parte das catexias libidinais narcísicas originais. Este primeiro objeto é depois completado na pessoa da mãe da criança, que não apenas a alimenta, mas também cuida dela e, assim, desperta-lhe um certo número de outras sensações físicas, agradáveis e desagradáveis. *Através dos cuidados com o corpo da criança, ela se torna seu primeiro sedutor.* Nessas duas relações reside a raiz da importância única, sem paralelo, de uma mãe, estabelecida inalteravelmente para toda a vida como o primeiro e mais forte objeto amoroso e como protótipo de todas as relações amorosas posteriores – para ambos os sexos" (Freud, 1996[1940/1938], p. 202, destaque nosso).

uma irritação que se tornará fonte de desejos e, principalmente, de ligação com o outro" (2015, p. 136).

Seria valioso se localizássemos, na obra de nosso personagem, algum excerto em que se correlacionassem, da maneira como aqui fizemos, os processos de hipnose e sedução, e eles aos processos constitutivos e clínicos que descrevemos. De maneira direta, contudo, isso se dá apenas em parte, como no trecho a seguir do texto de 1929, "Masculino e feminino (considerações psicanalíticas sobre a 'teoria genital' e sobre as diferenças sexuais secundárias e terciárias)". Ferenczi diz, retomando algo que já havia antecipado, com termos semelhantes, em "Thalassa", como vimos no item anterior:[51]

> *Já lhes falei da minha concepção da sugestão e da hipnose. Considero que o "temor" e a "sedução" constituem os dois meios para tornar dócil uma outra pessoa. Chamei-lhes, respectivamente, hipnose paterna e materna. Pode-se descrever o estado amoroso como uma hipnotização recíproca, no decorrer da qual cada sexo exibe seus próprios meios de combate: o homem, sobretudo, sua força corporal, intelectual e moral, graças à qual se impõe; a mulher, sua beleza e outras vantagens, que lhe permitem reinar sobre o suposto sexo forte (2011[1929b], p. 52).*

---

51 E, também, no capítulo 6, item "Ferenczi com Groddeck: o (re)encontro a legitimação de intuições esquecidas". Em "Thalassa", nosso autor utilizou-se da expressão "insinuação sedutora" para referir-se aos efeitos da "hipnose materna" (Ferenczi, 2011[1924b], p. 304). Ali, contudo, Ferenczi descrevia o processo de um viés de aprisionamento, enfatizando o que estaria na órbita do "amor opressivo", que tratamos no item "O terrorismo do sofrimento e as dimensões opressivas do amor e da transferência" deste capítulo.

Trata-se de uma passagem interessante porque nela encontramos uma fértil articulação de termos que atravessaram a construção do pensamento clínico de Ferenczi relacionados, dessa vez, ao encontro amoroso. Cada um dos sexos contaria com suas "armas" para seduzir o seu oposto. Elas seriam encontradas, com relação ao homem, próximas daquilo que Freud descrevera como os traços que conferiram ao médico seus atributos de poder: a respeitabilidade que deriva de uma disposição moral, uma autoridade que se aproxima da força. À mulher, caberia o encanto que se relaciona a uma experiência estética, a beleza – um campo muito mais próximo das delimitações ferenczianas sobre os motivos da influência do hipnotizador, consoante vimos no Capítulo 2.[52] Ou seja, aquilo que surgira na pena de nosso autor, em outros tempos, como "encanto" ou "fascínio", características que possibilitariam uma abertura de campo para a intervenção do terapeuta, reapareceria, no final dos anos 1920, com a roupagem da "sedução" na vida amorosa.

Se a referência ao aspecto constitutivo da sedução na clínica, contudo, não é explícita, a etimologia da palavra "seduzir" nos traz o fundamento necessário para compreender o quanto a vitalização, necessária nos processos terapêuticos com pacientes traumatizados, passa por essa referência. De Paula Jr. socorre-se da definição de Quignard para dizer que "*se-ducere* é levar a distância. De um mundo a outro", e esclarece: "São diversos os autores que apontam para a origem do termo. Derivado do latim, *se-ducere* significa desvio (*se* = longe, *ducere* = liderar), que pode ser lido de algumas formas: desvio da verdade, desvio do caminho, desvio de princípios íntimos" (2015, p. 119, destaques do autor).

Destarte, se dissemos anteriormente que a pulsão de morte é a única que se realiza sem o objeto, ao passo que a pulsão de vida

---

52 Cf. capítulo 2, item "Considerações sobre hipnose, sugestão e alguns outros métodos terapêuticos nos escritos de Budapeste".

somente se instauraria com o concurso de um objeto que se oferecesse e investisse como corpo, psiquismo e linguagem ao bebê, não fica difícil concluir, a partir da etimologia do termo, que esse objeto é "sedutor": desvia o *infans* da pulsionalidade mortífera, consolidando aquilo que era tão somente um potencial e, assim, contribuindo de maneira decisiva para a instauração de um psiquismo que possa operar a partir de Eros e do princípio de prazer – e que depois tem de se ver com a longa batalha para a constituição do "sentido de realidade". Uma batalha, sem dúvida, mas travada em um campo mais amistoso que o império de Thânatos.

Apresentados os aspectos do pensamento de Ferenczi que consideramos mais relevantes para compreender suas hipóteses finais, retornemos à história para entender como a comunidade analítica de seu tempo assimilou tais contribuições para que, assim, possamos chegar ao final de nosso percurso.

A censura em Wiesbaden e os últimos dias de Ferenczi

Em 11 de agosto de 1932, Ferenczi escreveu a Freud anunciando que o material para o próximo congresso internacional estaria "mais ou menos em ordem" a despeito de outros problemas que lhe vinham ocupando (Brabant et al., 2000a, p. 440, tradução nossa). Nosso autor certamente estava se referindo a "As paixões dos adultos e sua influência sobre o desenvolvimento do caráter e da sexualidade da criança", sua palestra no referido encontro que seria publicada, no ano seguinte, com o título com o qual ficou conhecida: "Confusão de línguas entre os adultos e a criança (a linguagem da ternura e a da paixão)".

No período que precedeu esse encontro, no qual seria também eleito o novo presidente da associação internacional, Freud, insistentemente, tentou convencer Ferenczi a postular a vaga. Lugrin (2012, p. 158), em estudo detido sobre esse momento, aponta que lhe sobravam motivos para tal empenho: disputas de poder associadas a temas importantes da prática da psicanálise, como a questão da análise leiga, preocupavam o fundador do método, que, com 76 anos, não esperava sobreviver ao mandato do próximo presidente da associação internacional. Para Freud, a proteção de sua criação estaria mais segura, caso o próximo presidente fosse um nome com "autoridade analítica" (pensamos, com isso, no peso histórico, teórico, clínico e político do candidato). Ninguém, entre os psicanalistas da época, corresponderia a esse perfil como Ferenczi.[53]

Nosso autor, contudo, mostrava-se bastante desinteressado em envolver-se com assuntos de ordem institucional que lhe desviassem do profundo trabalho no qual havia se envolvido para a compreensão de seus casos (Brabant et al., 2000a, p. 432). Freud, em dado ponto, chegou a afirmar que Ferenczi deveria "abandonar a ilha dos sonhos na qual habitava com suas crianças fantasmas e recolocar-se na luta dos homens" (Brabant et al., 2000a, p. 431, tradução nossa), acentuando algo de patológico no isolamento do colega, ao que Ferenczi respondia tratar-se não de um adoecimento psíquico, mas de um período de grande criatividade.[54] O húngaro

---

[53] Antonelli chega a anotar que, em uma carta a Eitingon (de 27 de abril de 1932), Freud, queixando-se de uma ligeira depressão, demonstrava seu temor pelo futuro da psicanálise e esperava, assim, que Ferenczi abandonasse seu isolamento para "assumir sua responsabilidade de cabeça do movimento psicanalítico" (2014[1997], p 182, tradução nossa).

[54] Se, na correspondência com Ferenczi, percebemos Freud descontente com as escolhas do colega, mas cauteloso, o mesmo não se dá em suas cartas para outros discípulos de longa data. Assim, teria escrito a Eitingon em abril de 1932: "Ferenczi não se tornou uma cruz a se carregar? Novamente não temos notícias dele há meses. Ele está insultado, pois não há quem esteja satisfeito com

não se negou a auxiliar na escolha de um bom candidato à vaga de presidente e, mesmo com a garantia de que Anna Freud estaria à disposição como secretária caso estivesse disposto a incumbir-se do cargo, não sem alguma hesitação, declinou da proposta. Em decorrência, Jones seria, naquele congresso, reconduzido ao cargo que já ocupara entre 1920 e 1924.[55]

A reunião em Wiesbaden deu-se entre 4 e 7 de setembro de 1932, sob certa preocupação acerca do teor da exposição de Ferenczi. Nos dias anteriores, Freud escrevia a Eitingon (Antonelli, 2014[1997], p. 185) sobre seu receio de que nosso autor estivesse tomando o mesmo rumo de Rank e Eitingon estranhava as críticas feitas por Ferenczi à psicanálise baseadas na perspectiva neocatártica. O estado de saúde de nosso autor também era objeto de controvérsia, com Freud e Jones prognosticando adoecimentos psíquicos de naturezas diversas que teriam acometido Ferenczi.[56]

---

o fato de que ele está brincando de mãe e filho com suas pupilas (mulheres)", como faz questão de ressaltar (Brabant et al., 2000a, p. 431, tradução nossa).

55 "Agilidade, energia e velocidade: essenciais para qualquer um determinado a ocupar uma posição de comando na psicanálise nacional e internacional. Mas apenas Ernest Jones buscava tal façanha. No início dos anos 1930 ele cruzava o Canal [da Mancha] pelo ar, voando de Lympne, um pequeno aeroporto da costa de Kent . . . em 1929 ele foi para Nova York por três dias, retornando à Grã-Bretanha no mesmo navio (em que fora)" (Maddox, 2006, p. 205, tradução nossa). É assim que Maddox, biógrafa do psicanalista galês, descreve a personalidade de Jones. Segundo a autora, o exercício empenhado de seu biografado nas funções de editor, escritor e diplomata da psicanálise só fazia sua reputação, à época, crescer. O contraste com a proposta de dedicação integral à clínica de Ferenczi é tamanho que, à primeira vista, ficamos perplexos ao imaginar que figuras em momentos tão distintos tenham sido consideradas para ocupar o mesmo cargo na associação internacional. Contudo, e a despeito de certo desgosto que causou em Freud, a recondução de Jones faz sentido se pensarmos a partir da óptica da tradição e do ímpeto de divulgação do freudismo por ele mantido.

56 Como já acontecera com Rank, quando de seu afastamento, e com outros antes dele. Algumas hipóteses de Freud: "regressão neurótica", "hostilidade contra o

O húngaro, por seu lado, reassegurava a Freud seu desinteresse por desligar-se do movimento psicanalítico. Não negava, contudo, o conteúdo crítico de seus escritos a concepções tradicionais da psicanálise. Esse, aliás, era outro dos fundamentos de sua recusa à presidência. Dissera Ferenczi, no final de agosto de 1932, com uma postura ética bastante singular:

> *decididamente ingressei por águas críticas e autocríticas que parecem conduzir não só a extensões, mas também a correções de nossa prática e, em parte, de nossos pontos de vista teóricos. Assim, tenho o sentimento de que uma disposição como essa não corresponde à dignidade de um presidente, cuja maior preocupação seria conservar e consolidar aquilo que já existe, e meus sentimentos íntimos me dizem que não seria sequer honesto ocupar essa posição (Brabant et al., 2000a, p. 441, tradução nossa).*

Foi imbuído de tal espírito e convicção que Ferenczi dirigiu-se para a Alemanha, com vista a participar de seu derradeiro congresso psicanalítico. Antes de chegar a seu destino, entretanto, esteve em Viena com seu mestre, circunstância na qual tiveram seu último – e doloroso – encontro pessoal, que já narramos parcialmente no Capítulo 3.[57] Acompanhado de sua mulher, nosso autor procedeu à leitura de sua conferência a Freud – que convidara para a ocasião, sem o conhecimento de Ferenczi, Brill (influente psicanalista

---

pai e os irmãos", "degenerescência esclerótica avançada", entre outras, como escreveu também a Eitingon em 24 e 29 de agosto de 1932 (Lugrin, 2012, p. 165 e 167). Já Jones descrevia nosso autor como um "homem doente", "afetado por ideias persecutórias", "com profundo desejo de ser amado" e possuidor de um "sadismo reprimido" (Antonelli, 2014[1997], p. 189, tradução nossa).
57 Cf. capítulo 3, item "A relação com Freud".

austríaco que vivia nos Estados Unidos). O conteúdo do escrito não agradou ao pai da psicanálise, que solicitou a Ferenczi que não realizasse sua palestra nem publicasse o teor do trabalho. Há uma narrativa de como teria se dado esse encontro feita por Ferenczi a sua paciente Izette de Forest, que a reportou a Fromm e, a partir daí, tornou-se conhecida de diferentes autores que se debruçaram sobre a relação entre Freud e Ferenczi. Esta teria sido a narração do húngaro acerca do que se deu:

> *Quando visitei o professor . . . contei-lhe minhas últimas ideias técnicas. Estas baseiam-se empiricamente no meu trabalho com o paciente. Tenho procurado descobrir pela história contada por meus pacientes, pelas suas associações de ideias, pela maneira pela qual se comportam – até em aspectos de pormenores e especialmente face a mim – as frustrações que despertam raiva ou depressão neles, e especialmente, o conteúdo – tanto consciente quanto inconsciente – de seus desejos e anseios, a maneira pela qual sofreram rejeição às mãos de suas mães, pais ou substitutos. E também tenho-me esforçado, por meio de empatia, em imaginar que tipo de carinho, mesmo em pormenores específicos do comportamento, o paciente realmente precisava naquela tenra idade – carinho e cuidados que teriam permitido o desenvolvimento sadio da confiança e da satisfação deles comigo mesmo. Cada paciente precisa de uma experiência diferente de cuidados meigos e confirmadores. Não é fácil perceber isso, pois comumente não é aquilo que ele conscientemente acredita ser – amiúde é bem diferente. É possível sentir quando estou no caminho certo, pois logo o paciente dá inconscientemente o sinal*

por meio de várias modificações ligeiras em seu estado de ânimo e comportamento. Até os sonhos dele revelam uma reação ao novo e benéfico tratamento. Tudo isso deve ser confiado ao paciente – a nova compreensão pelo analista de suas necessidades, sua consequente mudança de relação com o paciente e sua expressão disso, e a reação evidente do próprio paciente. Sempre que forem cometidos enganos pelo analista, o paciente novamente dará sinal ficando zangado ou abatido. E os seus sonhos esclarecem os erros do analista. Tudo isso pode ser extraído do paciente e a ele explicado. O analista deve então continuar sua busca do tratamento benéfico, tão profundamente necessitado pelo paciente. Esse processo é de ensaio e erro, com sucesso final, e tem de ser seguido pelo analista com toda habilidade, tato e delicadeza, e sem medo. Deve ser absolutamente honesto e genuíno.

O professor escutou minha exposição com impaciência crescente e finalmente advertiu-me de estar palmilhando terreno perigoso e afastando-me fundamentalmente das praxes e técnicas tradicionais da psicanálise. Ceder assim aos anseios e desejos do paciente – não importa o quão autênticos – aumentaria a dependência deste face ao analista. Essa dependência só pode ser destruída pelo alheamento emocional do analista. Nas mãos de analistas inábeis, disse o Professor, meu método podia facilmente produzir satisfação sexual em vez de ser uma expressão de devotamento paterno ou materno.

Essa advertência encerrou a entrevista. Estendi minha mão para uma despedida afetuosa. O professor virou-me as costas e saiu da sala (Fromm, 1965[1959], p. 71).

A longa narrativa que trouxemos é um valioso sumário das hipóteses finais de Ferenczi. Por meio dela, aprendemos também algo do que teria desagradado Freud em suas postulações finais – novamente a questão não seria tanto, ou tão somente, a competência ou a qualidade das hipóteses de Ferenczi, mas a dificuldade de transmiti-las para outros analistas.

Socorrendo-nos agora da correspondência entre pai e filha, sabemos que em 3 de setembro, véspera do início do congresso, o criador da psicanálise escreveu a Anna sua versão do encontro com novas pistas do que lhe teria causado tanto desgosto no conteúdo da conferência a ser proferida por nosso autor. Diz ele:

Os Ferenczi chegaram antes das quatro horas. Ela, gentil como sempre, ele frio, gelado. Sem mais perguntas ou cumprimentos, ele disse: "Quero lhe apresentar a minha conferência". Foi o que ele fez, e eu escutei horrorizado. Ele fez uma regressão total no que se refere a termos etiológicos nos quais eu acreditava há 35 anos e que abandonei, como, por exemplo, que o motivo habitual das neuroses seriam sonhos sexuais da infância, e ele expressou tudo isso quase com as mesmas palavras que eu então. Nenhuma palavra sobre a técnica graças a qual ele reúne esse material, em meio a isso, observações sobre a hostilidade dos pacientes e a necessidade de aceitar suas críticas e admitir seus erros perante eles. Tudo meio burro, ou pelo menos parece assim, por ser tão pouco verdadeiro e incompleto. Bem, entretempos, deves ter escutado a conferência e feito seus julgamentos (Meyer-Palmedo, 2006, p. 398).

Se, pelo conteúdo dessa carta, podemos conhecer algumas razões pelas quais o derradeiro trabalho de Ferenczi teria atraído severa oposição, temos ainda a possibilidade de conjecturar outros motivos. Ao longo de "Confusão de línguas entre os adultos e a criança" não são poucas as vezes em que Ferenczi reflete sobre a formação, a atuação do psicanalista e sua ética na condução do tratamento, tornando públicas uma série de reflexões e críticas ao método e ao procedimento que já se encontravam em seu *Diário clínico*. Assim, abordou as "resistências do analista", a importância de sua análise pessoal, a hipocrisia profissional que se refletiria em uma promessa do analista de dedicação a um paciente que lhe poderia ser francamente insuportável (como vimos acontecer com o próprio Ferenczi, no início da análise de Elizabeth Severn), temas que implicavam, de forma contundente, a pessoa do analista com sua prática.

Vejamos a seguinte afirmação:

> *A situação analítica, essa fria reserva, a hipocrisia profissional e a antipatia a respeito do paciente que se dissimula por trás dela, e que o doente sente com todos os seus membros, não difere essencialmente do estado de coisas que outrora, ou seja, na infância, o fez adoecer (Ferenczi, 2011[1933], p. 114).*

É provável que a leitura dessa afirmação não deve ter agradado a muitos dos analistas que estavam presentes em Wiesbaden naquele dia 4 de setembro nem causado a melhor impressão neles

– Eitingon, Brill e Van Ophuijsen a consideraram, efetivamente, um "escândalo" (Brabant et al., 2000a, p. 443, tradução nossa).[58]

A polêmica, contudo, não se encerrou no próprio congresso. Havia a questão da publicação do texto. Freud desaconselhava que fosse dado ao conhecimento de um público maior que os presentes em Wiesbaden – opinião compartilhada por quase todos os que se escandalizaram, exceto Jones. Para ele, a não publicação geraria maior mal-estar e, em vez de apagar o incêndio, aumentaria a chama.[59] O pai da psicanálise e Ferenczi discutiram a questão em correspondência, e o primeiro sugeria ao segundo que se abstivesse de publicações por um ano. No início de outubro, Freud escreveu a nosso autor afirmando que tal proposta seria "predominantemente em seu interesse": o mestre de Viena esperava que Ferenczi "retificasse" seus pontos de vista como ele próprio fizera anos antes, referindo-se a sua teoria da sedução. Ele teve, contudo, que se render ao fato de que Ferenczi não mais parecia preso à sua influência, encerrando essa carta com linhas amargas: "Estou convencido de que você não é acessível a qualquer dúvida. Dessa forma, o que me resta é desejar-lhe o melhor, que seria muito diferente daquilo que está se passando no presente" (Brabant et al., 2000a, p. 445, tradução nossa).

---

58 Embora seja mais usual encontrarmos referências que descrevam a má repercussão da conferência, Antonelli cita alguns autores, entre eles Grunberger e Cremerius, que apontam em direção oposta. Segundo eles, houve também quem acolhesse bem a exposição de Ferenczi. É possível que as opiniões sobre o trabalho de nosso personagem não fossem unânimes, uma vez que participaram do congresso célebres analistas (Franz Alexander, Helen Deutsch, Paul Federn, Géza Róheim), cuja opinião, se expressaram alguma, desconhecemos. Balint, outro dos presentes, certamente não compartilhava das conclusões de Eitingon e dos demais citados.

59 A despeito disso, o inglês ludibriaria Ferenczi, afirmando haver, já em 1932, uma tradução do texto para ser publicado no *International Journal of Psychoanalysis*, o que de fato ocorreria apenas alguns anos depois.

A despeito de autores como Cremerius, citado por Antonelli (2014[1997], p. 192), sugerirem que essa correspondência havia selado a ruptura definitiva entre Freud e Ferenczi, lemos na próxima carta de nosso autor ao pai da psicanálise um agradecimento pelo envio que Freud havia feito de suas "Novas conferências" – o húngaro dizia ter iniciado sua leitura "com grande interesse" (Brabant et al., 2000a, p. 445, tradução nossa). Para além de nos informar da manutenção do contato dos autores, esse dado nos sugere que nem Freud supunha que Ferenczi tinha deixado a psicanálise de lado (se assim fosse, por que lhe enviar suas conferências sobre a matéria?) nem que o húngaro tivesse desconsiderado o presente.

Imediatamente após o congresso em debate, Ferenczi empreendeu uma excursão de férias que passou por Baden Baden – onde esteve na companhia de Groddeck – e seguiu para o sul da França. A promessa de alguns dias de descanso, entretanto, verteu-se em uma "viagem de leito a leito" (Brabant et al., 2000a, p. 443, tradução nossa), quando começaram a manifestar-se sintomas físicos que nosso autor atribuiu, primeiramente, à conversa tida com Freud antes da reunião em Wiesbaden. Os sintomas, contudo, agravaram-se até o final do ano e, sabemos, por meio de uma carta de Elizabeth Severn à sua filha, citada por Antonelli (2014[1997], p. 193), que, em dezembro de 1932, Ferenczi encontrava-se prostrado física e psiquicamente – na realidade o húngaro havia sido afetado por uma anemia perniciosa.

A doença reduziu profundamente a capacidade produtiva de Ferenczi, que se viu preso ao leito em boa parte dos primeiros dias de 1933. O interesse pelo mundo que lhe circundava, contudo, persistia. Assim, em março, conseguiu escrever a Jones, questionando-lhe sobre sua intenção de publicar "Confusão de línguas entre os adultos e a criança" no *International Journal of Psychoanalysis*, bem como para Freud e Groddeck. Ao mestre de Viena recomendava, após a grande queima de livros considerados "inconvenientes" promovida pelos nazistas no dia 10 desse mês – incluindo livros do pai da psicanálise –, mudar-se para um país mais seguro. Na carta para Groddeck, escrita alguns dias antes daquela que remetera a Freud, assim diz Ferenczi sobre seus últimos meses:

> Caros amigos!
>
> Parece que não se pode pecar sem se receber a devida punição, muito menos fazê-lo por anos a fio. Minha indisposição em Baden Baden era o início de uma anemia extremamente perigosa que quase me derrubou na França, de forma que eu tão somente consegui, prematuramente, arrastar-me para casa.... Minha condição, a despeito das ocasionais flutuações, é relativamente satisfatória agora. A condição psicológica subjacente para esse declínio deve-se, ao lado da pura exaustão, ao meu desapontamento com Freud, acerca do qual vocês já tem notícia. Nós paramos de nos corresponder por enquanto, apesar de que ambos estejamos tentando salvar o que pode ser salvo. Tenho certeza de que, no final, seremos mais ou menos bem-sucedidos em fazê-lo. Estou, como sempre, cheio de ideias, mas o desejo de escrevê-las é zero. Um curto e completo intervalo provavelmente me restabeleceria, mas para onde ir nesses tempos deprimentes? (Fortune, 2002, p. 105, tradução nossa).

A primeira frase é especialmente intrigante. Ferenczi parece perceber sua doença como uma condenação por seus pecados, que viera cometendo "por anos a fio". Estaria ele se referindo a suas intervenções clínicas cuja legitimidade era contestada não só por seus pares, mas também por seu grande inspirador? Talvez algum ressentimento por ter sido, em certos momentos, menos sincero consigo e suas hipóteses, em favor da amizade com Freud? Ou mirava algo além, talvez o pertencimento a um grupo de "pecadores" que espalhavam uma teoria imoral sobre a constituição e o adoecimento psíquico aos olhos da poderosa e ameaçadora Alemanha nazista? Ou, poderíamos conjeturar, mencionava sua condição judaica, também perseguida e reprovada por esse regime? Naturalmente são apenas hipóteses, todas costuradas, segundo nossa leitura, pelo sentimento da perda de um ambiente de confiabilidade e acolhimento. Parece certeiro afirmar que, nesses que seriam seus últimos dias, Ferenczi percebia-se circundado de incompreensão. Nesse sentido, a questão que nosso autor deixa para Groddeck na última linha parece descrever o desamparo que resulta da perda de esperança.

Budapeste, 22 de maio de 1933. No mês de aniversário de Freud, faleceu Ferenczi. Dias antes, com o punho fragilizado e má caligrafia, nosso autor conseguiu ainda escrever uma última carta a seu reverenciado mestre, saudando-lhe o septuagésimo sétimo ano de vida e partilhando um desejo que trazia implícito suas preocupações com o futuro da Europa: "tenhamos fé que o próximo ano não nos traga os mesmos eventos horríveis do passado" (Brabant et al., 2000a, p. 450, tradução nossa).[60]

---

60 Carta de 4 de maio de 1933.

Considerações finais

A difícil apreensão do legado ferencziano: breves apontamentos

Ainda em maio de 1933, Freud redigiu o obituário de Ferenczi. Nele destacava a personalidade afável de nosso autor, a influência recíproca que tiveram em suas formulações e a importância de seus escritos, "que tornaram todos os analistas seus discípulos" (Freud, 1996[1933], p. 224). Essa afirmação do pai da psicanálise nos coloca diante do legado das hipóteses ferenczianas. Podemos pensá-las no contexto da obra de Freud e na psicanálise pós-freudiana.

No que concerne ao fundador da psicanálise, percebemos que a lembrança de Ferenczi permaneceu e tem papel destacado em um de seus textos derradeiros mais significativos: "Análise terminável e interminável" (1996[1937]).

Nesse trabalho vemos Freud retomar uma série de tópicos que foram tratados por nosso autor a partir de seus escritos do final dos anos 1920. Por vezes, Ferenczi é nominalmente mencionado:

nas postulações sobre o problema do fim da análise ou quando se discute a amplitude da eficácia do método psicanalítico – especialmente em comparação com a sugestão hipnótica. Com relação a outros tópicos, a presença de nosso personagem é silenciosa, mas perceptível: o pai da psicanálise tangenciou a importância do tato na decisão sobre manejos clínicos, enfatizou a relevância do aspecto econômico no adoecimento psíquico e em seu tratamento, discutiu o problema das alterações do ego e dos mecanismos de defesa concernentes como resistências ao processo de análise e, por fim, debateu um tema que foi objeto de queixa a ele dirigida pelo próprio Ferenczi, com relação ao trabalho de análise que empreenderam em meados dos anos 1910, a analisibilidade das transferências negativas.[1]

Seja para atribuir valor, como faz ao trabalho "Problema do fim de análise", seja para afirmar a descrença nos resultados, como se dá com relação aos últimos experimentos, a figura de Ferenczi, esse "mestre da análise" (Freud, 1996[1938], p. 246), foi publicamente

---

1 Sabemos, inclusive, por uma nota de rodapé do editor (Freud, 1996[1937], p. 237), que o caso que o fundador da psicanálise se utilizou em "Análise terminável e interminável" para referir-se ao assunto não é outro se não a própria análise a que nosso autor se submetera com ele. Freud esquivou-se da censura que o húngaro lhe impunha, de não promover a interpretação de sua transferência negativa, afirmando que, à época do tratamento, ainda não se manifestara. Essa justificativa delineia um curioso contraponto com aquilo que observamos no capítulo 5 (cf. item "As fantasias provocadas: das injunções às reconstruções, os novos usos da contratransferência", no qual tratamos das fantasias provocadas, manejo que nosso autor invocou justamente para lidar com pacientes que não conseguiam expressar claramente sua hostilidade para com o analista, talvez por pressenti-lo sem condição de acolher esse aspecto de seu psiquismo). Não é improvável que, para Ferenczi, uma pista sobre situações dessa natureza tenha derivado de sua análise com Freud. Outro detalhe interessante é que essa mesma recriminação que nosso autor imputou a seu mestre recaiu-lhe (referimo-nos a Ferenczi) por uma de suas analisandas mais notáveis, Klein.

reconhecida por Freud até o fim de seus dias. Se para o pai da psicanálise seria difícil que a ciência por ele criada esquecesse o legado ferencziano (conforme afirmou na última linha do referido necrólogo; cf. Freud, 1996[1933], p. 225), a posição do movimento psicanalítico que lhe sucedeu foi diversa.

Como atestamos, nosso personagem foi um dos principais incentivadores da criação de uma associação para reunir os praticantes da psicanálise – inclusive como forma de proteção da pureza do método. Acreditava, segundo apontamos, que uma instituição psicanalítica seria um terreno estéril para o cultivo dos mal-estares que assolam outras grupalidades. Ainda vivo, no entanto, nosso autor mudou de opinião. Talvez não tenha percebido, contudo, que sua relação com a associação internacional, em alguma medida, acabou por materializar o conflito íntimo que arrastou consigo por anos: como permanecer, simultaneamente, fiel e original a uma proposta que, embora vasta – como é o legado do pensamento freudiano – tem pontos de balizamento importantes? Talvez a saída mais óbvia fosse a dissidência, como proposto por Thompson.[2] Felizmente, para a vida criativa (e, infelizmente, para certo racionalismo legalista e asséptico), não são todos os que buscam lidar com conflitos dessa maneira.

Nosso autor insistiu na permanência, ainda que intranquila e com ressalvas, no círculo psicanalítico. Ele sabia o quanto seu pensamento clínico do final dos anos 1920 em diante – mesmo naquilo que pudemos reconhecer como preexistente a seu encontro com Freud, ou em aspectos que eventualmente desagradassem seu mestre – era tributário da teoria que abraçara.[3] Ao fazer tal escolha,

---

2 Cf. capítulo 3, item "A relação com Freud".
3 Ademais, Ferenczi era um crítico de autores que, segundo sua opinião, apropriavam-se grandemente do pensamento freudiano para revendê-lo sem crédito em uma nova roupagem, como afirmou em seu texto de 1926, intitulado "Fantasias guliverianas" (2011[1926c], p. 456).

Ferenczi novamente foi um pioneiro, pois encontrou um espaço para que pensadores originais, que bebessem das águas do método psicanalítico sem reproduzir integralmente – e, por vezes, como letra morta – o pensamento de Freud, pudessem ser respeitados como psicanalistas.[4]

O reconhecimento amplo do valor das contribuições de Ferenczi pela psicanálise pós-freudiana, contudo, só vem podendo ser feito tardiamente, nos últimos trinta anos, especialmente após a publicação na França do *Diário clínico*, em meados dos anos 1980.

Com isso, não queremos dizer que seu nome foi completamente esquecido nos quase cinquenta anos que separam a data de sua morte e a referida publicação. Lacan, por exemplo, endereçou-lhe um atributo de peso ao definir Ferenczi como "o autor da primeira geração a questionar com mais pertinência o que se exige da pessoa do psicanalista" (1998[1955], p. 342). Naturalmente temos a figura de Balint, seu discípulo mais próximo, responsável imediato por levar adiante, e de forma creditada, algumas ideias ferenczianas. Outros autores, como Kohut, puderam influenciar-se por suas ideias e referir-se, de forma direta ou indireta, a elas nesse período – tema que esperamos poder aprofundar em outro momento. Mas a via restrita e sem amparo institucional que tiveram de tomar para fazê-lo mostra como, após sua morte, Ferenczi tornou-se *persona non grata* para a psicanálise, especialmente aquela mais institucionalmente organizada.

---

4 Reconhecimento que também lhe foi atribuído por Winnicott em uma das únicas menções que faz a Ferenczi em sua obra: "Ferenczi (1931) contribuiu significativamente ao examinar uma análise fracassada de um paciente com distúrbios de caráter não apenas como um fracasso na seleção, mas como uma deficiência da técnica psicanalítica. A ideia implícita aí era que a psicanálise poderia aprender e adaptar sua técnica ao tratamento de distúrbios de caráter sem se tornar diretiva, e sem mesmo perder seu rótulo de psicanálise" (Winnicott, 2007[1959-1964], p. 115).

Para dar suporte ao que afirmamos, remetemo-nos a Antonelli (2017[1997], p. 569) e Likierman, que nos elucidam sobre a situação da obra de Ferenczi na sociedade psicanalítica de Londres, a partir de sua apropriação por Klein. Segundo o biógrafo italiano, nos trabalhos de Klein podemos encontrar algumas citações a Ferenczi, mas quase que somente em notas de rodapé. Likierman, em obra dedicada ao pensamento kleiniano que abrange de maneira importante a influência que recebeu de nosso autor, assim comenta acerca do assunto:

> *A importante influência de Ferenczi em Klein passou despercebida por quase um século inteiro. Isso se deu em parte devido à sua situação como pensador. Próximo de sua morte em 1933, a obra de Ferenczi caiu em descrédito, definhando rumo à obscuridade por, no mínimo, meio século. Sua divergência com Freud e sua originalidade controversa foram rejeitadas por uma comunidade psicanalítica que se esforçou, acima de tudo, para ter coesão e aceitação de sua identidade profissional. Isso teve implicações para Klein. Suas referências textuais reais a Ferenczi se esgotaram no início e, adicionado a isso, suas crescentes dificuldades profissionais obrigaram-na a abandonar a todos, menos as persistentes declarações de lealdade a Freud (2001, p. 22, tradução nossa).*

A situação de Klein não era excepcional. Atrelar-se ao pensamento de Ferenczi na "era das escolas" não se mostrava, em absoluto, confortável – e esse foi um dos motivos que levou ao adiamento da publicação do *Diário clínico* e de sua correspondência com Freud. Finalmente, em meados dos anos 1980, o primeiro dos documentos veio à luz para o público, seguindo-se das cartas no início dos anos 1990 – e, com isso, o interesse pelo pensamento do húngaro se reacendeu.

Entretanto, em nossa opinião, não foi apenas a disponibilidade editorial que trouxe o legado ferencziano novamente para a proa da teorização psicanalítica: verificou-se que, de fato, as reflexões de nosso autor proveem ótimos subsídios para se refletir sobre uma série de temas da seara em psicanálise: clínica, psicopatologia, psicogênese, metapsicologia e ética – e, com relação a esta, sobressai-se o tema do "cuidado" no tratamento analítico. Talvez neste momento possamos retomar algo de nossa motivação ao propor a pesquisa que chega a seu fim.

O vigor do pensamento de Ferenczi com base na ética do cuidado

Consoante assentado em nossa introdução, por meio da obra de Ferenczi tivemos a oportunidade de sentir-nos amparados, teórica e clinicamente, na prática de uma psicanálise que pudesse incluir também os aspectos daquilo que ficou conhecido como "ética do cuidado". Após termos atravessado um percurso no qual pudemos conhecer o desenvolvimento de seu pensamento clínico-teórico, é razoável que retomemos as linhas com as quais nos apresentamos ao leitor e encerremos nosso escrito relacionando as reflexões de nosso autor com essa inspiração contemporânea da psicanálise.

Ao narrarmos, nos momentos iniciais deste livro, as agruras pelas quais passamos em nossos primeiros dias de prática clínica, fizemos referência a uma série de autores que pesquisamos com o objetivo de buscar melhores fundamentos para nosso ofício. Esquecemos, no entanto, de citar uma psicanalista contemporânea,

Zygouris, autora de um livro cujo título, há alguns anos, parecia-nos provocador: *Psicanálise e psicoterapia*. Pedimos ao leitor a paciência de, neste trecho final de nosso percurso, permitir mais uma citação. Assim diz ela na contracapa da obra:

> *Quando os analistas se sentem mais livres em permitir que o analisando questione o dispositivo, um espaço costuma se liberar para a análise de um sujeito singular que reinventa, pelo menos em parte, sua própria análise. Em oposição a isso, aqueles que "brincam" precocemente de analista puro, os que se enredam na representação do analista acabam conseguindo apenas... a fuga do paciente ou uma submissão inanalisável. São os pacientes que resistem à psicanálise ou são os analistas que resistem em analisar sua aversão de ser em toda humildade terapeutas? (Zygouris, 2011, contracapa).*

Não pretendemos, neste ponto de nosso trabalho, ingressar em uma discussão semântica (e ainda menos em outra, de caráter epistemológico) sobre o que significa uma ("uma"? Seriam todas iguais?) psicoterapia e o que seria um tratamento ("um"? "Tratamento"?) psicanalítico. Trazemos essa referência pois não nos deixa solitários com a impressão de que há certa resistência de uma parcela dos psicanalistas de situarem sua prática em um âmbito "terapêutico" – naquilo que essa palavra parece determinar uma implicação com uma atividade de cuidado e cura. Essa percepção, desde nossos tempos de formação, gerava considerável incômodo, pois, às vezes, dava-nos a impressão de que seria mais importante tomar as regras dos mestres de forma canônica e obedecê-las do que as compreender (o que implica saber o que as inspirou, quais suas finalidades, a quais situações se aplicariam etc.) e as articular com a experiência viva de estar na presença de outro que busca, no analista, alguma espécie de auxílio para lidar consigo. Em contrapartida, é difícil concebermos que qualquer pesquisa em psicanálise possa partir de outro ponto que não seja a obra de Freud. A amplitude de seus escritos e dos problemas que trata é capaz de, reiteradamente, surpreender-nos. Como transmiti-la? Questão difícil de responder.

Pessoalmente, preferimos apostar na história das ideias por acreditar que, ao persegui-la (a história), devolvemos-lhes (às ideias) a vida, rompendo com sentidos obsessivos ou ortopédicos que podem recair sobre certas concepções da clínica e da teoria psicanalítica. Considerando que o diálogo entre as obras de Ferenczi e Freud nos ajuda sobremaneira a ventilar as hipóteses dos dois autores. Em nosso caso, as reflexões do húngaro, como já dissemos, foram de grandíssimo auxílio para trazer o pensamento de Freud para mais próximo de uma prática que pudesse dar conta de queixas, demandas e formas de sofrer que surgem em nossa clínica e, justamente, integrá-las às práticas do cuidado.

O tema da "ética do cuidado" vem sendo objeto de estudo recente de importantes autores da psicanálise brasileira. Figueiredo (2009; 2014), Kupermann (2008; 2009; 2017), Fulgêncio (2011), Rocha (2013) e Rocha e França (2015) escreveram contribuições relevantes para se refletir sobre as práticas de cuidado nesse âmbito. Os trabalhos desses autores reiteradamente remetem, em especial, às figuras de Winnicott e Ferenczi para impulsionar suas considerações.

Certamente não intencionamos, neste ponto de nosso escrito, propor uma extensiva meditação sobre tais práticas – endereçamos os leitores interessados no tema aos trabalhos dos autores referidos. Encontraremos neles referências que abrangem diversos pontos estudados por Ferenczi e ressaltados em nosso texto: a adaptação do ambiente, o acolhimento e a hospitalidade (o cuidado em sua função estruturante, que possibilita ao sujeito cuidar de si e dos outros), o paradoxo da implicação e da reserva do cuidador, tratado tão apropriadamente por nosso personagem, quando de suas reflexões sobre a resistência e a sucumbência à contratransferência, a "empatia" e o cada vez mais significativo aspecto "testemunhal" e de "reconhecimento" da escuta analítica.

Sobre este último ponto, gostaríamos de sublinhar que a oferta de escuta atenta do psicanalista (que contém elementos testemunhais e de legitimação, acréscimos importantes à noção de "atenção flutuante"), segundo concebemos, é um dos pilares de nossa prática, servindo muitas vezes de guia para que o próprio paciente se reconheça em suas palavras, silêncios, lapsos etc. Figueiredo merece ser aqui citado em linhas que demonstram a delicadeza e importância dessa disposição que, consoante abordamos no corpo deste texto, é parte daquilo que Ferenczi nos ofereceu em todo seu percurso (lembramo-nos aqui do caso Rosa K., por ele atendido ainda quando médico recém-formado). Diz o autor brasileiro: "Muitas vezes, cuidar é basicamente, ser capaz de prestar atenção e reconhecer o objeto dos cuidados no que ele tem de próprio e singular, dando disso testemunho e, se possível, levando de volta o sujeito a sua própria imagem" (Figueiredo, 2009, p. 138). Para nós, essa é uma das facetas mais notáveis da "presença sensível" – a bela e sutil noção proposta por Kupermann – que deveria caracterizar a disposição ética do analista em sua prática.

Há outros valores importantes da ética do cuidado que podemos relacionar com o legado ferencziano – e que esperamos ter conseguido trazer, com alguma competência, ao conhecimento do leitor. Incluindo o menos referido traço da "sedução-ética" – que, relacionado à noção de "interpelação", torna-se um "chamado para a vida" (cf. Figueiredo, 2009, p. 138) – ou a dimensão que tangencia o "brincar" e a "criatividade" nas práticas terapêuticas, que Fulgêncio (2011, p. 47) comenta com base no pensamento winnicottiano e que, consoante estudamos no Capítulo 7,[5] também foi um campo desbravado de maneira pioneira por Ferenczi, a partir da influência da psicanálise com crianças.

Por fim, a "mutualidade", derivada, como vimos, de uma das mais contestadas práticas de nosso autor (a "análise mútua"). Dessa, gostaríamos de sublinhar dois aspectos. Primeiramente, a importância de o cuidador permitir-se cuidar, inclusive pelo objeto de cuidados, abandonando uma posição de onipotência, percebendo-se, também, dependente. Em segundo lugar, merece ênfase a ideia de "comunidade de destinos", que, consoante aprendemos com Gondar (2012), tanto nosso autor como as ciências sociais utilizam, referindo-se à possibilidade do estabelecimento de vínculos de amizade e confiança por aqueles que se reconhecem compartilhando a mesma fortuna – uma perspectiva exposta pelo húngaro com poesia, em uma passagem já parcialmente referida do *Diário clínico* e que também, como antecipamos em nossas linhas introdutórias, modificou nossa possibilidade de "ser" na prática psicanalítica:

> *Certas fases da análise mútua representam, de uma parte e de outra, a renúncia completa a todo constrangimento e a toda autoridade; a impressão que se tem é de duas crianças igualmente assustadas que trocam experiências, que, em consequência de um mesmo destino se compreendem e buscam instintivamente tranquilizar-se. A consciência dessa comunidade de destino faz com que os parceiros se apresentem como perfeita-*

---

5 Cf. capítulo 7, item "Outras implicações do princípio de relaxamento: a análise como jogo e a neocatarse".

mente inofensivos, e em quem, portanto, se pode confiar com toda a tranquilidade (Ferenczi, 1990[1932], p. 91).

Há uma célebre frase de Winnicott que diz: "Faço análise porque é o que o paciente necessita. Se o paciente não necessita de análise faço outra coisa" (2007[1962], p. 152). Tal proposição, com a ênfase no que é "necessário" para o cuidado com o paciente, serviria, parece-nos, como um adágio para a postura clínica de Ferenczi.

Lembremo-nos aqui tanto do jovem médico que descumpriu um decreto ministerial – como vimos no Capítulo 2 –,[6] supondo que assim poderia interceder de forma mais efetiva para o restabelecimento do paciente, como do neurologista que solicitou um encontro com Freud visando entrar em contato com uma nova forma de terapia que poderia, da mesma maneira, prover melhores resultados no tratamento dos adoecimentos psíquicos. Ou, ainda, do médico de exército que, por meio de um abraço afetivo, buscou oferecer amparo a um oficial em profundo sofrimento psíquico;[7] ou mesmo do já importante psicanalista que, nos anos 1920, cobrava seus colegas berlinenses sobre a negligência com que tratavam as questões clínicas da psicanálise[8] – queixa que depois dirigiria ao próprio Freud, no momento final de suas especulações.[9]

---

[6] Cf. capítulo 2, item "Considerações sobre hipnose, sugestão e alguns outros métodos terapêuticos nos escritos de Budapeste".
[7] Cf. capítulo 7, item "Aspectos da elasticidade da técnica: a empatia e o aprofundamento do uso da contratransferência".
[8] Cf. capítulo 5, item "'Perspectivas da psicanálise' – a aliança com Rank: novas observações sobre a repetição e a experiência afetiva na clínica psicanalítica".
[9] Cf. capítulo 7, item "A emancipação clínica de Ferenczi: o princípio de relaxamento, as regressões e a nova partida".

Todos esses exemplos refletem o que bem acentuou Balint no seu necrólogo dedicado a Ferenczi: o ânimo de nosso autor para sua prática era a tentativa de auxílio nos processos de cura, e foi com esse objetivo que propôs toda a série de diferentes intervenções, manejos e posições que observamos em seus trabalhos terapêuticos. Ferenczi buscava, de todas as formas – talvez excedendo seus próprios limites e pagando com a própria saúde por isso –, ofertar-se para o cuidado do outro.

Como bem nos recorda Fulgêncio, o "fazer outra coisa" de Winnicott "não é fazer qualquer coisa" (2011, p. 40). Ao experimentar com a técnica psicanalítica, Ferenczi buscava rever as imperfeições do método e ampliar sua potencialidade – algo que, em nossa leitura, fez com criatividade e auto-observação, valores fundamentais em sua clínica. É com base em tais pressupostos que sua obra nos convida, incessantemente, a uma prática inventiva e responsável, que investigue novas possibilidades e, oferecendo-nos ao incerto, protege-nos de cometer os mesmos erros por toda a vida.

Referências

Alexander, F. & Selesnick, S. T. (1980[1966]). *História da psiquiatria* (2. ed.). São Paulo: Ibrasa.

Andreas-Salomé, L. (1987[1964]). *The Freud journal*. Londres: Quartet Encounters.

Antonelli, G. (2014[1997]). *Il mare di Ferenczi – La storia, il pensiero, la tecnica di un maestro della psicoanalisi* (2. ed., Vols. I-II). Roma: Alpes.

Avello, J. J. (2013[2006]). *L'île des rêves de Sándor Ferenczi – Rien que la pulsion de vie*. Paris: Campagne Première.

Balint, M. (1973[1933]). Dr. Sándor Ferenczi as psychoanalyst. In *Problems of human pleasure and behaviour* (pp. 235-242). Nova York: Liveright.

Balint, M. (1976[1967]). Experiências técnicas de Sándor Ferenczi. In B. B. Wolman (Org.). *Técnicas psicanalíticas 2: freudianos e neofreudianos* (Coleção Psicologia Psicanalítica, pp. 9-34). Rio de Janeiro: Imago.

Balint, M. (2011[1967]). As experiências técnicas de Sándor Ferenczi: perspectivas para uma evolução futura. In S. Ferenczi. *Obras completas* (2. ed., Vol. IV, pp. XVII-XXVI). São Paulo: Martins Fontes.

Birman, J. (1996). Freud e Ferenczi: confrontos, continuidades e impasses. In C. S. Katz (Org.). *Ferenczi: história, teoria, técnica* (pp. 63-90). São Paulo: Editora 34.

Bercherie, P. (1989[1985]). *Os fundamentos da clínica: história e estrutura do saber psiquiátrico*. Rio de Janeiro: Jorge Zahar Editor.

Borgogno, F. (2011). Ferenczi, el analista introjectivo. In P. Boschán (Org.). *Sándor Ferenczi y el psicoanálisis del siglo XXI* (pp. 15-30). Buenos Aires: Letra Viva Libreria y Editorial.

Boschán, P. J. (1999). La maîtrise du contre-transfert ou le labyrinthe du minotaure. *Le Coq-Héron*, (155), 51-58.

Brabant-Gëro, E (1993). *Ferenczi et l'école hongroise de psychanalyse*. Paris: L'Harmattan.

Brabant-Gerö, E. (2003). Les voies de la passion: Les rapports entre Freud et Ferenczi. *Le Coq-Héron*, (174), 100-113.

Brabant-Gerö, E. (2009). Éditorial. *Le Coq-Héron*, (199), 7-10.

Brabant, E. et al. (Org.) (1992-1996). *Sigmund Freud & Sándor Ferenczi correspondance* (Vols. I e II). Paris: Calmann-Lévy.

Brabant, E. et al. (Org.) (1993). *The correspondence of Sigmund Freud and Sándor Ferenczi* (Vol. I, 1908-1914). Cambridge, MA/Londres: Belknap Press.

Brabant, E. et al. (Org.) (1994). *Sigmund Freud & Sándor Ferenczi: correspondência (1908-1911)* (Vol. 1, Tomo 1). Rio de Janeiro: Imago.

Brabant, E. et al. (Org.) (1995). *Sigmund Freud & Sándor Ferenczi: correspondência (1912-1914)* (Vol. 1, Tomo 2). Rio de Janeiro: Imago.

Brabant, E. et al. (Org.) (1996). *The correspondence of Sigmund Freud and Sándor Ferenczi* (Vol. II, 1914-1919). Cambridge, MA/Londres: Belknap Press.

Brabant, E. et al. (Org.) (2000a). *The correspondence of Sigmund Freud and Sándor Ferenczi* (Vol. III, 1920-1933). Cambridge, MA/Londres: Belknap Press.

Brabant, E. et al. (Org.) (2000b). *Sigmund Freud & Sándor Ferenczi correspondance* (Vols. III). Paris: Calmann-Lévy.

Breuer, J. & Freud, S. (1996[1893/1895]). Estudos sobre a histeria. In S. Freud. *Edição standard das obras psicológicas completas de Sigmund Freud* (Vol. II). Rio de Janeiro: Imago.

Cabré, L. J. M. (2000). La contribution de Ferenczi au concept de contre-transfert. *Revue Filigrane Écoutes Psychanalitiques*, 7-18. Montreal. Recuperado em 1º de outubro de 2015, de http://benhur.teluq.uquebec.ca/SPIP/filigrane/squelettes/docs/vol9_no1_printemps/3b_CABRe.pdf.

Caponi, S. (2011, julho/dezembro). Magnan e a classificação das patologias psiquiátricas. *Revista Brasileira da Ciência*, 4(2), 167-182.

Chartier, J. P. (2006). *Introduction à la technique psychanalytique*. Paris: Petit Bibliothèque Payot.

Chertok, L. & Stengers, I. (1990[1989]). *O coração e a razão: a hipnose de Lavosier a Lacan*. Rio de Janeiro: Jorge Zahar.

Coelho Jr., N. E. (2004, janeiro/julho). Ferenczi e a experiência da Einfühlung. *Ágora*, 7(1), 73-85.

Czerny, A. (1934[1908]). O médico e a educação da criança. São Paulo: Companhia Editora Nacional.

De Mijolla, A. (2005). *Dicionário internacional da psicanálise*. Rio de Janeiro: Imago.

De Paula Jr., L. (2015). *A possibilidade de escuta: ensaio sobre o erotismo e a sedução na transferência*. Dissertação de Mestrado, Pontifícia Universidade Católica, São Paulo.

Dupont, J. (1990[1985]). Prefácio. In S. Ferenczi (1990[1932]). *Diário clínico* (pp. 11-28). São Paulo: Martins Fontes.

Ellenberger, H. (1976[1970]). *El descubrimiento del inconsciente: historia y evolución de la psiquiatría dinámica*. Madri: Editorial Gredos.

Falzeder, E. (n.d.). Introdução. In E. Brabant et al. (Org.) (1994-1995). *Sigmund Freud & Sándor Ferenczi correspondência* (Vol. I/2, 1912-1914, pp. 11-26). Rio de Janeiro: Imago.

Ferenczi, S. (1968[1924]). *Thalassa: a theory of genitality*. Nova York: Norton.

Ferenczi, S. (1982[1924]). Versuch einer Genitaltheorie. In *Schriften zur Psychoanalyse* (Vol. II, pp. 317-402). Frankfurt: Fischer Verlag.

Ferenczi, S. (1982[1931]). Kinderanalysen mit Erwachsenen. In *Schriften zur Psychoanalyse* (Vol. II, pp. 274-290). Frankfurt: Fischer Verlag.

Ferenczi, S. (1988[1932a]). *The clinical diary of Sándor Ferenczi*. Cambridge: Harvard University Press.

Ferenczi, S. (1988[1932b]). *Ohne Sympathie keine Heilung: das klinische Tagebuch von 1932*. Frankfurt am Main: S. Fischer.

Ferenczi, S. (1990[1932]). *Diário clínico*. São Paulo: Martins Fontes.

Ferenczi, S. (1994[1899a]). Le Spiritisme. In *Les Écrits de Budapest* (pp. 35-41). Paris: E.P.E.L.

Ferenczi, S. (1994[1899b]). Utérus didelphe: gravidité dans l'un des uterus. In *Les Écrits de Budapest* (pp. 42-47). Paris: E.P.E.L.

Ferenczi, S. (1994[1900a]). Conscience et developpement. In *Les Écrits de Budapest* (pp. 63-70). Paris: E.P.E.L.

Ferenczi, S. (1994[1900b]). Deux erreurs de diagnostic. In *Les Écrits de Budapest* (pp. 82-86). Paris: E.P.E.L.

Ferenczi, S. (1994[1901a]). L'amour dans la Science. In *Les Écrits de Budapest* (pp. 101-108). Paris: E.P.E.L.

Ferenczi, S. (1994[1901b]). Maladies coordonnées et assimilées. In *Les Écrits de Budapest* (pp. 121-133). Paris: E.P.E.L.

Ferenczi, S. (1994[1901c]). Lecture et santé. In *Les Écrits de Budapest* (pp. 109-114). Paris: E.P.E.L.

Ferenczi, S. (1994[1902a]). La homosexualité feminine. In *Les Écrits de Budapest* (pp. 151-156). Paris: E.P.E.L.

Ferenczi, S. (1994[1902b]). La Paranoia. In *Les Écrits de Budapest* (pp. 143-150). Paris: E.P.E.L.

Ferenczi, S. (1994[1904a]). Ataxie héréditaire: la maladie de Friedreich. In *Les Écrits de Budapest* (pp. 232-235). Paris: E.P.E.L.

Ferenczi, S. (1994[1904b]). L'electricité comme facteur thérapeutique. In *Les Écrits de Budapest* (pp. 225-229). Paris: E.P.E.L.

Ferenczi, S. (1994[1904c]). De la valeur thérapeutique de l'hypnose. In *Les Écrits de Budapest* (pp. 217-224). Paris: E.P.E.L.

Ferenczi, S. (1994[1905]). États sexuals intermédiaires. In *Les Écrits de Budapest* (pp. 253-255). Paris: E.P.E.L.

Ferenczi, S. (1994[1906a]). Du traitement par suggestion hypnotique. In *Les Écrits de Budapest* (pp. 283-287). Paris: E.P.E.L.

Ferenczi, S. (1994[1906b]). De la prescrition en therapie neurologique. In *Les Écrits de Budapest* (pp. 288-292). Paris: E.P.E.L.

Ferenczi, S. (1994[1931]). Child analysis in the analysis of adults. In *Final contributions to the problems and methods of psycho-analysis* (pp. 126-142). Londres: Karnac Books.

Ferenczi, S. (1994[1949]). 1932 and undated. In *Final Contributions to the Problems and Methods of Psycho-Analysis* (pp. 216-279). Londres: Karnac Books.

Ferenczi, S. (1998[1908]). Psychoanalyse und Pädagogik. In *Zur Erkenntnis des Unbewußten* (pp. 63-73). Frankfurt: Fischer Verlag.

Ferenczi, S. (2002[1908]). Psycho-analysis & Education. In *Final contributions to the problems and methods of psycho-analysis* (pp. 102-107). Londres: Karnac Books.

Ferenczi, S. (2002[1911]). Analysis of the wit and the comical. In *Further contributions to the theory and technique of psycho-analysis* (pp. 332-344). Londres: Karnac Books.

Ferenczi, S. (2002[1929]). The unwelcome child and his death instinct. In *Final contributions to the problems and methods of psycho-analysis* (pp. 102-107). Londres: Karnac Books.

Ferenczi, S. (2006[1908]). Psychanalyse et pédagogie. In *L'enfant dans l'adulte* (pp. 29-41). Paris: Petit Bibliothèque Payot.

Ferenczi, S. (2006[1929]). L'enfant mal accueilli et as pulsion de mort. In *L'enfant dans l'adulte* (pp. 113-124). Paris: Petit Bibliothèque Payot.

Ferenczi, S. (2006[1931]). Analyses d'enfants avec des adultes. In *L'enfant dans l'adulte* (pp. 113-124). Paris: Petit Bibliothèque Payot.

Ferenczi, S. (2011[1908a]). As neuroses à luz do ensino de Freud e da psicanálise. In *Obras completas* (2. ed., Vol. I, pp. 5-24). São Paulo: Martins Fontes.

Ferenczi, S. (2011[1908b]). Psicanálise e pedagogia. In *Obras completas* (2. ed., Vol. I, pp. 39-44). São Paulo: Martins Fontes.

Ferenczi, S. (2011[1909a]). Transferência e introjeção. In *Obras completas* (2. ed., Vol. I, pp. 87-124). São Paulo: Martins Fontes.

Ferenczi, S. (2011[1909b]). A respeito das psiconeuroses. In *Obras completas* (2. ed., Vol. I, pp. 45-62). São Paulo: Martins Fontes.

Ferenczi, S. (2011[1909c]). Interpretação científica dos sonhos. In *Obras completas* (2. ed., Vol. I, pp. 63-86). São Paulo: Martins Fontes.

Ferenczi, S. (2011[1911a]). Anatole France, psicanalista. In *Obras completas* (2. ed., Vol. I, pp. 139-148). São Paulo: Martins Fontes.

Ferenczi, S. (2011[1911b]). Sobre a história do movimento psicanalítico. In *Obras completas* (2. ed., Vol. I, pp. 167-178). São Paulo: Martins Fontes.

Ferenczi, S. (2011[1911c]). A psicologia do chiste e do cômico. In *Obras completas* (2. ed., Vol. I, pp. 153-166). São Paulo: Martins Fontes.

Ferenczi, S. (2011[1912a]). Sugestão e psicanálise. In *Obras completas* (2. ed., Vol. I, pp. 253-264). São Paulo: Martins Fontes.

Ferenczi, S. (2011[1912b]). Sintomas transitórios no decorrer de uma psicanálise. In *Obras completas* (2. ed., Vol. I, pp. 213-224). São Paulo: Martins Fontes.

Ferenczi, S. (2011[1912c]). O conceito de introjeção. In *Obras completas* (2. ed., Vol. I, pp. 209-212). São Paulo: Martins Fontes.

Ferenczi, S. (2011[1913a]). Fé, incredulidade e convicção sob o ângulo da psicologia médica. In *Obras completas* (2. ed., Vol. II, pp. 31-44). São Paulo: Martins Fontes.

Ferenczi, S. (2011[1913b]). A importância da psicanálise na justiça e na sociedade. In *Obras completas* (2. ed., Vol. II, pp. 1-12). São Paulo: Martins Fontes.

Ferenczi, S. (2011[1913c]). O desenvolvimento do sentido de realidade e seus estágios. In *Obras completas* (2. ed., Vol. II, pp. 45-62). São Paulo: Martins Fontes.

Ferenczi, S. (2011[1913d]). Adestramento de um cavalo selvagem. In *Obras completas* (2. ed., Vol. II, pp. 14-18). São Paulo: Martins Fontes.

Ferenczi, S. (2011[1913e]). O pequeno homem galo. In *Obras completas* (2. ed., Vol. II, pp. 69-76). São Paulo: Martins Fontes.

Ferenczi, S. (2011[1913f]). A quem se contam os sonhos. In *Obras completas* (2. ed., Vol. II, p. 19). São Paulo: Martins Fontes.

Ferenczi, S. (2011[1913g]). Um sintoma transitório: a posição do paciente durante o tratamento. In *Obras completas* (2. ed., Vol. II, p. 77). São Paulo: Martins Fontes.

Ferenczi, S. (2011[1914]). Mãos envergonhadas. In *Obras completas* (2. ed., Vol. II, p. 153). São Paulo: Martins Fontes.

Ferenczi, S. (2011[1915]). Anomalias psicogênicas da fonação. In *Obras completas* (2. ed., Vol. II, pp. 199-204). São Paulo: Martins Fontes.

Ferenczi, S. (2011[1917a]). Minha amizade com Miksa Schächter. In *Obras completas* (2. ed., Vol. II, pp. 407-420). São Paulo: Martins Fontes.

Ferenczi, S. (2011[1917b]). Sonhos de não iniciados. In *Obras completas* (2. ed., Vol. II, pp. 327-330). São Paulo: Martins Fontes.

Ferenczi, S. (2011[1919a]). A técnica psicanalítica. In *Obras completas* (2. ed., Vol. II, pp. 355-360). São Paulo: Martins Fontes.

Ferenczi, S. (2011[1919b]). Dificuldades técnicas de uma análise de histeria. In *Obras completas* (2. ed., Vol. III, pp. 1-8). São Paulo: Martins Fontes.

Ferenczi, S. (2011[1919c]). A psicanálise das neuroses de guerra. In *Obras completas* (2. ed., Vol. III, pp. 13-32). São Paulo: Martins Fontes.

Ferenczi, S. (2011[1919d]). Pensamento e inervação muscular. In *Obras completas* (2. ed., Vol. II, pp. 397-400). São Paulo: Martins Fontes.

Ferenczi, S. (2011[1920]). Prolongamentos da "técnica ativa" em psicanálise. In *Obras completas* (2. ed., Vol. III, pp. 117-136). São Paulo: Martins Fontes.

Ferenczi, S. (2011[1921]). Reflexões psicanalíticas sobre os tiques. In *Obras completas* (2. ed., Vol. III, pp. 81-112). São Paulo: Martins Fontes.

Ferenczi, S. (2011[1923]). O sonho do bebê sábio. In *Obras completas* (2. ed., Vol. III, pp. 223-224). São Paulo: Martins Fontes.

Ferenczi, S. (2011[1924a]). As fantasias provocadas (atividade na técnica da associação). In *Obras completas* (2. ed., Vol. III, pp. 261-270). São Paulo: Martins Fontes.

Ferenczi, S. (2011[1924b]). Thalassa: ensaio sobre a teoria da genitalidade. In *Obras Completas* (2. ed., Vol. III, pp. 277-357). São Paulo: Martins Fontes.

Ferenczi, S. (2011[1925]). A psicanálise dos hábitos sexuais (Com uma contribuição para a técnica terapêutica). In *Obras completas* (2. ed., Vol. III, pp. 359-395). São Paulo: Martins Fontes.

Ferenczi, S. (2011[1926a]). O problema da afirmação do desprazer (progressos no conhecimento do sentido de realidade). In *Obras completas* (2. ed., Vol. III, pp. 431-443). São Paulo: Martins Fontes.

Ferenczi, S. (2011[1926b]). Contraindicações da técnica ativa. In *Obras completas* (2. ed., Vol. III, pp. 401-412). São Paulo: Martins Fontes.

Ferenczi, S. (2011[1926c]). Fantasias guliverianas. In *Obras completas* (2. ed., Vol. III, pp. 455-474). São Paulo: Martins Fontes.

Ferenczi, S. (2011[1927]). Crítica ao livro de Rank: a técnica da psicanálise. In *Obras completas* (2. ed., Vol. III, pp. 445-454). São Paulo: Martins Fontes.

Ferenczi, S. (2011[1928a]). Adaptação da família à criança. In *Obras completas* (2. ed., Vol. IV, pp. 1-16). São Paulo: Martins Fontes.

Ferenczi, S. (2011[1928b]). O problema do fim de análise. In *Obras completas* (2. ed., Vol. IV, pp. 17-28). São Paulo: Martins Fontes.

Ferenczi, S. (2011[1928c]). A elasticidade da técnica psicanalítica. In *Obras completas* (2. ed., Vol. IV, pp. 29-42). São Paulo: Martins Fontes.

Ferenczi, S. (2011[1929a]). A criança mal acolhida e sua pulsão de morte. In *Obras completas* (2. ed., Vol. IV, pp. 55-60). São Paulo: Martins Fontes.

Ferenczi, S. (2011[1929b]). Masculino e feminino (considerações psicanalíticas sobre a "teoria genital" e sobre as diferenças sexuais secundárias e terciárias). In *Obras completas* (2. ed., Vol. IV, pp. 43-52). São Paulo: Martins Fontes.

Ferenczi, S. (2011[1930]). Princípio de relaxamento e neocatarse. In *Obras completas* (2. ed., Vol. IV, pp. 61-78). São Paulo: Martins Fontes.

Ferenczi, S. (2011[1931]). Análise de crianças com adultos. In *Obras completas* (2. ed., Vol. IV, pp. 79-96). São Paulo: Martins Fontes.

Ferenczi, S. (2011[1933]). Confusão de línguas entre os adultos e a criança (a linguagem da ternura e a da paixão). In *Obras completas* (2. ed., Vol. IV, pp. 111-124). São Paulo: Martins Fontes.

Ferenczi, S. (2011[1934]). Reflexões sobre o trauma. In *Obras completas* (2. ed., Vol. IV, pp. 125-136). São Paulo: Martins Fontes.

Ferenczi, S. (2011[1949]). Notas e fragmentos. In *Obras completas* (2. ed., Vol. IV, pp. 267-323). São Paulo: Martins Fontes.

Ferenczi, S. (2014[1932]). *Le journal clinique*. Paris: Petit Bibliothèque Payot.

Ferenczi, S. & Rank, O. (2011[1924]). Perspectivas da psicanálise (sobre a interdependência da teoria e da prática). In S. Ferenczi. *Obras completas* (2. ed., Vol. III, pp. 243-260). São Paulo: Martins Fontes.

Ferenczi, S. & Rank, O. (2012[1924]). *The development of psycho-analysis*. Nova York: Martino Publishing.

Figueira, S. A. (1994). Introdução: bases freudianas da contratransferência. In *Contratransferência: de Freud aos contemporâneos*. São Paulo: Casa do Psicólogo.

Figueiredo, L. C. (1999). *Palavras cruzadas entre Freud e Ferenczi*. São Paulo: Escuta.

Figueiredo, L. C. (2009). Metapsicologia do cuidado. In *As diversas faces do cuidar: novos ensaios de psicanálise contemporânea* (pp. 131-152). São Paulo: Escuta.

Figueiredo, L. C. (2014). Cuidado e saúde: uma visão integrada. In *Cuidado, saúde e cultura: trabalhos psíquicos e criatividade na situação analisante* (p. 9-29). São Paulo: Escuta.

Figueiredo, L. C. & Coelho Jr., N. (2008). *Ética e técnica em psicanálise*. São Paulo: Escuta.

Fortune, C. (1996). Mutual analysis: a logical outcome of Sándor Ferenczi's experiments in psychoanalysis. In P. L. Rudnytsky et al. (Org.). *Ferenczi's turn in psychoanalysis* (pp. 170-188). Nova York: New York University Press.

Fortune, C. (2002). *The Sándor Ferenczi-Georg Groddeck correspondence*. Londres: Open Gate Press.

Freud, S. (1955[1913]). Zur Einleitung der Behandlung. In *Gesammelte Werke* (3. reimpr., Vol. VIII, pp. 453-478). Londres: Imago Publishing.

Freud, S. (1955[1918]). Aus der Geschichte einer infantilen Neurosen. In *Gesammelte Werke* (3. reimpr., Vol. XII, pp. 27-158). Londres: Imago Publishing.

Freud, S. (1985) *Neurose de transferência: uma síntese*. Rio de Janeiro: Imago.

Freud, S. (1996[1890/1905]). Tratamento psíquico (ou anímico). In *Edição standard das obras psicológicas completas de Sigmund Freud* (Vol. VII, pp. 267-288). Rio de Janeiro: Imago.

Freud, S. (1996[1900]). A interpretação dos sonhos. In *Edição standard das obras psicológicas completas de Sigmund Freud* (Vols. IV e V). Rio de Janeiro: Imago.

Freud, S. (1996[1901]). Sobre a psicopatologia da vida cotidiana. In *Edição standard das obras psicológicas completas de Sigmund Freud* (Vol. VI). Rio de Janeiro: Imago.

Freud, S. (1996[1903]). O método psicanalítico de Freud. In *Edição standard das obras psicológicas completas de Sigmund Freud* (Vol. VII, pp. 233-240). Rio de Janeiro: Imago.

Freud, S. (1996[1905a]). Sobre a psicoterapia. In *Edição standard das obras psicológicas completas de Sigmund Freud* (Vol. VII, pp. 241-254). Rio de Janeiro: Imago.

Freud, S. (1996[1905b]). Fragmento da análise de um caso de histeria. In *Edição standard das obras psicológicas completas de Sigmund Freud* (Vol. VII, pp. 15-118). Rio de Janeiro: Imago.

Freud, S. (1996[1905c]). Três ensaios sobre a teoria da sexualidade. In *Edição standard das obras psicológicas completas de Sigmund Freud* (Vol. VII, pp. 119-232). Rio de Janeiro: Imago.

Freud, S. (1996[1905d]). Os chistes e sua relação com o inconscinete. In *Edição standard das obras psicológicas completas de Sigmund Freud* (Vol. VIII). Rio de Janeiro: Imago.

Freud, S. (1996[1908]). Moral sexual "civilizada" e doença nervosa moderna. In *Edição standard das obras psicológicas completas de Sigmund Freud* (Vol. IX, pp. 169-188). Rio de Janeiro: Imago.

Freud, S. (1996[1909]). Análise de uma fobia em um menino de cinco anos. In *Edição standard das obras psicológicas completas de Sigmund Freud* (Vol. X, pp. 13-137). Rio de Janeiro: Imago.

Freud, S. (1996[1910]). As perspectivas futuras da terapêutica psicanalítica. In *Edição standard das obras psicológicas completas de Sigmund Freud* (Vol. XII, pp. 143-156). Rio de Janeiro: Imago.

Freud, S. (1996[1911a]). Formulações sobre os dois princípios do funcionamento mental. In *Edição standard das obras psicológicas completas de Sigmund Freud* (Vol. XII, pp. 237-246). Rio de Janeiro: Imago.

Freud, S. (1996[1911b]). Notas psicanalíticas sobre um relato autobiográfico de um caso de paranoia (dementia paranoides). In *Edição standard das obras psicológicas completas de Sigmund Freud* (Vol. XII, pp. 15-92). Rio de Janeiro: Imago.

Freud, S. (1996[1912a]). A dinâmica da transferência. In *Edição standard das obras psicológicas completas de Sigmund Freud* (Vol. XII, pp. 109-122). Rio de Janeiro: Imago.

Freud, S. (1996[1912b]). Tipos de desencadeamento da neurose. In *Edição standard das obras psicológicas completas de Sigmund Freud* (Vol. XII, pp. 249-258). Rio de Janeiro: Imago.

Freud, S. (1996[1912c]). Recomendações aos médicos que exercem a psicanálise. In *Edição standard das obras psicológicas completas de Sigmund Freud* (Vol. XII, pp. 125-136). Rio de Janeiro: Imago.

Freud, S. (1996[1913a]). Sobre o início do tratamento. In *Edição standard das obras psicológicas completas de Sigmund Freud* (Vol. XII, pp. 139-120). Rio de Janeiro: Imago.

Freud, S. (1996[1913b]). Totem e tabu. In *Edição standard das obras psicológicas completas de Sigmund Freud* (Vol. XIII, pp. 13-168). Rio de Janeiro: Imago.

Freud, S. (1996[1914a]). A história do movimento psicanalítico. In *Edição standard das obras psicológicas completas de Sigmund Freud* (Vol. XIV, pp. 15-76). Rio de Janeiro: Imago.

Freud, S. (1996[1914b]). Recordar, repetir e elaborar. In *Edição standard das obras psicológicas completas de Sigmund Freud* (Vol. XII, pp. 161-174). Rio de Janeiro: Imago.

Freud, S. (1996[1915]). Observações sobre o amor transferencial (novas recomendações sobre a técnica da psicanálise III). In

Edição standard das obras psicológicas completas de Sigmund Freud (Vol. XII, pp. 175-188). Rio de Janeiro: Imago.

Freud, S. (1996[1917a]). Conferência XVIII: A fixação em traumas – o inconsciente. In *Edição standard das obras psicológicas completas de Sigmund Freud* (Vol. XVI, pp. 281-292). Rio de Janeiro: Imago.

Freud, S. (1996[1917b]) Conferência XXII: Algumas ideias sobre desenvolvimento e regressão – etiologia. In *Edição standard das obras psicológicas completas de Sigmund Freud* (Vol. XVI, pp. 343-360). Rio de Janeiro: Imago.

Freud, S. (1996[1917c]). Conferência XXIII: Os caminhos da formação dos sintomas. In *Edição standard das obras psicológicas completas de Sigmund Freud* (Vol. XVI, pp. 361-378). Rio de Janeiro: Imago.

Freud, S. (1996[1918]). História de uma neurose infantil. In *Edição standard das obras psicológicas completas de Sigmund Freud* (Vol. XVII, pp. 15-132). Rio de Janeiro: Imago.

Freud, S. (1996[1919]). Linhas de progresso na terapia psicanalítica. In *Edição standard das obras psicológicas completas de Sigmund Freud* (Vol. XVII, pp. 173-184). Rio de Janeiro: Imago.

Freud, S. (1996[1920]). Além do princípio de prazer. In *Edição standard das obras psicológicas completas de Sigmund Freud* (Vol. XVIII, pp. 17-78). Rio de Janeiro: Imago.

Freud, S. (1996[1921/1941]). Psicanálise e telepatia. In *Edição standard das obras psicológicas completas de Sigmund Freud* (Vol. XVIII, pp. 189-206). Rio de Janeiro: Imago.

Freud, S. (1996[1921]). Psicologia de grupo e a análise do ego. In *Edição standard das obras psicológicas completas de Sigmund Freud* (Vol. XVIII, pp. 79-156). Rio de Janeiro: Imago.

Freud, S. (1996[1923]). O ego e o id. In *Edição standard das obras psicológicas completas de Sigmund Freud* (Vol. XX, pp. 23-82). Rio de Janeiro: Imago.

Freud, S. (1996[1925a]). Um estudo autobiográfico. In *Edição standard das obras psicológicas completas de Sigmund Freud* (Vol. XX, pp. 11-80). Rio de Janeiro: Imago.

Freud, S. (1996[1925b]). A negativa. In *Edição standard das obras psicológicas completas de Sigmund Freud* (Vol. XIX, pp. 265-272). Rio de Janeiro: Imago.

Freud, S. (1996[1926]). Inibição, sintoma e ansiedade. In *Edição standard das obras psicológicas completas de Sigmund Freud* (Vol. XX, pp. 81-174). Rio de Janeiro: Imago.

Freud, S. (1996[1932]). O mal-estar na civilização. In *Edição standard das obras psicológicas completas de Sigmund Freud* (Vol. XXI, pp. 67-151). Rio de Janeiro: Imago.

Freud, S. (1996[1932]). Novas conferências introdutórias sobre psicanálise – Conferência XXXIII: Feminilidade. In *Edição standard das obras psicológicas completas de Sigmund Freud* (Vol. XXII, pp. 113-134). Rio de Janeiro: Imago.

Freud, S. (1996[1933]). Sándor Ferenczi. In *Edição standard das obras psicológicas completas de Sigmund Freud* (Vol. XXII, pp. 221-225). Rio de Janeiro: Imago.

Freud, S. (1996[1937]). Análise terminável e interminável. In *Edição standard das obras psicológicas completas de Sigmund Freud* (Vol. XXIII, pp. 231-274). Rio de Janeiro: Imago.

Freud, S. (1996[1938]). Construções em análise. In *Edição standard das obras psicológicas completas de Sigmund Freud* (Vol. XXIII, pp. 271-287). Rio de Janeiro: Imago.

Freud, S. (1996[1940/1938]). Esboço de psicanálise. In *Edição standard das obras psicológicas completas de Sigmund Freud* (Vol. XXIII, pp. 157-224). Rio de Janeiro: Imago.

Freud, S. (2010[1913]). O início do tratamento (1913). In *Freud (1911-1913): Observações psicanalíticas sobre um caso de paranoia relatado em autobiografia ("O caso Schreber"), artigos sobre técnica e outros textos* (Coleção Obras completas, Vol. 10, pp. 162-192). São Paulo: Companhia das Letras.

Freud, S. (2010[1918]). História de uma neurose infantil ("O homem dos lobos"). In *Freud (1917-1920): História de uma neurose infantil ("O homem dos lobos"), Além do princípio do prazer e outros textos* (Coleção Obras completas, Vol. 14, pp. 13-160). São Paulo: Companhia das Letras.

Meyer-Palmedo, I. (2006). *Correspondência: Sigmund Freud & Anna Freud*. Porto Alegre: L&PM.

Fromm, E. (1965[1959]). *A missão de Freud*. Rio de Janeiro: Zahar Editores.

Fulgêncio, L. (2011, julho/dezembro). A ética do cuidado psicanalítico para D. W. Winnicott. *A Peste*, 3(2), 39-62.

Gondar, J. (2012). Ferenczi como pensador político. *Cadernos de Psicanálise CPRJ*, 34(27), 193-210.

Glover. E. (1976[1924]). Active therapy and psycho-analysis. In M. Bergman & F. Hartman. *The evolution of psychoanalytic technique*. Nova York: Basic Books.

Groddeck, G. (1984[1921]). *O livro disso*. São Paulo: Perspectiva.

Gould, S. J. (1977). *Ontogeny and phylogeny*. Cambridge: Harvard University Press.

Haynal, A. (1993). Ferenczi and the origins of psychoanalytic technique. In L. Aron & A. Harris (Ed.). *The legacy of Sándor Ferenczi* (pp. 53-74). Hillsadle, NJ: The Analytic Press.

Hanns, L. A. (1996). *Dicionário comentado do alemão de Sigmund Freud*. Rio de Janeiro: Imago.

Hochmann, J. (2012). *Une histoire de l'empathie*. Paris, Odile Jacob.

Hoffer, A. (1993). Ferenczi's relevance to contemporary psychoanalytic technique: comentary on Andre Haynal's "Ferenczi and the origins of psychoanalytic technique". In L. Aron & A. Harris (Ed.). *The legacy of Sándor Ferenczi* (pp. 75-81). Hillsadle, NJ: The Analytic Press.

Hoffer, A. (1996[n.d.]). Introduction. In *Sigmund Freud & Sándor Ferenczi correspondence* (Vol. II, p. XVII-XLVI). Londres: The Belknap Press of Harvard University Press.

Jones, E. (1989[1957]). *A vida e a obra de Sigmund Freud* (Vols. I-III). Rio de Janeiro: Imago.

Jung, C. G. (2002[1962]). *Recuerdos, sueños, pensamientos*. Buenos Aires: Planeta.

Kahtuni, H. C. & Sanches G. P. (2009). *Dicionário do pensamento de Sándor Ferenczi*. Rio de Janeiro: Elsevier.

Katz, C. S. (Org.). (1996). *Ferenczi: história, teoria, técnica*. São Paulo: Editora 34.

Kohut, H. (2009[1977]). *The restoration of the self*. Chicago: University of Chicago Press.

Korff-Sausse, S. (2006a). Préface: Ferenczi, de l'enfant terrible au nourrisson savant. In S. Ferenczi. *L'enfant dans l'adulte* (pp. 7-28). Paris: Petit Bibliothèque Payot.

Korff-Sausse, S. (2006b). Préface: De la telepathie à la transmission psychique. In S. Ferenczi. *Transfert et introjection* (pp. 7-40). Paris: Petit Bibliothèque Payot.

Kupermann, D. (2008). Por uma outra sensibilidade clínica: fale com ela doutor! In *Presença sensível* (pp. 111-124). Rio de Janeiro: Civilização Brasileira.

Kupermann, D. (2009). Princípios para uma ética do cuidado. In G. C. Pinto. *Coleção memória da psicanálise: Sándor Ferenczi* (Vol. 3, pp. 44-51). São Paulo: Duetto Editorial.

Kupermann, D. (2010). A via sensível da elaboração: caminhos da clínica psicanalítica. *Cadernos de Psicanálise CPRJ, 32*(23), 31-45.

Kupermann, D. (2017). *Estilos do cuidado: a psicanálise e o traumático*. São Paulo: Zagodoni.

Lacan, J. (1998[1955]). Variantes do tratamento-padrão. In *Escritos* (pp. 325-364). Rio de Janeiro: Jorge Zahar Editor.

Laplanche, J. & Pontalis, J. B. (2001[1967]). *Vocabulário de psicanálise* (4. ed.). São Paulo: Martins Fontes.

Lendvai, P. (2003). *The Hungarians: a thousand years of victory in defeat*. Princeton: Princeton University Press. (Versão eletrônica para Scribd: https://www.scribd.com/book/260755784.)

Lorin, C. (1983). *Le jeune Ferenczi*. Paris: Éditions Aubier Montaigne.

Lorin, C. (1993). *Sándor Ferenczi de la médecine à la psychanalyse*. Paris: PUF.

Lieberman, E. J. (1985). *Acts of will: the life and work of Otto Rank*. Nova York: The Free Press.

Lieberman, E. J. & Kramer, R. (2012). *The letters of Sigmund Freud & Otto Rank: inside psychoanalysis*. Baltimore: The Johns Hopkins University Press.

Likierman, M. (2001). *Melanie Klein: her work in context*. Londres: Continuum.

Lukacs, J. (2009[1988]). *Budapeste 1900:* um retrato histórico de uma cidade e sua cultura. Rio de Janeiro : José Olympio.

Lugrin, Y. (2012). *Impardonnable Ferenczi: Malaise dans la transmission*. Paris: Campagne Première.

Maddox, B. (2006). *Freud's wizard: Ernest Jones and the transformation of psychoanalysis*. Cambridge: Da Capo Press.

Marx, O. (2008). German Romantic psychiatry. In E. Wallace. *History of psychiatry and medical psychology: with an epilogue on psychiatry and the mind-body relation*. Nova York: Springer.

McGuire, W. (1993[1974]). *A correspondência completa de Sigmund Freud e Carl G. Jung*. Rio de Janeiro: Imago.

Mészáros, J. (1993). Ferenczi's preanalitical period. In L. Aron & A. Harris (Ed.). *The legacy of Sándor Ferenczi* (pp. 41-52). Hillsadle, NJ: The Analytic Press.

Meszaros, J. (2014[2008]). *Ferenczi and beyond: exile of the Budapest School and solidarity in the psychoanalytic movement during the nazi years*. Londres: Karnac Books.

Mezan, R. (1996). O símbolo e o objeto em Ferenczi. In: C. S. Katz (Org.). *Ferenczi: história, teoria, técnica* (pp. 91-120). São Paulo: Editora 34.

Mínguez. C. S. (2015). *Breve história del Império Austrohúngaro* (Colección Breve História). Madri: Ediciones Nowtilus.

Perrot, M. (2012[1987]). Os atores. In M. Perrot (Org.). *História da vida privada* (P. Ariès e G. Duby, dir., Vol. 4: Da Revolução Francesa à Primeira Guerra, pp. 77-282). São Paulo: Companhia de Bolso.

Piñero, J. M. L. & Meseguer, J. M. M. (1970). *Neurosis y psicoterapia un estudio histórico*. Madri: Espasa-Calpe.

Pinheiro, T. (1995). *Ferenczi: do grito à palavra*. Rio de Janeiro: Jorge Zahar Editores.

Prado de Oliveira, L. E. (2011). *Sándor Ferenczi, la psychanalyse autrement*. Paris: Armand Colin.

Prado de Oliveira, L. E. (2014). *L'Invention de la psychanalyse*. Paris: Campagne Première.

Quinodoz, J.-M. (2007[2004]). *Ler Freud: guia de leitura da obra de S. Freud*. Porto Alegre: Artmed, 2007.

Rabain, J.-F. (2010). Freud ou Winnicott? La place du père et de la mère dans la construction psychique. *Mag Philo. Freud, le retour*. Recuperado em 4 de junho de 2016, de http://www.cndp.fr/magphilo/index.php?id=27.

Rachman, A. (2004[1995]). *Sándor Ferenczi: el terapeuta de la pasión y la ternura*. Santiago: Indepsi.

Ragen, T. & Aron, L. (1993). Abandoned workings: Ferenczi's mutual analysis. In *The legacy of Sándor Ferenczi* (pp. 217-226). Nova York: The Analytic Press.

Rank, O. (1996[1924]). A psychology of difference. In *The American lectures*. New Jersey: Princeton University Press.

Rank, O. (2016[1924]). *O trauma do nascimento e seu significado para a psicanálise*. São Paulo: Cienbook.

Richards, R. (2008). *The tragic sense of life: Ernst Haeckel and the struggle over evolutionary thought*. Chicago: The University of Chicago Press.

Rocha, Z. (2013). Para uma clínica psicanalítica do cuidado. *Tempo Psicanalítico*, 45(2), 453-471.

Rocha, Z. & França, R. M. P. (2015, dezembro). Por uma ética do cuidado na psicanálise da criança. *Psicol. USP*, 26(3), 414-422.

Roussillon, R. (2014). *Manuel de la pratique clinique en psychologie et psychopathologie*. Paris: Elsevier Masson.

Rudnytsky, P. (1996). Introduction: Ferenczi's turn in psychoanalysis. In P. Rudnytsky & A. Bokay. *Ferenczi's turn in psychoanalysis* (pp. 1-24). Nova York: New York University.

Sabourin, P. (1988[1985]). *Ferenczi paladino e grão-vizir secreto*. São Paulo: Martins Fontes.

Sabourin, P. (2012). *Ferenczi, um pionnier de la clinique*. Paris: Campagne Première.

Sanches, G. P. (1994). Sigmund Freud e Sándor Ferenczi. In S. A. Figueira (Org.). *Contratransferência: de Freud aos contemporâneos* (pp. 33-62). São Paulo: Casa do Psicólogo.

Sanches, G. P. (2005). *A psicanálise pode ser diferente*. São Paulo: Casa do Psicólogo.

Santos, G. F. (2011). *A teoria da gastrea de Ernst Haeckel*. Dissertação de Mestrado, Departamento de Filosofia, Faculdade de Filosofia, Letras e Ciências Humanas, Universidade de São Paulo, São Paulo.

Saunal, A. M. (2012). Préface: L'amour de la souffrance comme maladie humaine. In S. Ferenczi. *Refléxions sur masochisme* (pp. 7-36). Paris: Petit Bibliothèque Payot.

Schiller, F. (1982). *A Möbius strip: Fin-de-siècle, neuropsychiatry and Paul Möbius*. Berkeley: University of California Press.

Serpa Jr., O. D. (2010, dezembro). O degenerado. *História, Ciência e Saúde*, *17*(suplemento 2), 447-473.

Shapiro, S. A. (1993). Clara Thompson. In L. Aron & A. Harris (Ed.). *The legacy of Sándor Ferenczi* (pp. 159-174). Hillsadle, NJ: The Analytic Press.

Strachey, J. (1996a[n.d.]). Nota do editor inglês ao "Relatório sobre meus estudos em Paris e Berlim". In S. Freud. *Edição standard das obras psicológicas completas de Sigmund Freud* (Vol. I, pp. 37-38). Rio de Janeiro: Imago.

Strachey, J. (1996b[n.d.]). Prefácio do editor inglês a "Os chistes e sua relação com o inconsciente". In S. Freud. *Edição standard das obras psicológicas completas de Sigmund Freud* (Vol. VIII, pp. 11-16). Rio de Janeiro: Imago.

Tausk, V. (2000[1913]). Dévalorisation du motif du refoulement par récompense. In *Oeuvres psychanalitiques* (pp. 79-90). Paris: Payot.

Thompson, C. (1950). *Evolução da psicanálise* (3. ed.). Rio de Janeiro: Zahar Editores.

Winnicott, D. W. (2007[1959-1964]). Classificação: existe uma contribuição psicanalítica à classificação psiquiátrica? In *O ambiente e os processos de maturação: estudos sobre a teoria do desenvolvimento emocional* (pp. 114-128). Porto Alegre: Artmed.

Winnicott, D. W. (2007[1962]). Os objetivos do tratamento psicanalítico. In *O ambiente e os processos de maturação: estudos sobre a teoria do desenvolvimento emocional* (pp. 152-155). Porto Alegre: Artmed.

Zimerman, D. E. (2004). *Manual de técnica psicanalítica: uma revisão*. Porto Alegre: Artmed.

Zygouris, R. (2011). *Psicanálise e psicoterapia*. São Paulo: Via Lettera.